FORTY YEARS IN BUCHAN AND BANFF

1951 — 1991

A SEQUEL TO FORTY YEARS IN KINCARDINESHIRE

ALEXANDER SMITH

Caledonian Books
Slains House, Collieston, Ellon
Aberdeenshire AB41 8RT, Scotland.
1991

Published by
CALEDONIAN BOOKS
Slains House, Collieston, Ellon,
Aberdeenshire AB41 8RT, Scotland.
Tel. Collieston (035 887) 275
1991

ISBN 1 85349 001 6

Printed by Oliver McPherson Ltd., 1-3 St. James Road, Forfar, Angus DD8 2AR.

Introduction by the Author

This book is a continuation of the first one, titled "Forty Years in Kincardineshire 1911—1951. It starts from May 1951, when I moved 'lock stock and barrel', as they say, from Tillygrain, Gourdon, Kincardineshire to Balnamoon, New Pitsligo, Aberdeenshire, up to the present day, April 1991. So it stretches over the forty years from 1951—1991.

First, there was the eleven and a half years I wrocht amin the moss and the granite steens on Balnamoon as a tenant fairmer, and syne the ten and a hauf years as an owner occupier at Braeside, New Byth, a lot better a fairm than Balnamoon, there just was no comparison.

With the advent of the oil in the North Sea, pushing land and property prices sky-high, I decided to sell Braeside, I had the loan I took out to buy Braeside paid up by that time, so I got the full advantage of the high prices. After that, I bought a newly erected bungalow in Alvah Terrace, Banff, that was in 1973 and I worked for the next five years to 1978 in an accountant's office, that's when my wife died. I stayed in the bungalow for another two and a half years, it was far too big for myself, so I sold it and bought a smaller home for myself. Eighteen months after that, I married again, that was on the first of June 1982, and we are still staying here, almost nine years on.

Now to the book. I have tried to write it the same as the first one, but of course, the Buchan dialect isn't exactly the same as the Kincardineshire dialect, so I have changed some of the words, for instance, I have written gaun for gaen, skweel for skale, beets for buits, and so on. Once again I say, I cannot guarantee that it is 100% correct, at the same time I do hope you enjoy reading it.

Extracts from a few of the many letters received by the author after his first book was published "Forty Years in Kincardineshire, a Bothy Loon's Life Story"

There's plenty o' books aboot film stars, politicians and siclike fowk, bit nae mony aboot ordinar fowk like yersel, bit yer nae aa that ordinar noo havin' written aa that.
David G. Adams, 29 Back Braes, Brechin, Angus.

I'm delighted with your book, I want to congratulate you on a job well done. This is something we will not see in the future, as the Doric will be lost soon.
Robert Stables, Rosetown Sask, Canada. Aged 91.

Good luck with Vol. 2, and thank you for all the happy memories.
Mrs Jean Moffat, 17 Coshen Terrace, Scone.

My family and I, we think your book is a classic, an excellent record of a way of life that has gone.
Mrs Helen D. Milne, Inchley, Luthermuir.

Congratulations on your book Ake, and thank you for the enjoyment it has given me.
Andrew Christie, 70 Bonhard Road, Scone.

Congratulations Ake, for a wonderful compilation of the times. There is great competition for a read of your book in this household. Weel deen Ake!
George Maguire, Brook House, Lancaster.

My wife and I found your book most entertaining, and thoroughly enjoyed it from cover to cover and look forward to reading your next one.
Mike Fotheringham, West Carmont, Stonehaven.

Thank you for such an authentic record of the old ways, and I will always treasure your book.
Mrs M. James, Kent.

Good luck with your books, my husband never reads books, just farming magazines, but he just couldn't put this one down.
Mrs I. Sharp, Drumclune, by Forfar.

CHAPTER 1

Gettin' tae Grips wi' Balnamoon

Aboot twal o'clock on the forteenth o' Mey 1951, we landed at Balnamoon, New Pitsligo. The wife and me, we wir leadin' the wey in the auld Morris Aicht caur, wi' the twa floats comin' ahint as we gaed ower the brae throo the quarry park doon tull the fairmhoose and the steadin. We coodna gang bi the road, kis the larries coodna very weel get throo atween the trees at the end o' the road. It wis a gweed job it wis a fine day, kis we didna ken fit tae dae first. Wale, we got the wife's paraffin stove off the larry first, and the time we wir unloadin' the coo, the stirks, the pigs and the hens, the wife het up a big pot o' soup and abody got something tae ait. There wis a hoosie wi' a ree tult for the pigs, the coo and the stirks got oot tull a girss park, and the hens wir shut up in anither shed tull we got time tae pit up their hoose. Sandy, bi' this time, hid been puttin' awa' bi his mither wi' twa pails for watter, he didna tak' tae that job neen weel. Syne we got the furniture intae the hoose and got the twa floats awa' hame. Bit sic a soss the hoose wis in, the aise wisna even taen oot o' the fireplace, of coorse there wisna much o' a fireplace, juist a great big hole and a big swey int. Syne John Massie, Beldie's brither cam' inaboot, he hid his ain mare and a cairtload o' stuff I hid stored wi' him at Netherheads o' Skelmuir, and he hid anither horse wi' him belongin' tae een o' his neebors. I wis tae get a len o' the horse for a file. Weel, I telt ye afore fit he thocht o' Balnamoon, the language he wis usin' I canna pit doon here, bit it wisna juist the plaice he wis misca'in noo, it wis the fowk that hid left the plaice in sic a sotter. There wis a heap o' aise haufwey across the close, there must have been twa/three years aise lyin' there. Weel, John widna rest tull he got it cad awa', him and me, we argie'd, I said there wis ither jobs needin dee'in, so that aifterneen him and Alan Massie got goin' wi' a horse and cairt tae ca'd awa'. Aifter they startit tull't they fund oot the wattery pail hid been cowped in tae this heap tae, so there wis mair blue language in the air noo, there wis an infernal stink as weel. Syne Beldie cam' tull's, she says, "This is nae eese Ake, you'll hae tae dae something aboot gettin' mair watter up that brae tull's, the amount o' watter I'm gaun tae be usin' tae clean up this hoose, ye canna expect the loons tae cairret up that brae, and mair nor that," she says, "I thocht the factor promised tae pit a watter supply intil the hoose tull's.""Michty," I says, "gie the man time,

1

this is oor first day here, ye canna expect that tae be deen yet, bit dinna fash yersel, I'll dae something aboot the watter." So I gaed and made a sledge oot o' some strong timmer I hid, set a forty gallon drum on the sledge, fixed the drum on the sledge so that it coodna shift, and pulled it doon aside the wall, the end hid been cutted oot o' this drum afore noo for gaitherin' rainwatter, and got the twa loons, Sandy and Harold tae fill it oot o' the wall, they thocht it wis great fun, bit ye see that wis the first time. I then yoket the ither horse and rugget the sledge up the brae and left it aside the back door, so she noo hid watter tae lit her get on wi' her scrubbin'. And that's hoo we got the watter up the brae tae the hoose for a gie file aifter that, for tho the factor promised us a watter supply, it wis a gie file or we got it, the only odds bein' it wis gie aften the tractor that took the watter up the brae. It wis suppertime bi this time, so we aa gaed inside for wir supper, the wife hid made it ready on her paraffin stove, naewey wis she gaun tae licht a fire in that great big gaapin' hole. And as for bilin' watter for scrubbin' wi', there wis a better plaice in the washin' hoose for dee'in that. The time we wis takin' wir supper, the wife wis tellin's fit a sotter the wa's wis in, wi' rat holes ower a' the plaice, it wis juist as bad upstairs as it wis doonstairs, it wis time the plaisterers wir here tae sort up a thae wa's. "Wale," I says, "we'll hae tae mak' the best o'd for a day or twa, we'll better get beds up for us tae sleep in the nicht, syne I'll tak' John hame tae Netherheads and he kin come back the morn wi' the tractor." Ye see, a fortnicht afore we gaed there, I hid bocht a secondhand Case tractor and John hid kept it up tae that time. So, I took him hame that nicht wi' the auld caur and he brocht the tractor tae Balnamoon the next day. And that nicht we wir aa sae tired, we aa fell soond asleep fin we gaed tae oor beds and didna hear a thing aa nicht, bit fin we waukened next mornin', Alan Massie says, "I think there's rats in this hoose, tho I sleepit aricht, I'm shure I heard them, juist the same as fin we gaed tae Greenie's in 1943." Bit the rest o's says, "Na, na, we didna think it, if there hid been rats we'd hiv heard them." So that's hoo we spent the first day and the first nicht at Balnamoon.

The next mornin' the first thing we did wis tae gang tae the wall wi' the sledge for watter. We hid gotten a hid o' three ten gallon cans ir this time, so we cood noo tak' seventy gallon at a time . This wis a job that hid tae be deen ilka mornin' for a gie lang time. Aboot nine o'clock, John Massie cam' inaboot wi' the tractor and he telt's he wid bide wi's for a twa/three days tae gie's a hand tae pit in the tatties and the neeps, bit for the life o' him he coodna see fit wey I wis batherin' pitten in twa acre o' tatties on this scabbard o' a plaice, gaun awa' and spendin' aa that bawbees on that dear seed and a' that manure. "God almichty, Ake Smith, ye'll juist bi ruined, ye'd be an affa lot better wi' anither twa acre o' neeps." "Na, na," says I, "I ken fit I'm dee'in, Ive rocht amin tatties a lot in my time." I got him yoket wi' the tractor tae cultivate the tattie grun, fin I saw this man comin' ower the quarry park wi' his bike. I gaed tae meet him in the close, he held oot his hand and said, "I'm Sandy Murison, I'm on for overseer on the estate,

I heard yesterday ye'd moved in, so I cam' ower tae see fit like the fairmhoose wis, the factor telt me ye hid tae get some improvements tae the hoose and yer gaun tae be gettin' in a watter supply." "Oh I," I says, "that's richt, ye'll better come awa' tae the hoose and see fit like a sotter it's in, it's an affa lot waur that fit we thocht it wis." So we gaed intae the hoose, and fin he saw the wa's, a' riddled wi' rat holes, some o' the holes as big as ye cood hiv shoved yer heid intae them, he says, "Michty me, fit a sotter, did ye nae ken it wis sae bad as this?" "Na, na," says my wife, "fin the furniture wis sittin' in the rooms it didna look sae bad." "Weel," he says, "I'll hae tae get the Grant's tae hae a look at the hoose and see fit they kin dae aboot it, they dae a lot o' this kind o' work for the estate, mason work, plaisterin' and slatin', I'll be back the morn wi' the Grant's tae see aboot it," and fin he wis gaun oot at the door, the wife says, "Ye'll better tak' a look at this milkhoose, it his a yird fleer." So he lookit intae the milkhoose, there wis some widden shelves in't, bit true eneuch, it hid a yird fleer, so he says, "Oh, this is nae eese, ye'll hae tae get a concrete fleer in there, we'll see aboot this the morn as weel."

Bi this time it wis dennertime. John Massie hid the tattie grun cultivated and he says tae me, "I'll yoke the horse and gie the grun a straik wi' the harra's and ye kin set up the dreels yersel wi' the tractor." Syne, we hauled doon the dreels wi' ae horse and cairtit oot the manure wi' the ither horse. Aifter suppertime, I put on the happer and spread the manure on the dreels. Next mornin', John Massie, Alan Massie, Sandy and me, we startit tae plant the tatties, bit aboot nine o'clock I hid tae gang hame kis Sandy Murison wis in aboot wi' een o' the Grants. Noo, the day afore, Sandy Murison and me, we'd gotten on richt weel the gither, bit this man Grant, he wisna ower friendly. Richt awa' he says tae me, "So your the man fit's cam' fae the Howe o' the Mearns tae fairm Balnamoon, fit div ye ken aboot fairmin' in this pairts, coodn't ye nae hiv left it tae somebody fa kent somethin' aboot it, comin' here and offerin' inflated rents, we'll hae the factor chasin's aa for a bigger rent." Goad, he ferrly ca'd the feet fae's, and afore I cood say onything, he gaed on, "Oh aye, I hear ye're peyin' fower or five pound an acre for this plaice, mair feel ye." Wale, I lookit straucht intae his face, I says, "Mr Grant, ye kin believe that if ye like, bit it's neen o' yer bisness fit I'm peyin' for this plaice." Syne I thocht back tae the wey I wis greeted bi the Wull's, and that day I cam' wi' the factor and he introduced me tae three or fower tenants on the estate and the frosty kine o' a welcome I got fae them a', 'Goad', I thinks, 'is this the reason for a' that.' A' the time I wis at Balnamoon, I thocht this man Grant, Alistair wis his name, hid a grudge against me. His brither Jock wis different a' thegither, him and me, we got on richt weel.

Sandy Murison says, "Noo, dinna you twa fa' oot, come awa' intae the hoose till we see fit's needin' tae be deen there." Fin Alistair Grant saw the state the wa's wis in, he says, "There's naewey we kin patch up that plaister, there's ower many holes in't, I wid say mair than hauf the wa's ill hae tae be removed, the rest we micht manage tae patch up." The wife, she chips in, "I'm nae carin' fit yer gaun tae dae tult, bit for ony sake, get startit tull't and lit's get the hoose redd up. "Na, na," says Sandy Murison, "I canna sanction this, the factor'll hae tae see't himsel', I'll write him aboot it the day and tell him tae come and see it and nae tae be ower lang aboot it." Bi this time it wis dennertime. Sandy Murison, Alistair Grant and me, we wir stannin' newsin' at the back door, fin John Massie and the twa loons cam' up the brae fae their tattie plantin'. Fred Smith wis wi' them, he cam' throo the howe fae Alan Hutcheon's wi' his bike tae Balnamoon. John and the postie wis at an affa newsin', ye see John wis brocht up in New Pitsligo and hid been awa' for a gie file and they hid plenty tae news aboot, and fin the wife cam' oot, the postie says, "Oh, ye'll be auld Kirstie's douther are ye?" and fin the wife said tull him, "Fit did he mean bi that?" He says, "Och, I kent yer mither weel, she wis ayie kent as Kirstie Anderson in New Pitsligo." Bit tae get back tae the sortin' o' the fairmhoose wa's. It wis anither week ir the factor cam' inaboot, he hid Sandy Murison and Alistair Grant wi' him. The factor said tae Grant, "Shurely ye wid manage tae plaister up a' thae holes?" Bit Grant says, "Na, na, the auld plaister's ower faur awa' wi't," and tae prove his pint, he rugget oot some bits o' plaister and it juist gaed tae stew in his hands. "Look at that," he says, "fit wey cood ye get new plaister tae stick tae that?" So the factor agreed wi' him, and it wis agreed that Grant wid patch up the bits that wisnae sae bad, bit he wid get hardboard instead o' plaisterboard for the wa's he hid tae strip, the hardboard being cheaper than plaisterboard. Bit waur than that. It wis aboot three weeks aifter that ir the hardboard cam' inaboot, and bi that time the wife wis aboot roond the bend, thinkin' she wisnae tae get the hoose sorted up. Noo, we'll gang back tae the day we wir plantin' the tatties. We didna feenish them that day, bit I yoket the horse and happit them wi' the dreel ploo and they wir feenished aff the next day.

Bit that nicht, the third nicht we wir there, we gaed a' awa' tae oor beds gie tired, we'd been plantin' tatties a' day, and I hid tae hap them up afore bedtime wi' the horse for ferr o' frost, and we wir a' lookin' tae get a gweed nicht's sleep. A gweed nicht's sleep did ye say. Michty me, aboot midnicht an affa hullaballoo got up, the wife and me wir sleepin' doon the stair and the rest o' them wis up the stair. Weel, we heard John Massie shoutin' oot o' him, as if he wis chasin' somethin' and he wis newsin' tae the loons at the same time. I took up the stairs tae see fit wis wrang and here's him, a waukin' stick in his hand, doon on his hands and knees lookin' in alow the bed. I says, "Goad John, fit ir ye doon there for?" "Oh," he says, "I'm lookin' for that rat that ran ower oor bed," and some o' his words wirna very nice I kin tell ye. The rest o' them wir a' waukened, they a' said they coodna get sleepit for the noise the rats wir makin', and tae croon a', a rat hid run ower the tap o' the bed John and Alan wis sleepin' in. Hooiver, we a' got back tae wir beds and there wis quietness for a file, bit aboot an oor aifter that we heard an infernal skirl, I jumpit oot o' my bed and ran up the stairs and here wis Sandy stannin' in the middle o' the room, ferr upset. He says, "Oh dad, a rat bate me ivnoo and me lyin' in my bed." True eneuch, there wis a bite mark on the back o' his neck and it was bleedin'. His mither cam' on the go, she says, "We'll better get the iodine and gied a dab o' that." The iodine wis a lot sairer than fit the bite wis, syne she put a dressin' on't and a bandage roond his neck. Tho they gaed back tae their beds, there wis nae mair sleep that nicht and next day I gaed tae New Pitsligo and bocht a tin o' rat pison fae the chemist. That nicht I spread hauf the pison on twa/three slice o' loaf, cut up intae bits and set them intil a gloryhole alow the stairs. There wis some rat-holes chawed oot o' the timmer roond aboot this gloryhole, bit naewey wid ony ither beast get intill't eence the door wis shut. Next mornin', the loaf and the pison wis aa awa', so I set doon the ither hauf o' the pison and it went as weel. I hid tae get anither tin o' pison and hauf o't wis used afore the rats stoppit eaten'it, bit I ferrly cleared oot the rats. We got them lyin' aboot ootside, some o' them deid and some o' them hauf-deid. We gaithered them intae a heap, syne we dug a hole aboot three fit deep and beeried them, tae mak' shure nae man or beast wid get an infection aff them. And fin I spoke tae Fred the postie aboot the rats, he says, "Ach, ye'll be bathered a lot wi' rats, they come fae that rubbish dump at the roadside."

Aifter we wir feenished wi' the tattie plantin', we'd tae start and pit in the neeps. There wis seven acre o' grun left for growin' neeps, and I thocht we'd gotten on sae weel wi' the tatties, we'd juist been three days athegither wi' the tatties, that we widna be lang in pitten in the neeps. Bit I hid anither think athegither, kis the grun that the tatties gaed intil wis mossy and nae steens in't, and the grun for the neeps wis foo o' steens, some o' them wie'n up tae hauf-a-ton, aye and maybe mair. Forbye, there wis rock stickin' up here and there we hid tae work roond aboot. Again John Massie cursed and swore aboot thae steens, and again I wis telt I wis sair needin' my heid lookit for comin' tae a plaice like this. Bit we stuck inaboot tae thae steens, and wi' the help o' the tractor and a gweed strong chine, we hauled a lot o' them aff the grun. And the sma'er eens, we took them aff three or fower at a time on a sledge. We wir cowpin' the steens intae an auld quarry hole at the edge o' this field fin I met Alan Hutcheon, he hid the fairm doon in the howe fae us and wis een o' oor nearest neebors. Aifter we'd introduced wirsels, he says, "Hiv ye pitten a' that grun' alang there in tatties?" And fin I said, "Oh aye, I hiv." He says, "Goad, that's an affa lot o' tatties isn't it, there's twa acre in that bit grun, I dinna suppose there wis ever aa that tatties gruwn on Balnamoon afore, and anither thing, ye'll ken o'd gettin' that tatties up in the back-end." "Ach," I says, "dinna fash yersel', I've wrocht a lot amin tatties in my lifetime, I'll aisy han'le the tatties." "Weel," he says, "we're gaun tae be neebors, fit aboot you and yer wife comin' ower tae see the wife and me on Sunday nicht, ye'll aisy manage tae come throo the howe, aye, and bring the bairns tae." "Aricht," I says, "I'll see fit the wife says, and I'll let ye ken." Fin I spak tae the wife aboot it, she wis fine plaised, she wis ferr fed-up lookin' at thae bare wa's. We stuck in aa that week, John Massie, Alan Massie and me, and we hid aa the neeps in bar the fleeds bi the end o' the week, and on Friday nicht I took John Massie hame tae Netherheads, the wife cam' wi's for the run, and on Setterday I gaed hame tae Greenies wi' Alan.

Fin we telt them at Greenie's the tatties and the neeps wir aa in, they wid hardly tak' it in, they thocht we'd been gettin' on at an affa lick.

Sunday nicht cam' roond, and aifter the wife hid milkit the coo and I hid put the coo oot tae the park, we gaed awa' ower tae the Hutcheon's. Blackhillock wis the name o' their fairm, and the fairmhoose and steadin' wir bigget on th flat, nae like the fairmhoose and steadin' at Balnamoon, they wir bigget on the face o' a brae, and facing north, at that. Bit michty, fit an odds, roond aboot the steadin' athing wis ticht and tidy, nae rubbish lyin' aboot naewey, and fin we gaed intae the hoose, it wis spic and span, the auld peat fireplace wis sparklin' wi' polish and the big steens roond aboot the fireplace wis pentit blue, fit a difference fae the een at Balnamoon. It juist lut ye see fit cood be deen wi' an auld peat fireplace, and I cood see the wife wis ferr teen wi't. We wir made affa welcome, and in nae time at a' the tongues wir clatterin' saxteen tull the dizzen. Alan, he said he coodna get ower the wey we'd stuck in and gotten the tatties and the neeps in, and mair nor that, takin' aff a' thae big steens must hiv made the neep park a bittie bigger for growin'. He tried tae coont the big steens we hid haul'd aff wi' the tractor, he said there wis ower sixty and that didna coont in the eens fit wis teen aff three or fower at a time wi' the sledge. Then he says, "Bit ye'll seen fin oot the big steens wisna the warst, the spooty holes amin the moss is waur." Then my wife chippit in, "Oh aye, they've ferrly bein' gettin' on wi' the wark on the grun, bit there's nae sine o' onything been deen inside the hoose." Of coorse, that cheenged the tune o' the newsin', so I telt them fit Alistair Grant said tae me the first time I saw him, aboot me comin' here fae the Howe o' the Mearns, daen oot somebody fae gettin' Balnamoon that kent a lot better foo tae wark it than me, and that I wis peyin' fower/five pound an acre for't. And fin I telt them I telt Alistair it wis neen o' his bisness, they hid a gweed lauch aboot it, says Alan, "That ferrly shut him up." Syne, Mrs Hutcheon says, "Bit Ake, abody roond aboot here thinks yer peyin' that rent for't, and wir aa feard wir rents ir gaun tae gang up, are ye shure it's nae true?" I says, "Na, na, it's nae true, I'll juist tell ye ae thing, it's less than hauf o' that.

So I thocht tae mesel, 'That's the reason I got a gie frosty welcome that day in the month of March, fin I cam' wi' the factor and wis inaboot at some o' the fairms.' Syne, Alan says, "Aboot you dee'in some ither oot o' Balnamoon. Weel ye see, Jake Wull's douther wis juist new mairret, the couple wir bidin' at hame wi' her mither and fader and they thocht they wid get it." So, I hid aa the answers noo, and it ferrly made me feel an incomer. Bit nae wi' the Hutcheons, they ferrly made us welcome that nicht and as we newsed awa', the subject of peats came up. I says, "That's shure something I ken nothing aboot." "Ach," Alan says, "if ye come ower some nicht, you and me, we'll gand ower tae my peat bank and I'll lit ye see hoo tae gang aboot it." Syne he says, "Yer gie lucky, ye hiv yer peat bank on the fairm, mine's just a bank in the estate moss, ye see, aa the hooses in New Pitsligo and aa the fairms on the estate hiv a bank in the peat moss, and a lot o' them come in

6

by here tae get their peat bank." "Ye ken," he says, "Ye'll hae tae mak' a start tae cast yer peats so's tae get them dried in time afore winter.

I noo hid tae think aboot closing' up the Quarry park and get hame some nowt for grazin', bit afore I cood dae that, I wid hae tae dae something aboot the trees at the end o' the road, the branches wir meetin' een anither across the road. So, next mornin' aifter I seen tae the watter supply, I set aff wi' a bushman saw, and afore nicht I hid lutten daylicht intae the road, cuttin' aff the branches fae baith sides and biggen them up tae dry for firewid. Sandy Cruickshank, him that hid Redbog cam' doon the road fae Cyaak (by word for New Pitsligo) wi' his horse and cairt, he cam' inaboot tull's and says, "I'm Sandy Cruickshank, I hiv the fairm across the road here, I suppose ye'll be the new tenant o' Balnamoon ir ye?" "Oh aye," I says, "I'm Ake Smith, it's fine tae mak' yer acquaintance, that's twa o' my neebors I ken noo, Alan Hutcheon and you." "Oh," he says, "Ye've seen Alan hiv ye?" "Weel," he says, "here's anither o' yer neebors comin' doon the road on his bike, he'll mair than likely stop." Bit he didna stop, he gaed fleein' by on his bike shoutin', "I hinna time tae stop, I've been phonin' the vet." Aifter he gaed by, I says, "And fa's that, Sandy?" "Oh," he says, "that's Wullie Elphinstone fae Lambhill, he gets Lammie for short." Syne he says tae me, "Fit ir ye settin' that crooked branches up for, they're nae eese tae ye?" Ah bit, I says, "They are, they'll mak' grand firewid eence they're dry." "Firewid did ye say, naebody roond aboot here uses firewid, na, na, peats are ower aisy gotten." "Ye ken," he says, "oor fire is niver oot, ye juist rest it at nicht and athing's fine and het in the mornin'." 'Goad,' I thinks tae mesel, 'fit next will I hear, fa iver wid rest a fire,' and I thocht back tae the day I stuck wi' the auld James motor-bike and sidecar gaun ower the Cabrach, fin the shepherd mannie telt me my motor-bike wis needin' a rest, and noo here wis this lad telliin's they rested their fire ilka nicht. Weel, this wis something we wid hae tae learn, hoo tae rest a fire, bit that wisna ill tae dee, the first time granny Massie cam' in aboot, she wisna lang in pitten's richt there. The end o' the fairm road wis noo clear o' branches and the next day I ca'd broken rock oot o' the quarry, fullin' up the warst o' the holes on the road, it wid hae tae dae like that tull I got mair time tae sort it.

Next day bein' Wednesday, I gaed tae the mairt at Maud tae buy nowt for grazin'. Afore I hid left Tillygrain, the manager at the North of Scotland Bank in Bervie, hid transferred my bank account tae the North of Scotland Bank, Maud, and advised me tae see the manager afore I startit issuin' my cheques. So afore I gaed intae the mairt, I gaed tae see the bank manager. He made me very welcome, tellin's he'd got a good reports aboot me from the manager at Bervie, and that if iver I got intae financial difficulties, I was to go to him and discuss it with him. Then he says, "You were very fortunate in getting that guarantor before you left Tillygrain." I wis puzzled, I didna ken o' ony guarantor, this wis the first I'd heard o'd. "Oh, it's true eneuch," the manager says, "this friend of yours, Mr Charles Reid, is standing as guarantor to allow you an overdraft of seven hundred pounds, and because of this I have arranged overdraft facilities up to twelve hundred pounds for you, so remember that money is available to you should you require it." "Of course," he says, "should you use this money, you must understand you'll be charged interest on it." Then he asked how I was getting on at Balnamoon, and when I told him I'd already two acres plantit wi' tatties and seven acres o' neeps in, he says, "Oh, you are getting on." Syne he asked if the seed potatoes and all the fertiliser was pàid for. I says, "Oh yes, and I've still to buy stock for the farm, but I'll manage to pay for that too." "Very well, Mr Smith," he says, "I wish you well in your venture," and we shook hands and I went across the road to the mairt. I wis thinkin' tae mesel, niver afore hid I spent money afore I hid it, and noo here wis me bein' offered aa that money if I liket. Weel, tae tell the truth, it wis seldom I needed tae use some o' that money aa the time I wis at Balnamoon, bit I did use it aifter I left, bit I'll tell ye aboot that later. Anither thing the bank manager spiered at me that day, he spiered, "Did I hae an accident insurance?" and fin I said, "No," he says, "Come in the next day yer in Maud and we'll see aboot it."

I gaed intae the store ring that day, Jack Webster the auctioneer wis nae lang startit tae sell the store nowt. I wis a stranger and I thocht abody wis gawpin' at's, bit nae doot they wirna, and I wis aboot tae start something I'd niver deen afore, buy nowt oot o' an auction ring. I'd been in the ring aboot hauf an oor, twa/three times I'd seen nowt I wid've likit tae buy, bit I coodna bring mesel tae start. I wis stannin' there thinkin', 'Wid I iver bring mesel tae start', fin a vice at my back said, "Aye Ake, hiv ye been buyin' ony yet?" and fin I turned roond, there wis Alan Hutcheon and Sandy Cruickshank aside's. Well, wi' them stannin' aside's, it didna seem sae bad, and I pluckit up courage and startit biddin' on twa yearlin' stots. I got the stots, bit noo Jack Webster didna ken fa I wis. Ye see, up tae that time, as he selt the nowt, he shouted oot the buyer's name, so the man in the ring hid tae come ower and spier my name and address. Again, I thocht abody wis lookin' at's, bit it hid juist been me imaginin' that. It wisna sae bad aifter that, I bocht twal athegither that day, eneuch tae full a cattle float, and afore I left the ring, this little mannie come tull's, he says, "Hae ye onybody tae tak' hame yer nowt?" I says, "Na, nae yet." "Weel," he says, "I'm Jim Innes fae Cyaak, I've a float and if ye like I'll tak' them hame for ye, dae ye agree tae that?" 'Oh aye," I says, "that'll dae fine," bit dinna bring them in aboot tae the steadin', juist open the gate intae the Quarry Park and pit them in there." Syne, I says tae him, "Faur's the office here?" so he took me throo tae the office, I peyed for the nowt and he gaed awa' wi the pass for them and they wir hame tae Balnamoon afore me. And as for Jim Innes, he did near aa my floatin' tull's aa the time I wis at Balnamoon. Afore I left for hame that day, anither twa men cam' tull's offerin' tae tak' hame the nowt. First there wis Wilson Cruden, he bade at Cyaak and drove a float for Sutherlands of Peterhead, and then a driver fae Burnett's of Mintlaw .

Fin I got hame that day, the wife says, "There wis a man fae the Hydro Electric Board here tae see ye, he wis wintin' tae ken if ye wid tak' in an electric supply, so he said he wid be back tae see ye the morn." "Oh," I says, "that's fine, that'll gie's a nicht tae think aboot it." So, that nicht we sat and newsed aboot it. We cam' tae the conclusion it wid cost a gie bit tae wire up the hoose and the steadin', at the same time we thocht fit an improvement it wid be and if we got gie gweed terms fae this man, we wid gang aheed wi't. Weel, next day he cam' inaboot at fly-time in the forenin. The wife socht him in for a fly-cup, we wir sittin' in the kitchen wi' mair nor hauf the wa's rugget oot, wytin' for the Grants tae come and dae the repairs. He explained the situation tull's. There wis a Government scheme on the go tae supply electricity tae the rural areas, tho this scheme widna start for a few years yet, he wis here tae find oot fa wis wullin' tae tak' in the supply. If they got a gweed response, the scheme wid go ahead. Syne, he telt's if we intended tae tak' in the supply, I wid hae tae sign a form promisin' tae pey the Hydro-Board a certain sum of money ower a period of years. I canna mind foo mony years it was. This sum of money wisna set yet, bit fin it wis, we wid get the chance tae withdraw if we thocht it wis ower dear, then he gaed on, "As a tenant fairmer, Mr Smith, I wid advise you to get confirmation from the estate, that, should you leave this farm, the incoming tenant would be reponsible for the existing contract between you and the Hydro-Electric Board." Weel, I lookit at the wife, I cood see she wis feer teen wi' the idea, I says, "Fit div ye think aboot it?" 'Oh,' she says, "Ye shood jist sine the form, it wid be richt fine tae hae a richt electric supply." So I sined the form, and the mannie gaed awa' fine plaised. He says, "Oh abody his sined them as yet." Then he says, "I see yer wytin' for repairs, the hoose wid be richt aisy wired ivnoo wi' aa that wa's oot and nae carpets doon. I think if ye can afford it, ye shood get the hoose wired richt awa'." "Aricht," I says, "We'll think aboot it," and wi' that he left us. Aifter he left us, the wife says, "Dae ye think we kin afford it?" I says, "I winna ken tull I gang and see Tinny Milne." Noo, Tinny Milne wis a tin-smith, hence the name Tinny Milne, bit he wis a man that lookit forrit. He wis a plumber forbye, and wi' the Hydro-Board comin' in tae the district, he startit electricity work as weel. So, fin I gaed tae see him aboot it, he says, "Aricht, I'll be doon the nicht tae set aboot the job and gie ye a price for't." And fin he saw the state the hoose wis in, "Goad," he says, "it wid be richt aisy tae get the wirin' deen juist noo, fan dae ye think the Grants'll be tae dae the repairs?" and fin I says, "We're lookin' for them ony day noo." He says, "Aricht, I'll hae twa lads here the morn." "Aricht," I says, "Ye'll wire up the hoose tae the standard set bi the Hydro-Board, I still hiv the windmill I wis workin' at my last plaice, it's only twelve volt, throo the summer sometime I'll set it up and we'll hae electric licht in the hoose." So, twa lads turned up the neist mornin', and they got on at a great rate, they wirna lang it they hid the hoose wired.

Twa days aifter that, the Grant's turned up. Alistair Grant wis still sarcastic, bit he hid tae admit there wis a big improvement on the road, and that the plaice hid ferrly been tidied up. And the twa Grants, thoo Jock wis the auldest son, Alistair seemed to be the boss. Ae day they wir workin' awa' in

9

the kitchen fin the wife said tae Alistair, "Ye ken, we're gettin' a watter supply in here shortly, wid you twa lads be able tae big in a grate in that big hole tae heat watter?" Aa at aince they baith stoppit workin', they lookit at een anither as if they hidna heard richt, syne Jock says, "Did we hear ye richt, ye're gettin' a watter supply intae the hoose?" "Oh aye," says the wife, "that's fit I said, is there onything oot o' the ordinary aboot that?" "Aye, there is," says Alistair, "there's nae sae mony fairms on the estate his watter in the hoose, bit mair than that, it'll be a gie file ir that happens, it'll likely be aboot this time neist year ir they gang throo a' the rig-ma-role tae satisfy the planners, bit ye dinna need tae wyte aa that time tae get in yer fireplace, that hole's as big we cood pit in the fireplace noo, and lave room tae pit in the watter biler aifter." Fin I gaed in tull my denner, I got the hale story, there wis nae time tae be lost noo, I juist hid tae tak' oot the caur and awa' tae the Broch tull a shop the Grant's kent faur we wid get a fireplace. I peyed it and it wis delivered next day. Ye've heard the story, 'the road tull a man's heart is throo his belly', weel, the wife startit tae gie the Grant's their denner and a fly twice a day, so I wid say she wis gettin' them tae dae things for her throo their belly. I think that wis true onywey, kis I wis niver chairged for biggin' in that fireplace, and they made a gie gweed job o'd, the only thing I did wis tae ca' inaboot a cairtload o' steens tae the backdoor tae ful up the hole wi'. The Grant's wrocht aboot three weeks in the hoose, and the hindmist job they hid tae dae wis pit a cement fleer inside the milkhoose. The wife wisna usin' it for a milkhoose, naewey wid she keep milk in a plaice like that she said. She wis keepin' the milk in the back kitchen, it wis fine awa' fae the sun there. I wis huowin' neeps that day, and aboot nine o'clock, I saw the wife wavin' tull's tae gang hame. Fin I gaed in aboot tae the hoose, I met Jock Grant. He says, "Ye'll better tak' a look at this." We startit diggin' oot the yird in the milkhoose. "Wale," he says, "the yird wis only aboot twa inches deep and there's a cement fleer there already," and true eneuch, fin I lookit, there wis a cement fleer. I stood and thocht a meenit, syne I says tae Alistair, "Weel, ye winna hae tae pit in a cement fleer noo, fit aboot takin' oot that timmer shelves and pit in cement shelves instead, ye hiv the cement and the sand here, and the factor'll niver ken, ye cood aisy dae that, coodn't ye?" I lookit at Alistair, I cood see he wis switherin', the wife, she chips in, "Noo, Alistair, ye cood aisy dee't, look fit fine it wid be for me tae hae cement shelves tae keep my milk cool on." I lookit again at Alistair, it made an odds kis it wis the wife that wis seekin' him noo, so he says, "Aricht, we'll dae't, we'll mak' the shelves the day and come back in three days time and big them in." So that wis the wey we got oor milkhoose modernised, and aifter the Grant's wir feenished wi't, it wis fite washed and the wife thocht it wis a first class job.

The hoose wis lookin' different noo, it even hid a fine, fresh smell aboot it. The fireplace wis bigget in and goin' grand, the hale hoose wis scrubbit, the electric wirin' wis in and the wa's wir aa hale noo and wytin' tae be papered, so I measured aa the rooms for the paper we wid need for the job, her and me, we took the caur and gaed tae the Broch ae day and got it aa at eence. The wife thocht I wid juist stop the ootside work and gang intae the hoose tae dae the paperin', bit "Na, na," I says, "I canna dae that, naewey wull I lit the work fa' ahint," so it wis agreed I wid dae my work ootside throo the day, and work in the evenings at the paperin'. She wisna sair plaised at that, bit it workit aricht, ayie, fin I feenished a room, she got the pentin' deen neist day. Weel, we got on grand tull we cam' tae the staircase and the hall. Michty, it wis some trauchle, I hid niver papered a staircase afore, and mair than that, I ran oot o' paper and hid tae flee awa' tae the Broch for mair paper. That didna help my blood pressure ony and me needin' tae get on with the ootside work.

CHAPTER 2

Keepin' Poultry

Noo, fin we flitted tae Balnamoon we juist hid aboot thirty hens and as poultry in thae days meant a steady income for oor size o' a fairm, we'd tae start and big up oor flock, so the first week we wir there we bocht a hunner five month auld pullets. It wisna lang ir they startit tae lay, and we bocht a brooder and a hunner day-auld pullets. Syne, sax month aifter that we bocht another hunner o' day-aulds, and we cairret on that wey year aifter year. We kept the hens tull they wir aboot twa year auld, that meant at ony time we wid hae aboot twa tae three hunner layin' hens. They wir selt fin they cam' tae twa year auld, files a bittie seener, and they wir selt tae dealers fa cam' and uplifted them. They hanl'ed ilka hen and they kent the eens that wisna feenished layin' and didna tak' them. Wale, they said that onywey. Syne, the dealers plucked and cleaned the hens and they wir selt oot o' the shops as bilin' fowls. I've nae doot some o' them were passed aff as chickens, as I say that, I'm thinkin' aboot the mannie I saw sellin' fit he said wis chickens in Pettycot Lane. The hens wir kept in henhooses, made o' timmer and on skids. The hooses wid hiv held aboot forty tae saxty hens apiece, and they sat in a raw in a girss park wi' a fence aboot them tae keep the nowt awa' fae them. Fin the grun roond aboot got foul wi' the hen's dirt, the fence wis teen doon, the hooses shiftit on tae fresh grun and the fences puttin' up again. This meant that the hens wir near ayie on clean grun, and deaths wir kept as low as possible, bit the girss, it ferrly grew on the bits that hens hid been on.

Up to noo, I hinna said muckle aboot oor twa loons, Sandy and Harold. They thocht it wis great fun flittin' tae Balnamoon, bit fin it cam the first day tae gang tae the skweel, it wis a different maitter, neen o' the twa o' them wintit tae gang, and it wis like that for aboot three weeks. Sandy wid be up in the mornin' sayin', "Dad, I'm shure I cood gie ye a hand wi' yer work the day," and I wid say, "Oh I, so ye cood, bit I micht land in the jile if ye dinna gang tae the skweel." Weel, it cairret on like this for a file, tull this nicht Sandy cam' hame in a hurry, he cam' oot tae faur I wis workin', I kent he wis wrocht up aboot something, bit I cairrit on workin'. Aa at aince he says, "Dad, ye dinna ken fit happened at the skweel the day." I says, "Na, I dinna, ir ye gaun tae tell me." He says, "Oh aye, I'll tell ye, I wis pickit for the skweel fitba' team the day." So this wis fit aa the excitement wis aboot, so I spiered at him if he wintit tae play in the team. I kent it wis a daft thing tae spier, and he says, "Oh aye, and mair than that, the teacher telt me tae spier at ye if I cood gang back and practise at the fitba' pitch the nicht?" I says, "Oh aye," I minded fin I used tae play in the skweel fitba' team at Lourenkirk, naewey wis I gaun tae stop him fae gaun. And that wis the feenish o' him nae wintin tae gang tae the skweel, and he gaed a lot up the road tae the fitba' pitch aifter that. Harold, he took a lot longer tae settle in, in fact, he didna settle doon tae the skweel at Cyaak tull aifter the summer holidays.

There wis ae thing that we missed affa aifter we gaed tae Balnamoon, that wis the supply o' fresh fish that we got fae Gurdon at Tillygrain. The wife fund oot that the chipper mannie files selt fresh fish, and ilka Wednesday he got yalla fish sent wi' the bus fae the Broch, so she plaiced a weeekly order wi'him for yalla fish, and Sandy wid tak'it hame wi' him fae the skweel. There wis ae nicht he wis comin' hame on his bike, the fish wis rowed up in butter paper and newspaper on the ootside, he hid the fish buttoned intae the inside o' his jaicket. He wis caperin' aboot wi' George Greig and their bikes, fin the fish slippet oot o' his jaicket, oot o' the newspaper and landed on the road, and afore they cood stop, they baith gaed ower the heid's o' the fish wi' their bikes. Michty, fit a sotter the fish wis in, fit wir they tae dae noo? They baith laid doon their bikes, lookit at the fish, George says, "Ye canna tak' that hame tae yer mither in a soss like that." "Oh," says Sandy, "I'll hae tae tak' it hame, it's supposed tae be oor supper the nicht." "Aricht," says George, "I ken fit we'll dae." Weel, he cleaned the fish the best wey he cood, the butter paper wis in ribbons, bit he took the butter paper off the fish he hid and rowed the hale lot inside a newspaper, syne he rowed his ain fish in a newspaper withoot butter paper and says, "Noo, Sandy, that'll mak' yer fish look better, I juist hope my mither disna see onything wrang wi hers." And fin Sandy handed ower the fish tull's mither, she opened the parcel, she says, "Goad, fit's the chipper mannie thinkin' aboot the nicht, that's affa fish he's gien ye, their broken up intae a hunner bits." Sandy, he says, "Weel mam, that's juist the wey I got the parcel, I ken naething aboot it." Weel, she washed the fish, she hid a gie job gettin' them richt clean, bit aifter they wir fried they tasted richt fine, and it wis a lang time aifter that ir we wir telt the richts and wrang aboot the fish. And as for George Greig, weel it wis throo him and Sandy bein' freens that the wife and me got freendly wi' Mr and Mrs George Greig, a freendship that wis tae laist for mony a lang year.

Durin' this time, I'd been back at the mairt at Maud. I bocht anither float load o' nowt for grazin', and I gaed in tae the bank tae see the manager, and tae see aboot an accident insurance. The manager introduced me tae an agent for the Royal Insurance and left us thegither in a sma' roomie at the bank. It wis een o' thae days that I wis wheezin' wi' my asthma, so he says, "Mr Smith, does yer asthma bother you a lot?" I says, "Oh weel, juist aff an' on, bit it's nae aften I canna work ower the heid's o'd." He lookit worried kine, I thinks tae mesel, 'Goad, that's nae tae keep me fae gettin' an accident insurance policy,' hooiver, he asked me a lot o' questions and rote my answers doon on a form. Een o' the things he rote doon on the form wis aboot my asthma, syne I hid tae sine it and he says, "Well, that's all just now, Mr Smith, you'll hear from us in due course." Twa/three days aifter that, I got a letter fae them sayin', 'It is with regret that we have to inform you we cannot accept your proposal for an accident insurance policy.' Michty me, I thinks tae mesel, fit wey wid asthma gaur me hae an accident. I thocht, naewey wid asthma cause me tae hae a broken leg, or maybe a broken airm, or something like that. I wisna plaised aboot it, and nether wis the wife fin I telt her, for we baith thocht I wid be better wi' accident insurance cover. A filey aifter that the Prudential mannie cam' inaboot. The wife and me, we baith hid a sma' life insurance wi' him and he cam' ilka month for't. Weel, I mentioned it tae him that I wis needin' accident insurance, I took care nae tae mention the Royal Insurance, and he says, "Oh, that'll be aricht, Mr Smith, I hiv a form here wi's, we'll fill it up and ye kin sine it." So the form wis completed. To the question, 'Do you have any other ailments?" I says, "Oh aye, I hiv attacks o' asthma files, bit it disna stop me fae workin'." Wale, that wis putten doon and wis accepted. And aifter that, the local secretary of the Fairmer's Union, he cam in aboot, I hid my car insurance wi' them and anither policy coverin' my implements and my stock. The car insurance wis aricht, bit the ither een wis hine oot o' date, kis wi' us shiftin' fae Tillygrain tae Balnamoon, we noo hid an affa lot mair implements and stock baith. So the twa o's sat doon at the kitchen table and it took the twa o's aboot an oor tae sort it oot. Syne, I telt him aboot the Royal and the Prudential. "Oh," he says, "If I hid kent aboot that, I widv'e been here seener, I cood've gien ye a gweed quote for an accident insurance." So that wis my insurances up tae date for anither year, bit sittin' at the fireside that nicht, I minded back tae the time I wis saxteen, and Wull McLeay fae Fettercairn widna gie's an insurance caird ower the heid's o' my asthma and the Prudential took me on at that time. Weel, tae me this wis like history repeatin' itsel' twenty-five year on, wi' the Prudential takin' me on again. Of coorse, I must admit, fin the mannie fae the Royal wis fullin' up his form, my breathin' wis juist a hoarse whazzle, and fin the Prudential mannie wis fullin' up his een, my breathin' wis fine and clear.

That nicht, the wife and me sat doon and hid a think aboot hoo we wir gettin' on. It wis aboot twa month noo since we flittit in, a lot o' work hid been deen aboot the hoose, tho I hidna feenished the paperin' yet, the tatties and the neeps wir lookin' weel, I hid a lot o' peats castin' doon in the moss. Weel, I thocht it wis a lot, bit my neebors wir ayie tellin's I didna hae eneuch. The nowt I hid bocht wir dee'in richt weel, there wis a fine close boddam in maist o' the girss, bit the young girss wisna dee'in weel, so I let it oot for grazin'. I thocht that fit I got for the grazin' wid buy a puckle hey at the back-end o' the year. So I thocht I wid cast anither bank o' peats, that wid mak' shure we hid eneuch fire for aa winter. Syne I wid hae tae see aboot gettin' the windmill up if we wir tae hae electric licht afore winter, and the rest o' the time up tae hairst, cood be used for fencin', road repairin' and sic like.

And then the wife says, "Fit aboot oor watter supply, there's niver ony sine o' it gaun aheid, ye'd hiv thocht the estate wid be dee'in something aboot it ir this time." So I rote a letter tae the factor that nicht, spierin' fit wis causin' the delay, litten him ken that we wir ferr fed-up wi' cairryin' watter. I didna get a reply tae that letter, bit the factor turned up himsel' a fortnicht aifter that. First he says, "He was inaboot tae see the improvements tae the fairmhoose." Bi gweed luck I hid the paperin' feenished and the wife hid the widwork a' pentit in the inside, so the hoose wis lookin' like a new preen. The factor wis ferr impressed wi't and fin he saw that the hoose wis wired for electricity, he says, "Oh, ye're shurely in an affa hurry wi' that job, aren't ye, as far as I know it'll be a few years till you get a supply." So I says tae him, "Oh, bit I have the windmill for a supply, it's juist a twelve volt supply, but it dis fine for licht." Then he says, "I got your letter about the water supply, and I must say this, the way that you and Mrs Smith hiv redd up this plaice, I would like to start right away on the water supply, but I'll be frank with you, the estate can't afford it, the best I can promise is that the job wil be carried out next summer." This certainly wis bad news for's, we wir lookin' forrit tae gettin' the watter intae the hoose and aifter the factor gaed awa', the wife says, "Weel Ake, we ken faur we stand noo, we wir better tae be telt that straucht oot than hing on ayie winnerin' fin it wis tae be deen." "That's maybe richt," I says, "bit that means for anither hale year I'll hae tae bring watter up that brae ilka day wi' the tractor and the sledge."

Up tae this time, oor income hid juist aboot been nil, aa that we hid been sellin' hid been five or sax dizzen aigs and twa/three pund o' butter tae Alfie Johnston fin he cam' inaboot wi' his grocer's van eence a week, so I wis fine plaised fin the wife said tae me ae nicht, "Michty, foo that young hens ir layin', I've a hale box o' aigs for Alfie the morn, they've ferrly come on the lay, they shood keep it up for a gie file noo." "Oh," I says, "that's fine, it's time we wir gettin' in some siller, and mair nor that, thae fower pigs we brocht here, they're ready tae ging awa', they'll bring in a gweed bit, at the same time I dinna think I'll buy ony mair pigs ivnoo, I'll wyte tull we hae corn o' oor ain." "Na, na," she says, "I think ye shood gang tae the mairt and get anither twa young pigs, they'll use up aa the orals and the skimmed milk." So I gaed tae the mairt and bocht twa young pigs, I hid twa secks wi's, so I pit the pigs intae the secks and brocht them hame in the back seat o' the caur. Comin' hame, I hid Sandy Cruickshank in the front sate wi's. He says, "By Goad, lad, yer nae feart, yer caur'll hae an affa stink for a file, and if een o' the piggie's his a pee on the road hame, that'll mak' it waur." Wale, I thocht he wis pu'in my leg, bit shure eneuch, een o' them hid pee'd on the road hame, and fin I took them oot ower the caur, they hid an infernal stink, and the caur, it wis stinkin' like aa that tae, so I left it stannin' wi' the doors open tae lit in the fresh air and lit oot the stink, and I thocht gin nicht the stink wid be aa awa'. Weel, that's fit I thocht, bit the wife thocht different. She'd gin oot throo the aifterneen, gaed ower tae the caur tae see foo the doors wir stannin' open, the stink met her afore she got tae the caur, so she scrubbed oot the back sate o' the caur wi' soap and watter, bit the stink wis ayie there, so she scrubbed it aa ower again, bit this time she hid Jeyes fluid amin the watter. Weel, it wis a cheenge o' aa stink noo. And fin I gaed in tae my supper at nicht, she got on tae me something affa, fit wis I dee'in cairtin' hame twa pigs in the caur like that, ye're shurely needin' yer heid lookit, michty, ye widna expect me tae gang fae hame wi' ye in the caur and it stinkin' like that, na, na, dinna lit me see ye dee'in the same thing again. Weel, I didna say onything, I kent if the need arose, I wid dae the same again, bit it didna, for the next caur I hid, hid a fine big boot, mony's the time I cairret young pigs in it, aye and caure as weel.

It wis aboot this time that Granny Massie, Beldie's mither, cam' tae bide wi's for a file, Evelyn wis wi' her tae. Evelyn wis noo forteen, juist a month younger than oor loon Sandy, bit she wisna like Sandy, for he wis lookin' forrit tae the day he cood lave the skweel. Na, na, she hid made up her mind, she wis tae be a teacher, so she wis gaun in for mair learnin'. Noo, Granny Massie hid haen aicht o' a faimly, they hid aa been born in a hoose in the High Street in Cyaak except een, and she hid been oot o' the district for mair than thirty years. Weel, she wis juist in her glory, she wisna lang ir she wis pintin' oot the bits o' the moss faur she'd wrocht spreadin' and settin' peats for fowk, aye and files nae gettin' peyed for't aifter her hard work. In the forenins, she paraded aboot Balnamoon, it wisna lang ir she telt me I'd made a gie gweed job in takin' oot my peats, she wid like richt fine tae gie's a hand fin we wir cairtin' the peats hame and biggin' them intae a stack. Syne, she gaed ower the hill ae forenin, she cam' back and says tae me, "Michty, Ake Smith, hiv ye nae snares? Fin I wis ower the hill the day, I saw a lot o' ribbits, aye and twa pheasants forbye, foo hiv ye no bein' snarin' them?" "Ach, Granny," I says, "I hinna haen time for that, I'll get roond tult aince the nichts get darker." Bit that nicht she gaed awa' wi' a twa/three snares and the next mornin' she hid twa ribbits, so we hid stewed ribbit tae wir denner aifter that, michty, it wis richt fine wi' a doh ball. And in the aifterns, Granny Massie wis niver at hame, she wis ayie awa' seein' some o' her auld cronies. Ye see, she wis affa acquaint wi' oor postie, Fred Smith, she hid a news wi' him ilka day fin he cam' inaboot, and he wis ayie tellin' her aboot sic and sic and hoo abody wis spierin' for her, and she wid say, "Oh, I'll better gang and see her (or them) sometime tae." It cam' tae a heid ae day, she'd been wi's aboot a fortnicht ir this time, fin Beldie said tull her, "Goad mam, it wisna Ake and me ye cam' tae see, it's a' that auld cronies o' yours. In the forenins ye wander aboot the fairm, ye tak yer brakfast and we dinna see ye tull dennertime, syne ye ging awa' tae see somebody and we dinna see ye again tull bedtime. Ye ken, ye hinna spent a day in the hoose here since ye cam', bit I can see yer ferr enjoyin't, so juist cairry on as yer dee'in." Weel, she bade anither week, and durin' that week some o' her freens and relations cam' tae see's at Balnamoon, and that's the wey I cam' tae ken some o' the fowk fae Cyaak. Twa o' this fowk she brocht inaboot wis Dod Finnie and Sunnie Innes, they wir hauf brithers and bade wi' auld Sunnie Innes at 1 Low Street, Cyaak, they wir connected somewey or ither throo mairriage wi' Granny Massie. Dod Finnie wis a mason's labourer wi' Cheyne, bit Sunnie Innes wis affa bathered wi' his breathin', he didna hae a steady job. His fader, auld Sunnie Innes, kept twa/three stirks and some sheep on the village lands he rented aff the estate and Sunnie jnr, lookit aifter them. That twa lads helpit us a lot the first twa/three years we wir at Balnamoon. There wis a younger brither Jim, bit I didna come in contact wi' him for a filey aifter that. Weel, aifter she left, a puckle mair o' oor freens and relations fae aboot Kincardineshire cam' tae visit us, some cam' be caur and some cam' bi bus. Simpson's o' Rosehearty ran a daily service fae Aiberdeen at that time. They nearly aa bade a nicht or twa wi's fin they cam'. They wir ferr teen up wi' the peat moss and wir aa in the same opinion, they aa thocht I wis needin' my heid lookit at for takin' an orra-lookin' plaice like this, awa' at the back o' beyond. We wir fine plaised tae see them aa, the only thing wis there wis sae muckle work tae dae, I wisna fit tae spend ower muckle time wi' them.

Summer wis wearin' bye, the loons wir awa' back tae the skweel, and hairst wis comin on. I wis sitten readin' the paper ae nicht, fin I hid tae shift ower nearer the windae kis it wis gettin' dark, and the wife, she says, "Oh aye, there's nae sine o' ye pitten up that windmill yet, ayie fin I spik tae ye aboot it, ye say, oh aye, i'll dae't the morn, bit the morn niver seems tae come." She hid been narkin' on at me noo, aff and on ferr a month onywey, and I ayie thocht there wis something else sairer needin' tae be deen. I wis lookin' doon the agricultural sales column fin my een landed on this small generator and engine for sale. This gaured me tak' anither look, the advert said 'Small generator and engine, twenty four volt, with storage batteries, in good condition, and capable of supplyin' electricity to a small farm or croft. Can be seen workin' at Laird's, Greenspeck, New Pitsligo.' I shouted tae the wife, come and see this, so I lit her see the advert, and I says, "This wid be an affa lot better than the windmill, we widna be dependin' on the wind onywey." "Oh," she says, "Wull that be affa dear, Ake, dae ye think we kin afford it?" She wis ayie the same, feart we widna manage tae pey something. "Ach aye," I says, of coorse we'll manage tae afford it, I'll gang tae Greenspeck the morn, I'll spier tae see it workin' and if is seems aricht and nae ower dear, I'll buy it." I'd been haen my doots aboot the windmill, tho it workit aricht at Tillygrain, it michtna work here, kis the hoose wis twice as big here and the steadin' aboot three times as big.

In my ain mind, I hid planned tae licht the hoose only wi' the windmill, and work awa' wi' lanterns in the steadin', till we got a supply fae the Hydro-Electric Board. So, next mornin' I set aff wi' the caur tae Greenspeck, on the road there I stoppit at Tinny Milne's and spiered if he kent onything aboot the electric plant at Greenspeck. "Oh aye," he says, "It wis me fit pit it in, it's juist twa year auld and shood be in gweed order." I hid been at Greenspeck twice afore, ye see they kept a bull, and I hid been there wi' baith my coos. Weel, I telt Patty Laird I wid like tae see the electric plant workin'. "Oh," he says, "That's aricht," syne he telt me the wey they wir sell'int. Fin the

mannie fae the Hydro-Electric Board wis roond,they decided they wid tak'
a supply fae the Board richt awa', even tho they hid sae much tae pey. 'Ye
see, Ake," he says, "the power lines gang close by here, so we winna hae sae
much tae pey." So, I bocht the plant, got it hame that aifternin, got it fixed
up in the wash-hoose, next tae the hoose, and within twa days we hid the
hoose aa lichted up. And the next time Sunnie Innes wis inaboot and saw
the electric plant goin', he says, "Ake, ye shood get the steadin' wired tae,
it disna hae tae bi deen ivnoo up tae Hydro Board standard, ye cood use up
aa that second-hand wirin' ye hiv lyin' here, it wid dae fine for a file, and
my younger brither Jim'll pit it in for ye."Weel, that's fit I did, bit it wis aifter
hairst ir it wis deen. The wife wis usin' a lantern tae milk the coos afore it
wis feenished, and I got Jim Innes tae dae the job for's. That electric plant
supplied us wi' licht richt up tae 1955 fin we got in the Hydro-Board supply.
It wis nae bather ava, apairt fae haen tae be run for a file ilka day.

Ilka day it wis rainin' throo the summer. I hid been slavin' inside the steadin'
sweepin' doon the cobwebs oot amin the couples, or limewashin' the wa's,
it wis some job I kin tell ye. I dinna think it hid been deen for years. The
byre wis warst, ye cood hairdly see the couples for cobwebs, thon lang, black
strangly kind, and fin the sun wis shinin', the licht juist filtered doon throo
the cobwebs and in tae the byre. Fred Smith, the postie, cam' intae the byre
ae day I wis workin' in't, "Good Goad, Ake Smith," he says, "Jake Wull widna
ken this plaice again if he saw'd." Ah weel, I hid the hale plaice spic and span
afore hairst, I even hid the cassie steens pickit clean in the stable and the byre.
I dinna think the dirt atween the cassie steens hid seen the licht o' day for
a gie lang time.

Ae day at the mairt at Maud, Alex Bell cam' inaboot tull's, he says, "Ye'll
hae tae get yer crap valued some o' thae days." "Oh aye," I says, "it's juist
aboot ready for hairstin." So, he says, "Ach, I'll come in aboot and hae a
look at it, and I'll get in touch wi' Mr Fotheringham fae Lourenkirk and get
the job bye-hand." I wis sortin' a palin' ae day aifter that, fin I saw this caur
comin' in aboot, this wis Alex Bell and he hid Sandy Fotheringhsm wi' him.
Alex Bell says, "Oh, we've come tae dae the valuations, jump inower and I'll
tak' ye doon tae the steadin." "Oh," I says, "I thocht ye wir comin' tae hae
a look at the crap first tae see if it wis ready." "Na, na," says Alex Bell, "I
juist gaed hame thon nicht fae Maud and phoned Mr Fotheringham here,
I telt him it wis ready, so here we are." Weel, I thocht tae mesel, fit's Alex
Bell needin' tae tak' me wi' them for, the twa o' them wid manage fine withoot
me, bit I seen fund oot, for he says fin we landed in the close, "Noo Ake
Smith, ye'll juist awa' and yoke yer tractor and bogie for there's nae wey I'm
gaun tae wauk tae aa thae parks."

So I startit the tractor, yokit it tae the bogie, I wis noo ready tae tak' them
tae see the corn parks. Weel, Sandy Fotheringham, he loupit inower the bogie,
bit Alex Bell, I hid tae gang and get a box for him tae stand on afore he cood
gang inower the bogie, so we set aff, wi' Alex Bell sittin' on the bogie wi'
his legs hingin' ootower. And fin we cam' tae the first park o' corn, he

widna come ootower. He says tae me, "Na, na, juist you open the gate, gang doon throo amin the corn wi' the tractor for a gweed bit and come back." This happened in ilka park, they nattered back and fore tae een anither. I wis sittin' on the tractor wi' the engine rinnin', I didna hear a wird fit wis bein' said, so I wisna ony the wiser, bit that wis the valuation bye o' the crap I hid tae pey Jake Wull for. Afore they gaed awa', Alex Bell says tae me, "Noo, we've agreed on the amount o' corn ye hiv tae pey for, bit we canna tell ye hoo much ye'll hae tae pey tull the Feer's prices are set in Mairch neist year," and he gaed on, "meantime, I'll mak' ye oot a list o' a' the parks wi' corn, I'll send it tae Mr Fotheringham to check, syne he'll send it to you, and we've agreed that you pay Mr Wull twa hunner and fifty pounds at Martinmass and the remainder on the first of April neist, after the Feer's prices have been struck." So they gaed awa', and I wis free tae start and hairst the crap ony time I liket, I cood treat it as my ain noo.

The day aifter that, I startit tae rade the roads, I thocht I wid work awa' mesel for a file, bit Sunnie Innes hid promised tae be hairst man tull's. Weel, the postie telt him I wis startit, and he cam' inaboot nae neen plaised kis I hid startit withoot him. I says, "Oh aricht, ye kin juist start and gaither ahint me scythin' than." We got on grand, wi' me sittin' on the tractor and him on the binder. Fin Sandy cam' hame from the skweel he gaed on the tractor, he ferr liket that job, and that lut me get on wi' the stookin'. There wis juist aboot twa acre o' Onward Oats. It wis stannin' and fine tae han'le, bit the rest o the corn wis the auld-fashioned Gordon Oats, it grew a lot o' strae and files gie twisted. Weel, it wis a bit o' a trauchle, the auld binder nott aa its time tae han'le it, sometimes fin we cam' tae a gie twisted, bit I wid hae Sunnie Innes on the binder, Sandy on the tractor and me rinnin' ahint pullin' the sheaves awa' fae the binder. We got a kinda hauf decent wether, and in aboot ten days time, it wis aa cuttit and stookit. And fin we startit tae lead, fit a spik it caused, ye see, I biggit it intae the stacks, juist as I hid been learnt tae dae in Kincardine, straucht up tae the aisin', syne start tae heid the stacks richt up tull a pint. The postie wis the first body tae say onything aboot it. He says, "Goad, Ake Smith, div ye think ye'll keep yer rucks dry like that." "They're affa like things onywey," he says, and the spik gaed roond aboot this new mannie didna ken hoo tae big his rucks richt, he wid seen fin oot, thae kine o' rucks wis aricht in the sheltered howes o' Kincardineshire, bit they widna dae ava here. And the spik got waur aince I hid them thackit, for I pulled the thack richt up and tied the ends intae a ballie wi a bit o' binder tow. The fowk wir shure the first gale o' wind that cam', the heids wid be aa bla'in aff. Bit that didna happen aither, and I think some fowk wir gie disappintit.

Syne, we hid the tatties tae lift, tho it wis haufwey throo Mey ir we got them plantit, they hid deen gie weel. Throo the summer I hid rogued them and got them passed Grade A, and I wis lookin' forrit tae gettin' a gweed bit fin I selt them. Sunnie Innes, he coodna tak' it in, juist fancy me thinkin' that the wife and me and the twa loons wid manage tae lift twa acres o' tatties. He says, "I'll come and gie ye a hand fin I can." "Oh," I says, "that's fine, we'll keep a coont o' yer oors and ye'll be peyed bi the oor." Bit ayie he shook his heid aboot it, he didna believe we wid dae't. Ae day he wis layin' aff his chest tae the wife aboot it, she says, "Ach, awa' min, Ake and me, we've wrocht a lot amin tatties, we'll lit ye see we kin dae't." So, on the Setterday, aifter the loons got their weeks tattie holidays, we startit tae lift the tatties. The tractor wis pullin' the tattie-digger, bit it wis niver switched ower tae paraffin, it ran on petrol aa the time. It wis maybe a bittie dearer this wey, bit it meant ye cood stop the tractor and it wis ayie ready tae start. Fin Sunnie Innes wis there, he drove the tractor, and fin he wisna, Sandy managed it aifter I startit it. The horse and cairt gaed back and fore as we gaithered the tatties, and fin the cairt wis full, I took it up the brae and coupit the tatties intil a pit aside the steadin'. Day aifter day, we did this, startin' at aicht o'clock, stoppin' for oor denner, syne workin' tull hauf past fower, that gied me time tae hap the tatties wi' sprots and earth afore suppertime. Ae day a traiveller cam' inaboot. He says, "I'm fae Ogston's o' the Fintry Mills, we buy and sell a'thing in the fairmin' line." I wis busy at the tattie pit fin he cam inaboot, so I says, "Ye ken mak' me an offer for this tatties than?" "Oh," says he, "Fit ir they? They look like Majestic tae me," and fin I said, "Oh, bit they are Majestic". He says, "Goad, they're richt healthy tatties, mair than that, they're near aa seed size," and he gaed on, "Michty, Mr Smith, it's an affa peety they're nae certified." "Oh," bit I says, "they are certified, I hiv a Grade A certificate for them." Aa at aince he cockit his lugs. "Oh," he says, "I'm ferr interested noo, kin I see the certificate?" Weel, I gaed tae the hoose for the certificate, he lookit at it and says, "Ir ye keen tae sell them ivnoo?" and fin I says, "Oh aye, that's fit I grew them for, tae get a bit o' cash afore I hid tae pey my grain valuations."

"Lave it tae me then," he says, and neist day at dennertime, a man cam' inaboot. He hid a fancy caur, bit he wis juist in his workin' claes, he says tae me, "I'm Mr Pittendrigh, I hiv a fairm nae faur fae the Broch, Mr Gordon wis tellin' me ye hiv some first class Majestic seed tatties yer wintin' tae sell, wid ye gie me a look at them?" "Michty aye," I says, "ferrly that," and I took him ower tae the tattie pit. First I opened up the end o' the pit, it wis juist happit wi thack onywey, syne I opened up a bit aboot haufwey alang the pit, so's he cood see the rest o' them wis the same. He hid a gweed look at the tatties, syne he says, "Faur did ye learn tae han'le tatties, there's naebody roond aboot here wid pit tatties in a pit like that, there must be aboot a ton tae the yaird in that pit." I says, "Oh aye, that's richt eneuch, bit I wrocht a lot amin tatties in KIncardine afore I cam' here, and that's the wey they pittit their tatties there." "Mair nor that he says, "There's hardly ony ware tatties amin them, they're near aa seed size, bit yer wintin' tae sell them ivnoo are ye?" And fin I said, "Oh aye, I wid like tae sell them ivnoo, I'm needin' the money shortly." He says, "Foo mony wid ye hae tae sell?" I says, "Oh, I think there wid be aboot ten tons." He says, "Wale, if I gied ye a cheque for..... ivnoo, and the rest fin I got them in April, wid ye be prepared tae look aifter them aa winter and keep the frost awa' fae them. I kin see ye ken fit yer daen wi' tatties, I wid be prepared tae tak' the risk." Weel, this gaured me think, nae doot I wid get a bit mair gin April, bit I wid hae tae hap them up gie weel tae keep oot the frost, and that meant mair hard work. At the same time, this cheque wid gang a lang wey tae pey Mr Wull the £250 I wis due him at Martinmass for the corn crap, so I says, "Aricht, that'll dae fine." He rote oot the cheque, handed it ower, and we shook hands on the deal, and afore he gaed awa', he says, "I dinna think ye'll iver regret makin' this deal.

It wis juist aifter that I took the best o' the nowt I hid bocht in fin I gaed there tae Maud tae be selt in the store ring. They selt gie weel, and I wis fine plaised wi mesel'. I gaed throo tae the ither ring, bocht some spent caure and wannered back intae the store ring. There wis fower reed and fite stirks in the ring, there's nae doot bit fit their mithers hid been Ayrshire coos, bit they wir gie strong beened and they cairrit the cauf subsidy. Jake Webster, the auctioneer, wis tryin' tae sell them, he wis stuck at forteen pounds ten shillings, so I pit in a bid and got them for fifteen pound. There wis a bit o' snicker gaed roond the ring fin they wir nockit oot tae me, and this mannie cam' inaboot tull's and he says tae me, "I winner at ye buyin' that lot, I think they're pure Ayrshire stirks, ye'll hae a job pitten beef on tae them." And aifter we hid newsed awa' for a file, he says, "I'm Geordie Greig fae Grassiehill, it' my loon fit's freendly wi' your loon at the skweel, fit aboot comin' inby on the road hame the day and meet the wife?" So I says, "Aricht, I kin dae that, bit I canna bide lang, ye see, I'll hae tae be hame afore the nowt I've bocht." Syne, Jake Webster, the auctioneer, cam' tull's. He says, "Fit wey did ye buy thae Ayrshire stirks, Goad, thae winna dae weel wi ye, and mair nor that, I dinna think the inspector'll pass them for the cauf subsidy." "Och," I says, "I'll keep them tull this time neist year and I'll bring them back here." "Weel," says Jack Webster, "ye kin plaise yersel', bit I dinna wint them back intae my ring, I dinna like tae sell that kind for beef stores," and I cood see he wis in earnest and didna wint them back.

I gaed inby Grassiehill on the road hame that day, and met Mrs Greig, she made me affa welcome and gaed and made a flycup tull's, and afore I left, she says, "Dinna be ower lang ir ye came back and be shure tae bring Mrs Smith and the twa loons wi' ye." And fin I gaed hame and telt the wife, she says, "Oh, that's affa fine, we cood aisy gang ower on Setterday nicht." So, Sandy wis pitten awa' wi' his bike tae see if it wid be aricht for Setterday. That wis the first time we visited Grassiehill, and we gaed back and fore tae een anither for a lang time. We fund oot they hid fower o' a faimly, George, he wis auldest, syne June, then Gordon and Millicent, she wis juist the bairn and I sat and nursed her on my knee for a while that nicht.

The nowt wis aa' inside for the winter noo. I hid the twa coos tied up in ae sta' o' the byre, and ither aichteen stirks in the rest o' the sta's. The horse nott ae sta' in the stable and I hid ither fower stirks in the ither twa sta's, and twa caure in anither neuk o' the stable. They wir bein' fed on milk equivalent oot o' a pail. And across fae the stable wis anither auld hoose, I hid the fower Ayrshire stirks in there. Weel, een o' the young caure took the cauld and startit tae scoor, so I hid tae send fo rthe vet. The vet cam' inaboot, his name wis Mr Cumming. He took a look at the caure, and said tae me I wisna lookin' aifter them richt, and he didna winner neen at that, juist fancy the like o' me comin' fae the rich land o' Kincardine on tull a cauldrive windswept scabbard o' a plaice like this, fit wey wid I ken hoo tae fairm here. Aifter that I got a lay-aff fae him hoo tae look aifter young stock, be shure tae gie them plenty beddin' and keep them oot o' drauchts, feed them weel, and gie yer caufs this medicine and it'll come aricht. Syne I says tull him, "Hae a look at this fower reed and fite stirks, I wid like ye tae de-horn them." Finiver he saw them he says, "Fit gaured ye buy thae stirks, Goad, ye'll niver come oot wi' them." And I'm thinkin' tae mesel, here's the vet noo criticisin' me for buyin' thae stirks aifter aa the ither fowk forbye, I hid shurely made a mistak' here. Weel, he agreed tae come back the neist day and de-horn them, as he didna hae the equipment wi' him tae dae the job. And that's the wey I met Mr Cumming the vet, it wis a gie dower kind o' a meetin', we wirna neen civil tae een anither. He telt me a file aifter he didna think he wid be socht back, bit him and his pairtners wir vets tae me for twenty-twa years aifter that.

For thrashin' at Balnamoon, there wis a richt auld-fashioned mull bigget intae the barn, driven bi a 6 H.P. oil engine, and there wis elevators for takin' the corn up intae a laft, faur it gaed ower a riddle tae tak' the seeconds oot, so it feenished up wi' a gweed sample o' corn, and oot o' this laft wis a spoot that gaed doon intae a fower inch bruiser sittin' in the engine shed. It wis maybe a sma' bruiser, bit michty it wis a richt worker', so ilka day we hid a thrash, the seeconds wir pitten throo the bruiser, alang wi' some o' the gweed corn and fed tae the cattle as it wis needit. Sunnie Innes, the wife and me, we managed the thrashin' fine, and if it wis a fine day, the shafe end o' the barn wis fulled, aa ready for the neist thrash. And ilka day, fin we fulled the barn wi' shaves, Sunnie Innes coodna get ower'd, he thicht like a lot o' ither fowk that I wid watter the stacks (or rucks), bit niver a weet shafe did he see, and he gaed hame tae Cyaak and newsed aboot it, neen o' them cood understand fit wey I managed tae keep them dry.

It wis aboot this time we had a visit fae Harry Massie. Harry wis a retired shepherd, and he bade in the neeberin' craft throo the moss fae Balnamoon. He kept a coo, some hens, brocht up some caure and some yowes on the craft. Mair nor that, he hid a sheep dipper on the craft, and puckles o' the fowk fae Cyaak gaed there tae get their sheep dippet. I met him in the close and the twa o's stood and newsed a file, fin the wife cam oot and says, "Dinna stand there, I hiv a flycup ready, come awa' in and get it." We wirna lang inside fin he startit tae spik aboot sheep, and I wis tae learn in the future finiver ye met Harry, the conversation wid be aboot sheep, of coorse, wi' him bein' a retired shepherd, fit ither cood ye expect. He says, "Ake Smith, I dinna ken foo ye hinna a puckle sheep hame and on tae that rock grun. Michty, a puckle auld Shetland yowes wid dae richt weel on there. Ir ye tae be like the laist fairmer and nae dae naething wi't bar cast yer peats affint." I asys, "Oh, I hiv thocht aboot it, bit ye see it's nae fenced, and it wid cost a gie bittie tae fence that for sheep. I hiv been roond aboot it, it wid need aboot a mile o' fence athegither, and that's nae coontin' the fence atween the rock grun and the arable land, and of coorse, there's nae sheep fencin' on the arable land aither." "Weel," he says, "I hiv a freen tak's in a flock aff the hill for winterin' ilka year, wid ye lit him on tult the time o' sna' wi' his flock? They wid live there for aboot a week at a time, and he cood aisy use yer quarry park for the flock fin they wir passin', they wid lie there a'nicht, ye'll get weel peyed for't, and mair nor that, the sheep will lave their muck ahint tae manure the grun." And athegither that winter I got aboot thirty pound for litten the sheep on tae the roch grun the time o' the sna', and the shepherd telt's, it wid be a lot better neist year aince the sheep's muck startit tae tak' effect.

It wis noo past the Martinmass Term, this wis fan I wis supposed tae pey Jake Wull £250 as first instalment for the corn crap, bit I niver got official confirmation that I hid tae pey'd, so I phoned Sandy Fotheringham at Lourenkirk, him that represented me at the valuations, and spiered at him fit I shood dae. He says, "Alex, ye dinna dae onything, Alex Bell shood've sent me the details o' the agreement for me tae sine and send on tae you, notifyin' you that this £250 is now due to be peyed, weel, he hisna deen this, and I winna seek it, so dinna you worry, it'll be their loss, juist you forget aboot it tull yer notified, and dinna worry." So that's fit I did and ye'll hear mair aboot this later on.

CHAPTER 3

"Sellin' Gordon Oats"

Wi' us thrashin' the corn wi' the inside mull, the grain laft wis gettin' gie near fulled wi corn. I thocht I hid aboot twenty quarters in't, something wid hae tae be deen wi't. Tae my experienced e'e, it lookit juist like sheelacks, and nae worth a lot. I gaed awa' tae Maud the neist Wednesday tae see if I cood get onybody tae buy the corn. It wis gaun throo my heid I wid be lucky tae get somebody tae tak' it aff mi hands. Weel, I wisna lang there fin Gordon fae the Fintry Mulls cam' inaboot tull's, and aifter we'd passed the time o' day wi' een anither, he says, "Ir ye needin' onything the day, Alex?" Ye see, fae the first day he cam' inaboot, he'd been tryin' me tae buy the feedin' stuffs I needit for the hens and the pigs fae him, and nae juist him, there wis Bill Sinclair fae Wilson's o' Aiberdeen, and a twa/three mair forby, they wir aa keen tae sell's feedin' stuffs. Bit ye see, fin I gaed tae Balnamoon, i'd startit dealin' wi' Silcocks, and as lang as I got a square deal fae them, I widna cheenge. So I says tae Gordon, "Na, I'm nae seekin' tae buy onything the day, the beet's on the ither fit, I wid like tae sell some corn the day, wid ye like tae hae a look at it?" Oh, it wis a different story noo, aa at eence he wisna sae newsy, he wisna sae interested in me noo, and aa he wid say wis that he wid hae tae think aboot it, bit I widna gie in, I says, "Weel, ir ye gaun tae come and see't?" So, in an off hand wey, he says, "Foo much wid ye hae tae gang awa'?" "Oh," I says, "there wid be aboot twenty quarters." "Twenty quarters," he says, "Michty, that's juist three tons, ye wid need tae hae thirty quarters tae mak' it worth oor file pitten a larry inaboot for't." "Ach weel," I says, "forget aboot it, I'll try some ither body wi't," and I made tae move awa' fin he says in an afftakin' kind o' a wey, "Fit kine o' corn is't ye hiv?" "Oh," I says, "it's Gordon Oats, and nae a gweed sample at that." He turned roond and lookit at's, he says, "Did ye say Gordon Oats?" I says, "oh aye, that's fit I said, dis it mak' ony odds?" And he says, "Michty aye, hiv ye a lot o' that corn tae thrash yet?" And fin I said I hid a gweed lot tae thrash , he says, "Aricht, I'll be inby on the road hame tae see this corn."
   Weel, he turned up aboot fower o'clock. The twa o's gaed tae the corn laft and the first thing he said wis, "Goad Ake, ye've made a richt job o' hairstin' that corn," then he said, "that auld mull's made a richt job o' dressin' the corn." Syne, he shoved his airm aa it's length intae the heap and said

tae me, "Ye shurely hinna bein' feedin' that corn tae yer cattle hiv ye, kis if ye hiv, ye dinna ken fit yer dee'in, that corn's ower gweed for stock feed." "Och," I says, "that's juist fit I've been dee'in, for it juist looks like sheelecks tae me." "Goad," he says, "ye dinna ken fit yer speakin' aboot." Syne, he yokit tae tell me that Gordon wis een o' the strains o' the richt auld farrant corns, and noo canna be gotten, and aa this time I wis thinkin' tae mesel', fit dis he tak' me for, I'm shure he's pullin' my leg, bit na, for he gaed on, "I'm needin' this corn tae sell as seed, I canna tell ye the nicht fit ye'll get for't, bit I kin guarantee yell get een and a hauf times as much as ye'd get for feedin' oats." Syne, we gaed up tae the cornyaird, and he says, "Noo, fit aboot gettin' the traivellin' mull inaboot and thrash the rest o'd, I'll buy the hale lot aff ye for seed." So it wis arranged he wid send me bags neist day tae hud the corn lyin' in the laft and he wid see it wid be shifted oot o' mi road richt awa', the rest tae be lifted finiver I got it thrashed, and as for the price, he wid spik tull his boss the nicht and be in aboot the morn's mornin' tae tell me fit they wid pey me for't. Weel, I niver fund oot fit wis special aboot Gordon Oats, bit I ken this, ye only got aboot hauf the wecht o' grain aff a crap o' it compared tae some o' thae modern varieties, nae doot ye got a lot o' strae, bit it wis a trauchle tae hairst, so I didna gruw ony mair o'd. I thrashed the hale lot oot afore the New Year, got a fancy price for't and bocht back twa tons o' seconds at hauf the price, tae feed the nowt wi', so I wis fine plaised.

It wis juist aifter the New Year I fund oot fit a richt spootie hole wis. I wis plooin' in the park across fae the steadin', Sandy Cruickie fae Redbog cam' inaboot seekin' the len o' a haimmer for brakin' steens. He says tae me, "Foo ir ye gettin' on amin thae steens?" "Oh," I says, "they're an affa nuisance, bit I'm workin' awa' nae sae bad." "Weel," he says, "ye'll maybe think the steens ir bad, bit juist ye wyte ir ye stick in a spootie hole, ye'll find oot they're waur than the steens. I thocht he wis pullin' my leg and hid a lauch aboot it, bit he says, "Lauch ivnoo if ye like, I ken ye winna lauch fin yer tractor slips intae een." Weel, I didna hae lang tae wyte, comin' awa' fae the fit o' the field ae time, the tractor wheel rinnin' in the furr sunk doon tull the tractor wis restin' on its belly. Fit a predicament I wis in, I didna ken fit tae dae first. Weel, I lowsed aff the ploo and tried the tractor again, bit na, na, it juist seemed tae sink farrer intae the grun, and as faur as I cood see, I wid juist hae tae start and howk the yird oot alow th etractor. So there wis nae ither for't bit gang hame for the spad and get yokit tae howk oot the yird. And I wisna gettin' oot o' the bit, fit wi' the ploo sittin' there ahint the tractor. It wis a double furrer Ransome's trailin' ploo and naewey cood I shift it mesel'.

It wis at this time I saw Alan Hutcheon comin' throo the howe wi' his tractor. He cam' inaboot and says, "Weel Ake, this is a gie predicament yer in, bit dinna fash yersel', we'll seen hae yer tractor oot o' that," so he backit his tractor inaboot tull the ploo, fixed the ploo tull the lift airms o' his tractor wi' a chine and lifted it oot o' the grun and hauled it back oot o' the road. We wirna lang in howkin' the yird oot alow the tractor aifter that, syne we fixed a chine atween his tractor and my een, and it cam' oot o' the hole aifter the back wi' its ain power wi' Alan's tractor ruggin' it. And afore Alan gaed awa' hame, he says, "Noo Ake, the neist time this happens be shure and come and seek a hand, syne I'll ken I kin come and seek ye tae help me." Weel, aa the time I wis at Balnamoon, Alan and me, we helpit een anither fin we got stuck. It wis the same wi' Sandy Cruickshank, him and me, we helpit een anither and a', and I must admit I needit mair help than the ither twa. And the langer I wis there, the mair wary I got o' the saft bits, the spootie holes gaured ye pey attention tae fit ye wis dee'in.

The New Year wis by noo, and wi' me haen that thrash the week afore the New Year, we didna hae tae full the barn and thrash ilka week. It wis an affa lot aisier fullin' the barn wi' strae, in fact, we cood noo tak' in twice as much at ae time, kis we cood full the shafe-end as weel. I hid the muck aa ca'd oot, spread and plooed doon, the tattie grun and a gweed bit o' the ley plooed afore the snaw cam' on aboot the middle o' January. We got a gweed coverin' o' snaw that time, and wi' Balnamoon bein' sae north lyin', it wis a lang time ir it wis gaed awa'. I gaed awa' tae the mairt ae day and hid tae rugg the caur oot tae the road wi' the tractor, kis we hid ower muckle snaw, and on the road tae the mairt I cood see ither fowk gettin' on wi' their plooin, it ferrly gaured me think, did I mak' a mistak' fin I gaed intae Balnamoon. Fin I got tae Maud I met Patty Laird fae Greenspeck, he says, "I may as weel tell ye, Ake, ye winna get the eese o' oor bull again." "Ye see," he says, ""we're jinin' this scheme for eradicatin' T.B. fae oor nowt, and we canna alloo ony beast inaboot the plaice fit hisna passed the test. Of coorse, ye kin ayie get the mannie wi' the hat, he'll dae the job for ye." The mannie wi' the hat, weel that's fit we said fin we wir spikin' aboot the man fae the Milk Marketing Board fa cam' tae artificially inseminate oor coos. This scheme hid been rinnin' for a file, it started amin the diries, bit noo it wis been extended tae tak' in the beef cattle as weel. If I mind richt, the vets wir peyed bi the government for their work, and the fairmer got a peyment per heed after his cattle passed the test. Of coorse, aa this wis deen tae improve the nation's health.

So, I decided tae get mi nowt tested. The first test there wis twa stirks and a coo didna pass, weel they hid tae be selt. Weel, I wis lucky, the coo wis gie near the calvin' and I got them selt in the stirks ring at Maud. The second test, I got them aa passed nae bather, and I got it aa by wi' afore the nowt gaed oot tae the girss, bit there wis juist ae snag, fin ye cam' tae sell yer stirks ye hid tae tak' them tae Aiberdeen, there wis een o' the mairts there set aside for sellin' T.B. free stock. And I hid tae buy anither coo, and some mair caure. They hid tae be bocht oot o' the same mairt, aye and they coodna be mixed in the float wi' beests fit hidna passed the test, so that caused mair expense. It juist gaured ye winner if yer subsidy peyed for aa yer extra expense. The vets, they thocht it wis a grand scheme, nae doot their extra fees cam' in richt handy, bit they said it wis in the national interest kis it wis bound tae improve the nation's health. For a year or twa aifter that, I got the mannie wi' the hat tae service my kye, for aa they chairged, it saved me gaun awa' throo the howe tae Greenspeck wi' a coo tae the bull.

Time wore on, we wir ayie haulin' watter up the brae ilka mornin', wi' the tractor and the sledge. The wife wis ayie gettin' on tull's aboot fan wis we gaun tae get the watter intae the hoose, juist as if I wis tae blame for that. Ae fine day aboot the end o' Mairch, I wis brakin' in the ley for sawin', fin this mannie cam' inaboot, he said he wis here tae get a sample o' oor watter tae get it tested, kis the estate his applied for a grant tae pit a supply intae the fairmhoose and some o' the fields forbye. "Oh," I says, "I'm richt gled tae see ye, we've been lookin' for this tae happen since we cam' here ten months syne." Weel, I took him tae the wall, he took a sample in a sma' bottle and gaed awa', and neist day Sandy Murison cam' inaboot, he hid Tinny Milne wi' him. They spiered at me faur I wintit the watter trochs, there wis tae be een at the stable door and fower throo the parks. They markit aff the foond faur the hoose wis tae be bigged tae hid the engine and the pump, likewise the foond faur the cistern wis tae be bigget on the heid o' the hill, and the plaice faur the septic tank wis tae be sunk. So, it wis aa planned that day, and fin I spiered at Sandy Murison afore he gaed awa' fan they wir tae mak' a start, he says, "Oh, I'll get anither man tae gie's a hand and we'll be inaboot tae dig the tracks.

Fin I gaed intae my supper that nicht, it wis aisy seein' the wife wis fine plaised wi' hersel'. I says, "Fit wey ir ye in sic a gweed humoor the nicht?" "Oh," she says, "they lads ferrly get goin' fin they get yoket, juist fancy a sample o' watter awa' tae be analysised and aa that plannin' deen within twa days. Michty, we'll hae wir watter in juist very shortly." Weel, I didna wint tae disappint her, bit I says, "Noo, noo, dinna coont yer chickens yet, tho Sandy Murison said he wid be back someday, he didna say foo faur awa' someday wis."

And it turned oot tae be true eneuch fit I wis thinkin'. I gaed throo a lot o' work afore they turned up tae dig the tracks. I hid bocht Onward seed corn fae George Greig at Grassiehill and Golden Rain seed corn fae Irvine at Williamslea, naewey wid I saw ony mair o' that Gordon Oats. The seed tatties wir awa' tae that fairmer, and I hid plantit anither twa acre wi' Majestics, they wir plantit in the twa sma' fields roond the back o' the hill. The girss seed wis sawn, the neeps in and huowed, the peats cut and sett, and the hey taen bi hand afore I saw Sandy Murison again. I wis thinkin' tae mesel' ae mornin' as I wis pitten oot the kye, 'It wis gettin' gie near rent day, I wid hae a richt go at the factor aboot oor watter fin I wis peyin' the rent', fin I lookit up the road and there wis Sandy Murison comin' inaboot. He hid Dougal Sangster wi' him and they baith hid a spad and shouder pick tied on tae their bikes. The picks hid been at George Wallace's, the blacksmith, kis they wir fine and sharp. I says tae them, "Oh, ye've turned up at last, hiv ye?" and Sandy Murison says, "Noo, dinna blame me, Ake, I've tried the factor twa/three times tae lits mak' a start, bit he wid niver hear o'd, he ayie said better wyte tull athing's ready tae go aheed so' we winna hae tae stop in the middle o'd." I says, "Dis that mean ye winna stop workin' here tull the hale job's feenished? And he says, "Aye, that's fit I mean, we'll better awa' and mak' a start.

It wis gie back-brakin' work, the shouder picks wir niver hairdly idle. They needit tae be teen tae the blacksmith aboot ilka ither nicht, bit it wis true fit Sandy Murison hid said, "There wid be nae stoppin' and startin' tull the job wis feenished. It wis the same wi' the plumber and Chalmers the mason, they didna haud up the work aither, and fin rent day cam' roond, I didna get a chance tae hae a go at the factor aboot it. Syne, we hid tae get Jock Grant back tae big in the het watter biler at the back o' oor kitchen grate and the plumber tae fix in the watter pipes in the hoose and we wir ready tae try oot oor new watter supply. We cam' tae Balnamoon in Mey, 1951, and it wis noo the first week o' September, 1952, that wis saxteen month we'd haen tae wyte tae get in the watter. We did think at the time we wid need tae wyte twa/three months, bit nae aa that time. Bit the wife wis ferr teen wi' hersel', a sink in the back kitchen and plenty het watter. She hid learned hoo tae keep the fire in anicht wi' peats, so the watter wis ayie het in the mornin'. And up tae that time, finiver the factor wis spoken aboot, she wid say, "Ach, he's a coorse broot o' a mannie that, ye canna believe a wird he says." Bit noo things wir cheenged, she'd gotten in her het watter, the factor wis a decent man noo, and I kent an affa odds, I cood rely on a supply o' watter for the nowt in the parks noo. Of coorse, the engine hid tae be startit ilka day, bit that wis an affa lot aisier than yoken the tractor and takin' watter up the brae ilka mornin'.

Noo, I'll gang back a bittie tull the time I wis spikin aboot peyin' Jake Wull for the corn crap. The Feer's prices wir struck aboot the end o' Mairch. I thocht tae mesel, I'll likely hear aboot haen tae pey for the crap noo, bit na, na, April gaed by and still nae wird aboot it, so I phoned Sandy Fotheringham at Lourenkirk tae see fit wis wrang, "Och," he says, "Alex, dinna ye fash yersel aboot it, I hinna heard a cheep fae Alex Bell, it's up tae him tae notify me, so forget aboot it tull ye hear fae me." Weel, fit mair cood I dae. I thocht Jake Wull wid be blamin' me for nae stumpin' up. It wis twa/three weeks aifter the term, I wis in at Aiberdeen ae Tuesday at the implement sale fin Jake Wull cam' inaboot tull's and accused me o' nae peyin' him fit I wis due for the corn crap. He says tae me, "Good Goad, Ake Smith, ye wis supposed tae pey me twa hunner and fifty pounds at Martinmass last, and the rest o'd at the end o' Mairch fin the Feer's prices wir struck, up tae noo I hinna gotten a bloomin' penny o'd. I'm gaun tae get somebody tae work oot foo much interest yer due me and ye'll hae tae pey it forbye." I says, "Noo, noo Jake Wull, yer barkin' up the wrang tree, ye'll better get on tae yer valuator, Alex Bell, and tell him tae get a move on, kis I've niver got the note demanding peyment, in fact I dinna ken foo much I hiv tae pey ye, div ye ken hoo much it is?" That ferrly nockit the feet fae Jake Wull, he thocht a meenitie, syne he says, "No, I dinna ken foo much yer due me, kis I've niver heard a cheep aboot it, and is it true fit ye say, Alex Bell his niver deen onything aboot it." I says, "Aye, it's true, so if ye wint yer bawbees, you'll better get on tae Alex Bell aboot it." Weel, he left me aifter that, and he hid gin hame and written tae Alex Bell aboot it, kis I got the following letter dated 11/7/52 fae Alex Bell.

ALEXR. A. BELL. F.I.A. (SCOT.)
AUCTIONEER AND VALUATOR
PHONE HEMBIE

Whitewell
Fraserburgh

Alas. Smith Esq
Balnamoon
N. P. ?

11 July 1952

Dear Mr Smith,

Good God You have never paid a bloomin penny for your Crop You were requested to pay £250 last November and the Balance on the 1st of April last. ——

So Mr Fotheringham tells me.

I have a rather sharp letter from Mr John Will. To get his money right now or interest at 6% goes on next week which means £13: 15/- to date.

You had better get your Skates on or Your account will be £487:17/- by the 19th of July and I cannot accept less after that date.

Mighty I had no idea that Mr Will had never got a bob. You better treat this as urgent. Yours faithfully.

Alas. A. Bell.

474 :: 2 "
13 " 15 "
£ 487 · 17

29

Again, I phoned Sandy Fotheringham, and again he advised me not to pay until I got a certified report signed by Mr Bell and himself, the one he sent me before wis juist a copy for my ain benefit. Then I hid a visit fae Alex Bell himsel', he cam' inaboot ae nicht at suppertime, stoppit his caur in the close and waukit strauct intae the kitchen faur we wir sittin' takin' wir supper. Richt awa' he says, "Michty, that's affa fine like butter ye hiv, mistress, I like butter and sugar, and wi' that he pickit up a ballie o' butter, rowed it in amin the sugar and shoved it in his moo, syne he did the same wi' anither twa ballies o' butter and gied them tae the loons. Then he turned tae me and says, "Noo Alex, I've come for yer cheque so's I kin pey Jake Wull for his crap, if ye rite oot a cheque in my name for fower hunner and seventy-fower pounds, twa shullins and gied tae me, I'll see tult that Mr Wull gets his money." I says tae him, "Hae ye a certified accoont for this?" and fin he said, "No, Alex, I hinna, bit shurely ye wid trust me." I says, "Na, na, nae withoot a certified accoont, juist you get a certified accoont made oot and sined bi yersel and Mr Fotheringham and I'll peyed." He lookit at me a meenitie, syne he says tae the wife, "That's a thrawn devil o' a man ye hiv, mistress," and wi' that he took oot at the door, gaed inower hus caur and cleared oot. A week aifter that, a certified report of the grain statement cam' throo the post, sined bi Alex Bell and Sandy Fotheringham. I rote oot the cheque and sent it richt awa' tae Sandy Fotheringham, it wis aboot the end o' July ir this time, so Jake Wull wi a gie file ahint ir he wis peyed for his grain crap. Nae doot he thocht I wis tae blame, bit the blame lay wi' Alex Bell.

I wis roguin tatties ae day, I wis sae intent on my work I didna see the caur stop at the roadside and a man cam' oot tae faur I wis workin'. Fin I gaed tae the end o' the dreels, he wis wytin' for's. I wis a bittie teen aback fin I saw him stannin' there, he held oot his hand and said, "Ye'll be Mr Smith are ye?" I shook his hand and said, "Oh aye, that's richt, bit fa ir ye?" "Oh," he says, "I'm the adviser from the College of Agriculture in Turriff, I saw you amongst your tatties here, so I thought I wood introduce myself to you." So him and me, we sat doon on twa steens, it wis a fine sunny day onywey, a richt fine day for haen a news. First he said he wis surprised to see me growin' tatties for seed on this kind of ground. I said, "Oh aye, bit this'll be the last o' them. I took ower this fairm last year, I grew them last year and I'm gruwn them again this year, bit juist tae get a quick turnower o' siller, I wid like tae work awa' tull I cood afford a puckle sooker key and lamin' ewes. I wid like tae see aa that roch grun fenced, bit I'll juist hae tae work awa tull I kin afford it." Syne I telt him aboot haen tae wyte sae lang tae get in wir watter supply, they wir juist workin' at it ivnoo. Then he says, "Seeing that you moved in last year, what about me comin' back after harvest and testing the soil in all your parks for you, we would be able to tell you of any deficiencies you have in the soil." So it wis agreed he wid come back someday and dee that, then he gaed awa', and that wis the start o' the College and me gettin' on richt weel thegither.

He kept his promise and turned up aifter hairst, he hid anither lad wi' him, so they didna need me tae gie them a hand. I hid gotten an ordnance survey map o' the fairm fae the factor, so I gied him aa the numbers and acreages o' the fields on it. And aifter he hid gin ower the hale plaice and afore he gaed awa', he says, "Ye know Mr Smith, you should get an official survey done of your whole farm, there's a government scheme in operation at the moment, we have the application forms in Turriff, would you like me to come back someday and you and me, we can discuss it together." This was a scheme which was of benefit to tenant farmers moving into a farm. The government paid 50% of the expenses, the estate 25% and the tenant 25%. It meant that a comprehensive survey would be carried out over the whole farm, buildings, land, fencing etc., to be carried out by a competent person and recorded, so that it could be used by the tenant to show the improvements he had carried out during his tenancy, likewise it could be used by the estate if the tenant turned out to be a bad tenant. The man fae the College came back with an application form, and after him and I hid discussed it at some length, I decided to go ahead with it. If I remember correctly, there was a list of about six or seven persons on the form from which I had to make my choice to do the job. As I didn't know any of them, I chose Mr Jack Meldrum from Banff, simply because he was the nearest, and the factor agreed with me on behalf of the estate.

It wis aboot the end o' August I pit that application awa', and it wis near the end o' September I got a letter fae Mr Meldrum sayin' he wid be neist day tae cairry oot the survey. He turned up aricht, and I must say he made a first class job o'd. There wis things in that survey that I hid niver noticed. The hairst wis noo by and the tatties lifted, Sunnie Innes hid gien's a hand again, he wis ayie affa wullin', bit files nae ower able on accoont o' his health, bit oor ain loon Sandy, wis noo fifteen and managin' lots o' jobs. I noo hid some nowt tae sell, bit wi' them bein' T.B. tested, they hid tae gang tae Aiberdeen tae be selt. That fower reed and fite stirks I hid bocht last back-end wis amin them, so Jake Webster got his wish, he telt me fin I bocht them he didna wint tae see them back in his ring, weel, I bocht them for fifteen pound, got the cauf subsidy aff them, and selt them for forty five pound. Ye see, tho they wir oot o' Ayrshire coos, they wir aifter a Shorthorn bull, and they fairly pit on wecht. So they peyed me aricht, reed and fite stirks tho they wir, it wis a gweed turn-ower for a year's keep.

Things wis gettin' a lot aisier for's noo, this new watter supply wis a big help, and I cood noo afford tae tak' a file aff noo and again, aye and relax at nichts in front o' the kitchie fire. I hid a visit fae the factor juist afore the November term, he said he'd come inaboot tae see foo I wis plaised wi' the survey cairret oot bi Mr Meldrum. "Oh," I says, "I'm fine plaised wi't, bit he telt me tae tell ye we're needin' new storm windaes up the stair, ye'll better come and see them." So he hid a look at the windaes fae the ootside first, syne he gaed up the stair tae hae a look at them fae the inside, and he says tae me, "I agree, Mr Smith, they're needin' tae be seen tull, bit I canna afford tae gie ye new windaes ivnoo," so I took a hud o' een o' the windaes, it wis as rotten as it cam' awa' in my hand, and I says, "Fit wey div ye think that windae wid bide in plaice?" He thocht a filey, syne he says, "I'll see the jiner fin I gang back tae New Pitsligo, I'll tell him tae come and repair them, bit naewey ye kin get new windaes meantime, ye ken ye've juist recently got in an expensive watter supply." Then I says tull him, "There's an affa lot o' auld steen drains aboot the plaice, wid ye supply me wi' drain tiles if I wis tae throw oot the steen drains and replace them wi' tiles?" He says, "Certainly, Mr Smith, as long as it qualifies for government grant." Weel, I hid tae explain tull him some o' the drains wis as short as widna qualify for grant, so he says, "See Mr Murison, he has a stock of drain tiles in New Pitsligo for that purpose." So I startit liftin' auld steen drains fin I hid time, generally juist aboot fifty yairds at a time, sometimes maybe nae even that.

The New Year wis by again, we wir noo intae 1953, oor loon Sandy wis awa' fae the skweel and juist workin' awa' at hame. I hid been thinkin' on and aff for a file aboot pitten an electric fence roond the biggest bit o' the roch grun, I kent it wisna safe tae tak' a horse or a tractor on tult the wey that it wis, athing wid hae tae be cairret fae the nearest corner on wir ain backs. I thocht if I got that deen, I wid get some sma' stirks on't aa summer, they wid start and mak' roadies throo'ed and mak' the roch grun mair accessible. A week intae the New Year it cam' on a hard frost, nae snaw wi't so the grun got frozen hard. We hid a gweed store o' neeps so that wisna a worry. I gaed tae Maud and fell in wi' Len Buchan, he wis a traiveller for Barclay, Ross and Hutchison. I telt him I wis needin' wire tae pit up an electric fence aboot a mile lang. He lookit at me and says, "Did ye say a mile lang?" I says, "Aye, that's fit I said and I'm needin' a gweed puckle o' thae black insulators ye kin fix on tull a timmer post wi' a screwnail." He didna hae eneuch wire and insulators in the shop at Maud, so he says, "I'll send it oot fae Aiberdeen wi' the cairrier the morn and that'll lit ye get on wi' the job this fine dry weather." He kept his wird, the neist nicht Jock Taylor cam' inaboot wi' the cairrier's larry, he hid the wire and the insulators I wis needin'. Ye see, aff an on I hid been ca'in rotten rock oot o' the quarry onto the fairm road, it wis noo in a decent state and the drivers didna mind comin' inaboot wi' their vans and larries. The neist day, Sandy and me, we gaed up tae the wid at the end o' the road and cuttit oot mair nor a hunner roond sticks aboot three fit lang, they wid dae fine for posts tae fix the insulators on. We got the posts intae the barn, got them aa creosotted and the insulators fixed on, took them doon tae the neuk o' the moss and cairried them wi' a tow ower oor backs richt roond the moss, takin' aboot sax or seven at a time. We'd tae pit in a strong post here and there for support, syne we ran oot the wire and fixed it on tae the insulators, it wid be ready noo for the stirks in the month o' Mey. I wid buy the fencer unit later on fin I wis needin't. Fin the fowk roond aboot heard fit I wis dee'in, they wir shure I wis gaen aff my heid, fa wid iver think aboot pitten stirks on that grun, and mair nor that, they wid juist connach his peats fin he hid them set. And so the story gaed on, and the farrer it gaed, the waur it got. Sandy cam' hame fae Cyaak

32

ae nicht, he says, "Dad, the fowk in Cyaak think yer juist plain daft for thinkin' o' dee'in that, auld Sunnie Innes says ye shood be lockit up afore ye gang gyte athegither." Bit the man fae the College cam' inaboot, he hid the result o' the soil test he hid deen for's. Fin I telt him I hid an electric fence roond the roch grun, he thocht it wis a grand idea. I wis fine plaised tae hear him sayin't, it wis fine tae hear somebody agree wi's.

Then he startit tae spik aboot the soil analysis, he said it wisna the warst een he'd deen, bit it wisna ower gweed, the hale fairm wis needin' lime, forbye it wis short o' phosphates. I wid need tae apply twa tons o' grund limesteen and hauf a ton o' basic slag an acre. I wis lissenin tae aa he wis sayin', I wis thinkin' tae mesel, 'Fa dis he think he's spikin tull, fit wey cood I afford tae dae aa that', so I says tull him, "Michty, there's naewey I cood dae that, it's juist ower muckle tae tak' on." He says, "Oh, Mr Smith, I don't mean you should do it all at once, just do a shift every year, put it on the ground before you put in your turnips, that means the lime and the slag will help your turnips and still be there when you sow your grass seed the following year." So I agreed wi' him, that's fit I wid dae, and he left me aifter that, promising tae look inby shortly tae see hoo I wis gettin' on. I spak tae the traiveller fae Aiberdeen Lime Co. aboot supplyin' lime and slag. He says, "Weel Alex, ye kin get yer lime sent tae Strichen Station, louse in railway wagon, or ye kin get it delivered by larry in paper secks. If ye tak' it bi the railway it'll juist be aboot hauf the price o' gettin' it bi road in the paper secks, of coorse, if ye get it bi rail, ye'll hae tae ca'd it hame yersel in yer tractor and bogie and ye'll hae tae shovell'd oot o' the wagon intae yer bogie. Of coorse, the railway porters'll gie ye a hand wi' that." I thocht a meenitie, I kent there wis twa porters at Strichen at the time, so I says, "Oh, aa richt, i'll tak' it bi the railway.

That turned oot tae be een o' the warst decisions I iver made. I wis notified bi post that the lime wis at the station and fin I gaed doon neist day for the first load, I wis lutten see faur the wagon wis and left tae get on wi't mesel. Tho there wis the station-maister and twa porters there, neen o' them offered tae gie me a hand, and fin I spiered foo that wis, een o' them says tae me, "Na, na, ye winna catch us handlin' that dirty stuff, we're nae gaun tae get oor claes in a sotter wi't." Weel, I wrocht awa' mesel at it, I kin tell ye I wis fed up o' the sicht o'd ir I wis feenished, and I got Low's agricultural contractors fae Auld Deer tae come and spread it, they made a grand job o'd, kis they hid the machinery for the job. At that time the railways wir greetin' and moanin' aboot loosin' their custom tae the larries on the roads. Weel, I juist thocht tae mesel, if they treat their customers the same wey as they treated me, it wis nae winner they wir loosin' custom, for I made up my mind, niver again wid I use the railway, and I stuck tae that decision.

CHAPTER 4

The Hurricane

Bit afore I got the lime hame, we hid an affa calamity. The wind started tae rise throo the nicht o' the 30th January, and neist mornin', the 31st, it wis gettin' waur. The farrer ower the day gaed the waur it got. I wis in the byre amin the nowt fin I heard an explosive gust, an a't aince the byre turned lichter, and fin I lookit up, the boddom fower raws o' slates wir blawin' awa' aff the reef. Sandy cam' in tae the byre throo the neep shade, he says, "Goad Dad, I saw the slates bein' blawin' aff, the winds taen them awa' ower the hill oot o' sicht." Weel, there wis nae sarkin' alow the slates, juist naira strips for the slates tae be nailed on tull, so there wis plenty daylicht noo in the byre. Bit it coodna be left like that, so Sandy and me, we got a puckle secks, stuffed them fu' o' strae, and stuffed aen in ilka gap atween the couples, that keepit the wind fae blawin' in and wid dae tull we got it repaired. Syne we gaed awa' in tull wir denner. The wife, she wis ferr feart o' the hurricane, she wis shure something wis tae happen tae the hoose, and shure eneuch, fin we wir takin' wir denner the back door blew open. I gaid and shut it bit it did the same again, so I lockit it this time, thinkin' that wid keep it shut, but na na, the next time it opened it took a bit o' the doorpost wi't, the timmer wis as sair rotten that a bit o' the doorpost cam' awa' wi' the lock. Something drastic wid hae tae be dun noo. There wis a richt auld fashioned dresser sittin' aside the backdoor, so we shoved it end on at the back o' the door and that kept it shut, only we wid hae tae use the front door tull the wind calmed doon. The postie didna turn up. He telt's fin he cam' the next day he wis blawin' aff his bike comin' doon the mill brae. The wind blew his bonnet aff his heid and he niver saw't again, so he left his bike at Greenspeck and waukit back tae the post office.

There wisna muckle sense in gaen oot that aifterneen, the wind wis blawin' as if it wis tae blaw athing aff the face o' the earth, so we sat at the fireside and lissened tult, tull the wife says, "I'll hae tae gang and see foo the hens is afore lang, aye and mair nor that, fit aboot Harold, he'll be comin' hame fae the skweel ivnoo?" I thocht for a filie, syne I says, "Ach, ye dinna need tae gang ootside, Sandy and me, we'll awa' doon and see tull the hens. We'll gaither the aigs intil a pail and lave them in een o' the henhooses and we'll get them up the brae the morn, syne we'll gang up the road tae meet Harold and see he gets hame aricht, and as for the coo, I'll milk her afore I come in for my supper." Weil, that's fit we planned tae dae, bit it didna work oot that wey. We hid aboot 300 hens in sax henhooses, the henhooses wir sittin' in a raw in een o' the howe parks, bit fin Sandy and me gaed doon past the steadin, sic a sicht met oor een. Ilka hoose hid shifted wi' the wind, they hid turned richt ower and wis lyin' upside-doon, and if it hidna been for the fence they wid hiv gaun farrer. We gaed and hid a look intae the henhooses, there wis nae sine o' ony hens nockin' aboot, they wir aa sittin' in the hooses rale quate, so we decided we widna disturb them, we coodna help them onywey the way the wither wis. So we left them and gaed awa' up the road lookin' for Harold. We met him comin' doon the road in the shelter o' the wind. He wis aricht and neen the waur, he juist winnered fit aa the fuss wis aboot, and aifter we sorted the nowt, it wis dark ir this time, we gaed inside and shut the door. We cood juist hope it wid be quate ir mornin' and we wid see the extent o' the damage.

We didna get muckle sleep that nicht, fit wi' the wind howlin', the windaes and doors rattlin', the wife wis ayie thinkin' the hoose wid blaw doon. I says, "Na na, nae feers, this hoose winna blaw doon, it's ower weel bigget wi' granite blocks." And fin we rose next mornin' it wis rale quate, and bi the time daylicht cam' in it wis quate athegither, so aifter Sandy and me hid sorted the nowt and hid oor brakfast, we gaed awa' doon tae the henhooses. They wir aa upside doon, so the first thing we did wis tae open aa the doors and lit the hens oot, syne we gied them a feed and we startit tae get the hooses richted again. Wi' the help o' a lang pole tae gies leverage and sticks tae pit in tae steady the hoose fin we wis liftin it, we got them aa turned back the richt road. There wis some damage, some glass broken and felt torn, bit that wis aa, and there wis aboot a dizzen deed hens and a puckle broken aigs, so we got aff gie weel. I hid plenty gless and felt for repairs, so gin nicht the henhooses wis back tae normal. Only the hens gaed aff the lay and took aboot a week tae come back on again. Syne I chappit on a bit timmer on the inside o' the doorpost, juist eneuch tae gie the lock a hid. It wis a gie roch and ready job, kis if I'd made a gueed job o'd we widna likely get a new doorpost.

Fin Fred the postie cam' in aboot that day, he hid a great lang story tae tell's, aboot sic a damage wis deen wi' that huricane. There wis slates and lumcans lyin' ower aa the place in Cyaak, gairden sheds cowpit, aye and some o' them blawin' tae bits, naewey wid they be bigget up again, and fin Harold cam' hame fae the skweel he says, "Dae ye ken this Dad, there's an affa lot o' trees blawn doon in the wind, there's even fower trees blawn across the road. Alfie Johnston winna get inaboot the morn." Alfie Johnston wis the man fit cam' inaboot wi' his van. He cam' aince a week, we got oor provisions fae him and he bocht oor aigs, butter and cheese. I says, "Oh, that winna dae, Sandy, you and me we'll hae tae gang the morn's foreneen and shift thae trees, we canna stop Alfie fae gettin' inaboot, that wid be a disaster." So next foreneen we gaed tae clear the road, it wisna ill tae dae, they wir gie sma trees, in fact there wis hardly a dacent tree in the hale widdie, bit fit a lot o' them wis blawn doon, I juist thocht tae mesel if we hidna been burnin' peats we wid've been aricht for firewid. And the story we got fae Alfie fin he cam' inaboot, weel we thocht the postie wis bad eneuch fin he wis spikin aboot the damage in Cyaak, bit noo Alfie wis tellin's aboot the fairm toons roondabouts, sheds bein blawn doon, windaes bein blawn oot and sic like, weel he wis telt aboot oor henhooses and the byre reef, so his story hid been a wee bittie langer fin he gaed tae the next plaice.

I gaed tae Cyaak that nicht and telt Sandy Murison aboot the byre reef. I telt him I hid stappit the open bit wi' bags o' strae. The bags wir still stickin' there, it wid be aricht like that for a short filie, bit that widna stop the rainwatter fae fa'in on the heid o' the wa' and sipin' doon intilt. He says, "Oh that's aricht Ake, I phoned the factor the day, he's comin' oot someday next week tae get a list o' aa the damage, kis the estate'll be claimin' insurance for aa this, so ye'll see him yersel next week." A day or twa aifter that, we thocht aa the stories and excitement aboot the hurricane deid doon, bit na, Fred wis tellin' anither story, this time aboot the fishin' villages alang the coast fae the Broch tae Banff, fit a buffetin' they hid teen, nae only wi' the wind, wi' the watter and a'. And he spak aboot a sma plaice bi the name o' Krivvie, it wis juist alang the coast fae Gairdenstoun, it wis as bad there that the sea gaed doon a wifie's lum, and washed awa' her windaes and her door, michty sic a state that wifie must hae been in. The wife says tull him, "Na na Fred, ye've gaun ower faur this time, yer imagination's gettin' the better o' ye." Fred didna like bein telt this, so he says, "Aricht mistress, plaise yersel whither ye believe it or no, bit I ken it's true," and he jumpit on his bike and gaed awa'.

The factor cam' inaboot aifter that. He hid Alistair Grant and Sandy Murison wi' him. They measured the bit o' the byre wi' the reef blawn aff. I expect he'd been needin' an estimate fae Alistair for repairin't, kis he wid be applyin' for insurance for't, and fin I let him see the doorpost wi' the bit oot o'd, he telt Sandy Murison tae see that the jiner put in a new doorpost. Then the factor turned tae me and says, "That's an affa mess the wid at the end o' the roads in, can ye come wi' me tull we tak a look at it." I winnered fit he wis gettin' at, bit I says, Oh aricht, I'll gang wi' ye tae hae a look at the wid." Michty me, sic a sotter the wid wis in, in bits o'd ilka tree wis upruited, there wis nae wey ye cood wauk throo't. We hid a gweed look at it, syne the factor says tae me, "Mr Smith, are ony o' thae blawn trees ony use to you?" Goad, he ferrly took me unawares, so I said, "Weel, I cood maybe get some fencing posts oot amint, bit there wid be a lot o' hard work gettin' them, and mair nor that, spruce and fir dinna mak gweed posts, they winna last lang, na ye need larick for fencing posts." He thocht a filie, syne he says, "Oh well, think about it, and if ye do decide to take timber of any kind out of that lot, it'll cost ye nothing, only clear up the rubbish behind you."

Aifter we hid wir supper that nicht, I thocht aboot fit the factor hid said. It wis juist a week intae February and the fairmwork wis weel forrit, so I decided Sandy and me, we wid hae a go at it. So next mornin' I put Sandy awa' tae Cyaak for anither Bushman saw, I hid een already, so that wid be een tull baith o's, for aa the size o' the trees there wis nae need for ony bigger a saw. It wis a gie hard slog I kin tell ye, it wisna sae bad aifter wi got a start and room tae work, the trees wir thon kind that hid branches grown oot fae them richt doon tae the grun, bit we wrocht awa', we took oot aboot a hunner posts o' ae kind or anither for a start. I wis in at the implement sale in Aiberdeen and I bocht a circular saw for drivin' wi' the tractor so's we cood trim and pint them wirsels. And ayie fin we hid a spare filie aifter that, we gaed back tae the wid and hid anither go at it. The posts wirna up tae muckle, in fact if we'd haen tae pey for wir time fin takin' them oot, they micht've turned oot ower dear, howiver they ayie did a turn in the bygaun.

Springtime wis on's again, again I hid twenty tons o' lime and five tons o' slag inaboot, the lime cam' bi larry this time and wis couped intae the park faur it wis tae be spread. I got Low's tae spread it juist as they hid deen the year afore. I noo hid tae get rade o' some mair stirks, and again they hid tae gang tae Aiberdeen tae be selt, and I hid tae buy stirks tae gang on tae the moss, they hid tae be bocht in Aiberdeen tae, I juist bocht aicht sma stirkies kis it wis a bit o' a gamble pitten them on the moss. I bocht them fae a cattle dealer fae Wick. Jimmie Sinclair wis his name. They wir gie hairy lads o' uncertain breed, bit I thocht they wid dae fine for my experiment, and I winnered if I hid deen richt fin I shut them in on the rock grun, aifter abody tellin' me sic a mistak I wis makin'. I hid a widden troch inside the gate, I startit gien them a puckly bruised corn at nicht afore bedtime, it wisna lang ir they kent tae come for their feed at nicht, syne they wid lie doon and lie there ir mornin', this saved me haen tae look for them amin the heather and bracken. They thrave like aa that, and it wisna lang ir they hid a roaddie roond aboot the ootside, nae doot the grass hid been better tasted there, syne they startit makin' roaddies in throo the middle o'd, makin' it aa the aisier for us tae wauk amin. They did sae weel, I bocht anither fower stirks, so there wis noo twelve stirks, that wis aboot the middle o' June, and fin the back-end cam' roon, I selt the fower best eens alang wi' anither aicht I hid tae sell, that left the ither aicht that wis on the roch grun tae mak up the numbers gaun intae the byre. That wis the first time I used the bank overdraft I spak aboot earlier, I kin tell you it cam' in richt handy.

Noo we'll gang back tae the month o' June, the neeps wir a' in and nae ready for huowin', fin the wife says tae me ae nicht, "Ye ken this Ake Smith, we've been here for twa year, oor social life his ben juist aboot nil, apairt fae a day doon tae the Broch, a day intae Aiberdeen or a rin ower tae see John and Betty, I've never been awa' fae the plaice." I lookit at her, I winnered fit she wis thinkin', weel there wis ae wey tae fin' oot, I wid hae tae spier, so I says, "Oh aye, Beldie, that's richt eneuch, fit are ye thinkin', if yer needin' awa' someway you'll better tell's." She says, "Dae ye nae think we cood tak a hale day aff wirsels and gang awa' wi' the caur somewey." I says, "Oh aye, we cood ferrly dae that, faur wid ye like tae gang?" She says, "Div ye mind yon weekend we gaed tae see the Davidsons at Glenfarclas wi' the auld motor-bike, we wis at Johnston Mains at that time, div ye mind the auld motor-bike widna gang ony farrer fin we wir gaun ower the Cabrach and we hid tae bide aa nicht wi' yon shepherd and his wife. Weel I wid like tae gang back and see them, aifter aa, we did promise tae gang back." Noo I'd aften lookit back in my ain mind aboot that weekend and sic fine fowk that wis that we bade wi', so I says, "Aricht, we'll gang then. Sandy's saxteen noo and fit tae look aifter the plaice for a day. Fit day wid ye like tae gang?" So it wis planned that Sandy wid be left at hame that day, he ferr gaed up tae hie doh fin he wis telt. Fancy him, he thocht, bein left tae be boss for a day. Harold, he wid juist gang tae the skweel as usual. We wid gang awa' in the mornin' and be hame in time tae milk the kye at nicht.

It wis a fine mornin' fin we set aff, it hid aa the promise o' a fine day, and fin we gaed tae Cyaak we stoppit at Bill McArthur for petrol. It wis Esso petrol that Bill selt, and sittin' aside the petrol pump wis a cabinet fu' o' a puckle odds and ends for sale. Hingin' fae the cabinet wis a poster advertisin' Esso road maps for a tanner. Michty, I thinks, they canna be much o' a map for a tanner, so I picked een up. It said Road Map of Northern Scotland. I opened it up, michty, fit clear the roads wis on't, it wis a road map only. I noticed Rhynie on't, I thocht this is juist fit I'm needin', it wis fifteen year since I wis at this plaice the laist time, weel this map wid keep me on the richt road, so I bocht it. Fin we gaed oot the road abit, we stoppit and hid a keek at the map. We soon fund oot we hid tae gang throo Turra, Aberchirder, Huntly and Rhynie afore we cam' tae this plaice. And as we gaed in the road I wis thinkin' tae mesel fit a drap we cood get. It's fifteen year since we wir there, the fowk cood be deid, or maybe flitted, and strangers bidin' in the hoose, bit I keepit mi thochts tae mesel. Aifter we gaed throo Rhynie I turned tae the richt, up past the Kirk, and we cam' tae the plaice faur the motor-bike stoppit. I stoppit the caur, the wife and me, we baith got cotower. She says, "Oh Ake, ye've come tae the richt plaice. Up the brae there and intae the left we'll come tae the hoose we bade in that nicht." Weel, fin we gaed inaboot fit a sicht met oor een. There wis nae sicht o' the bonnie hoosie noo wi' roses roond the door and windaes, there wis naething there bit a rickle o' steens, and the bonnie gairden, faur the shepherd hid fine vegetables and flooers grawn wis fu' o' dockens, nettles and thistles. Fit a lit doon tae the wife, tae think we'd come aa that wey and see a sotter like that, it wis eneuch tae gaur ye think there cood aisy be blue snaw. I cood see the wife wis disappointit, bit she says, "It's affa fine here Ake, I think I'll lay doon the caur rug and we'll hae wir picnic here." So that's fit we did, we bade aboot an oor there, and afore we gaed awa' she hid a wauk roond the ither side o' the gairden, she shouted tae me, "Come and see this Ake," and fit I gaed ower she wis stannin' lookin at a puckle rhubarb. She says, "I think we'll tak this wi's, it'll juist gae tae waste onywey." So the rhubarb wis pu'd and inower the caur afore we gaed awa' hame. I took anither road hame, I gaed throo Dufftown tae Craigellachie, crossed ower the Spey and doon past Rothes tull we cam' tae Elgin, syne took the coast road hame, stoppin' in Portsoy for wir tea in the bygaun. We got hame aboot seven. Sandy hid the kye in for milkin', he said he'd haen a grand day bi himsel, he'd managed fine. He says, "Noo dinna be feart tae dae the same again, kis I liket fine tae be bi mesel." And in spite o' the disappointment we got that day, we baith agreed it wis affa fine tae get awa' tae relax, and mony a time aifter that we'd did the same kind o' a thing again.

Noo aifter that gale we hid in January, it wisna lang ir the joiner cam' and pit in a new doorpost tult's, bit there wis niver ony sine o' the Grants comin' tae pit in the slates fit wis blaun oot, so on rent day I got on tae the factor aboot it. "Oh," he says, "don't worry Mr Smith, I'll see that the repairs are carried out before you put your cattle in the byre at the backend. Ye see Mr Smith, a lot of farms had parts of roofs blown off during that gale, so you'll juist have to wait your turn." Weel, I wisna neen sair plaised wi' bein telt that, I wis beginnin' tae learn fit the factor meant fin he said things like that, in fact it michtna be deen for a file yet, bit I coodna dae ony mair aboot it. Een o' the hindmist days I wis huown neeps, I saw this man haen a look at the nowt on the roch grun. I winnered fa' it wis, bit as he cam' nearer, I saw it wis Harry Massie, the retired shepherd fae the craftie nearby. He says tae me, "Michty me, Ake, fit thae stirks hiv thriven, they're castin' aa their auld hair and they're lookin' braw. Ye'll seen get yer bawbees back ye spent on that electric fence." I says, "Oh aye, Harry, I wisna ower share aboot dee'in it for a start, abody thocht I wis daft, and that includes you, bit there's noo a fine roaddie roond aboot the ootside, ye kin aisy traivel roond it noo. I wis thinkin' I wid pit pig nettin' roond aboot it, so's it wid keep in sheep and lave the electric fence on the tap o'd tae keep in the nowt, we cood use a puckle o' thae posts we're takin' oot amin the blawn timmer for that job." As I said afore, ye juist hid tae spik aboot sheep tae Harry and he wis fine plaised.

Sandy and me, we cairrit on huowin'. I micht as weel tell ye huowin' neeps wis the job Sandy maist hated on the fairm, he hid nae time for't ava, bit he wis lissenin' tae fit me and Harry hid been sayin', so he says, "Fan wid we be dee'in that Dad? It wid be better than huowin' neeps onywey." I says, "Weel Sandy, we pit up the electric fence in oor spare time laist winter, we shood aisy manage tae pit up the pig nettin' this comin' winter. I'll get the pig nettin' inaboot in the beginnin' o' November and we'll work awa' at it in oor spare time." Harry hid been takin' this aa in so he says tae me, "Dis that mean, Ake, yer gaun tae be buyin' sheep?" I says, "Oh aye, I'll get a puckle ewes in the backend, keep them on the arable ground aa winter, syne pit them on the roch grun aa summer." This wis richt intae Harry's barra, for he says, "That's grand Ake, and mair nor that, I'll buy them for ye at some o' the sheep sales I gang tull in the Hielands. I'm share a puckle cross shetland ewes wid dae grand." I says, "Na na, Harry, dinna get cairrit awa', we'll hae tae wyte and see hoo things turn oot." So it wis left at that. I saw Harry a lot o' times that summer and ayie he spiered if I wis ayie gaun tae be buyin' sheep and ayie I said oh aye. We hid a richt crap o' hey that year, again Dod Finnie and Sunnie Innes gied's a hand wi't. The corn crap wis aa lookin' weel, I'd stoppit the seed tatties, bit I hid hauf an acre o' Kerr's Pink instead, they wir lookin' fine tae. There wis still nae sine o' the Grants comin' tae repair the slatin' on the byre, and ony time I met Sandy Murison I wis ayie gettin' on tull him aboot it.

It wis juist afore hairst Beldie's brither John and his wife cam' tae see us He wis een o' the lads that wis affa sair on me fin I pit the electric fence roond the roch grun, weel the stirks wir aa lyin' aside the gate wytin' for their feed, they wir juist gettin' aboot a pund o' bruised corn bit they ayie cam' lookin' for't, so I took him doon tae see them. He says, "Michty Ake, they've deen richt weel, they wirna up tae much fin ye bocht them, and they're nae up tae much yet, bit goad, foo they've thriven. Ye'll be tryin' the same again next year, wull ye?" I says, "Oh aye, and mair than that, I'm gaun tae fence the moss throo the winter for sheep, and I'll hae a puckle sheep on't forbye." Noo, I've telt ye that Harry Massie wis ayie teen up wi' sheep, he cood niver see by them, bit this John Massie noo, nae freen ava o' Harry's, and he wis juist the very opposite, he coodna stand the sicht o' sheep. He thocht a meenitie, syne he says, "Goad Ake Smith, fit ither wull ye think on dee'in, if ye bring sheep on tae this plaice, they'll ait ye oot at the door, they ait the hert oot o' the girss and dinna lave a bite for the nowt, na na, if ye tak my advice ye'll forget aboot the sheep. I ken I widna hae sheep on my plaice on nae accoont." I lissened tae aa he hid tae say. John wis juist like mesel, gie contermashious files, bit weel, abody wis entitled tae their ain opinion, so I says, "Noo John, ye've hid yer say, bit I'll tell ye this, there'll be sheep here afore the year is oot." He didna say ony mair, juist lichtit anither fag and muttered awa' tae himsel. And I'm share he hid been tellin' Betty on the road hame that nicht that I wis daft tae be thinkin' o' buyin' sheep, I wid seen rue the day I did that, kis they wid seen hae me aiten oot at the door.

We hid a gweed hairst that year. Sunnie Innes gied's a haund again, bit wir ain loon Sandy wis fit tae fork on tae the stacks ir this time, that made it a lot aissier for Sunnie Innes, kis he wis ayie bathered wi' his breathin'. Aifter that we liftit the tatties, they wir gruwn in the sma' field next tae Harry Massie's, michty fit a crap we hid, great big bonnie Kerr's Pink. Noo the scheme for eradicatin' T.B. fae the cattle wis in full swing ir this time, there wis as mony fairmers intilt as the Aberdeen and Northern Marts decided tae open up the ring at Middleton's Mart at Maud for the sale o' T.B. free cattle, so there wis nae need for's tae tak' wir nowt tae Aiberdeen. And there wis plenty o' demand for them and I cam' oot aricht wi' the stirks I hid on the roch grund. Aifter aa this time there wis still nae sine o' the Grants comin' tae pit in the slates on the byre, so I hid tae tak' in aa the nowt wi' the bags o' strae stickin' in the holes o' the byre reef, gie near nine months aifter the slates wir blawn aff.

It wis ae Setterday aifter that, Harry Massie cam' ower tull's and aifter we hid discussed the weather and sic like he says tae me, "Weel Ake, I bocht a puckle broken-moo'ed cheviot ewes for mesel yesterday and I bocht five and twenty cross shetland ewes for you, bit they're hale moo'ed. Ye see, I wis at a sheep sale at Dingwall and I got them gie reasonable, they winna be hame ir this aifterneen, so ye kin come ower and see them the morn, and if ye dinna wint tae buy them, ye dinna need tull, somebody else'll buy them." Aifter I hid my denner the neist day, I gaed awa' ower tae Harry's. He took me ower tull een o' his parks faur this sheep wis. Weel the cheviot ewes wirna that bad, bit the Shetland ewes, michty, they wir juist skin and been, some o' them nae muckle bigger than a big hare. I says, "Weel Harry, I dinna ken a lot aboot sheep, bit that's the warst eens I've seen, fit wey wid ye expect tae get lambs oot o' that?" He says, "Noo, noo Ake, I ken they're juist lookin' their warst the day, juist wyte a day or twa and ye winna ken them, and if ye cross them wi' a Suffolk tup, ye'll get richt fine marketable lambs, killin' oot at thirty-five tae forty pounds, juist the richt wecht there's ayie a demand for.

Weel, I kent that Harry wis weel versed as faur as sheep wis concerned, maybe there wis some truth in fit he said. Aa the same I startit tae winner if there wis onywey I cood get oot o' this and nae offend Harry, so I says, "Michty Harry, I wid niver manage tae keep thae sheep at hame, there's neen o' my fields fenced for keepin' them in, yer aricht here, yer grun's aa fenced wi' sheep nettin'." He says, "Och, dinna lit that worry ye, ye kin lave them here tull ye get a park fenced tae keep them in." I wis still nae ower shure aboot it, and aifter thinkin' a file, I says, "Oh, that's maybe aricht, Harry, bit yeve niver telt me fit yer needin' for them?" He thocht a filie, syne he says, "Weel Ake, I'll tell ye fit I'll dae, I'll keep them anither week, that'll gie ye time taedae some fencin', and ye kin hae the lot for forty pounds." Goad, he ferrly gaured me think, michty that wis little mair nor thirty shullins the piece, so I says, "Aricht, I'll tak' them, I'll need tae get a tup noo," and Harry says, "Dinna worry yersel aboot a tup, I'll get een for ye at some o' the sales, ye winna need a tup for anither fortnicht onywey." Sunnie Innes cam' inaboot neist day, and fin I telt him I hid bocht some cross Shetland ewes and Ii wid hae tae get a tup, he says, "Oh Ake, dinna worry aboot that, we'll be feenished wi' oor tup in a fortnicht's time, ye'll get a len o' him, that'll solve yer problem and it'll save us for keepin' him for a file.

Weel, I ordered the pig nettin' I wis tae fence the roch grun wi', used some o'd tae fence twa parks, juist hingin't on tae the posts in the meantime, and I gaed awa' ower tae Harry's tae get the sheep hame. He'd haen them a week, bit michty sic an odds, I didna think they wir the same sheep. They his fulled oot like aa that, and fit swak they wir, it wid tak' a gweed dog tae keep them in order, so we got them hame and shut intil a park they coodna get oot o'. Juist afore that I hid bocht a gweed second-hand Davie Broon tractor, and traded in the Case tractor. The Davie Broon wisna near sic a wecht as the Case, it wid be a lot aisier pulled oot o' a mossy hole, forbye it hid a hydraulic lift, so Sandy got tae ploo wi't. And aa this time there wis nae sine o' the Grants tae pit in the slates on the byre. I wis thinkin' tae mesel I wid hae a richt row wi' the factor at rent day aboot it.

Bit something drastic wis tae happen tull's afore that time. On the first o' November, we got Sunnie Innes' tup hame and in amin the ewes.

we shifted them tull anither park doon in the howe, it wis weel fenced and wis in young girss. Harry Massie telt me it wis the plaice tae pit them kis it wid bring them intae season for the tup. There wis seven acre o' young girss and three acre o' roch grun in this park, and they settled doon fine, lyin' ilka nicht on the roch grun kis it wis fine and dry. On the eleventh o' November, oor kirk elder, Mr George Watson, brocht the new minister inaboot tae see's. they cam' inaboot juist aifter een o'clock. Mr Watson introduced the minister tae the wife and me, syne he says tulls, "This is juist a short visit, I wint tae introduce Mr Donald tae as mony fowk as possible this aifterneen, he'll come back himsel fin he his mair time," so they didna bide ower lang. Aince they wir awa', I gaed oot tae the close, lookit doon intae the howe, I thocht I saw a ewe lyin' on her back, so I gaed awa' doon tae see. Aince I wis sae far doon I cood see it wis true eneuch. I cairrit on, jumpit inower the fence and set the ewe on tae her feet. I bade wi' the ewe tull she wis rigged, I watched her as she wauket awa', she wisna neen steady on her feet, so I made tae follow her for a bittie, when whack! I got an infernal nock on my richt leg. I heard the crunch o' the bone brakin' and I fell aa my length. I turned my heid roond, and there wis the tup standin' lookin' at's, he cam' ower tulls, gied me a powk in the back wi' his heid and waukit awa'. I thocht tae mesel, Goad, fit gaured him dae that, he's shurely nae jealous, syne I tried tae rise, and fin I lookit doon at my richt fit, it wis lyin' flat on the grun, my taes shood've been straucht up. Michty, I thinks, there's something faur wrang wi' my richt leg, and the pain wis killin' me.

I lay for a file, winnerin' fit I cood dae, the pain wisna neen aisier. I lookit ower tae the palin', it wis aboot thirty yairds awa', syne I lookit doon the park, the tup wis awa' doon at the fit o'd, so I thocht I wid try and crawl ower tae the palin'. And fin I startit, the pain wis something terrible, bit I stuck intilt. I thocht if I got ower tae the palin', I wid manage tae crawl oot allo't. It took me aboot hauf an oor tae crawl ower there, and fin I got there, there wis naewey I cood get tae the ootside o't, the pig nettin' wis pit up tae keep in the sheep. Weel, in the state I wis in, it wis keepin' me in tae. I took oot my watch, michty, it wis three o'clock and I hid gotten my leg broken aboot twa o'clock. Fit wis I tae dae noo, naebody wid miss me ir they saw I wisna there tae sort the nowt at fower o'clock, and mair nor that, they widna ken faur tae look for me. So, I startit tae shout oot o's and wave my bonnet, thinkin' somebody micht hear or see me, bit na, na, nae sic luck. It wis juist aifter fower fin Alan Hutcheon lowsed fae the ploo and gaed awa' hame tae sort his nowt. Fin he stoppit the tractor he thocht he heard a shout, he lookit ower oor wey and saw something wavin', syne he heard anither shout, so he kent something wis wrang and cam' awa' ower tae see fit it wis. It wis hauf past fower ir this time, he hid his tractor wi' him, and fin he saw the state I wis in, he gaed richt up tae the steadin' and met my wife and Sandy. They wir baith winnerin' faur I wis, so he telt them fit hid happened. I wis lyin' doon in the howe nae fit tae move.

Sandy, he fixed his bike and gaed awa' tae Cyaak for the doctor. It wis a young doctor he got, Dr Roy wis his name. Weel, he cam' richt awa' and cam' doon tae the howe tae see me. First he gied me an injection, syne he lookit at my leg. Alan Hutcheon, Sandy and the wife wir aa there. He says tae them, "See if you can find some strips of wood lying about to make a splint." I heard fit he said, so I says, "Gang ower tae the gate intil the moss, there's some bits lyin' there." The doctor used some o' them for splints and wupped them on wi' bandages. He seemed tae hae plenty o' them in his bag. Syne, I wis lifted on tae a gate and laid on the tractor bogie, teen up tae the hoose tae wyte for an ambulance tae tak' me tae hospital in Aiberdeen. The time we wir wytin' for the ambulance, the wife and Sandy sortit the nowt and she milket the coo, syne Sandy gaed awa' tae Cyaak tae tell Sunnie Innes fit hid happened and spier if he wid gie them a haund ir they got things sortit oot. The ambulance cam' inaboot at hauf past seven, they'd haen a bit o' a job kennin' faur Balnamoon wis, kis it wis pitch dark. Weel, I wis pitten on a stretcher and cairrit intae the ambulance, and aff we set for Aiberdeen. The wife cam' wi's, nae kennin if she wid get hame that nicht or no.

Noo, that wis a Thursday nicht I wis teen awa', and I dinna ken fit happened aifter that, kis I passed oot afore we got tae Aiberdeen. The next I kent I wis bein' hurled alang a passage, heid first. I lookit up and saw my wife waukin' ahints, she wis cairryin my workin claes and my tackety beets. Syne, I passed oot again and the next thing I ken I waukened up and there wis a nurse stannin' lookin at's. I lookit fae side tae side and saw I wis in a sma' roomie bi mesel, and mair nor that, I wis lyin' in a bed wi' sides on't, juist like a bairn in a crib. The nurse says, "Good morning Mr Smith, how are you feeling this morning?" I says, "Oh, it's mornin' is it Nurse, it maun be Friday than." "No, no, Mr Smith," she says, "It's not Friday, it's Saturday and eight o'clock in the mornin, you know you had a nasty accident and you've suffered severe shock." I lookit at her, fit wey cood it be Setterday, and I cam' in here last nicht and that wis Thursday. I juist coodna figure it oot. I did mind aboot the tup nockin me doon and comin' awa' in the ambulance, bit that wis aa. Fit wey it wis noo Setterday I didna ken, so I says, "Weel Nurse, be it Friday or Setterday I'm nae carin', bit I'm affa hungry, seen it's mornin' kin I get a platefu' o' porridge and milk?" She says, "Oh, Mr Smith, you're hungry are you, well that's a very good sign, but I'll tell the sister and she'll tell you what you can get." So I got my porridge and I ate the lot, and a cup o' tea wi' a slice o' toast tae, fit a lot better I felt aifter that. Syne, a young doctor cam' tae see me. He telt me that my leg was badly broken, they had done their best and put a plaster cast on to it. As I had suffered a very severe shock, I would have to stay in bed for a few days at least.

My wife cam' in tae see's that aifterneen. I hid haen a gweed denner ir that time, and the first thing I said tae her wis, "Tell me, Beldie, is this Setterday, for they brocht me in here on Thursday nicht and fin I waukened this mornin' they telt me it wis Setterday." She says, "Aye, ye muckle gype, it's Setterday aricht, ye niver cam' tae yersel yesterday ava." So that's fit wis wrang, nae winner I coodna mind on Friday. Syne, I says, "Foo are ye gettin' on at hame?" She says, "Oh, nae bad ava', Sunnie Innes wis wi's for a gweed file yesterday, he's back the day again and Dod Finnie's tae be there in the aifterneen and they're gaun tae hae a thrash." I says, "Oh, that's affa gweed o' them, bit juist ye tell Sunnie Innes tae come as aften as he can, mark doon aa the oors he works and I'll pey him fin I get hame, I dinna think they'll keep me ower lang here." Syne she says, "Oh Ake, I think een o' the young caufs is takin' the scoor, wull I get the vet if it gets waur?" I says, "Micht aye, you get the vet, even tho it's the morn, he'll hae something tae say tae ye for takin' him oot on a Sunday, bit he'll sware at ye if ye're ower lang o' sendin' for him. She gaed awa' hame aifter that, promisin' tae be back the morn.

I wis kept in that sma' room for anither twa days, syne I wis shiftit intae the big ward. It wis then I wis telt I wis in Ward 7, and it wis a hale week aifter that ir I got oot ower mi bed. Aifter that I hid tae learn hoo tae wauk wi' crutches and hoo tae wauk up and wauk doon stairs wi' crutches. It wis een o' thae days I wis practisin' climin' stairs wi' mi crutches. I happened tae look up abeen the entrance tull the ward, and there wis this great big plaque stikin' tae the wa'. Ritten on the plaque wis the followin' words:- In grateful recognition of a contribution of £32,000 to the building fund of this hospital in 1927 by Sir Robert Williams of Park, thus enabling this ward to be built. Weel, it wis something like that onywey. And as I wannered aboot the hospital I saw ither sic like plaques, syne I noticed this bed and that bed hid been endowed bi certain fowk, files man and wife, files somebody bi themsels, so I thocht back tae 1928, fin the fairmer o' Bogmuir hid gien thon mannie a pound oot o' mi pey for this hospital, and I winnered fitten wee bittie my pound hid peyed for, wid my name be on't, bit no, I thocht, abody wid hae tae contribute mair nor a pound tae get their name on the wa'.

I wis in Ward 7 for three weeks and fower days athegither, and aa that time Beldie cam' tae see's three times a week, files she hid Harold wi' her, I dinna think that Sandy iver cam', he ayie said he wis ower busy lookin' aifter things at hame. Simpson's buses wis richt handy for them comin' in tae Aiberdeen, they gaed bi the end o' the road, baith comin' and gaun. It wis on Setterday, the fourth o' December that Beldie wis telt I wis gettin' hame on the Monday. She wis in as usual tae see me, a doctor cam' and spiered at her if I cood get a bed on the ground floor, I would need that for some considerable time, because they thought I would require to use crutches for another six or seven months. So, on Monday, the sixth of December, I wis taen hame in an ambulance, I wis bein' cairret oot o' the ambulance on a stretcher, lyin' lookin' up tae the sky, I turned my heid roond and looket doon the wey o' the byre, michty, fit a stammagaster I got, there wis the twa Grants pitten the slates on tae the byre. It wis the thirty first o' January the slabs wis blawn aff, it wis noo the sixth o' December, that juist showed ye hoo speedy the estate wis in dee'in their repairs, deid slow I wid say it wis. I tried tae tell the ambulance men, I cood wauk inside wi' mi crutches, bit na, na, naewey wid they hear o' that, so I wis cairret inside and intae the front room, faur a bed wis wytin's, the bed hid been shiftet throo fae the back bedroom for me tae lie in.

The twa men tucked me up in my bed, set my crutches against the heid o' the bed, and afore they left een o' them says tae me, "Weel, Mr Smith, that's you hame, I hope it's nae lang ir yer rigged and back tae yer work," and wi' that they gaed awa'. There wis naewey I wis gaun tae lie in my bed, the wife hid a gweed goin' peat fire in the room, it wis fine and warm, so I rose and wis sittin' at the fireside, mi leg on a steel and mi crutches aside's fin mi wife cam' in. She says, "Noo Ake, foo ir ye bein' sae silly, ye shoodna be ootower yer bed yet." I says, "Foo no, if I'd still been in the hospital I widve been up, aither sittin or waukin' aboot, I wis telt tae wauk plenty, and sit doon fin I got tired." And I gaed on, "Noo dinna start cairryin mi mait throo here tull's, I'll aisy cam' throo tull the kitchie for't, I've been learned tae look aifter mesel in the hospital." Aifter that she sat doon asides, she says, "Oh Ake, fit fine it is tae get ye hame, ye ken it's been a gie worry the time ye've been awa'. We lost that caufie that took the scoor, bit the ither three got ower'd. The rest o' the nowt are aricht, they've haen a lot o' bather wi thae sheep, they hinna been gweed tae keep at hame. Sunnie Innes took awa' his tup and pit him tae the killin-hoose, naewey wid he wyte tull some ither body got hurt, and he got Rattray's tup fae Greenloch tae gang in wi' the ewes instead, and he says that tup kin gang hame in a week's time." Syne I says, "And hiv they ony neeps stored?" She says, "Oh aye, there's a gweed store o' neeps in, bit Sandy's affa worried kis he hisna gotten back tae the ploo since ye gaed awa' and George Greig fae Grassiehill his been ower lots o' nichts. Sandy and him, they get on great thegither, and John Massie and Betty hiv been ower tae. John ayie says the best thing we cood dae noo wid be tae roup oot and get awa' fae this scabbard o' a plaice, fit's the eese o' bidin' here and workin' wir guts oot for nae return." And fin I said, "So that's fit John thinks is it?" She says, "Aye, is't Ake, bit ye widna think aboot roupin' oot wid ye?" I says, "Nae ferrs Beldie, we hinna come tae that yet, in fact, I dinna think we iver wull," and wi' that she gaed awa' throo tae the kitchie tae mak' oor supper, and as she gaed oot, she says, "Sunnie Innes and Sandy ir sortin' the nowt ivnoo, Sunnie Innes is comin' in tae see ye afore he gang's awa'.

Weel, that wis ma hame fae the hospital, the wife thocht I wid hae tae bide in mi bed a puckle days, bit I seen lut her see that wisna gaun tae happen, for the next day I wis oot in the close hirplin' aboot wi' mi crutches. I juist bade oot a filie that day, bit the next day, I hid a richt look throo aa the nowt, Goad, they wir lookin' richt weel, it wis aisy seen that I hidna been missed as faur as the work wis concerned. Sunnie Innes wisna doon that day, so Sandy wis juist himsel amin the nowt. Afore I gaed inside he says tae me, "Dad, ye'll better tak' a look at the corn laft, it's gie near fu', we'll need tae shift some o'd afore we get anither thrash." I coodna gang up tae the laft wi' crutches tae hae a look, bit bi gweed luck George Greig cam' inaboot that nicht and I got him tae see aboot gettin' secks tae hid the corn in. And that nicht aifter we wis bedded, the wife lut me ken fit lucky we hid been wi' oor neebors,

Alan Hutcheon, Sandy Cruickshank and George Greig ferrly helpit her fin I wis awa'. Aye, and auld Harry Massie, he took a look thruw the sheep files. The warst o' Harry wis, he wis ayie lookin' for a fly, and he used tae sit aside the fire fin he took his tay, syne he wid fling the tay laives and the dregs oot o' his cup intae the fire and gaurin' the stew flee oot fae the fire ower aa her bonnie fender, fit-steel and clootie-rug. She niver said onything tae Harry, bit if I hid deen it, it wid've been a different maitter.

That same day the man fae the Prudential cam' inaboot, it wis the first he kent o' me haen an accident. he says, "Michty, Mr Smith, ye shood've haen a claim in ir this time?" I says, "A claim in, fit div ye mean?" He says, "A claim against yer accident insurance, that's fit I mean, shurely ye hinna forgotten ye hiv an accident insurance policy wi' us." He gaured me winner, fit wey cood I hiv forgotten that, so I says, "Michty aye, is't ower lang tae pit in a claim noo?" He says, "Na, na, nae neen ower lang, we'll full up the form noo and get it awa', syne ye'll get a money order for twenty pounds for that first fower weeks and a money order for a fiver for ilka week aifter that." That plaised the wife fine, kis she cood cash the orders at the local Post Office, that wid aisy pey for the casual labour we nott, and she wid manage tae keep the hoose wi' the aig money plus the medical benefit I wis gettin' aff the N.H.S.

It wisna lang ir I wis nockin aboot the fairm wi' mi crutches, it wis affa fine tae get back intae the workin' claes again, I didna hae tae be feart for filin' them. We hid George and Mrs Greig tae sit in the New Year wi's, we wir gie lucky that the road wisna blockit wi' snaw. Aboot a week aifter New Year, it wis noo 1954, this smairt young lad cam' inaboot on a bike. He spiered tae see me, so the wife brocht him intae the kitchie, and aifter he said fit lucky we wir gettin' this fine weather ivnoo, he says, "Ye'll be winnerin' fa I am and fit I'm needin' ir ye?" I says, "Oh aye, I've seen ye afore bit I canna pit a name tae ye." He says, "Weel, I'm Ian Moir, my fader his the smiddy at Ladysford, and I'm here tae see if ye wid sell me yer caur." I lookit at him a filey, syne I says, "Me, sell you mi caur, fit gaured ye think I wis sellin' my caur?" He says, "I juist thocht wi' you haen this accident, ye widna be drivin' for a file, and as that's the kind o' a caur I wid like, I thocht ye micht sel't." He ferrly gaured me think, it wis true eneuch fit he said, I widna be drivin' for a file, aye and a gie lang file at that, so aifter a filey, I says tae him, "If I wis tae sell the caur, foo much wid ye gie me for't?" "Weel," he says, "I'll be straucht wi' ye, I'll gie ye forty pounds, noo I canna gie ye mair, kis I dinna hae ony mair." I thocht a filey, the caur cost me aichty pounds, we'd hain't for three years, it wis ower sma' for a fairmer's caur onywey, and it hidna needed ony repairs a' that time, so I says, "Aricht, ye kin get it," and he handed ower aicht five pound notes.

So that wis the caur selt, he tied his bike on tae the back o' the caur, it widna start wi' sittin sae lang dee'in naething, bit Sandy yokit the tractor and pulled the caur intae the quarry park, it wisna lang ir they hid it gaun, and he gaed awa' hame wit, even tho it wisna licensed. That same week we got the thrashin' mull inaboot and hid a yoken's thrashin'. That gied's plenty strae for the nowt for a file and we got the corn awa' afore the weather cheenged for the waur. Syne I wis teen intae Foresterhill wi an ambulance, they cuttit aff the plaister and pit on anither een, tho I wis niver alloo'ed tae see mi leg. I wis lyin' flat on my back aa the time this wis gaun on, and aboot three o'clock I got awa' hame again. The ambulance men hid tae bed me fin we got back, and I hid tae lie there that nicht and next day tae alloo' the plaister tae harden richt. Ilka fower weeks I wis teen in and got anither plaister on, this cairret on for aboot sax month, and I niver got a chance tae see mi leg aa that time, forbye, it meant I didna get rade o' the crutches aither. I ferr learned tae gang aboot wi' the crutches , it wis naething tae me tae wauk tae Cyaak and hame again. I even startit gaun tae the mairt at Maud, waukin' tull the end o' the road and gettin' a lift fae Sandy Cruickie.

I mind o' gaun intae the mairt at Aiberdeen ae Friday wi' Simpson's bus, I met Mr Stewart fae the Braid Milesteen there, he said he wid gie me a hurl hame wi' his caur. Weel, I wis stannin' wytin' for him in the Central Mairt caur park, mi wecht leanin' on mi crutches, fin Jim Ellis cam' inaboot tull's. Noo, Jim Ellis wis foreman at Easttoon o' Glenbervie fin I wis there, that wis aboot three and twenty years syne, and he wis noo fairmer at Hillhead o' Glasslaw, juist aboot a mile oot the Lourenkirk road fae Stoney. I hidna seen him for a gie lang time, so we hid plenty tae news aboot, he didna ken I hid flitted tae Aiberdeenshire. He says, "Goad Ake, fit wey did ye gang awa' there, ye'd been a lot better bidin' in Kincardineshire." I says, "Oh maybe so Jim, bit we hid tae gang faur we cood get a plaice." Syne he spiered fit wey I wis on crutches? So, he hid tae be telt the hale story aboot the tup brakin' mi leg and aa the rest o'd. Juist at that time, Stewart cam' inaboot and I got awa' hame, he coodna understand fit wey I cood gang sae faur fae hame on crutches. I says, "Ach min, ye seen get eese'd tae them," so fin he cam' tae the tap o' the Strichen road, he says, "Weel, if that's the case, ye'll aisy manage yersel fae here," and he stoppit the caur, I got ootower and thankit him for the lift hame, and I waukit the rest o' the road.

And aa the time I wis aff work, a man wid come fae the Employment Office at Peterhead, if I mind richt he wid come ilka fower weeks, nae ayie the same man, juist checkin' up that I wisna workin'. It must've teen them the maist o' the day tae come wi' the bus fae Peterhead, wauk inaboot tae the fairm and back again, and fin they saw me wi' the crutches they saw for themsels I coodna work. There wis ae day he cam' inaboot, I hid a contractor fae Maud cultivatin' wi' a tractor in the quarry park, the man wyted tull he cam' tae the fleed, syne he sined tae him tae stop. He said, "Oh, Mr Smith, you're shurely better now seein' your workin' again?" Fit he didna ken wis that the tractor-drivers name wis Wullie Smith, and Wullie didna ken fa' he wis, so Wullie lookit at him, he winnered fit the mannie wis bletherin' aboot, and he says tae the mannie, "Me, better noo, and startit tae work again, fit ir ye bletherin' aboot? I've niver haen a day's illness aa mi life, and mair than that, fa ir ye onywey?" He says, "I'm an officer from the Employment Office in Peterhead, if you've never had illness, why are you claiming medical benefit?" Wullie wi's mair confused than iver, he coodna mak heed nor tell o'd, and aa at eence the penny drappit, it wisna him this mannie wis needin', it wis Ake Smith the fairmer. So he says, "Ach min, ye hiv the wrang man, my name's Wullie Smith, it's Ake Smith the fairmer yer needin'.

There wis anither time een o' this lads cam' inaboot, it wis a fine day and I hid wannered awa' wi' mi crutches. I wis sittin' on a big steen in the farawa' neuk next Hutcheon's enjoyin' the sunshine. Weel, he gaed tae the back door, spiered at the wife if I wis at hame kis he wintit tae see me, so she says, "Aye, he's at hame richt eneuch, bit look ower there in that farawa' neuk, that's him sittin' on that steen, if ye wint tae see him, that's faur ye'll hae tae gang." I wis aboot hauf a mile awa', there wis nae richt road, juist throo the parks. He thocht a filey, syne he says, "I suppose Mrs Smith, you husband is still unfit for work, is he?" She says, "Oh aye, his leg's still in plaister and he's ayie usin' his crutches so I canna see fit wey ye wid think he wis fit tae work," and he says, "Oh, alright Mrs Smith, just tell him somebody will call to see him in about a month's time." He left aifter that and fin I gaed hame tae mi denner, mi wife telt me aboot this mannie, so I says, "Ach, he'd been feard tae blaad his fancy sheen and his fine pressed breeks tae come throo the parks tae see me.

Noo, wi' me gettin' mi leg broken, we hid tae pit aff for anither year pitten up the pig nettin' roond the roch grun, bit I hid some drainin' planned and we gaed aheed wi' that, wi' the Dept. of Agriculture helpin' oot wi' a fifty per cent grant, the estate supplyin' the tiles and I wis peyin' for the work. If I hid been able, I wid've deen a gweed lot o' the work mesel. Fin the time cam', Harry Massie took the ewes on tae his craft the time o' the lammin, he took on hand tae look aifter them if Sandy wid ca'ower neeps, hey and sic like for feedin' them. Syne I hired a contractor fae Maud tae cultivate aa the grun, anither contractor tae dreel in the seed wi' a combine dreel machine, so that made shure the work didna fa' ahint. Weel, auld Harry keepit the ewes for a month, they aa lambed within that month and oot o' that twenty-five ewes he hid forty lambs, gie gweed for that kind o' sheep, and they wir aa aifter the Suffolk tup, the een that bruk mi leg. I thocht that wis ower mony sheep tae keep throo the summer, I widna hae grazin' for them aa I thocht, so I thocht I wid sell some o' them, ewes and lambs thegither.

I spoke tae Harry aboot it, he says, "Na, na, Ake yer wrang, pit yer stirks on the roch grun ye hiv wi' the electric fence, that'll lave ye wi' yer best girss for yer ewes and lambs, and ye'll find oot gin August yer lambs'll gang awa' fat, killin' oot aboot thirty-five tae forty pounds, juist the richt size for that time o' year. And yer stirks, weel they winna dae sae weel on the roch grun, bit yer sheep kin get on tae the second growth aifter the hey, yer stirks'll get on tae the girss, the stubbles and the young girss aifter hairst." I lissened tae fit Harry hid tae say, syne I says, "Aricht Harry, I'm nae neen hard-up, I'll juist try it oot that wey. Ye see, this wis a new experience tae me, haen tae plan hoo tae tak' the best oot o' my girss.

48

CHAPTER 5

"Buchan Meat Producers"

It wis aboot the end o' April that Harry gied me aa this advice, so we'll noo gang back a bittie tull January. Aa throo the waur years and up tae this time, fin fairmers hid fatstock tae pit awa', they wir then teen tae the various mairts faur they wir wied, graded bi government graders and the fairmers wir peyed in accordance wi' the wecht and the grade their stock got. Bit noo, aa that wis tae cheenge, as fae the 1st o' April, 1954, fat stock wir tae be returned tae a free market, this meant that fat nowt and fat sheep wid gang intae a salering and be selt tull the highest bidder, it also meant that a lot o' the fat nowt and fat sheep wid be bocht and sent awa' bi rail and road tae be slaughtered at various centres in England, nae doot sufferin' sae much wi' the journey. At the same time there cood be sae much shrinkage in the feenished carcase, and mair than that, it wis takin' much needed employment awa' fae the country districts tae the crooded districts in the cities. Of coorse, this wis a topic fit wis taen throo-hand faur iver fairmers met, especially at the mairts. Maist fowk thocht, cood the government nae lit weel aleen, goad, wisn't the system workin' aricht. And syne wird cam' oot there wis tae be meetin's held at various plaices in Buchan, fairmers invited tae attend the meetin's tae discuss the return to a free market for sellin' fat stock, and Joe Mitchell fae Mains o' Coburty wis responsible for this meetin's bein' held. There wis tae be a meetin' at Strichen and anither een at New Deer, weel, wi' me needin crutches tae gang aboot, I didna gang tae the meetin' at Strichen and at dennertime next day, Alan Hutcheon cam' ower tae see's. He says tae me, "Ake, ye didna gang tae the meetin' at Strichen last nicht did ye?" And fin I said, "Oh no, Alan, foo are ye spierin?" He says, "I saw John Laird fae Greenspeck this foreneen, he's gaun tae New Deer the nicht, he said he wid pick you and me up on the Strichen road, he says we shood aa gang tae this meetin', so fit dae ye say?" I says, "Aricht, I'll meet ye at the heid o' the road at seven o'clock.

So I gaed awa' tae this meetin', crutches and a'. John Laird wis drivin' the caur, I canna mind fa' wis sittin' in the front wi' him, bit Alan Hutcheon and me, we wir in the back sate. There wis aboot forty fowk turned up, abody there wis keen tae hear fit Joe Mitchell wis gaun tae tell them. First he said fit plaised he wis tae see sae mony fowk there, then he went on, "Prior

49

to 1939 our fatstock were sold through the auction rings at the various marts in our area, buyers travelled from all over England and Scotland to purchase our prime stock at these marts, in fact, the sellers (farmers) regarded the buyers as friends and the trust between them was mutual.

Then the war broke out, and the Ministry of Food became the only buyer of our fatstock. As you should all know, the Ministry of Food carried on using the marts for the collection and grading of stock, but that is all going to change. As from the first of July this year, the marketing of fatstock is to be returned to a free market. So you see, the Ministry of Food has been in charge of buying our fatstock and paying us for it for fifteen years. Well, gentlemen, the question arises, what do we do now, do we revert to the pre-1939 custom of selling through the marts, with any surplus of beef or lamb over local requirements sent to Smithfield Meat Market or Glasgow Meat Market, and keeping in mind that all the buyers are gone, or do we form a farmer's co-operative to market our own fatstock, and look for more outlets for our supplies?"

"One has only to look at the success of the farmer's co-operative who have already acted to set up a packing station and latterly for dead poultry, using the name o' Buchan Poultry Products, to see it is feasible for a farmer's co-operative to be formed to market our beef and lamb etc." Buchan Poultry Product's poultry meat was being marketed very succesfully by Swifts, the large international wholesale meat firm, who have over 80 distributive depots throughout the United Kingdom, thus ensuring a much wider selection of distribution outlets. Farmers involved in the setting up of Buchan Poultry Products agreed that what had already been done with poultry could equally be done with livestock, so it has been decided a co-operative should be formed, to be known as Buchan Meat Producers. Approaches had been made to the Town Councils of Fraserburgh and Peterhead with a view to using their premises with slaughtering facilities. Both Town Councils were keen to see it begin, as it meant work for the slaughter-houses, and the marketing would be in the hands of Swifts, the meat wholesalers."

"The initial aim of B.M.P. is to ensure outlets for our fatstock, and as a co-operative, return to our farmer members the best possible price. We will not set out to be a profit making organisation, but of course, the company will have to pay it's way, and any profits made will be returned to the members as bonuses. It is to be hoped that a wide area of the farming community in Buchan will join, large and small farms alike, and to encourage this, it has been decided that the minimum investment in the company would be one share, priced one pound. It was hoped that members would increase their investment as time went by."

Weel, that wis the end o' Joe Mitchell's speech, and aifter a few questions hid been put to Joe and he hid answered them, Alex Bell stood up, he says, "Gentlemen, ye've heard fit Joe his said tae ye, he seems tae hae a bee in his bonnet aboot sellin' fat nowt, at the same time I wid advise ye aa tae support him in this venture, kis I think it'll be a winner." Noo, if I mind richt, aboot fower oot o' ilka five fowk there jined that nicht, the maist o' them juist like me, investin' a pound for a start. Weel, That wis the meetin' held at New Deer, that wis juist een o' the meetin's held aa ower Buchan fin B.M.P. wis born. That wis in 1954, Buchan Meat Products hiv niver lookit back. Joe Mitchell wis Chairman up tae 1973 fin he retired, it is noo 1991, and the company ir operatin' fae a big modern slaughterhoose and meat processin' plant at Turra, wi' aboot three hunner fowk workin' for them.

It wis aboot the end o' June I wis teen intae Forresterhill Hospital, got the plaister teen aff and anither een on, bit a shorter een this time, juist up tull mi knee, wi' a heel on't. They took awa' mi crutches and gied me twa strong waukin' sticks, tellin' me tae gang awa hame and start and wauk on mi fit, at the same time I hid tae get mi knee workin' again. Weel, I did manage tae pit mi wecht on tae the fit, bit get mi knee tae bend, na, na, it juist widna bend. So I wis teen back tae the hospital, got a dose o' anaesthetic, and fin I cam' tae mesel, mi knee wis affa sair, bit I cood bend it, fit they did tae mi knee I niver kent. Aifter that, I wis fit for a lot o' jobs aboot the fairm, juist gie licht kind o' work for a start. And comin' hame fae the mairt at Maud ae day, I wis gettin' a lift hame fae Sandy Cruickie, I spiered at Sandy if he wid lit me drive his caur. He says, "Michty, Ake, ye kin aisy hae a shottie o' the caur," so him and me, we cheenged plaices and I drove the caur richt tull the end o' mi road. Sandy says, "Ack Ake, ye'll aisy manage tae drive again, ye'll be buyin' anither caur wull ye?" I says, "Oh aye, Sandy, I'll seen dae that, bit thankye for the lift hame onywey."

That nicht I coodna settle doon aifter suppertime, the wife says, "Goad, fit's wrang wi' ye the nicht, Ake?" I says, "Ach, I drove Sandy Cruickie's caur hame this aifterneen, I think I'll awa' tae Cyaak tae see Bill McArthur aboot anither caur." She says, "Goad, fit's aa yer hurry, ye'll shurely manage tae wyte anither day or twa." Bit na, na, I coodna wyte, so I set aff tae wauk tae Cyaak, bit fa cam' alang the road bit Bill Daniel and he gied me a lift tae Cyaak. I telt Bill McArthur I wis needin' a caur, he says, "Div ye mean a new een, Ake?" I says, "Na, na, Bill, fit wye div ye think I cood afford a new een, wi' me nae bein' fit tae work for mair than nine months, na, na, a gweed second hand een ill hae tae dae." Bill says tae me, "Weel Ake, ye'll better gie me some idea fit kind o' a caur yer needin." So I thocht a filey, I mided aboot the row I got intil for takin' hame twa young pigs in the back sate o' the Morris and fit a stink wis left in the caur, the wife wisna neen plaised and she ferrly lut me ken aboot it. I says, "Weel Bill, I'm nae neen fussy fit mak' o' a caur ye get tull's, bit it'll hae tae hae a boot big eneuch and strong eneuch tae cairry young pigs, or a young cauf, and maybe a bag o' cement or sic like, and juist aboot three or fower year auld, ye'll manage tae pick up a caur like that tull's wull ye?" "Oh aye," says Bill, "I'll get something tae ye afore a week gangs by."

He kept his wird, three nichts aifter that he cam' inaboot at the back o' suppertime, he waukit intae the kitchie and aifter the usual spik aboot the weather and sic like, he says, "Weel Ake, I've got a caur for ye, it's a saxteen

H.P. Austin, his plenty o' boot room and it's juist a year auld, it's a one owner caur and there's sax months licence on't, so ye'll better cam' oot tae the close and see't." Richt eneuch, it wis a strong lookin' caur, juist the kind o' caur I wis needin', so I says, "Oh bit Bill, I wid like a trial rin on't first," and Bill says, "Oh, that's aricht, you tak' me back tae Cyaak wi't juist noo, keep it for a week tae try it oot, syne ye kin come intae the garage, and if yer plaised wi't ye kin pey for't at that time." Weel, I bocht that caur, and it turned oot tae be a gweed investment, for I kept it for sax years.

It wis the first week in July I bocht that caur, and the Buchan Meat Producers startit operatin' aboot the same time. I hid teen Harry's advice and pit the ewes and lambs on tae the best o' the girss, and michty, sic a grand job thae ewes wir makin' o' their lambs. There wis ae nicht Harry wis ower, we hid the sheep intae the pens and Harry wis han'lin at the lambs, he says, "Goad Ake, thae lambs ir in fine fettle, the auldest eens ir little mair than three month auld, in aboot anither month, ye'll get the best eens awa' fat." It wis a gweed job I hid Harry tae keep me richt, for tho I hid wrocht a lot amin sheep, I niver haen tae say whither they wir fat ir no, so I says, "Aricht Harry, ye come back in anither month's time, ye kin pick oot the fat eens and I'll get them doon tae the Strichen Mairt." Harry lookit at's and he says, "The Strichen Mairt, fit ir ye haverin' aboot, yer a member o' the Buchan Meat aren't ye, fit wey wid ye nae pit them tae the Broch tae be killed and graded there?" I says, "Ach Harry, I ferr forgot aboot that, weel fin the time comes that's faur they kin gang." And that's aa that wis said aboot it at the time.

Noo, Sunnie Innes hid gotten a job wi' the Toolies in the Broch, it wis a lichtsome kind o' a job, bit een he wis fit for, so there wis nae wey he cood help me ony langer, so I hid tae lookoot for some ither body. Sandy hid twa pals his ain age, they didna hae a job, so fin the neeps cam' tae the huow I socht them baith, thinkin' that I cood pey them aff fin the huowin' feenished. I gaed wi' them files, juist tae see they wir daen the job aricht. Weel, they stuck in sae weel, I thocht it wis a shame tae pey them aff, and I thocht aboot the fencing that hid tae gang up roond the roch grun, the pig nettin' for the job hid been lyin' at the back o' the pig's hoose since it cam' hame afore mi leg wis broken. I spiered at them if they wid pit up the fencin' alang wi' Sandy, they agreed richt awa'. George Greig said it wid be better than hingin' aboot at hame onywey and Ritchie Sherriffs thocht the same. I kept that twa loons on aa summer, and alang wi' wir ain loon they gaed throo a lot o' work. They huowed the neeps, cast the peats, coled the hey, cuttit the thistles, pit up the fence roond the roch grun and in atween times they wid ca' rotten rock oot o' the quarry on tae the road. So that bit o' the roch grun wis noo fenced for sheep wi' the pig nettin', and fenced for cattle wi' the electric fence. And as for the ruckin o' the hey, the three lads gaed and gied Sandy Cruikie a hand wi' his hey, and he cam' and bigget the rucks fin they wir takin' in oor hey.

It cam' intae August, Harry Massie cam' ower again winnerin' foo the sheep wis gettin' on. I met him in the close and he says tae me, "Fit aboot takin' in the sheep tull we see if ony o' the lambs ir ready tae gang awa." I says, "Aricht, we'll dae that than," so we got them inta the pens, Harry, he wis in amin them like a shot, han'lin een aifter anither, syne he yoket tae mark some o' them wi' pent and aifter a filey he says, "That's twal o' the lambs marked, they're fine and fat and ready tae ging awa', fit ir ye gaun tae dae wi' them?" I says, "Ach, I'll book them tae gang tae the Broch killin-hoose and we'll see hoo they turn oot there." A day or twa aifter that, the lambs gaed awa'. I saw Harry that nicht and telt him they wir awa', he says, "Ye'll be gaun doon the morn's aifterneen than tae see the carcases ir ye?" I says, "Ach no Harry, I wisna gaun tae bather," bit Harry widna hear o'd, he says, "Oh, ye maun gang and see yer sheep and ye cood aisy tak' me wi' ye." It wis fin he said that, a thocht cam' tae mi mind, that's the wey Harry wis anxious for my lambs gaun tae the Buchan Meat, he wisna a member himsel, bit he wid be alloo'ed in tae see fit wis gaun on if he got doon wi' me.

Aifter dennertime next day I took oot the caur, cried inby for Harry in the bygaun, and we gaed tae the Broch killin-hoose. Fin we gaed inaboot I spiered at a man faur the Buchan Meat office wis, he says, "That's it ower there, they share it wi' Swifts," and he pintit tull an auld railway cairriage. I lookit at it and says, "That's nae the office is it?" and he says, "Oh aye, that's aa there is for't onywey." So I gaed intae the office, there wis twa lads in the office, I says, "I'm Alex Smith fae Balnamoon, I hid twal lambs in tae be killed this mornin', and I'm here noo tae hae a look at them." Een o' the men held oot his hand and says, "Oh, it's fine tae see ye, Mr Smith, I'm Bob Bisset and I work for Swifts, and I'll aisy show ye yer lambs." So he took Harry and me intae the killin-hoose, I didna ken aboot Harry bit I'd niver been in sic a big killin-hoose, I'd been in some country killin-hooses bit niver onything like this. Weel, Bob took us ower tae ae side faur the sheep wir hingin' and says, "Mr Smith, this is your lot hingin' here, this twal in this raw." This wis a new experience for me, I lookit at them hingin' there, there wis nae doot they wir a lot sma'er than ony o' the rest o' them, it wis gaun throo mi mind, fit wis I daen haen thae sheep there, they wir juist a disgrace compared wi' the rest o' them, fin I heard Bob Bisset spikin. He says, "Fit div ye think o' them Mr Smith?" I says, "Oh, I dinna ken fit tae think, they seem tae be oot o' plaice amin a' that ither eens." He says, "Fit wey div ye think that, tae my mind they're the best lambs here the day bi a lang wey, fit kind o' breed is their mithers?" And fin I said it wis a cross Shetland ewe, he says, "Oh, that explains their size, the smaa'st carcase there is thirty-sax pound and the heaviest een is forty-one pound, juist the richt size for sellin', ye'll get a richt price for that eens."

And so it turned oot, for tho the price-list for that week showed a minimum guarantee price of 2/11d per pound, I wis peyed a realisation price of 3/2d per pound and I wis fine plaised wi' that. The rest o' my lambs gaed the same wey, and the ewes got a file on the roch grun aifter the lambs wir awa', and as they wir aa hale-moo'ed and hid gweed udders, I decided tae keep them for anither year. They hid been a gweed investment, 25 ewes for £40,

I'd selt 40 lambs oot o' them at aboot £6 per heid, and I still hid the ewes lookin' an affa lot better than fin I bocht them, maybe a year aulder, bit lookin' fine and healthy, and maybe the fact that there hidna been sheep on the fairm for years helpit a lot. Onywey, the turnower fae the sheep peyed for the fencin' roond the roch grun. And fin I telt Harry Massie hoo weel they hid deen, he says, "Weel Ake, ye'll seen find oot it's nae the best lookin' sheep that pey's best, sheep that hiv been born and brocht up on bare hard grun dae weel."

We hid a trauchle o' a hairst that year, it wisna that the weather wis affa bad, it wis gettin' fowk tae come and work. Ye see, George Greig and Ritchie Sherriffs, the twa loons I'd haen aa summer, they got ither jobs and left, and I wisna fit for much mesel, in fact I wis still under the doctor and shoodna been dee'in onything. I hid a variety o' workers that hairst, Sunnie Innes and Dod Finnie at nichts and weekends, the postie aifter he feenished his roond, bakers fae Smithie the bakers, they wir ayie free in the aifterneens, and onybody fit wintit tae mak' a spare shullin' or twa. I mind ae day, the man fae the college cam' inaboot, I says tae him, "Yer nae needin' a job ir ye?" Wi' a lauch he says, "Oh no, I juist looked inby tae see hoo you're gettin' on, I see you've a grand crop of oats there, and I must say there's been a big change for the better since I first saw this plaice." And aifter the twa o's newsed awa' for a filey, he says, "Well, I'll lave you to get on with your work, now be sure to get in touch with me if you shood come to need any help from me."

Weel, we trauchled on and got throo that back-end, we cam' tae New Years Day and at twa o'clock on the mornin' o' the second of January, 1955, I hid tae rise, tak' oot the caur and tak' the wife doon tae the Maternity Hospital at the Broch, that's fan oor douther Kathleen wis born. It wis an affa fine mornin', I phoned the Maternity and wis telt we'd got a douther, syne I set aff for Stonehaven tae bring Beldie Easton hame wi's, that's her that workit wi's at Tillygrain, she wis comin' tae keep hoose for's tull the wife cam' hame. On the road awa' I gaed inby tae Greigs at Grassiehill and telt them the news, and Sandy telt Fred the postie fin he cam' inaboot that he hid gotten a sister, so the news seen spread. Fit a spik gaed the roonds aboot it, juist fancy, the Smith's gettin' anither bairn and their last een eleven year auld. Weel, we got grand wither for a week, bit on the day I brocht the wife and the bairn hame, the wither broke and the snaw cam' on, and the next mornin' Sandy set aff wi' the caur tae tak' Beldie Easton and her quinie intae Dee Street in Aiberdeen tae get the bus tae Stonehaven, and fin he got back he coodna get the caur inaboot for snaw, he hid tae lave it at the end of the road. Next day we pulled the caur hame wi' the tractor, and it sat there for aboot a month for the road wisna clear o' snaw aa that time.

It wis aboot the middle o' February ir I wis sined aff bi the doctor as fit tae work, that means I hid been aff mi work for fifteen months ower the heid's o' gettin' mi leg broken. Mi leg didna look ower weel, there wis a bit o' been stickin' oot in front o'd, and it's still the same thirty-five year on, bit the doctors in Foresterhill telt me it wis as firm as a rock, and nae tae be feart tae use it. This noo meant I hid tae get anither accident insurance policy, I thocht I wid hae nae bather, juist spik tae the Prudential Assurance agent, bit na, fin I spak tae him aboot it he wisna neen shure, He socht tae see mi leg and said, "Mr Smith, we need a doctor's certificate afore we cood tak' ye on." I says, "Oh shurely no, the doctors in Foresterhill telt me it wid be aricht." He gaed awa aifter that and within a couple o' days I got a letter from their heid office offering me an accident insurance policy, fit wid exclude my damaged leg. On the other hand I cood agree to see their doctor in Aiberdeen and abide by his decision.

Weel, I wis left tae mak' a kirk or a mull o'd, I thocht long and hard aboot it, bit I coodna mak' up mi mind fit tae dae. Syne the local secretary o' the N.F.U. cam' inaboot, I wis feelin' a bittie doon in the moo ower the heid's o'd, so I telt him the hale story. He socht a sicht o' mi leg, he says, "Maun Mr Smith, that's a coorse leg that ye hiv, bit if the doctors in Aiberdeen said it wid be aricht, I'd be inclined tae believe them." He thocht a filey, syne he says, "Fit kind o' work hiv ye been dee'in, hiv ye been dee'in ony heavy work tae try it oot?" I says, "Oh aye, I hiv that, we pit awa' thirty quarters o' corn last week, and I cairret mair than hauf the bags o' corn oot o' the barn on tae the larry, that wid hiv tried it oot aricht." He says, "In that case, you tell the Prudential agent you've been spikin' tae me aboot it, and see if that maks ony odds." So I telt the Prudential agent, and they agreed tae tak' me on again on the condition I got a medical certificate fae mi ain doctor.

It wis intae February ir we got the snaw awa', the grun wis in a gie sotter for a file aifter that, and it wis intae Mairch ir the tractor wid gang on the grun, bit it dried up at an affa rate aifter that and we got the crap in withoot muckle bather. Meantine, the bairn wis gruwin' like aa that, auld Harry Massie took a likin' tae her, and mony a day he wid sit and nurse her, that lut her mither get on wi' her work. In fact, Harry's wife thocht he wis peyin' mair attention tae the bairn than fit he wis dee'in tae her, of coorse, we aa kent she wisna in earnest, bit Harry didna tak' ony notice o' fit she wis sayin'. There wis ae aifterneen Harry wis sittin' nursin' the bairn, Harold wis sittin' at the ither side o' the fireside, and a' at eence he says tae Harold, "She's a richt bonnie quinie, isn't she Harold?" and Harold says, "Oh aye, she is that Harry," syne Harry says kin ye tell me this Harold, fit wey is the bairn richt like the postie?" Harold lookit at Harry a meenitie, syne he says, "Oh I dinna ken Harry, fit wey wid that be?" And aifter Harry gaed awa' hame, Harold says tae his mither, "Mam, fit wey wid Harry think the bairns like the postie?" Weel, she didna answer that een, and aifter we wir bedded that nicht she telt me aboot it, and we hid a gweed lauch aboot it.

Iver since the bairn wis born, Beldie hid been layin' aff her chest aboot aa this extra washin' she hid tae dae, fin she wis complainin' she wisna particular fa she wis spikin' tull. Of coorse, I niver took ony notice o'd, as I kent she wis juist lettin' aff stame, bit this day I gaed intae Barclay, Ross and Hutcheon's shop in Maud, I wisna needin' onything, I juist gaed in tae see Len Buchan, and there I noticed a funny like contraption. I says tae Len, "Michty, fit's that Len, it looks a gie queer contraption tae me?" Len says, "Oh Ake, that's a machine for washin' claes, fit aboot buyin't and takin' it hame tae Mrs Smith?" I says, "Oh it's a washin' machine is't," and I opened the lid. There wis a wringer inside and seemed in gweed order. I says, "It'll be in workin' order is't?" and Len says, "Oh aye, it works aricht. I selt a new electric een tull a wife and took that een in pairt excheenge, if yer wintin't ye'll get it for a fiver." I says, "Aricht Len, lit's see foo tae work it. So Len set up the wringer, it wis kept in plaice wi' twa thoom screws, telt me ye pit the claes intae the tub alang wi' watter and soap flakes, shut the lid and ca'd the han'le back and fore on the tap o'd.

I says, "Aricht Len, I'll tak' it. I handed ower my fiver and got the machine inower the boot o' my caur, the boot widna shut, bit I didna care, I wid ca' canny on the road hame. And fin I gaed inaboot that day I backit the caur richt inaboot tae the wash-hoose door, I gaed intae the hoose and says, "Beldie, ye'll better come oot and see fit I've bocht tae ye the day." So she cam' oot and hid a look at the machine sittin' in the boot, she says, "Fit's that thing for onyway?" I says, "Oh, it's a washin' machine, it's tae help ye wi' aa that washin' ye're ayie complainin' aboot." She says, Oh that's fit it's for is't, weel, ye kin dae onything ye like wi't, I'm nae seekin't. Na, na, I hiv mi tub, mi scrubbin' board and mi mangle, naewey div I wint yer new fangled machines." I tried tae argie wi' her, bit it didna mak' ony odds, naewey wis she gaen tae use that machine, so it wis shoved awa' in at the back o' the wash-hoose oot o' sicht. And I juist thocht tae mesel, that's aa the thanks I got for tryin' tae help her.

As the weeks gaed by I got aa the abler for my work and gin the Mey term cam' I wis 100% fit and my leg wisna gien me ony bather. There wis ae day I met a County Council workman at the rubbish dump, I wis tellin' him aboot sic a job I'd haen wi' mi leg, and mair nor that I wis left wi' a bit been stickin' oot at the front o'd. He says tae me, "Och, it canna be ony waur than my een, and he pulled up the leg o' his breeks and there wis the been stickin' oot at the side o' his leg, a lot waur than my leg. He says tae me, "That happened tae me in France fin I wis in the airmy, that's ten year syne and I've workit wi't aa this time, so I dinna see fit ye hiv tae worry aboot." He ferrly brocht me doon tae grun level, I juist thocht I needna be sorry for mesel ony langer.

At the term that year we hid the neeps aa sawn, and the peats aa castin', so I thocht we wid fence the hindmist bit o' roch grun. This bit lay close tull the turnpike atween Strichen and Cyaak, so I thocht we wid pit up a gweed strong fence there. The fence ran alang the tap o' the bank, so it widna need tae be hie, fower strands o' barbit wire wid dae fine, and keep in sheep and nowt baith, and we used larick strainers and posts on the job. Sandy and me wir busy at this fence ae day fin this stranger cam' by wi' his caur and stoppit. He cam' ower tae me and aifter he hid mentioned sic a fine day it wis, he says, "What farm is this? I saw a sign which said Balnamoon back there, is this Balnamoon? I says, "Oh aye, this is Balnamoon," then he lookit in his notebook and he says, "Oh, you'll be Mr Smith then," and fin I said I wis, he held oot his hand and says, "Well Mr Smith, I'm the new adviser from the College of Agriculture in Turriff and my name is Tommy Graham." I says, "Oh, I'm fine plaised tae mak' yer acquaintance, ye'll likely be cryin' inby noo and again." He gaed ower tull's caur aifter that and cam' back wi' a folder, he opened it up and said, "Oh, I see you've got a soil analysis done and you are applyin' so much lime and slag every year, that's very good, and what do you intend doin' with this rough ground? You see I come from Shetland and there's a lot of ground similar to this in the Shetland Islands, so I am very interested." I says, "On, I'll be runnin' cattle and sheep on't, ye see I hiv the rest o' the roch grun fenced for sheep wi' pig nettin' and an electric fence roond it tae keep in the nowt, bit I thocht I wid better pit up a gweed, strong fence here, see'in it's close tae the turnpike." He thocht a filey, syne he says, "I think Mr Smith, this land would qualify for Hill Cow Subsidy, don't you think you would be better running a herd of suckler cows on your land, selling your calves at the back-end of the year or maybe keepin' them throo the winter and selling the calves at the spring sales?" I says, "Maybe I wid, bit I wid hae tae look better intilt afore I cood mak' that decision." He left aifter that, saying he wid come back inaboot again shortly and we cood discuss it again.

That year 1955, turned oot tae be a richt dry year, it wis agreein wi' Balnamoon richt weel. At the end o' June we hid aa the neeps huow'd and the crap wis lookin' grand. It wis at that time a man cam' inaboot fae the Hydro-Electric Board, he reminded me aboot the time I hid been visited in 1951, when I had agreed to take in a supply of electricity provided an agreement could be reached between the board and myself. He went on, "I'm here today Mr Smith, on behalf of the Board to negotiate that agreement, provided of course, you still want to take a supply." So him and me, we sat doon at the kitchen table and worked oot an agreement. I canna mind fit it wis, bit I ken I tied mesel doon tae use a certain amount of electricity over a certain number of years. Afore he left, I says tull him, "See'in I've sined that agreement, wull we hae lang tae wyte for wir supply noo?" And he says, "Oh no, they're workin' roond aboot Strichen ivnoo, I think you'll get yours afore winter."

And ayie the richt dry wither continued. We got wir hey aa cut, coled and intae stacks withoot it gettin' a shooer. Some fowks' neeps wir beginnin' tae be affected wi' mildew, bit nae oors, the cauld-rife boddam o' the grun faur they wir gruwn kept them richt. In the meantime, Mr Graham hid been back, he hid a form wi' him, this form hid tae be completed, it wis an application for the farm of Balnamoon to be eligible for Hill Cow Subsidy. Some time aifter that, I hid a visit fae twa men fae the Dept. of Agriculture, we took it aa throo hands, and I agreed as my byre tied up twenty, I wid keep twenty suckler cows provided my two hand milkers would qualify for subsidy. One of the men said, "Oh yes, that'll be alright, provided the surplus milk would be used for feedin' calves." So this wis agreed, it meant that I wid hae tae sell aff maist o' my nowt and buy in coos in cauf at the back-end o' the year. That year tae I clippit my ain ewes, it wis Harry Massie's idea. He says tae me, "Ake, ye've juist twenty-five ewes and I hiv twenty, ye'll aisy manage tae clip that if I gie ye a hand, I wid keep the shears fine and sharp for ye." Weel, I wis gie swier tae dae't, I hidna clippit sheep since I wis at Little Barras in 1936 and it wis noo 1955, hooiver, I got yoket tult and got on grand. Aifter the clippin' Harry says tae me, "Noo, fit aboot the dippin', ye'll manage that and a', wull ye?" Ye see, Harry hid a sheep dipper at his craft, bit he wisna fit tae han'le the sheep himsel, he ayie set a Setterday for dippin' and got some ither fowk inaboot wi' their sheep tae dip as weel, aye and some o' the fowk fae Cyaak wi' sheep forebye, so the dippin' laisted near aa day. The man fit wis stannin' at the dipper hid tae be fit for the job, that's the wey he socht me tae dae the job, and of coorse, my sheep wis dippit free. He says tae me, "Ach Ake, ye'll aisy manage, if I cood dae't mesel I widna be seekin' ye." "Of coorse," he says, "ye'll smell o' sheep dip for a file, and Mrs Smith winna likely sleep wi' ye for a nicht or twa kis o' the stink, bit ach, she'll seen get ower't." So I agreed tae dip the sheep, it wis the same as the clippin', I hidna deen it since I wis at Little Barras.

And the lamms that year, they aa gaed tae B.M.P. at Broch slaughterhoose, juist the same as the year afore, and wir selt for a richt gweed price. Fin I wis at the Broch the day aifter the last o' the lamms wis killed, I says tae Bob Bisset, "That wis the feenish o' the lamms, I've juist the auld ewes left, I've haen them for twa year and I'm gaun tae sell them." Auld Harry Massie wis wi's, he says, "Ach Ake, yer ewes are in fine fettle, there's nae a bad een amin them, juist in fine trim for gradin', fit wey dae ye nae try some o' them doon here, they're a cross atween Shetland ewes and a Cheviot tup, and they'll kill oot aricht." Bob Bisset chimed in, he says, "Ye'll better understand, Mr Smith, there's nae guarantee for ewes, ye cood aisy get a hale carcase condemned bi the vet, bit if ye care tae tak' the risk, we'll get a gweed price for ye." I thocht a filey, syne I says, "Aricht, ye kin get a dizzen o' the ewes next week, and if they dae aricht, ye get the rest o' them later on." So that's fit I did, and I wis fine plaised wi' the returns I got for them. And that wis the feenish o' the first lot o' sheep I hid, financially they hid turned oot aricht, aa the same, I'd gotten a broken leg and aff work for a year ower the heid's o' them.

Still the gweed wither held, the hairst wis aa bye and the tatties up, as faur as we wir concerned it wis affa fine, the dry wither made nae odds tae oor watter supply, it didna maitter foo much we pumpit oot o' the auld wall up tae the cistern on the heid o' the hill, there ayie seemed tae be plenty comin' in, bit supplies o' watter on some fairms hid gaun dry and some fowk wir drivin' watter. The contractors cam' inaboot tae pit in the poles for the electric supply, as I said afore, we got the fairmhoose wired fin we flittit intae the hoose in 1951, bit I still hid tae get the steadin' wired, so I gaed tae Wullie Milne in Cyaak tae see if he wid dae't. He says tae me, "I'm sorry Ake, ye've been ower lang o' comin' tull's, abody's gettin' in the electric ivnoo, I hiv some extra men workin' wi's, bit I canna dae't tull aifter the New Year." Weel, that wis a stammagaster tull's aricht, fit wis I tae dae noo. Ye see, the new supply wis tae be teen intae the steadin', and fae the steadin' intae the hoose. I gaed tae Strichen tae the electrician there, spiered at him fan he cood cam' and dae the job, bit I got the same answer fae him, he coodna tak' it on for months aheid, and tae mak' it waur, I minded I hid sined an agreement I wid start peyin' for electricity whether I used it or no. Sic a predicament tae lit mesel intil.

It so happened Sunnie Innes' brither, Jim, wis gettin' mairrit, he wis mairryin' a quine bi the name o' Christian Milne fae South Park aside Lonmay. Weel, we wir invited tae the weddin', and we wir at the fairm this nicht wi' wir weddin' present. It wis aboot a fortnicht afore the weddin', Jim Innes wis there, and I startit tellin' them the fix I wis in aboot wirin' the steadin'. Jim Innes says tull's, "I'll wire yer steadin' for ye Ake, I've a fortnicht's holidays, I've naething else tae dae aa that time, and if Sandy wid gies a hand, him and me, we'll aisy manage in that time." Ye see, Jim Innes used tae work wi' Wullie Milne in Cyaak, so next mornin' Jim and me gaed tae see him, and it wis agreed that Wullie Milne wid supply the material for wirin' the steadin' and Jim Innes wid dae the work and I wid pey them baith fin the job wis feenished. That's the wey I got that job deen. Jim Innes made a richt strong job o'd, Sandy and him got on richt weel thegither, and I got it deen afore a lot o' fowk roond aboot. So we wir ready for the electric supply fin it wis switched on.

And aa this time Harry Massie wis ayie comin' ower and nursin' the bairn, three or fower times a week files. The wife said it wis affa fine fin she hid onything special tae dae. Weel, there wis ae day he says tae me, "Fit ir ye gaun tae dae aboot ewes this year Ake, ye ken there's a cast ewe sale in Huntly next Thursday, there'll be a lot o' ewes for sale that day, so fit aboot you and me gaun tae that sale tull we see fit we kin pick up?" I says, "Oh, I dinna ken Harry, bit I suppose I'll hae tae get ewes somewey," and aifter switherin' for a filey, I says, "Oh weel, we hid better dae that, ye'll be needin' ewes tae ir ye Harry?" I saw that Harry wis fine plaised aboot this and afore he gaed oot he says tae me, "We'll hae tae be awa' aboot aicht o'clock Ake," and tae the wife he says, "We'll be awa' aa day Missus, dinna look for's hame ir aifter suppertime."

Noo, I'd seen sheep selt mony a time afore that, bit I'd niver been at a special sheep sale. So on Thursday mornin' we rigged awa' tae gang tae Huntly, we left at aicht o'clock and we wir takin' birrin' alang the road past the Brade Milesteen fin Harry says, "Oh I may as weel tell ye, I socht Gordon Michie tae come wi's, he'll be wytin' on's at the end o' Little Byth road." I thocht tae mesel, juist fancy Harry seekin' him tae come wi's, I kent Gordon Michie fin I saw him, bit I'd niver spoken tull him, aa that I kent aboot him wis that he wis a great big man, aboot saxteen steen I wid say. Gordon wis wytin' on's aricht, bit he wis juist inower the caur, fin Harry says, "Noo Ake, cry inby tae Johnnie Anderson's and we'll get somethin' tae help us alang the road." I coodna tak' it in, Johnnie Anderson hid the Darralea Inn, bit it wisna openin' time yet, so I says, "Na, na Harry, that wid juist be a waste o' time, the plaice is nae open yet," bit Harry says, "Oh, that's aricht, we'll gang tae the kitchen door, Johnnie treats his freens in the kitchen." So I stoppit at Darralea, we aa got oot o' the caur and gaed tae the backdoor. Harry chappit on the door and Johnnie opened it. Fin he saw Harry, he says, 'Oh it's you Harry, come awa' in and bring thae ither twa lads wi' ye, yer juist in time, the taypot sittin' fu' at the fireside, ye'll aa tak' a cup o' tay.' We got wir cup o' tay, syne Johnnie says, "It'll juist be the usual is't Harry?" and Harry says, "Aye, that's richt Johnnie," and Johnnie gaed awa' throo the hoose and cam' back wi' three glesses hauf fu' o' whisky. Weel, we drank the whisky, there wis a great newsin' gaun on aa this time, they wir spikin' aboot fowk I'd niver heard o' afore, there wis ae name mentioned a few time, that wis gaffer Duncan, fa iver wis gaffer Duncan I winnered? We bade there aboot hauf an oor, and as we gaed awa' I wis winnerin' fit I hid lut mesel in for the day, and I thocht back tae the day last week when Harry telt the wife we widna be hame ir aifter suppertime.

We got tae Huntly aricht, bit fit a steer aboot the mairt that day, and michty, fit a lot o' ewes there wis, maistly blackfaced, some o' them withoot teeth in their heid, some rale fresh like, they wir juist minus a teeth or twa. The sale yoket at ten o'clock. If I mid richt the blackfaced ewes wir aa selt first, there wis some Cheviots, broken-moo'ed tae, there wis a lottie o' aicht and twenty cam' in tae the ring, they wir rale thin, bit I thocht they lookit fresh like, so I bocht them, syne Harry bocht a puckle. We gaed tae the office tae pey wir sheep and got the pass for gettin' them oot. We handed oor passes tae a float lad that Harry kent, the same lad hid shifted sheep for Harry afore, he kent faur Harry's craft wis and promised Harry he wid deliver them that nicht. It wis hauf past fower ir this time, we'd juist haen a plate o' soup and some puddin' at dennertime, the ither twa widna bide awa' ony langer fae the sale ring tae tak' ony mair, and I wis feelin' hungry, so I says tae them, "I think we shood hae somethin' tae ait afore we gang awa' hame," bit Gordon says, "Na, na, we'll get wir supper fin we're gaun throo Turra." They scuttered aboot for anither half oor onywey, spikin tae this een and that een, so it wis near sax o'clock ir we got tae Turra, I wis telt tae stop at the fish and chip shop there.

The three o's gaed intae the shop. Gordon, he wis leadin' the wey, and fin the mannie in the shop saw Gordon, he says, "Oh hallo, Gordon, hiv ye been at the sheep sale the day?" And fin Gordon says, "Oh aye, we hiv that, we've haen a gweed day o'd," the shop mannie says, "It'll juist be the usual Gordon, I see there's three o' ye the nicht." So the three o's sat doon at a table, a big taypot fu' o' tay, three mugs, sugar and milk wis set doon in front o's, syne they brocht three plates wi' a big fish and chips on them, and anither plate wi' anither fish and mair chips. I lookit at the extra plate. I winnered fa this wis for, I didna hae lang tae wyte, for Gordon took the extra fish and some o' the chips, and telt Harry and me tae stik in and tak' the rest. Michty, fit a feed we'd haen. Harry and me hid twa mugs o' tay and Gordon hid three. We wir aa feelin' fine and relaxed noo, the hurry wis aa bye for gaun hame noo. A twa/three mair lads cam' in, they wir on the road hame fae the sale tae, so the newsin' wis gaun saxteen tae the dizzen, and it wis aifter seven ir I got awa' fae Turra. I took Gordon Michie richt inaboot tae Little Byth, he wintit me tae gang in and meet his wife, bit I said no, and I got hame at the back o' aicht.

The sheep wir delivered tae Harry Massie's craft that nicht aboot eleven o'clock. Sandy and me gaed ower tae Harry's the neist day, took them intae the sheep buchts, and wi' Harry standin' watchin's, we gaed ower them aa, een bi een, hid a look at their edders, their teeth and their feet. We didna find a faut naewey, syne we put them throo a fit-bath, penned aff oor sheep fae Harry's as they gaed throo the fit-bath, and gaed awa' hame tae Balnamoon wi' oor ain eens. I pit them on tae young girss richt awa', and pit a Suffolk tup in amin them a week aifter that. That wid've been the third week in October, that meant I shood start gettin' lamms the second hauf o' Mairch next year.

It wis aboot this time I hid tae gang tae my fader's roup. Ye see, he hid been at Greenheads for twal year, he wis roupin' oot aa his stock, his implements, and ony spare furniture there wis. Hugh, mi brither, he wis cottared at Thornyhill, Fettercairn, at this time. Weel, he wis takin' ower the tenancy at Greenheads, and mi fader, he hid bocht a sma' plaicie ca'd the Narrows tae retire intil. Tae get tae the Narrows, ye gaed throo Johnshaven and sooth alang the seaside tull ye cam' tult. There wisna muckle grund on't and fit there wis, wisna up tae muckle. I bade there anicht and gie'd them a hand tae flit neist day, and I bade anither nicht at the Narrows tae see them richt settled doon. My fader and mither bade there as lang as he wis able tae work the grun. He bocht twa Shetland ponies and used tae ploo wi' them. Weel, aifter that they bocht a hoose in Montrose and flittit in there.

Meantime, I'd selt aff the maist o' mi nowt, this wis tae mak' room for the sookers I wis tae be buyin'. I already hid mi twa milk kye, so I hid tae buy anither aichteen tae full the byre. I gaed intae Aiberdeen ae Friday aboot the end o' October, there wis a lot o' coos aff the hill there that day. Weel, I bocht aicht that day, the only guarantee ye got wis that they wir in cauf. Ye hid tae tak' the risk o' them haen a blin' tit, some o' them wir gie thin, bit they wir fresh lookin' and keen eneuch in the e'e. Afore I gaed awa' hame, Jamie Sinclair, the cattle dealer fae Wick cam' tull's. He says tae me, "Five o' thae kye ye bocht the day belanged tae me, fit wey ir ye buyin' sooker kye?" I says, "Oh, I'm cheengin' ower tae sooker kye kis mi fairm his been passed as eligible for the Hill Cow Subsidy, that's the wey, and I've still anither ten tae get yet." He says, "Weel, if ye lave it tae me, I'll get ither ten coos tull ye, juist as gweed eens as ye've gotten the day, wi' a written guarantee that they're in cauf, and mair nor that, I'll deliver them tae ye, and ye can pey for them throo the mairt office at Maud." So I agreed tae that and next Friday anither ten kye cam' inaboot, the float man hid an account o' aa the lug numbers, the prices and written across the account, 'Guaranteed in cauf tae a black bull'. I got them intae the byre and aa tied up. Next day I checked the lug numbers and found them tae be correct, so that wis me rigged oot wi' sooker kye. I still hid a hauf dizzen stirks in an auld biggin fit hid aince been the fairmhoose, fower stirks in aside the horse in the stable, and twa young caufs we wir feedin' oot o' buckets. And the aichteen sooker kye I hid bocht, they wir a gie mixed lot, bit they aa hid a full moo' o' teeth, in fact, there wis twa/three o' them juit hid fower teeth up, so I wis gie weel plaised.

The wither broke aboot the end o' October, bit that wis five month we hidna haen ony rain tae spik aboot, so oor work wis weel forrit. We hid the muck aa oot and ploo'ed doon, Sandy wis wintin' tae start and ploo' the ley, bit I says tull him, "Na, na, wyte a filey yet, the ley's bonnie and green, there's a gweed bite tae the yowes there yet."

We got the electric switched on aboot the middle o' November. Thanks tae Jim Innes we wir ready for't, better than fit some o' oor neebors wis for some o' them hidna their wirin' deen. I noo hid tae get rid o' the 24 volt electric plant, we hid nae mair eese for't and it wis sittin' in the neuk o' the washin-hoose takin' up space, bit fit cood I dae wi't. I thocht tae mesel, naebody wid be lookin' for that kind o' plant, as faur as I kent, abody roond aboot wis takin' in a supply fae the Hydro-Electric Board. Syne I minded, it wis throo the "Press and Journal" I hid bocht it, I wid try an advert in the "Press and Journal" and see fit happens.

It wis on the Tuesday the advert wis in the paper, and on Wednesday I wis at the mairt at Maud fin this man cam' inaboot tull's. He says, "Are ye Mr Smith fae Balnamoon?" I says, "Aye, that's me, foo ir ye spierin'?" He says, "Oh, I see ye hiv an electrical plant for sale, is it in workin' order and foo much ir ye needin' for't?" Weel, there wis nae wey I wis tae pit this lad aff, so I says, "Oh, it's in workin' order aricht, bit ye kin see it workin', and there's storage batteries forbye, and as for the price o'd, it'll be twenty pounds cash fin ye lift it." He says, "That's aricht, I hiv the cash ivnoo. I come fae the Hills o' Fisherie and I selt twa stots the day. I gaed tae the bank and cashed the cheque fin I got it, and onywey fan kin I see this plant?" I says, "Ony time ye like, in fact this aifterneen on yer road hame if ye like." It turned oot he gaed tae the Mairt wi' the cattle float, so I took him hame tae Balnamoon wi's, took him intae the hoose and he got a fly the time I wis chengin' mi claes, syne oot tae the washin-hoose and I startit up the engine. It startit richt awa', and I startit tae explain tae him hoo the thing workit, bit he says, "Dinna bather wi' that, I've a loon learnin' tae be an electrician, he'll ken aa aboot it." Syne he says, "If I peyed ivnoo, wull ye yoke yer tractor and tak' it hame for's the nicht?" I says, "Na, it'll be ower dark for dee'in that the nicht, bit I'll tell ye fit, ye pey me the nicht and I'll rin ye hame wi' mi caur and deliver the plant tull ye the morn." He says, "Oh, that's aricht," and he handed ower the money, and he wis takin' oot at the washin-hoose door fin he says, "Fit's that ye hiv sittin' ower there?" I says, "Oh, that's an auld washin' machine o' the wife's, she his nae mair eese for't." He gaed ower and lookit at it, he says, "Is it in workin' order?" I says, "Michty aye, it's in workin' order," and I opened the lid and lit him see the wringer inside. It wis aa covered

wi' peat stew ootside, bit it wis fine and clean inside. He says, "Wid ye sell't?"
I says, "I wid that, if ye're keen on't ye'll get it for a fiver." He didna hing
fire, he handed ower a fiver and says, "Aricht, ye kin bring it alang wi' ye
the morn."

So that's the wey I got the electric plant selt and the auld washin' machine
tae. I fund oot aifter, he hidna agreed tae tak' in a supply fae the Hydro-
Board. Bit takin' in the electric wis juist ae thing. We wir stannin' newsin'
at the fireside ae nicht fin I says tae the wife, "I'm gaun tae get an electric
neep-hasher noo. I'm nae gaen tae nock mi guts oot ony langer wi' that auld
thing oot there." She says, "Oh aricht, bit I hear Alex King's sellin' some second
hand T.V's, I'm needin' een o' them and I'm needin' an electric hoover and
an electric washin' machine." So we agreed we wid buy the neep hasher and
the T.V. first, we wid wyte a filey for the ither things. Ye see, there wis a big
rush on noo tae buy that kind o' things, in fact some fowk tried tae outdo
their neebors wi' the amount o' gadgets they bocht, bit we coodna afford
tae dae that.

I gaed inby Len Buchan the next time I wis at Maud tae see aboot a neep
hasher, and he promised it wid be delivered within a week. We wir newsin'
awa' fin he says, "Mrs Smith widna like a hoover wid she, I've a gweed second
hand een here, it's juist like new and less than hauf price." I thocht aboot
the time I hid bocht the auld washin' machine, naewey wid I dae the same
again. I telt Len fit hid happened, syne I says, "I'll tell ye fit Len, pit it in
the boot o' yer caur, come inaboot wi't and lit us see it workin', and we'll
see fit happens aifter that." Weel, she bocht the hoover, and it turned oot a
richt bargain, it wis a hoover tull's for a lang time. It ayie got new brushes
and a belt fin it wis nott. There wis nae doot aboot it, the comin' o' electricity
wis a great boon tae the countryside, it brocht an affa lot o' labour savin'
gadgets alang wi't. So we noo hid a T.V. in the hoose, the wife hid her hoover
and I hid a neep hasher in the neep shed, ony ither electrical appliances we
wid get as we gaed alang.

Fin rent day cam' roond, I said tae the factor I wid like a garage tae hoose
my caur. If the estate wid supply the material, I wid erect it mesel, bit "Na,"
he says, "the estate's ower hard up for that, aa the same," he says, "if you
build it yourself I'll give you a written guarantee on behalf of the estate that
the garage will be taken over from you at valuation in the event of you leaving
the farm." That wis gweed eneuch for me. I made a cement foond, timmer
sides and corrugated iron reef, and in nae time at a' the garage wis up. It
wis biggit on tae the side o' the washin²hoose, and if I reversed the caur intilt,
the caur wid rin doon the close if the battery gaed flat, an affa lot aisier than
startin' it wi' the startin' han'le. Anither thing, the factor telt's that rent day,
wis that I wid hae tae stop takin' timmer oot o' the wid at the end o' the
road, kis the estate wis tae be sellin't tae the Forestry Commission for plantin'.

Christmas cam' roond again, and on Christmas nicht, the wife and me,
we wir sittin' newsin' aboot the year near it's end. It hid been an eventful
year for us, first Kathleen wis born on the 2nd of January, I wis back

tae workin' full-time aifter a lang lay-aff, the fairm wis noo classed as a Hill Farm, eligible for the Hill Cow Subsidy; the cattle stock wis noo sooker kye; we'd got a supply o' electricity fae the Hydro-Electric Board; as a result o' the dry summer we hid grand craps ower aa, specially the neeps, tho ither fowks neeps wir rale stuntit ower the heid's o' the mildew, oors wir fine and fresh; we'd got up a garage, and aa this hid teen plaice that year. At the same time, we'd been drainin' some, improvin' the fencin' and drivin' mair broken rock onto the fairm road. Bit dinna think we'd been gettin' aa oor ain wey, for I twice hid the knackery inaboot, first for a fower month auld cauf and syne for a hauf gruwn pig. So we baith thocht we hid gweed reason tae be pleased wi' wersels.

The wife says tae me, "Ake, I'm gaun tae hae a richt gweed Hogmanay feed this year. I'm gaun tae mak' a big clootie dumplin', I'll biled in the biler in the washin'-hoose. I'm gaun tae buy a turkey and cook it in the oven, and I'll mak' broth tae start aff wi." Syne I says, "Fa' ir ye tae be invitin' tae this feast?" And she says, "We'll hae George Greig, Mrs Greig, Gordon and Millicent, John and Betty fae Netherheids and Sandy kin invite his twa pals." There wis nae stoppin' her noo, that wis Monday nicht we wir newsin' aboot it. On Tuesday we got Harry Massie ower tae look aifter the bairn. Harry wis ayie affa happy tae dae that and I took her doon tae the Broch tae dae some shoppin'. Fin we cam' hame, she handed Harry a bottle o' whisky. She says, "Harry, that's for bein' sae gweed tae me and lookin' aifter the bairn." Harry, he wis ferr delighted, he wis tae hae the bottle opened richt awa', bit I says, "Na, na Harry, keep it tull ye gang hame," bit kennin Harry I believe he hid opened it on the road hame, syne he wid likely hod the rest o'd oot o' sicht fae his wife. I gaed tae Maud Mairt on the Wednesday, I met John Massie there. I says tae him, "I wis telt tae tell ye John, tae be shure and cum ower on Hogmanay, kis there's tae be a big feed on, broth, turkey, dumplin' and ither things forbye, and be shure tae bring Betty wi' ye." George Greig wisna at Maud that day, so I gaed inby on the road hame and invited the Greigs and a'. That nicht I says tae the wife, "Ach, oor work's rale forrit, I'll look aifter the hens tull the New Year's by, that'll gie ye mair time tae mak' ready for Hogmanay nicht."

Weel, Hogmanay nicht cam' roond, the big table wis set up in the kitchen. Ye see, the kitchen wis big eneuch tae hid a squad o' men at a thrashin', so there wis plenty o' room. It wis a fine, frosty nicht and abody turned up. George Greig brocht a bottle o' whisky wi' him and John Massie cam' wi' a big iced cake. We aa got sittin' doon roond the table, the broth wis on the table in a big bowl wi' a ladle, and the tatties in a dish, so abody hid tae help themsel's, bit afore we got a start, George Greig opened his bottle, them that took whisky got it, ithers got port wine, and the younger eens got blackcurrant wine. Aifter abody hid their broth, the turkey wis set on the table, it wis a'ready cuttit up, alang wi' brussel sprouts, biled neeps and gravy. Again, abody hid tae help themsel's, and it wis the same wi' the dumplin', the custard and the whipped crame. And aa the time an affa newsin' wis gaun on, the men newsin' aboot fat nowt, gruwin' gweed craps o' neeps and sic like, and the weemin newsin' aboot things in the hoose, hoo their hens wis layin', and ither things forby, especially the comin' o' electricity. Mrs Greig and Beldie wir ferr praisin' it, bit Betty said she coodna say onything aboot it, kis they hidna got it in yet, bit they widna be lang noo, the poles wir noo in aside them.

Aifter we'd aa aiten as much as we cood, Sandy and his twa pals said they wir gaun awa' tae Cyaak, kis as faur as they wir concerned, the nicht wis young yet. The rest o's sat and watched the T.V., it wis something oot o' the ordinary at that time. Syne we gaed throo tae the sittin' room faur a big peat fire wis burnin', and the room wis fine and comfortable. Wi' wir bellies bein' fu' and the heat comin' aff the fire, we wir aa in the mood for a richt gossip. And gossip we did, a lot o' things wis bein' teen throo-hand that nicht. The fact I hid turned ower tae sooker kye wis een o' them. John Massie thocht I wis needin' my heid lookit at for daen sic a thing. George Greig thocht it wid likely turn oot aricht, we'd juist hae tae wyte and see. Syne George telt's aboot the gweed price he'd gotten for some sheep he'd selt, he'd selt them throo the B.M.P., weel that set John Massie gaun again aboot sheep, he widna hae sheep aboot his plaice, and onywey if he hid, he widna sell them tae B.M.P, Jake Webster ayie telt him ye wis better sellin' throo the mairts. And the weemin, they wir newsin' aboot the comin' o' the electricity, sic a help it wis in the hoose. "Bit nae only in the hoose," says Mrs Greig, "we're gettin' an electric machine tae dae wir milkin'." Syne they startit aboot hoo weel their hens wis layin', aboot some fowk gettin' up deep litter sheds and foo weel the hens wir layin' fin kept inside. Syne Betty says, "Oh, bit we brocht up twenty-five turkeys this year, and fit a gweed price we got fin we selt them afore Christmas."

Weel, twal o'clock cam' roond afore we wir ready for't, we aa hid a gweed drink tae hansel in the New year, and oor visitors aa gaed awa', there wis nae ferrs o' been breathalysed in thae days. It wis noo 1956, the bairn wis noo a year auld and gettin' on fine. It wis a file aifter that, the wife says tae me, "Did ye hear Betty spikin' aboot turkeys on Hogmanay nicht, she said they cam' oot aricht wi' them, I think I wid like tae try a puckle o' them this year." I says, "Oh, that wid be aricht lass, bit faur wid ye keep them, we wid need tae think aboot a shed tae keep them in first." There wis nae mair said aboot it at the time, in fact, I thocht she hid forgotten aboot it, bit we visited John and Betty ae Sunday aboot the beginnin' o' Mairch, and there we saw a new shed they hid got, an auld railway carriage. Fin Beldie saw't, she says, "Oh Ake, that's juist fit I'm needin', een o' thae things wid mak' a richt shed tae rear turkeys in, kin we get een Ake?" I says, "Oh aye, as lang as there's anither een available and nae ower dear."

John, he heard fit I said. He says, "Did ye say anither een available, michty min, there's dizzens o' them sittin' at Inverurie juist wytin' tae be bocht, ye hiv tae gang tae the Station at Inverurie tae see aboot it." I didna dae onything aboot it richt awa', bit it wisna lang ir I saw a railway carriage gaun inaboot tae Alan Hutcheons, syne I saw George Greig hid gotten anither een.

Beldie wis gettin' a bittie worried ir this time, she wis thinkin' we wir missin' oot and she wisna plaised ir she got me awa' tae Inverurie for fare they wid a' be selt. So awa' tae Inverurie I gaed. I took Harry Massie wi's for company, and I bocht an auld gaird's van, and nae tae be oot-deen, Harry bocht a passenger carriage. And on the road hame, Harry says tae me, "Goad Ake, fit's the wife gaun tae say tae me for buyin' that carriage, I'm shure we're nae needin't, aye, I'll get a gweed dose o' het tongue the nicht." If I mind richt, it wis twa larry lads fae Inch that brocht the gaird's van inaboot. I got it set doon faur larries cood get inaboot tult, as I meant tae use the hauf o'd tae store mi feedin' stuffs. Bit aifter I hid a richt look at it, I thocht it wis ower gweed tae keep turkeys in, in fact it wis better than some bothies I hid seen, so I gaed back tae Inverurie and bocht anither een for the turkeys. And thae railway carriages, ye saw them spread oot ower aa the countryside, there wisna a sma' fairm or a craftie bit fit hid een or twa o' them.

Noo, conscription for the armed forces wis ayie goin' on, this meant that ilka fit young man hid tae dae twa years service in the forces. Weel, first Sandy's pal, George Greig was called up, syne Richard Sherriffs wis called up, so Sandy thocht he shood gang as weel. He didna need tae gang, kis he wis in a reserved occupation, workin' on the fairm, bit in spite o' that he jined the Gordon Highlanders. I wrocht awa' mesel for a file, bit the sooker kye startit tae cauf, and I thocht I wid be better o' some help, so I gaed and socht young Billy Elphinstone tae work for's. His fader hid Lambhill across the road fae's. He agreed richt awa', and he ferr liket tae work the tractor, bit fin he hid tae pu' neeps, it wis a different story.

The sooker kye I hid bocht in the back-end startit tae cauf in early February, this wis something I hidna bargained for, twenty kye in a byre for twenty, faur wis I tae pit the caure. Weel, the byre hid five sta's on ilka side, so I pit the twa hand-milked kye at the fit o' the byre along wi' ither twa I thocht wid be a file ir the caufed, put a gate across the byre and lut the caufs rin louse. It workit aricht, bit it wis a bather fin we wir muckin' and feedin', and I thocht tae mesel, something better than this'll hae tae be planned afore anither year. And three o' the kye turned oot nae tae be in cauf, bit Jimmie Sinclair kept his wird, he replaced them wi' ither eens. Of coorse, he cam' oot o' the deal aricht, as the kye fit wisna in cauf wir fine and fat bi this time, they wir gie thin fin I bocht them. I hid a gie busy spring that year, atween the kye caufin' and the yowes lammin'. Billy Elphinstone wisna much help wi' the stock, he wis a gweed eneuch worker itherwise, especially wi' the tractor. Bit noo, anither heidache struck me, I hid tae get aa that sooker kye in cauf again. Of coorse, the richt thing tae dae there wis tae buy or hire a bull, on the ither hand, I cood cairryon wi' A.I. I decided on A.I., and it turned oot een o' the warst decisions I iver made. The A.I. lads did their job aricht, bit sic a job we hid gettin' some o' the kye inside, the wife and Harold ayie hid tae gie's a hand, and they wir fed up wi't. So that wis something else that wid hae tae cheenge afore anither year, and I juist said tae mesel, abody learns bi their mistaks.

It wis aboot the beginnin' o' Mey fin Tommy Graham fae the College cam' inaboot again, and aifter we hid newsed awa' a filey he says tae me, "I've come from Mr Watson at Middlemuir, I was asking him if he could supply us with two acres of rough ground, preferably with heather, on which we could carry out an experiment of sowing grass seed straight on to the rough ground, and he advised me to come to you, as you had been fencing in rough ground and might be interested in this experiment. The College would supply the seed and fertiliser required and you would be required to do any horse or tractor work involved." I thocht aboot it for a wee filey, syne I says, "Ach michty, that'll be aricht, I'm ayie keen tae try onything new, bit yer nae thinkin' o' startin' ivnoo ir ye?" And he says tae me, "Oh no, not till next year, but we could maybe get the heather burnt just now." I says, "Na, na, ye've wyted ower lang, the gamie wull come doon on's like a ton o' bricks if we start burnin' heather ivnoo, aifter the birds hiv laid their aigs, bit I'll tell ye fit, I ken o' a richt bit for this job, I'll come wi' ye and we'll hae a look at it if ye like."

So I jumpit inower his caur, we gaed doon the Strichen road a wee bit and stoppit at the roadside across the road fae Lambhill, gaed in throo the roch grun for aboot a hunner yairds, and there wis a fine flat bit, aye and fine and dry forbye. Tommy Graham says, "Oh this is capital, just what I've been looking for, and fine and near the roadside for onybody stopping by to inspect it." So it wis left tae Tommy Graham tae get in touch wi me at some future date to arrange the burnin'. Afore he left, he spiered at me hoo I hid got on wi' the sooker kye. I says, "Oh, fine up tae a pint, bit naewey wull I hae that circus in the byre again wi' the caufs rinnin' louse." He thocht a filey, syne he says, "I know what you need Alex, a shelter built on the rough ground to house your cows all winter, giving them access to rough ground at anytime, and feeding them with hay and straw when required. The cows can cauf in there, and that would mean you could keep your spent caure in the byre all winter and sell them in the spring as yearlings. He went on, as your farm is now classed as Hill Land, building this shelter would qualify for fifty per cent government grant." I says, "Aricht, I'll hae a wird wi' the factor on rent day aboot it and I'll get in touch wi' ye aifter that.

And fin I spoke tae the factor aboot it on rent day, he says, "Oh, that's alright Mr Smith, just go ahead with it, and I will send you a letter confirming that should you leave the farm, the incoming tenant will take it over from you at valuation, keeping in mind you got a fifty per cent grant." This wis aa I needed, I got in touch wi' Tommy Graham,, he brocht an application form inaboot, atween the twa o's we fulled it up. I sined it and put it awa' and within a month I hid a reply, authorisin' me tae go aheid. The shelter wis tae be twenty feet bi thirty feet, this gied's sax hunner square feet, eneuch for saxteen kye, aye and twenty kye if need be, bit I meant tae keep fower kye still in the byre. The tap hauf o' ae side wid be open, wi' a hake rinnin' the full length o' the shelter and a lean-to shed along the side so's it cood be fulled wi' hey and strae for feedin' intae the hake fin it wis nott.

I got the contractors Lows, fae alang aside Mintlaw tae tak' oot the foond, I got Bengie Godsman tae big in the foond, he wis a mason fae Cyaak fa' liket tae work awa' himsel. Ye see, he wis gie fond o' the bottle and wis gie uncertain fin he wid turn up, bit he made a gweed job and that's aa that maittered tae me, for he wisna ony waur tae pey than ony o' the rest. I got the cement blocks, the gravel, the sand and the cement fae John Rhind's quarry aside Strichen, and Johnny Walker, nae the whisky Johnny Walker, bit the jiner fae Cyaak, he supplied aa the timmer and the corrugated iron needed, and did aa the jiner work on't. Weel, the hale buildin' wis feenished afore hairst, and I got aa the accounts peyed and the claim awa' for mi grant. I kin mind Bengie wisna plaised kis I socht a receipt for aa I hid peyed him, he wintit tae gie me a receipt for hauf o'd, this wis tae help him wi his income tax, bit I says, "Naewey Bengie, if I wis tae accept that I widna get aa the grant I wis entitled tull.

Noo, I'll ging back tae the term. I telt ye afore the wife wintit tae start and rear turkeys. I hid planned tae ging intae Aiberdeen on the Friday, and on the Thursday nicht she says tae me, "Ye cood aisy get some day-auld turkeys tae me the morn." I says, "Oh aye, foo mony dae ye wint?" She says, "Ach, see'in this is the first o' them, twenty or maybe twenty-five wid dae tull we see hoo I'll get on wi' them." I says, "Och, that's nae eese, that number in yer brooder winna dae, they winna be able tae keep themsels warm, na na, ye'll need tae hae fifty onywey." She says, "Aricht, I'll licht the heater in the brooder the nicht, lit it burn aa nicht and aa day the morn, that'll mak' shure it'll be aricht for them comin' hame." Weel, I gaed tae Aiberdeen and bocht fifty day-auld turkeys, took them hame and pit them intae the brooder, and fae the day they cam' hame, they thrave like aa that, so that wis the start o' us rearin' turkeys.

Afore I gang ony farrer, I'll better say something aboot the visitors we hid ilka summer. Wi' us shiftin' awa' fae Kincardineshire tae Buchan, we aften got some o' oor auld neebors lookin' inaboot, ayie winnerin' if we wir survivin' awa' in the back o' beyond, and ayie seein' a big improvement ilka time they cam'. There wis ae thing a lot o' them hid in common, they liket tae gang awa' hame wi' a puckle peats in the boot o' the caur. I mind o' ae couple that wis inaboot, I winna mention ony name, it wis a van they hid and they got a puckle peats afore they left, bit they wirna plaised wi' that, for fin they gaed awa', they gaed doon the Strichen Road, stoppit aside the Strichen Moss and fulled up the van wi' mair peats. I ken this is true, kis fin they gaed awa', I gaed awa' ower the hill, and I wis stannin' on the heid o' the hill watchin' them. Syne there wis Heather Gorman, she wis Beldie's sister's quinie fae London. Her mither used tae pit her on the plane at Heathrow and I collected her at Dyce, this happened for aboot five or sax years rinnin'. Weel, she ferr enjoyed her holidays wi' us, rinnin' aboot files juist half-naked, and fae mornin' tull nicht, and Frances Easton, she wis juist the same, and ony ither bairn that cam' inaboot, they juist ran wild, and fan bedtime cam' the sinc bath hid tae be used tae clean them. Of coorse, them fit wis fit tae work, ayie gied's a hand wi' fitiver we wir dee'in, be it huowin' neeps, colin' hey, helpin' wi' the peats and sic like. And of coorse, the weemin fowk got a chance tae hae a richt natter wi' een anither.

That year, 1956, aifter wir visitors wis aa bye, my wife says tae me, "Ye ken Ake, we're intae oor sixth year and we've niver haen a holiday, I ken it's near hairst and we canna gang awa' this year, bit I think we shood plan in plenty time aboot gaun awa' next year." I says, "Oh, that's aricht, we wid juist need tae get somebody tae come in and bide in the hoose tae look aifter the fairm, it wid need tae be atween hey time and hairst time, and onywey faur wid ye like tae gang?" She says, "Oh Ake, I've been thinkin' aboot it, div ye think ye cood drive the caur aa the road tae the Isle o' Skye?" Goad, I thinks tae mesel, fit next, bit the langer I thocht aboot it, the mair I liket it, so I says, "Michty aye, we'll aisy manage that and mair than that, the bairn'll be twa and a hauf ir that time, so we'll maybe win awa' wirsels." And there wis nae mair said aboot it, it wis juist left at that.

In the meantime Billy Elphinestone hid left, awa' tull anither job wi' mair pey, or so he said onywey, and I noo hid tae look oot for a hairst man. I thocht tae mesel if I cood get a retired man tae sit on the binder, I cood get Bill Mackie the baker and Fred the postie tae dae some stookin' we wid manage fine.

That nicht I gaed tae Cyaak, on the road there I met Dod Finnie and Sunnie Innes. I telt them the predicament I wis in and spiered at them if they kent o' onybody that wid work for's. Sunnie Innes says, "There's juist ae lad he kent o', and that wis Charlie Hattie, he wis a gie lazy devil, bit eence ye got him startit he wisna sae bad." And Dod agreed, he says, "Oh aye, Charlie wid manage aricht if he wid dee't, ye see it's nae gweed kennin' fit he lives on kis he disna work." I says, "Faur dis this Charlie Hattie bide?" Dod says, "Oh, he bides in the Randy Castle bit that's nae his name, his richt name is Charlie Gordon, bit he's ayie ca'd Charlie Hattie kis he ayie wears a hat, in fact, fowk say that he sleeps wi't on." Syne I spiered faur the Randy Castle wis, so I wis telt tae turn up the High Street at Smithie the Baker's shop and a wee bittie up there wis this big hoose, stannin' back fae the side o' the street and that wis Randy Castle. So I gaed up tae Randy Castle, fit a sotter o' a plaice, rubbish lyin' ower a', I nockit at the door, it wis open, a wuman cam' tae the door cairryin' a geat, goad fit a sicht, I thocht she hidna washed her face for a week onywey, and a thocht gaed throo my mind, I shood clear oot afore I got ony mair involved here, at the same time I wis sair needin' somebody tae the hairst, so I says tull her, "I'm wintin' tae see Mr Gordon, dis he bide here?" She says, "There's nae a mannie Gordon bides here, syne she thocht a filie and says, "Ach, I ferr forgot, that's Charlie Hattie's richt name, is't him ye win tae see?" Weel, I'm nae tae pit doon here the language she used aifter that, bit she shouted up the stair for Charlie tae come doon, there wis a mannie wintin' tae see him.

So, Charlie cam' doon the stair, I telt him fit I wis needin'. He says, "Oh aye, I'll work for ye, bit I'll hae tae be peyed for't, aye and I'll need my denner and my supper tae." Weel, tho I didna like the look o' him, I coodna pick and choose, I juist hid tae get somebody tae help me, so he agreed tae start next mornin' provided I widna seek him tae work in weet wither. I says, "Aricht, juist ye come the morn than and mak' a start and be shure tae bring yer insurance caird wi' ye." "Oh, na, na," he says, "I dinna hae an insurance caird, ye see I'm nae supposed tae be able tae tak' heavy work." I says, "Dinna come awa' wi' that story, abody fit works shood hae an insurance caird." Weel, I got on aricht wi' Charlie, he wis a bit o' a character, bit I juist hid tae humoor him. Fin him and me wir stookin' thegither, I wis dee'in twice as much as he wis, he managed the binder aricht and aifter we startit leadin' files nott Beldie tae come oot and fork a load for him. He niver gied me an insurance caird, so tae keep mesel richt I bocht a stamp ilka week as we gaed alang and kept them in my desk.

He wisna ower clean for takin' intae the hoose, aifter he took his denner, he used tae tak' his chair inaboot the fire and the stink used tae come aff him something terrible. Kathleen the bairn, wis rinnin' aboot ir this time, she wis gettin' on for twa year auld noo, weel Charlie used tae tak' her on tull his knee and nurse her, aye, and he wid gie her sweeties, and Beldie didna like him dee'in this, so ae day she telt Kathleen nae tae gang on his knee again kis he wis stinkin'! Next day, he took Kathleen on tae his knee again and she tried tae jump aff, so he says tae Kathleen, "Fit's wrang wi' ye the day, ir ye nae for my sweeties the day?" So Kathleen says tae him, "I'm nae gaun tae bide on yer knee, kis mam says yer stinkin', and I'm nae needin' yer sweeties." Michty, he ferr huffed, he gaed oot tae the barn and sat doon amin some strae, and the wife says tae me, "That's gweed riddance o' bad rubbish."

Fin I gaed oot at een o'clock he says tae me, "I'm nae workin' here ony langer, gies my pey and lit me awa' hame." Weel, we wir thruw hairstin', bit I wis tae keep him on tae gie's a hand wi' the thackin' and liftin' the tatties, bit I didna hing fire, I gaed intil the hoose for the pey he wis due, and he gaed awa' hame. I thocht that wis the feenish o' Charlie Hattie, bit na na, aboot ten days aifter that I hid a visit fae an official of the Employment Office in Peterhead. He says tae me, "Did you have a Mr Charles Gordon in your employment for four and a half weeks?" I says, "Oh aye, I hid that, foo ir ye spierin'?" He says, "Well, Mr Gordon informs us that you failed to stamp his insurance card, is that true?" Goad, I winnered if I wis hearin' richt, so I says, "Oh aye, that's true eneuch, bit come ye intae the hoose ir I lit ye see this, ye ken I niver got his insurance caird." I took him intae the hoose, took him throo tae my desk, took oot my ain caird, I says, "Ye'll see my caird is up to date," syne oot o' the same envelope I took the five stamps I hid bocht for Charlie and I said tae the chap, "See that five stamps, they wir bocht tae gang on Mr Gordon's caird, ir ye satisfied noo it wis him and nae me fit wis in the wrang?" I niver heard ony mair aboot it, bit I saw in the "Press and Journal" aifter that Charlie bein' fined for drawin' some kind o' benefit the time he wis workin' for me. Oh aye, they sent me a caird tae fix the five stamps ontil and return.

That back-end, I selt fower o' my best caure at Maud, alang wi' a twa/three mair stirks I hid tae sell. The T.B. eradication scheme hid come on at a great rate, the County Mairt at Maud wis faur they selt the attested cattle noo, so that's faur they wir selt. Wi' me haen this shelter for the sooker kye, I got the rest o' the spent caure tied up in the byre, and the kye wid juist be allo'ed tae cauf faur they wir. Fit a lot less work it wis for me tae look aifter them.

It wis aboot the middle o' November I gaed awa' tae pu' neeps in the quarry park, and fin I gaed tae the heid o' the brae, I stood up tae strauchen mi back, I winnered if I wis seein' richt, for lyin' amin the neeps at the ither end o' the dreels wis a puckle blackfaced ewes. And fin I gaed inaboot tae them, they juist lay there, chawin' their queeds as if I wisna there. There must've been aboot forty o' them, and I didna think ony o' them hid a teeth in their heid, they'd juist haen a gweed feed o' neep shaws and wir fine contented. Weel, they lay there aa that day, ayie I thocht somebody wid come lookin' for them, bit na na, so fin they wir there next mornin' I gaed tae the Police Station and reported they wir there. "Oh," says the bobby, that's faur they are noo, thae ewes belang tae Percy Finnie, he brocht them hame aboot a week ago and shut them intil a park aside his garage, juist fancy shuttin' a puckle blackfaced ewes intae a park wi' twa plain wires and ae barbit wire roond aboot it and thinkin' they wid bide in, it's juist plain daft." He stoppit there, syne he says, "Oh weel, I'll phone him onywey, and he kin tak' them aff yer land."

It wisna lang ir they wir shiftet, bit they wir juist shut up in the same park again, and fin I lookit in the neep park the next mornin', there they wir, aa lyin' fine contented, they'd ferrly got the road tae my neeps and it widna be gweed stoppin' them noo. So fit wis I tae dae noo, kennin' Percy I kent he widna be carin'. Weel, I gaed tae see him, I says, "Ye'll hae tae keep yer ewes at hame, ye canna lit this cairryon ony langer." He thocht a file, syne he says, "Weel Ake, there's a simple wey tae sort this oot, fit aboot you buyin' the ewes fae me seein' they've teen a likin' tae Balnamoon, juist think aboot it, they're aa fresh ewes and they'll only cost ye thirty shullin's a piece, mair nor that, I niver wintit them, they wir nockit doon tae me bi mistak'." Weel, I thocht a file, I still hid mi ither ewes, anither forty wis ower muckle tae keep aa winter, hauf o' that wid be aricht, hooiver I agreed tae tak' them.

Next day I met Elphinstone fae Lambhill, (Lammie he wis ca'd), I wis tellin' him aboot Percy Finnie and his blackfaced ewes, hoo I hid bocht them and fit I peyed for them and I wid like fine for somebody tae tak' the hauf o' them aff mi hands, niver thinkin' he wid tak' them, fin he says, "Ake, wid ye sell me twenty at the price ye peyed for them?" Weel, I didna hing fire, I says, "Michty aye, ye'll get the ewes, as lang as ye tak' them hame the day and pit them intae a park fit's fenced tae keep them in." So that left me wi' aboot forty ewes, I said tae Harry Massie, "Dae ye think I'll hae tae get anither tup Harry?" And he says, "Na, na Ake, yer tup's been wi' yer ither ewes for fower weeks, gie him a little feedin' and he'll manage this een's tae."

It cam' intae the month o' December, it wis noo time tae get the turkeys awa' tae catch the Christmas market. Oot o' the fifty we bocht as day olds, she hid forty-aicht left, we baith thocht that wis gie gweed for the first shottie o' keepin' turkeys. Weel, we selt them tae the Buchan Poultry Products and wis weel eneuch plaised wi' the price we got for them, at the same time, the man that cam' for them telt's we wid've got a better return for them if they hid been double-breested. "Na, na, he says, "thae single-breested turkeys ir nae sae gweed, tak' mi advice and get double-breested turkeys the next time." Aifter he gaed awa', I says tae the wife, "It's true fit they say, ye ferrly learn bi' yer mistaks, we'll ken better next time.

CHAPTER 6

The Snastorm

The New Year gaed by, we'd been ower at Grassiehill on Hogmanay, it wis fine wither ower the New Year, I got inaboot a larry load o' draff for feedin' the ewes wi' shood we get a sna storm. It wis juist as weel that I got that draff, for the sna' cam' on something affa ae day aboot the end o' January. I thocht bi the look o'd it wis tae be a storm, weel it cam on in the foreneen, and it cairrit on aa day, richt heavy it wis, it wis a richt fiteoot. Fin I gaed oot aifter dennertime I coodna see ony distance. Bi gweed luck the henhooses wir aa inaboot tae the steadin', weel I saw they wir aricht, syne I minded aboot the ewes, they wir doon in een o' the howe parks, the hey rucks wir there tae, and fin I gaed doon the ewes wir shelterin' aside the rucks, so I took doon the sheep nettin' and lute them inaboot tae the rucks, michty they wir richt hungry, they wired intae the hey like aa that. I thocht tae mesel the ewes widna dae muckle hairm tae the rucks for ae day.

I gaed intae the hoose and sat doon at the fireside. I says tae the wife, "I micht as weel rest a file, there's nae eese o' bidin' oot there and it sna'in like that." So I bade there or I got my fly, syne I gaed oot and fed the hens and took in the aigs and gaed doon tae the howe tae hae a look at the ewes. The sna wis aboot sax inch deep ir this time, bit the ewes seemed tae be contented, they wir stikin' inaboot tae the rucks for shelter. I left them there and gaed awa' tae sort the nowt, bit sic a calamity befell's. I wis beddin' doon the byre fin oor licht gaed oot, nae ae licht bit the hale lot o' them. Weel, we wir in a richt predicament noo, I thocht tae mesel, nae T.V. or wireless the nicht, nae electric blanket, aye and on a nicht we wir richt sair needin't. And fin I gaed tae the hoose the wife hid the twa paraffin lamps lichted and makin' ready tae gang oot and milk the coo. Harold hid gotten oot early fae the skweel tae get hame, so she wis tae lave him tae look aifter the bairn. I says tae her, "Ye'r nae gaun awa' oot there the nicht, I'll milk the coo afore I come back for my supper." Suppertime wis by, the fower o's wis sittin' roond the fire, fine and cosy, a gweed supply o' peats in the hole allo the stair, fin the wind rose and in nae time at a' it wis howlin' in the lum. I lichted the storm lantern and gaed ootside, bit the lantern wis blawn oot juist as I gaed oot at the door, so I thocht tae mesel there's nae sense o' bein' oot here, I micht as weel gang inside. Weel, the wind howled on aa that nicht, I says tae the wife, "There's nae sense in gaun tae wir bed the nicht, we winna sleep onywey, we'd juist bi as weel sittin' at the fireside here haen a snooze, it'll be fine and het onywey.' Bit na, na, she widna agree tae sit at the fire anicht, so we gaed tae wir bed, bit we juist sleepit aff and on for wee filies at a time. The wind wis makin' sic a din, first a great howl, syne a quater kind o' a sooch and then anither great roar. I wis lyin' winnerin' fit like it wid be next mornin' wi' a that saft sna on the grun and the wind roarin' like fit it wis.

The wind quatened doon aboot five o'clock and we baith fell soond asleep and didna wauken ir half past seven. Michty! I jumped ootower the bed and turned up the paraffin lamp. I'd meant tae rise at sax o'clock, ye see I wis worried aboot the ewes bein' in the howe anicht and that storm ragin' like fit it did. We took some brakfast, the wife says tae me, "Fit ir ye tae dae first Ake?" I thocht a meenitie, syne I says, "I'll gie the nowt in the byre some neeps, I'll lave the muckin' ivnoo, syne I'll gie the sooker kye some hey intae their hake and hud doon tae see the ewes aifter that." And fin I gaed oot at the backdoor, I coodna believe mi een, the sna wis a blawin' awa' aff the close, and fin I gaed roond bi the end o' the milkhoose, here wis this great big wreath o' sna at the gale end o' the hoose, it wis as hie as the lum, and streetched oot across the road intae the park for aboot seventy yairds and faur it crossed the road it wid hiv been aboot fifteen feet hie. Michty me, I thocht tae mesel, that's gaun tae tak' some shiftin'.

I gaed intae the byre, the electric hasher wisna workin' kis the electric wis cut aff, I gied the nowt some hey, syne I gaed and gied the sooker kye some hey and gaed awa' doon intae the howe tae see the ewes. The aifterneen afore, I hid left the ewes aside the hey rucks for shelter, bit noo there wisna a ewe tae be seen. There wis a heich bank ran alang the side o' the rucks, aboot five yairds ootower, and the bit atween the rucks and the bank wis fulled wi' three feet o' sna, and it wis the same at the ither side o' the rucks, the sna wis deep and formed a wreath hine doon the park, and the sna wis as firm as I cood stand on't. I stood and lookit roond aboot, I wis ferr mesmerised, nae a ewe tae be seen naewey, and then I minded, I'd aften heard fowk spik aboot sheep bein' beeried amin sna, and comin' oot livin' a puckle days aifter, and as I stood there lookin' roond aboot's, ony heich bits o' grun wis blawn bare and ony hallow kind o' a bit wis blawn fu' a sna. It wis deid quate and the sun wis startin' tae rise in a cloodless sky. The thocht gaed throo my mind, is my ewes aa beeried amin that sna roond aboot the rucks and in that wreath that streetched awa' doon the park?

I wis stannin' there thinkin' tae mesel, fit a disaster it wid be tae me if the ewes wir aa deid, fin aa at eence something gaured me look at mi dog, he wis stannin', legs erect, lugs cockit, ye'd hiv thocht the hairs on the back o' his neck wir stannin' straucht, and he wis starin' intently at a spot in the sna. Aa at eence he loot oot a yelp, sprang forrit, and started diggin' amin the sna. I gaed ower tae faur the dog wis, he wis ferr excited ir this time, I shoved mi wauken stick doon amin the sna, it struck something saft, I gied the stick a twirl, and fin I took it oot, there wis oo' stickin' tul't. There wis mair than the dog excited noo. I gaed doon on mi hands and knees and startit shufflin' the sna oot wi' mi hands. Inaboot a meenit I cam' on a ewe's heid and she wis livin'. I gaed hame for a shovel, Harold wisna awa' tae the skweel, so he cam' wi's, and that day we dug oot thirty-five ewes. I wis gie lucky I thocht, kis they wir aa livin', bit that meant there wis five missin'. The five missin', wis five o' the ewes I hid bocht fae Percy Finnie. I got them shiftit oot o' that park afore nicht, up nearer the steadin', and they got a feed oot amin the draff I got juist aifter the New Year. I thocht tae mesel, the draff hid come in handy.

Next day, the dog and me gaed back tae the hey rucks, bit tho he gaed ower the sna roond the rucks sniffin' again, we hid nae luck. Syne we moved ower tae the ither side o' the park, there wis a bank covered wi' funs and breem there, and we dug oot anither three ewes there, so there wis juist twa missin' noo. A ditch ran doon the ither side o' this bank, bit it wis oot o' sicht wi' sna. It wis a fortnicht aifter this, I gaed awa' ower tae see Alan Hutcheon aboot something, the dog wis rinnin' on in front caperin' aboot. I wis alang by the hey rucks fin I heard him start tae bark, and fin I gaed alang the length o' this ditch, the dog wis stannin' barkin' at something in the ditch. I gaed tae see fit it wis and here wis the twa ewes I hid lost, the ditch wis three fit deep and they coodna get oot o'd. Fit hid happened I wisna shure, bit they must've fa'in intae the ditch, the sna hid happed ower the ditch like a tunnel, and they must've been feedin' on the auld girss on the sides. I got them pulled on tae dry land, michty, fit hungry they wir, they wir affa thin, bit they ran and nibbled at the girss on the roadside. So that wis the hindmist twa ewes alive and weel. I thocht tae mesel, I niver wintit tae see the sna again, little did I ken I wis tae experience the same again in three year's time wi' a disastrous result.

I'll gang back tae the day I howkit oot the sheep. Weel, ye wid've thocht athing wis at a standstill, practically aa the country fowk hid nae electricity and next forneen I saw this twa men comin' waukin' doon throo the quarry park. Een o' them wis cairryin' a great lang pole wi' a cleek on the end o'd. I gaed tae meet them and I says, "Faur dee you twa lads come fae?" "Oh," een o' them says, "we're fae the Broch, fit a state the roads are in, we shood've been here yesterday bit the roads hiv been aa blockit wi' sna." I says, "Oh, I ken aboot the sna aricht, bit fit tak' ye throo this wey ivnoo?" So they telt me they wir fae the Hydro-Electric Board, the fuse in the transformer ower at the quarry there wis blawn, and they wir on the road ower tae pit in a new fuse, and wi' the sna lyin' on the side roads they hid tae lave their truck aside the rubbish dump and wauk throo the parks. I says, "Oh, that's fine, that's fit'll be wrang wi' oor electric, oor transformer'll be fused tae, ye kin tak' a look at it see'n yer passin' this wey." Syne they spiered at me if I hid reported the brakdoon tae the office, and fin I said I hidna, I wis telt, naewey wid they look at oor transformer tull it wis reported. I says, "Weel, tae me that's juist plain daft, tae think yer stannin' here within' twenty yairds o' the transformer and winna look at it.

Weel, they gaed awa' aifter that, waukit ower tae the quarry, it wid've been aboot a mile, and back again. That lute the quarry tae get startit again and Alan Hutcheon scored as weel. Ye see, he hid a connection fae that transformer as weel, so his power wis restored. That day I gaed tae Cyaak and phoned the office tae report oor loss o' power and it wis three days aifter that, the same twa men cam' inaboot and replaced the fuse in oor transformer. That meant we'd been five days withoot licht, of coorse, I wis tae blame mesel for that, kis I wis ower lang in notifyin' the office.

Aifter the sna gaed awa', I hid a surprise visit fae the factor. He cam' inaboot ae day fin I wis in for my fly, so the wife socht him intae the kitchen for a cup alang wi's. We sat and newsed a file aboot hoo I wis gettin' on and sic a cheenge there wis for the better aboot the plaice since we cam' tul't. He says tae me, "Mr Smith, do you know that four parks that Mr Massie has rented from the estate, they lie on the roadside to New Pitsligo, and altogether they total fourteen acres?" I says, Oh aye, I ken that land aricht, it's een o' the best bits o' village land that there is, fit wey ir ye spierin'?" "Well, Mr Smith," he says, "it's juist like this. Mr Massie has given up the tenancy and I'm offering you the tenancy as from Whitsunday, 1957. I'm offering you a lease on this land to correspond to the lease you have on the farm here, that means the lease will expire at the same time as the lease on your farm, and the rent will be fourteen pounds yearly, that works out at one pound per acre. Now, what do you have to say to that?" I winnered if I wis hearin' richt. I'd heard the rumoor this land wis comin' on the mairket, I'd also heard aboot aa the fowk fit wis tae be aifter'd, and noo here wis the factor offerin't tae me. So I says tull him, "Fit wey ir ye gien me the chance o'd and at sic a dacent rent?" "it's like this," Mr Smith, he says, "that ground has not been ploughed up since I became factor, the fences and the dykes are in a broken down state, there's some draining to be done on it, and knowing what you have done here, I think you are the very person to bring it back into cultivation. As for the draining, the estate will supply the tiles for that job." I says, "Oh, I agree it's an offer I shoodna refuse, bit i'll need a twa/three days tae think aboot it." He socht me nae tae be ower lang in littin' him ken, and gaed awa' back tae Aiberdeen.

That nicht, the wife and me, we sat and took it aa throo-hand, wi' us nae gettin' entry tull the term, it wid hae tae be grazin' for the first year, that wid gie's a chance tae sort oot the drains. I wid get the College lads tae test the grund for's, I wid ploo'd up in the back-end syne and saw corn int and the neist year I wid gruw neeps on't and let the neeps for sheep, the neeps tae be aiten on the grun, and that wid mak' shure it wid get dung. This wid mak' mair work for's, bit Sandy wis comin' hame fae the sodgers aboot the New Year sometime, and he wid help us oot wi't. So next day I rote tae the factor sayin' I wid tak' on the tenancy, and I got a lease by return of post for me tae sine and return. And fin wird got oot that I hid gotten that bit grun, fowk winnered fit wey it wis gien tae me. Some said I hid likely gien the factor a great big rent for't, ithers thocht I widna keep it ower lang, of coorse, neen o' them kent fit they wir spikin' aboot.

Ae Wednesday at Maud I met Laurence Milne, noo he hid recently moved intae Upper Tack and hid startit diryin'. At this time he hid aboot twenty Fresian kye. We began tae news, and it bein' dennertime, we decided tae hae wir denner thegither. He startit tellin' me aboot fit a job it wis gettin' his kye in cauf files. He wis usin' the Milk Marketing Board's scheme of A.I. (artificial insemination) and he wis thinkin' aboot buyin' a bull himsel, only he coodna afford it. I says tae him, "Yer juist like me, Laurence. I hiv twenty kye tae, bit they're sookers, I use A.I. tae, and I wid like tae buy a bull tae mesel." He lookit across the table at's, I cood see he wis thinkin' aboot something and he says, "Foo many months o' the year wid ye need the service o' a bull, Ake?" It wis mi turn tae look noo, I winnered fit he wis gettin' at, so I says, "Oh, I wid need tae hae a bull amin the kye durin' May, June and July, foo ir ye spierin'?" He says, "In that case, you and me cood buy a bull atween's, you kin keep him thae three months and I'll keep him the rest o' the year." So it wis agreed we wid gang tae the bull sale next week in Aiberdeen and buy a bull. We baith agreed it wid hae tae be an Aiberdeen Angus.

So we gaed tae the sale, bit the demand for Aiberdeen Angus that day sent the prices sky-hie, and they wir aa selt and we hidna got een. Syne some Shorthorns wis selt, Laurence says tae me, "Fit aboot een o' this een's Ake? I hiv some kye comin' on, I wid like a bull hame the nicht." So we bocht a Shorthorn, a guaranteed stock-getter. The seller wis Mr Anderson, Morphie, St Cyrus. Laurence got the bull hame that nicht and three days aifter that, Laurence cam' ower tae Balnamoon complainin' aboot the bull. The wirds he wis usin' fin he wis spikin' aboot the bull I canna pit doon here. Onywey, it seems that Laurence hid haen twa kye in season, and the bull widna look at neen o' them. "So fit div we dae noo, Ake?" he says. I thocht a meenitie, syne I says, "I think Laurence, we shood contact Jake Webster, the auctioneer at Maud, tell him fit his happened and seek his advice." Well, Laurence did that, and tae cut a lang story short, it wis agreed that fin Laurence hid anither coo in season, he wid phone Jake Webster, een o' his loons wid come ower wi' his bike and tell me, the three o's wid aa meet at Upper Tack and see fit took place.

Weel, it happened ae mornin' aboot nine o'clock. The coo and the bull wir pit in a lousebox thegither. Michty, there wis nae doot aboot it, the coo wis ferrly in season. She wis rinnin' roond aboot the bull and loupin' on the tap o' him. Bit the bull wisna mindin' her, he gaed ower tae a hake and startit tae chaw at a puckle hey fit wis there. And aa this time Jake Webster wis cursin' the bull for aa the eeseless, feckless de'ils under the sun. I says, "Ach, he's maybe juist shy, fit aboot gaen ootside and lookin' in at that windae," so that's fit we did, bit it made nae odds, he wis mair teen up wi' that puckly hey that the coo. We gaed back inside the lousebox, it wis ten o'clock ir this time and I wis needin' awa' hame, mair nor that, I cood see the coo wis gettin' fed-up. Jake Webster says, "We'll gie him anither fifteen meenits lads, syne we'll pit the eeseless de'il oot o' here. We baith agreed, so we wyted anither fifteen meenits, naething happened, and Jake Webster says, "Ach lads, we're nae wytin' ony langer, that's proof eneuch he's an eeseless de'il, open the door and lit him oot o' here." Bit the bull hid ither ideas. Instead o' gaun oot at the open door, he loupit on the coo and served her. The three o's stood and gawpit in amazement, winnerin' if we wir seein' richt. Jake Webster wis the first tae spik. He says, "The lazy de'il .that he is, aa the same I canna say he's nae a stock-getter, so fit's you twa lads gaen tae dee noo?" Laurence didna say onything for a filie, syne he says, "Ach weel Jake, we'll juist hae tae thank ye for comin' oot here the day, Ake and me, we'll hae tae decide fit we're gaun tae dee." Weel, we decided we wid sell the bull in the jing-ge ring next Friday. This meant we wid sell him withoot a guarantee and he wid go for beef and we wid try and buy an Aiberdeen Angus. So, next Friday we bocht a young black bull, we got him chape kind kis the man that wis sellin' him said he wis ower nairra atween the een, at the same time, he said he wis as weel pedigreed he wid seen gruw oot o' that. Laurence took him hame tae Upper Tack that nicht, and the next time I saw Laurence he telt me he wis workin' aricht, he wis juist the opposite o' the Shorthorn, ayie keen tae get goin', of coorse he hid youth on his side.

Meantime, there wis fowk ritin' in the fairmin' papers, aye and in the daily papers tae, aboot this new wey o' keepin' layin' poultry, deep litter they ca'd it. This involved pitten up a big shed, pitten yer hens intilt and nae muckin't oot for a sax month or maybe langer, fresh beddin' o' cauf or even peat dross tae be added fin needed. And of coorse, wi' a steady supply o' electricity, you cood kid on yer hens there wis niver ony winter nichts, and so get a better return of aigs. The wife wis readin' aa this, and hearin' hoo ither fowk wis gettin' on weet, so she thocht she wid like a shed up tae hid her hens. She says tae me, "Noo Ake, widdin't be richt fine in the winter time if I didna hae tae gang ootside tae feed the hens, and forbye, juist think hoo comfortable the hens wid be?" I ayie managed tae pit her aff the idea, til ae day Tommy Graham fae the College cam' inaboot. She spiered at him fit he thocht. Weel, she got him tae side wi' her and a week aifter that, Gordon Michie cam' inaboot, she spiered at him fit he thocht. "Oh," he says, "I kin ferrly help ye there, Gordon my son, his bocht a lot o' Nissen huts, he's takin' them doon and pittin' them up again as deep litter sheds, wid ye like een o' them?" She lookit ower mi wey, bit I hid mi weesht, so she says, "Oh aye Gordon, juist you tell him tae come inaboot tull we see aboot it."

So that wis anither letter I hid tae rite tae the factor, seekin' permission tae pit up this shed and confirmation it wid be taen ower at valuation fin I left the fairm. I got a reply bi return o' post gien me permission tae pit up the shed and confirmin' it wid be taen ower at valuation. I hid tae get Bengie Godsman tae come and big in the foond, syne young Gordon Michie erected the Nissen hut on the tap o' the foond and the shed wid ready for the hens. I used up some o' the auld henhooses tae mak' nest-boxes and reests, laid on a piped watter supply tul't and it turned oot a great success. It wis bigged abeen the cornyaird, and in the summertime we opened the door and lute the hens ootside, there wis plenty o' room for them tae roam aboot in.

Wi' aa this goin' on, I fell ahint wi' the fairm work, and fin Tommy Graham cam' tull's aboot gettin' in the girss seed amin the heather, I hid tae say I didna hae time. Michty, I wis richt affronted, aifter aa the College hid deen for me and I hid tae say no. I apologised for litten him doon, at the same time I said I wid hae mair time next year, as my son wid be demobbed fae the airmy ir that time.

The ewes wir aa lammed noo, I'd haen a gie gweed lammin'. Some o' the auld blackface ewes hid lammed some deid lamms. I thocht it wid be ower the heid's o' bein' beeried oot o' sicht amin the sna they'd haen deid lamms, bit neen o' them wis left withoot a lamm, and some o' them wir left wi' twins. Weel, I selt them wi' their lamms at fit, and got a gweed eneuch price for them, that left me wi' twenty ewes and their lamms.

I got the bull ower fae Upper Tack at the beginnin' o' Mey, he wisna twa year auld and nae ower big, bit Laurence Milne said he wis managin' his big Fresian coos nae bather, so he wid aisy manage my sooker coos. There wis ae thing I didna like aboot the bull, he didna hae a ring in his nose, so I got the vet inaboot and he pit a ring intae the bull's nose. I wis better plaised noo, he wid be a lot aisier han'led noo, and the wife wis happier tae, she didna like the idea o' the bull bein' aboot the plaice. He settled doon fine amin the kye and seemed tae be rale contented, bit ae day in July he broke oot and landed ower at Lambhill. Ye see, there wis quaiks gaun in the park across the road fae faur he wis. Weel, Lammie got him shut up intae his byre and cam' ower tae tell me. Lammie wis ferr wrocht up aboot it, he says, "Ye'll better hire a float tae tak' that beest hame." I says, "Hire a float did ye say? Na, na, I'll aisy tak' him hame wi' a halter on." And fin we gaed inaboot tae Lambhill, he widna come intae the byre wi's. He says, "Na, na, I'm nae gaun in there tae get killed, and I dinna ken fit wey ye wid think aboot it aifter fit ye got fae thon ram fower year syne."

Weel, I gaed intae the byre, I made shure I keepit a trevesse atween the bull and mesel. I wrocht awa' tull I cood claw the reet o's tail ower a trevesse, syne I got a noose ower his heid, tied it tae the slide-rod, got a halter on and a tow fixed tae the ring on his nose wi' a spring-heuk. I did aa this fae the ither side o' the trevesse, then I opened the door, slackened the noose roond his neck and he wauked oot throo the door in front o' me. Fin I got ootside, I lookit roond aboot for Lammie and his wife, bit na, na, there wis nae sine o' naebody. I lookit ower tae the backdoor and it wis shut. The bull waukit aa the road hame tae Balnamoon wi' me waukin' at his side, nae bather ava'. I kept him in the byre that day and nicht, and shiftit the sooker kye awa' fae the roadside juist in case he micht try and brak' oot again. At the same time, I wis thinkin' tae mesel, I hid deen richt wi' gettin' a ring intae the bull's nose. A fortnicht aifter that, Laurence Milne took him awa' tae Upper Tack. Fin he saw the bull, he says, "Michty, fit he's gruwn, ye widna think he wis the same beest, mair nor that, he's nae sae nairra atween the een noo."

So that wis me clear o' the bull for a file noo.

That village land I got at the term, I let it oot for grazin' except the bit that hid tae be drained. I cut the girss on it for hey, syne I got twa men, their names wir Dick Duguid and Dougal Sangster. Weel, they did the drainin' on't aifter the hey cam' aff, so it wis noo ready for plooin' in the back-end. It wis juist aifter the hey wis feenished I said tae the wife, "I thocht ye wis needin' awa' for a holiday this year, mind ye said ye wid like tae gang tae the Isle o' Skye. Weel, noo's the time we shood be gaun and get back afore the hairst starts." She didna say onything for a meenitie, syne she says, "Ach no Ake, I wid like tae gang aricht, bit ye ken Kathleen's juist twa and a hauf yet, I dinna wint tae lave her, syne there's the turkeys, they're juist twa month auld and I hiv young chickens as weel. Na,na, we'll better nae mind it for anither year." I says tae her, "Ye ken Lizzie and Dod wid come and bide fin we're awa'. Dod'll be gettin' his holidays and they'll likely be here onywey." Bit na, na, she'd cheenged her mind, the Isle o' Skye wid juist hae tae wyte anither year. So that wis that settled.

My lamms wir aa awa' again afore hairst. Again I got gweed returns fae B.M.P.. The ewes wir broken-moo'ed, they wir Cheviots and fine and fat. Weel, I got them awa' tae the Broch killin-hoose and got gweed returns for them as weel. So that left me withoot ony sheep and I decided tae wyte tull hairst wis by ir I bocht some mair.

I noo hid tae think aboot a hairst man again, so back I gaed tae Cyaak tae see Dod Finnie and Sunnie Innes. Dod says, "Oh, I ken the very man for ye Ake, Dod Taylor's his name, he wis in the same squad as me and retired aboot a month back, and afore he jined the masons he wis a fairm servant on a fairm for a lot o' years, so he's the man yer lookin' for." I gaed tae see this Dod Taylor and spiered if he wid come and work for's aa hairst. He says, "Oh, ferrly that, as lang as ye mind I'n noo saxty-five and nae sae fit as I eesed tae me." I says, "As lang as ye sit on the binder and gie me a hand tae stook, juist fin the withers dry, ye winna be socht tae stook as much as I dae, syne ye'll hae tae big the loads o' shaves on the bogey and fork the shaves on tae the rucks, ye'll aisy manage that, wullin't ye?" Weel, he agreed that wid be aricht, so I left him and said I wid lit him ken fin I wis ready tae start. And of coorse, I wid get Bill Mackie the baker tae gie's a hand wi' the stookin'.

I redd aa the roads mesel, and we yokit the binder ae day aifter dennertime. It wis een o' the parks in the howe, fine and level and the corn wis aa stannin'. We gaed richt roond the park, and fin I wis turnin' the tractor and the binder at the corner aside the gate, Dod fell aff the binder. Fit wey he did that I dinna ken, kis the land wis richt level and I wisna gaun faist, so I stoppit the tractor and gie'd him a hand tae get up. He managed tae stand straucht up and use his airms. I thocht tae mesel, weel there's nae broken beens onywey, bit he wis affa unsteady on his feet. he wis tae mak' tracks for back on the binder, bit I says, "Na, na, Dod, we'll gang up tae the hoose, I'll tak' ye hame wi' the caur and ye kin get the doctor tae cry inby and hae a look at ye."

I got him hame aricht, bit he wis still nae ower steady on's feet, so I says, "Noo Dod, ye'll better cry in the doctor and see if there's onything wrang, bit he widna hear o'd." He says, Na, na, i'm nae needin the doctor, wyte ir ye see, i'll be aricht the morn." Weel, I wisna plaised wi' that, so I gaed inby the doctor and telt him fit hid happened. the doctor says, I'll go and have a look at Mr Taylor and if ye look back to-night I'll let you know if there's anything wrong."

Fin I gaed hame intae the hoose, I says tae the wife, "That's us held up again, naebody tae sit and work the binder," and she says, "If we got somebody tae look aifter the bairn I wid come and work the binder mesel, div ye think I wid manage?" I says, "Manage, did ye say?" Of coorse ye wid manage, kis abody his tae learn." So we got auld Harry Massie ower tae see tull the bairn, and eence the wife cam' oot and on tae the binder, tho she'd niver haen tae dae't afore, it wisna lang ir she got intae the nack o'd. And fin the postie cam' by the neist day and saw her on the binder, he says, "Goad wumman, fit neist wull ye try?" She says tull him, "Weel Fred, it juist lut's ye see fit a sma' fairmer's wife his tae dae. She his tae be ready tae step intae ony emergency. It juist lit's ye see hoo important us wives are aboot a fairm toon, and mair nor that, we dinna get muckle thanks for't." Fin I heard her sayin' that, I cood've said plenty, bit I hid mair sense and hud mi weesht.'

That nicht I gaed tae see Dr Cameron, spiered at him fit like Dod Taylor wis. He says, "Mr Taylor has had a nasty fall. He has a lot of bruises and won't be fit again for a fortnight. I would recommend that he does not sit on your binder again, he is too old for that type of work." Weel, that left me withoot a hairst man again, and tho I tried tae get some ither body it wis nae eese. The hairst wis in fu' swing noo and ony spare body wis pickit up. Of coorse, I cood've gaen for Charlie Hattie again, bit fin I said that tae the wife, she says, "Na, na, yer nae bringin' that fule broot back here, I'll raither dee't mesel." And then we heard aboot ither fowk that hid a son in the airmy, and gettin' their son hame on leave tae help wi' the hairst. Weel, I thocht, if they cood dae that, shurely we cood dae't tae. Ye see, oor loon Sandy hid been in Cyprus wi' the Gordons for a sax month and wis noo back in this countrae and stationed at Aldershot.

Weel, he tried twa/three times for compassionate leave tae get hame, bit it didna work. Syne I spak aboot it tae the local secretary o' the N.F.U., they rote awa' aboot it on my behalf, and again it didna work. And aa this time we wir trauchlin' on gettin' the crap brocht in. I wis workin' awa' the best wey I cood wi' Bill Mackie the baker and Fred the postie, and ayie I thocht fit fine it wid be if Sandy turned up. Weel, we wir gie near feenished wi' the hairst fin the thocht gaed throo my mind, fit wey did I niver rite tae Boothby, oor Member o' Parliament, ach weel, I'd been ower lang in thinkin' aboot it. Syne I thocht, fit aboot tryin' it on and see fit happened. Eence I made up mi mind I didna hinner. Aifter mi denner that day I rote a letter sayin' hoo trauchled we wis wi' takin' in oor hairst, and wid he see if he cood help tae get wir son oot fae the airmy tae gie's a hand, and I addressed it to

Mr Boothby, M.P., Houses of Parliament, Westminster, London. Twa days aifter that we feenished the hairst. The day aifter that I got an acknowledgement sayin' they'd got my letter and it wis bein' attended to, and the neist nicht Sandy cam' aff the bus fae Aiberdeen, fine plaised at gettin' a fortnicht's leave tae help his fader wi' the hairst. Michty, we wir fine plaised tae see him, and I thocht tae mesel, 'Mr Boothby kin ferrly get things movin', fit a peety I hidna ritten tae him fin Dod Taylor hid the accident.'

Next mornin' Sandy lut's ken he cam' hame tae work, he cam' doon the stair fin I wis takin' mi brakfast and spiered fit I wis tae be dee'in the day as he wis tae be helpin's. So, that twa weeks he wis at hame we got the tatties liftit and the muck cairtit oot on the stubbles tae be ploo'ed doon. Durin' that time I bocht a new tractor, a Davy Broon fae Barclay, Ross and Hutchison and it wis diesel this time. Sandy got a day or twa's ploo'in wi't afore he gaed awa'.

That year tae, a young auctioneer fae Maud cam' inaboot and aifter we'd newsed a file aboot the weather, sic a fine hairst it hid been, the prices the cattle wir makin', specially the spent caure, he says tae me, "Mr Smith, that's what I came to see you about, your weaned calves, we're trying to organise a weaned calf sale at Maud, there's special sales at Aiberdeen, Huntly and Turriff for weaned calves, but not at Maud, and if we got a special sale started, woud you be willing to enter some of your weaned calves for it?" I thocht a meenitie, syne I says, "Ach, yer juist anither lad lookin' for nowt tae keep the mairts in work, aa the same I think it's a gweed idea, I'll be sellin' the best fower caure I hiv, the rest o' them I'll tye up in the byre and sell them in the spring, so ye kin get that fower for yer sale."

That sale wis held the followin' Wednesday, it wis held in the same ring aifter the diry kye wis selt, and at the same time as the store nowt wis bein' selt in the ring next door. It didna laist affa lang, kis there wis juist an entry of aboot fifty. The fower black stot caure I hid there made the hi'est price at the sale, that wisna ill tae dee for aa the entry that there wis, and Mr W. Watson fae Tillnamoult wis the buyer, he bocht a puckle mair forbye mine. I cairret on sellin' my best caure at that sale for some years aifter that and as faur as I kin mind, it wis ayie Mr Watson fit bocht them.

Things wis gie quate wi's for a file. The wife hid brocht up a hunner turkeys this year, so they hid tae be selt afore Christmas. Again, we marketed them throo the Buchan Poultry Products and wis weel plaised wi' the returns we got. Of coorse, fin ye gaed tae the mairt ye wis ayie hearin' aboot sic a fancy price some ither body hid gotten for their turkeys fae some ither merchant, bit ach, that didna bather us kis, as lang as we got a fair return, that's aa that maittered. New Year wis by again, we wir noo intae 1958, Sandy wis hame fae the airmy, and startit tae work wi's again. The first job he got wis tae ploo the grun on the village lands, I wis tae be gruwn corn on't that year.

Up tae that time I hid ayie sawin' the corn wi' a broadcast and the manure wi' the bondavy, bit aboot the end o' January this young man cam' inaboot. He says tae me, "Are ye Mr Smith?" I says, "Oh aye, that's fa I am, fa are ye and fit are ye sellin'?" He geid a bit lauch and he says, "Oh, I'm nae sellin' naething, my name's Sim, my fader his the sawmill aside Strichen, i'm tae be pitten a tractor on the road wi' een o' this new-fangled combine dreel-machines, that means it saws the seed and the manure at the same time, and I'm lookin' for work for't, fit aboot you gie'n me the job o' pitten in yer crap for ye." Weel, I'd heard a lot aboot this machines, sic a fine job they made, mair than that, ye nott aboot a bushel and a hauf less seed tae the acre, and the manure wis dreeled in close by the seed faur the young plants cood get a haud o'd. I kent this machines hid been used bi the big fairmers for sometime noo, bit they wir ower expensive for the likes o' me tae buy. Mair than that, I'd bocht strainers and posts fae his fader at the sawmill and ayie fund him a fine man tae deal wi'. At the same time, the thocht gaed throo my mind, ye coodna ayie get thae contractors fin ye wis needin' them, it wid be gie disappointin' tae hae grun cultivated and fine and dry and hae tae wyte a twa/three days for the machine tae come and pit in the seed, wi' the threat o' rain comin' on aa that time. Hooiver, I says tae him, "Aricht, I'll gie't a try and I'll lippen on ye tae come fin I'm needin' ye." Weel, I niver regretted makin' that decision, he made as gweed a job o'd that year I niver used the broadcast again for pitten in the seed. He dreeled in my seed for the next twa years aifter that and ayie made a gweed job.

Some time in February that year, Tommy Graham fae the College cam' inaboot and reminded me I hid taen in hand tae get that plot in the roch grun prepared for the girss seed this year sometime, so I says, "Aricht, get the lime and the slag inaboot, I'll get that spread on the grun afore we start tae pit in wir grain crap." He says, "Oh, that's fine, I'll attend tae that richt awa." Weel, we wir tae be usin' twa acres for the experiment, so he ordered fower tons o' lime and a ton o' slag. There wis some ither fertiliser forbye bit I canna mind fit it wis, and it aa cam' fae the S.A.I. I still hid my horse, so I yokit the horse in the bondavy, and first I spread the lime, syne I spread the slag and then I gaed ower't wi' the tractor and the discs. It wis left like that until the end of April. Ae day Tommy Graham cam' inaboot and spiered if he cood get the girss seed sawin' that day. He hid a new lad alang wi him, he introduced him to me as Mr Ian McIntyre, his assistant. I says, "Ach, we'll manage that aricht, we're nae that busy the day." He hid the girss seed in his caur, I took the fertiliser roond wi' the tractor, I spread the fertiliser wi' the happer and Tommy spread the girss seed wi' an auld fashioned fiddle. I hid niver seen that kind o' a fiddle afore, bit he telt me it wis still used a lot faur he belanged, the Shetland Islands. Aifter that, I harra'd the grun and rolled it, and that wis that job feenished.

As a postscript tae this, I wid say that took plaice in 1958, noo at the time o' ritin' 1990, that is thirty-twa year on, I gaed tae the College Office in Turriff, and discovered that Ian McIntyre wis ayie there. I wis tryin' tae fin oot the richt year this seedin' took plaice, of coorse Ian McIntyre and me, we hid a lot tae news aboot, and durin' aa that newsin', Ian produced an auld notebook and the following wis written in it:-

Balnamoon — Grass Seed Trials for reclamation from Heather in 1958

College Mixtures (1) 1½ acres.

9lb Danish Presto III Perennial Ryegrass

15lb S23 Perennial Ryegrass

9lb Danish Trifolium II Cocksfoot

9lb Timothy

1½lb Rough Stalked Meadow Grass

½lb Alsike Red Clover

1lb New Zealand Mother White Clover

¾lb Kent Wild White Clover

The last two pelleted with lime.

College Mixtures (2) ½ acre.

7½lb EF486 Italian Ryegrass

1½lb New Zealand Brown top

1½lb Yorkshire Fog

2lb SF9 Red Fescue

1lb Rough Stalked Meadow Grass

½lb Alsike Red Clover

1lb New Zealand Mother White Clover

¾lb Kent Wild White Clover

The last two pelleted with lime.

These two mixtures are the amounts per acre.

That year, the sooker kye aa caufed in February and Mairch, fit fine it wis haen the cattle shelter for them tae bide in and the caure wir thrivin' affa weel. I'd haen an aisy lammin' tae, I hid aboot thirty broken-moo'ed Cheviot ewes, maist o' them hid lammed in Mairch, and I wis startit tae gie the lamms a little extra feedin', hopin' tae get them awa' fat aboot August, so atween the nowt and the sheep, I wis feelin' weel plaised wi' mesel. I saw Laurence Milne at Maud aboot the end o' April. I says tull him, "Laurence, I hope ye'll manage tae lit me hae the bull some o' this days, I hope ye mind it wis agreed I wid get the bull for the three months o' Mey, June and July." Laurence says, "Oh aye Ake, I'm nae forgettin', in fact, I'm hopin' ye'll tak' the bull for gweed, ye see I'm startit buyin' in pure Fresian kye and I dinna wint them blaaded wi' an Aiberdeen Angus. I'm tae be gettin' a Fresian bull for breedin' wi'." I didna expect tae be telt this, hooiver, I cood see Laurence's pint o' view, so I said, "That's aricht Laurence, I'll aisy manage tae han'le that, bit I'll hae tae pey ye for yer share o' the bull." So it wis agreed atween the twa o's, Ii wid mak' oot a cheque in Laureence's name equal tae a hauf share o' fit we'd peyed for the bull, hand the cheque tae Laurence and the bull wid be mine. That's the wey I got the bull tae mesel, and I wis richt fine plaised, kis he hid gruwn intae a bonnie beast, naebody cood say he wis ower nairra atween the een noo. I got him hame that nicht, and he wis shut in amin the kye and the caure, they wir still comin' in tae the shelter anicht.

Ae nicht aboot a fortnicht aifter that, I wis lyin' streekit oot haen forty winks. I'd haen a fine supper and wis feelin' fine wi' mesel, fin I heard

Beldie spikin' tull's. Wi' me bein' hauf sleepin', I didna mak' oot fit she said, so I thocht I wid mak' on I wis sleepin' soond, bit the next I kent she hid a haud o' mi airm and shakin's, at the same time she wis sayin', "I dinna think yer listenin', did ye hear fit I said?" I says, "oh no, I didna hear ye, fit wis ye spikin' aboot onywey?" She says, "I wis juist sayin', div ye ken fit day next Thursday is?" I thocht tae mesel, next Thursday, fit's special aboot that day I winner, so I says, "No, I dinna ken, is that the day yer shippie's comin' in or ye'r gaun tae win the pools, or maybe Granny Massie's comin' tae see's is she, and onywey I'm nae worryin' fit's happenin' next Thursday," and I made tae shut mi een again. Bit she widna hae ony o' that, na na. I cood see there widna be nae rest tull I wis telt fit wis happenin' next Thursday, so I says, "Ach weel, ye'll better tell me aboot next Thursday." She gied me a funny look, syne she says, "Ach, you men ir aa the same, ye canna think aboot onything bit juist the work on the fairm. Weel, I'll hae tae tell ye, next Thursday is oor Silver Wedding Anniversary, I micht've kent ye widna mind."

Weel, that ferrly gaured me sit up, tae think I hidna minded aboot that aifter bidin' wi' her for five and twenty years. I thocht tae mesel, weel, she's deen gie weel tae pit up wi' me aa that time, syne I thocht, ach weel, it works baith weys, if she hid pitten up wi' me, I'd haen tae pit up wi' her, so it aven't things oot. We sat lang intae the nicht, lookin' back ower aa that time, thinkin' aboot aa the ups and doons we'd haen, and cam' tae the conclusion we'd haen mair ups than doons. It wis lang past oor bedtime fin she says, "Ach Ake, it's affa fine tae sit and look back at fit took plaice in the past, bit it's forrit we shood be lookin', ye see we hiv tae gang for oor day-auld turkeys the morn, next Thursday'll juist hae tae be anither workin' day, bit dinna you forget, I'm needin' a richt holiday this year, the bairn's three and a hauf noo, we'll manage tae lave her wi' some ither body noo.

Bit something wis tae happen afore next Thursday fit gaured me forget aboot wir Silver Weddin' day, aye and nae only me, the wife forgot as weel. That spring, there wis a lot o' kye dee'in wi' staggers, bit it wis ayie diry kye we wir hearin' aboot, there wis niver ony wird aboot sooker kye takin' staggers, and I got a shock ae mornin' fin I got a coo lyin' deid in the girss park, her cauf stannin' aside her gie hingin'-lugged kine. Noo, that coo hid been aricht the day afore, nae sine o' ony illness aboot her ava', so I sent for the vet, he wis inaboot in fifteen meenits. Ye see, he juist hid tae come fae Strichen, aboot twa and a hauf miles. He hid a look at the coo, he says tae me, "Ake, I think this is staggers, fan did ye lit yer coos and caure intae this park and faur wir they afore?" I says, "Oh, they were shiftet fae the roch grun intae this park a week syne," then he says, "I'll tak' a blood sample fae this coo and ye'll better shift them back on tae the roch grun for a day or twa, I'll be back the morn's mornin' wi' the result o' this blood test, and I'll phone the knackery fin I gang hame, they'll lift the deid coo and keepit a day or twa for fare I need tae see the carcase again."

He wis back next mornin' afore aicht o'clock. Ye see, in thae days it wis only the big fairms that hid phones, us sma'er fairmers thocht we coodna afford it. Of coorse, fin I look back and think aboot it, it wis false economy, kis it cost us a gweed bit tae pey for petrol for rinnin' back and fore tae the village phone, forby the time fit wis lost and the bather it caused. Weel, the vet cam' inaboot, he says, "Aye Ake, I wis richt eneuch, it wis staggers, tak' yer kye aa inside and I'll be back juist aifter nine tae inject them aa." Weel, we got the kye injected, the vet says tae me, "That'll keep the kye aricht, lave them anither day afore ye pit them back on tae the gweed girss, that'll mak' sure the magnesium's richt mixed in their blood." Weel, that's fit I did, thinkin' that athing wid be aricht noo, bit twa days aifter that I got a cauf lyin' deid. Again I sent for the vet, he took a blood sample tae pit awa' and says tae me, "There widna be onything wrang wi' this field wid there? Ye widna hae anither field tae shift them tull?" I says, "Oh aye, doon aside Blackhillock in the howe, I'll shift them doon there if yer thocht it wid help." This I did, bit that nicht I got anither deid cauf, and nexy mornin' I got anither een deid. I wis beginnin' tae winner they wid syne be aa deid. The wife, she wisna ony better, she wis ferr doon in the moo'. She says tae me, "Goad Ake, at this rate we'll seen be oot at the door." I got the vet inaboot again that mornin', he wis gie taen up aboot it tae. He wis stannin' lookin' at the deid cauf fin aa at aince he says tae me, "Fit kine o' a caur hiv ye noo, Ake?" I says, "It's a Hillman I hiv noo, a fine strong caur." Syne he says, "Is the boot big eneuch tae hud this cauf?" And fin I said, "Oh aye, it's ferrly that." He says, "Weel, gang hame for yer caur, bring it intae the field here, i'll gie ye a lift inower wi' the cauf and I wint ye tae gang awa' tae the Rowett Institute wi't. I'll gie ye a note tae tak' wi' ye, and ye'll lave the deid cauf there alang wi' the note."

Afore I gaed awa, I gaed intae the hoose and telt the wife faur I wis gaen. She lookit at's and she says, "Ach, I'm ferr fed-up o' a this mishunters, juist hing on a meenit and the bairn and me, we'll come wi' ye, it'll be fine tae get awa' fae this plaice for a file." So we rigged oot tae gang tae the Rowett, got the road tul't aricht, delivered the deid cauf and handed ower the vet's note, and got hame again aboot een o'clock. I gaed intae the hoose first, the postie hid been, there wis aboot a dizzen letters lyin' inside the back door. I winnered fit wey that wis, syne I minded. I pickit up the envelopes and shoved them oot o' sicht, and fin the wife cam' in throo the door, I says tae her, "Div ye ken fit day this is?" And fin she said, "No, I dinna." I says, "Weel, weel, yer waur than me, this is oor Silver Weddin' Anniversary, it's you that hisna minded this time." And fin I handed her the bundle o' congratulatory cairds, she hid a greet tae hersel, syne she says, "Nae winner I forgot, aifter aa we've come throo this laist twa/three days, first a coo dee'in and noo the caure dee'in." The vet wis back that nicht aboot seven o'clock, he hid his assistant wi' him. He says tae me, "It's the same thing fit's wrang wi' yer caure as wis wrang wi' yer kye, and we're nae gaun oot o' here the nicht afore I get ilka cattle beast aboot the plaice gein' an injection o' magnesium." So the cattle wir aa treatit, the bull included, and afore the vet gaed awa', he says, "Weel Ake, I hope we hiv been in time wi thae injections, I dinna wint tae hear fae ye aboot this again." There wis nae mair deaths aifter that, bit the vet lookit inby fower days aifter. He says tae me, "Ye'll better see the College lads aboot this, get them tae test yer soil and find oot if yer needin' tae be usin' magnesium lime." So ye see, there's naewey I wid iver forget fit I wis daen on oor Silver Weddin' mornin', the twenty-fifth of Mey, 1958. I gaed tae the College in Turra, fin I telt Tommy Graham aboot the deaths I'd haen and fit the vet said aboot magnesium lime, he says, "That'll be aricht, we'll test ilka field on the fairm." The upshot o' aa this wis I hid tae start and gang' awa' ower aa the fairm wi' a ton o' magnesium lime tae the acre.

Shortly aifter this bather wi' the caure dee'in, I shifted the sooker kye and their caure intae a park in the howe, juist across the burn fae Alan Hutcheon's, and fin I cam' oot the backdoor next mornin' I lookit doon intae the howe, something telt me there wis something wrang, so I stood and lookit. Aa at eence I saw fit it wis, the bull wis on the wrang side o' the burn, he wis in amin Alan Hutcheon's nowt, and there wis quakes amin them. Michty me, fit neist I thocht, first he broke oot and landed at Lammie's, noo here wis him brakin' oot again and gaun in amin Alan Hutcheon's quakes. Goad, I thocht, cood he nae be content wi' the quines he hid at hame. Bit na, na, ye see the girss ayie tastes better at the ither side o' the fence. I lost nae time in gaun ower tae Blackhillock, Alan wis takin' in his milk coo fin I met him. I cood see he wisna neen plaised aboot the bull bein' there. I saw Mrs Hutcheon, the look on her face wid've killed ony deecent body steen deid. She says tae me, "Tak' that fearsome beest oot o' here and mak' shure he disna come back." That happened in 1958, I kept him anither fower year and he niver broke oot again.

And that nicht, the bull gaed in amin Alan's nowt, he served een o' his black quakes. I gaed ower and offered tae buy the quake aff his hands, bit he says, "Na, na, we'll juist keep her tull she his her cauf, syne we'll get her broken in tae milk bi hand, we're sair needin' a young milk coo onywey." Weel, that's fit they did, the quake must've turned oot aricht, kis they wir ayie milkin' her fin we left Balnamoon in 1962. And see'in the bull wis noo my ain, I wis alloo'in the near hand fowk tae bring in their kye tae the bull, it wis cheaper for them that wey, kis I wis chairgin' hauf fit the mannie wi' the hat wis chairgin', and mair than that, it wis ayie a pund or twa tae mesel.

Things settled doon for a file aifter that. Sandy wis ayie workin' wi's and fin we startit tae huow the neeps, Sandy says tae me, "Foo ir ye nae like ither fowk, Dad, and makin' some silage, a lot o' fowk are cuttin' doon on their neeps and gruwin' silage." Ye see, that wis ae job that Sandy hated dee'in, huowin' neeps, and tae mak' it waur for him, there wis still a hale shift o' neeps on Balnamoon. I says, "Aricht Sandy, we canna dae onything aboot it this year, gin anither year we'll maybe try a bit for silage." It wis the time o huowin the neeps, I spak tae the wife aboot this holiday we wir tae hae. She says, "Oh aye, I'm mindin' aboot it. Lizzie and Dod's comin' here for a holiday, Frances'll be tae, they'll aisy look aifter the bairn and Lizzie will milk the coo, and Dod and Sandy'll look aifter the cattle and sheep. Michty me, she ferly hid it aa planned, and ae Sunday mornin' aifter the hey wis feenished, the twa o's set aff in the caur. We hid a stove wi's for cookin' at the roadside, we wir meanin' tae gang in B. & B., bit we took the auld tent alang wi's, and I hid the road map I bocht fae McArthur three year syne, we widna get lost as lang as we hid it wi's.

This wis a gie chancy bisness us gaun awa' tae Skye, it wis a lot o' new grun for's, kis neen o' the twa o's hid been ony farrer alang the coast road than Elgin afore, and we hid decided we widna hurry, hae plenty o' stops and maybe land aboot Invergarry the first nicht, syne on tae the Kyle o' Lochalsh and across tae Skye the second day. Weel, we got on fine for a start, Inverness wis gie quate as we gaed throo it, syne we hid tae tak' the road doon the side o' Loch Ness, of coorse, we hid tae stop twa/three times and look for the monster, bit we wir oot o' luck, the monster hid decided tae bide under the watter that day. Weel, that's fit the wife said onywey, she thocht the monster kent we wir comin' and didna wint tae see's. We got tae Invergarry aboot sax o'clock, we noo hid tae look for a bed tae sleep in, and we bookit intil a hoose at the ither side o' the village. The wifie there coodna dae eneuch for's, we got tay and pieces afore bedtime, syne we got porridge and crame followed wi' ham and aigs for wir brakfast next mornin'. I says tae the wife, "Michty, if we're treated like this ilka day, we'll be gie swier tae gang hame."

Aifter brakfast we set aff on the road tae Kyle o' Lochalsh, anither fine day and we wir baith enjoyn't, bit the farrer in the road we gaed, the road wis ayie gettin' waur, some bits o'd wis juist like a cart-track and some bits wis juist aboot the width o' the caur, wi' boggy bits richt inaboot tull the edge o'd. There wis nae doot, if ye lit yer caur ower the edge, ye wid be weel and truly bogged doon. And aifter we passed the Cluaine Inn, we cam' tae een o' this nairra bits, there wis a puckle coos and caure wannerin' aboot. Een o' the coos wis stannin' in the middle o' the road wi' her cauf sookin'. I drove richt up tae the coo, she lookit roond at's bit didna seek tae shift. I startit blawin' mi horn, wi' the result the cauf stoppit sookin', lookit roond at's, gied a yawn and startit sookin' again. I says tae the wife, "Isn't that a richt gweed sooker coo and sic a bonnie black cauf, bit they're affa thrawn." The wife says, "Maybe it's a gweed coo and a bonnie cauf, bit we canna bide here aa day, get ootower the caur and shift them oot o' there." Weel, that coo hid ither ideas, tho I gaed ootower and tried tae shift her, she juist stood there, chawin' her queed, tull the cauf wis feenished sookin', syne she moved awa' and we got gaun again.

There wis nae mair hud-ups aifter that, we got ower tae Kyleakin wi' the ferry aboot five o'clock, the wife said we wid need tae get something for wir tay, so she gaed intae a shop there, syne we gaed oot the road a bit, stoppit on a grassy bit and made wir tay. We bade there tull we wir near aiten wi' midgies, and gaed awa' lookin' for someway tae bide anicht. We cam' tae the district o' Upper Breakish, ye coodna ca'd a village kis the hooses wir spread ower a' the plaice, and we stoppit at the end o' a road inaboot tae a craft, wi' a notice nailed on tae a strainer fit said, "Bed and Breakfast," and alow that mair ritin' we coodna reed. We fund oot aifter it wis Gaelic for Bed and Breakfast. We gaed inaboot, there wis a big fancy caur there a'ready. Michty me, I thocht tae mesel, this craftie mannie's shurely gie weel aff tae be fit tae buy a caur like that. Weel, the wife gaed up tae the door, I bade aside the caur and I saw the twa weemin gaun inside. The wife cam' oot and says, "We're gettin' a room, Ake, it's up the stair bit that winna maitter, she lets oot twa rooms and the fowk oot o' that ither caur are in the room doon stair, and they come fae London." We took in wir case, and gaed awa for a rin in the caur, promisin' tae be back aboot nine for tay and pieces afore bedtime. And fin we gaed intae the sittin' room, the wifie cam' throo wi' a tray and set it on the table. The tray wis happit wi' a fite cloot and there wis a fite cloot on the table. She newsed a file aboot things in general, syne she says, "This is yer bedtime cup, just you help yourselves, Mr and Mrs Williams are off to bed, you see they are very tired after their long journey," and she spak in a soft, liltin' vice, juist the wey the West Highland fowk spak. Fin Beldie took the cloot aff the heid o' the tray, she lute oot a gasp. She says, "Michty Ake, look at this. Spik aboot a bedtime cup, there's eneuch here tae feed a regiment o' sodgers." And fin I lookit at the tray I saw there wis breid (oatcakes) and hame-made cheese, an iced sponge and some hame-made shortbreid. I says, "If that's fit we get for a bedtime cup, I winner fit we'll get for oor brakfast.

We gaed awa' tae wir bed aboot ten o'clock, I fell soond asleep and didna wauken ir seven next mornin'. I rose and lookit oot at the windae, it lookit oot tae the back o' the hoose. The first thing I saw it wis a fine day, syne I saw a coo stannin' in the neuk o' a park, chawin' her queed, and as I stood watchin' I saw this man wauk inaboot tae the coo, he hid a steel in ae hand and a pail in the ither, he sat doon and startit tae milk the coo. The coo juist stood there chawin' her queed. I says tae the wife, "Beldie, ye'll better rise and tak' a look at this, ye hinna your coo trained tae dae this." Aicht o'clock wis brakfast time, and fin we gaed inate the sittin' room Mr and Mrs Williams wis already there. He wis a great muckle man, oozin' personality, and she wis juist a shargar o' a cratur, sittin' there snivellin' intae a hankie. It wis him that did a the spikin, she niver opened her moo yet, it wisna lang ir he wis tellin's aboot himsel, aa aboot faur they bade in London and sic like. I wis tryin' tae keep up wi' him, bit he wis een o' thae lads that hid the gift o' the gab, and of coorse, the difference atween his language and my language didna help ony. Syne he says, "by the way Mr Smith, I am a buyer for a string of Lyons restaurants in London, I am responsible for procuring supplies of meat, vegetables, groceries etc., for the restaurants, what is your occupation?" I says, "Oh, I'm a farmer in Aberdeenshire, not a gentleman farmer, but a farmer that has to work for a living." "Oh, Mr Smith," he says, "a farmer are you, one of the reasons I came to Scotland for a holiday was to see the farms. You see, about six months ago I started buying our supplies of beef, lamb etc., from a farmer's co-operative called Buchan Meat Producers, I've always thought we got a good deal from them, do you know anything about them?" I says, "Oh yes, in fact I'm a shareholder, but you're on the wrong side of Scotland to see B.M.P. country, you should be in the east side of Scotland."

It wis a gweed job the lady cam' in we wir brakfast, for we cood've been spikin' aboot B.M.P. aa day. She brocht in fower plates o' porridge and a big jug o' milk. Weel, I telt ye Mr Williams wis a big man, weel he cood ferrly ait tae, he suppit his ain porridge and his wife's, aifter that we got ham and aigs, us twa men we got twa aigs, his wife left the hauf o' hers, so he ait it forbye, for aa that she ait, it wis nae winner she wis sae thin and hungered lookin'. Afore he left us, Mr Williams shook hands wi' the wife and me, his wife wis inower the caur ir this time, and he said he looked forward to meeting us again sometime. As for us, we thocht we'd been sae weel deen tull, we wid bide here anither twa nichts and that wid gie's plenty time tae see a gweed bit o' Skye. We enjoyed the next twa days, juist takin' wir time, dwadlin' alang the roads, the caur files in second gear kis the roads wir affa roch somebits. In fact, the road fae Kyleakin throo Broadford tae Portree wis the only deecent bit road there wis. The aifterneen o' wir hindmist day, we thocht we wid gang tae Glenbrittle, that's the road that tak's ye roond tae the ither side o' the Cuillins. Michty, the road wis terrible, bit the glorious sichts wis oot o' this warld, nae doot we got a richt day, and as the sun cam' roond and shone on the Cuillins, the hills turned a bonnie blue, and they seemed tae be raxin' richt up tae heaven.

We landed back that nicht faur we wir bidin aboot aicht o'clock, we gaed intae the sittin' room and Mrs McInnes cam' throo tae hae a news wi's. She telt's that her and Mr McInnes hid been in the craft since they got mairrit, aboot thirty year syne, that his ancestors hid been there for generations afore that. She also telt's thatMr McInnes wis a craftin' tenant of Lord McDonald, Mr McInnes paid rent for the craft and a share o' the common grazin', bit the hoose belanged tae themsels. In fact fin they got mairrit, that auld biggin' fit wis noo the byre wis the crafthoose, and they got a new hoose biggit wi' Mr McInnes dee'in the maist o' the work himsel. That's foo auld the hoose wis, and that's the wey it lookit better than some o' the ither eens. She stoppit spikin' and I says, "Fit dis Mr McInnes dae for a livin', ye canna live aff this craft shurely?" "Oh no, she says, "Mr McInnes is the local postman, he works four hours ilka day at that, then of course, he works the croft here, I give him a hand with that. We make hay for our cows in the winter, and we grow our own potatoes, and we both go to the moss when we're casting our peats. You see, it is mostly peats we use for fire, tho we do buy coal for a standby." Then I says, "Where is your husband tonight then, he'd not doing anything in the croft?" "That he is not, " she says, "he's away taking the peats out to firm land with a barrow, then we'll get the loan of a horse and cart from a neighbour to bring the peats home."

Next mornin' we set aff hame, we wir sweir tae lave the McInnes', and that wis the start o' a freendship atween us and the McInnes', for we gaed tae the Isle o' Skye a lot aifter that, back and fore I wid say, for aboot fifteen years, maybe twice a year. We got as weel aquint wi' them as the wife used tae rite tae Mrs McInnes and she wid keep a room for's. Bit that wis aa in the future, we noo hid tae wanner awa' hame tae Balnamoon. We meant tae bide a hale week, bit Beldie wis winnerin' foo the bairn wis gettin' on. "Ye ken," she wid say, "she's nae fower year auld yet," syne she says, "I winner if the turkeys ir ayie livin' yet." It wis aisy see'in she wis needin' hame, so I says, "Aricht, we'll gang the length o' Spean Bridge, bide there the nicht, and the morn we'll gang throo Newtonmore, Granton-on-Spey, Keith and syne hame." Weel, that's fit we did, and we got hame afore suppertime on Friday, twa days afore we shood hiv been, and we fund oot that the bairn wis aricht and the turkeys wis aa livin'. And that wis the feenish o' wir holiday, the first een we'd hid for ten years, the laist een wis fin we gaed tae London in 1948.

I hid an aisy goin' hairst that year, ye see Sandy wis at hame aa the time, and I hid Bill Mackie the baker, and the postie helpin' oot wi' the stookin' and the leadin', and tho I hid that extra grun in corn crap, I wid say it wis the aisiest hairst I'd haen there. Aifter we got the tatties up and the rucks thackit, Sandy got goin' wi' the ploo, first he ploo'ed the stubbles on the village land, syne he ploo'ed the stubbles at hame. But, he cam' ae nicht and says tae me, "Dad, I wis spikin' tae Hamish Cumming the nicht, that's him fit his the big tractor and the traivellin' mull, he's offered me the job o' seecond man on his mull, div ye think I shood tak' it?" I thocht a filie, richt eneuch oor work wis weel forrit, Sandy wis noo een and twenty and needin' big wages, so we agreed that nicht he shood tak' the job. Ony days he wisna thrashin' he cood ayie come hame and work on the fairm.

CHAPTER 7

A Cheenge o' a Laird

It wisna lang aifter that Lord Clinton's death wis in the Press and Journal. Ye see, Lord Clinton wis laird o' the Fettercairn Estate, and he wis also laird o' the Pitsligo Estate. Michty, fit a spik it caused, the tenants wir aa worried their rents wid be pushed up, neen o' them bar me hid a lease, they wir sittin' there peyin' the same rent as their faders afore them. Of coorse, wi' me gaun intae Balnamoon in 1951 on a twelve year lease, my lease didna expire tull 1963. There wis some gie worried fairmers aboot New Pitsligo at that time I kin tell ye. And ayie fin ony o' them said onything tae me aboot it, I used tae say, "Dinna worry aboot it, ye kin seek tae gang tae arbitration, this means yer rent'll be set for ye bi a panel o' arbiters, ye'll hae tae abide bi that rent for five years, fin yer rent can be lookit at again." Weel, this wis juist like ony ither gossip fit wis agaun, the spik deid doon, syne anither story cam' oot, aa the tenants wis tae get a chance tae buy their fairms, bit naebody cood say faur the news cam' fae, so aifter that I ayie said, we'll better wyte tull we see fit happens.

Weel, rent day cam' roond again, fowk thocht the factor wid be tellin' them if there wis tae be ony cheenges, bit na, na, if he kent onything he wisna litten on, juist tellin' abody they wid be informed o' ony cheenges. We wis intae 1959 noo, and wi' Sandy bein' awa' workin' on the mull, the tractor work wis fa'in ahint. We thocht there wid be days he widna be thrashin', bit thae days wir few and faur atween, so I got young Ian Daniel tae come and ploo the quarry park oot o' ley. Young Ian wis nae sae lang startit contractin' on his ain, and that wis the start o' Ian and his fader baith dee'in a lot o' work for me, ae wey or anither, and that cairret on for a gie file, richt up tae the time I stoppit fairmin' in 1973. Harold wis noo near forteen, he wis fit tae dae a lot o' jobs wi' the tractor noo, sic likes brakin' in the grun, harra'in and rollin'.

Meantime, Tommy Graham wisna forgettin' aboot the girss, fit wis gruwn amin the heather. He cam' inaboot ae day and says tae me, "Wir trial plots of grass on the roch grun are lookin' richt weel, wid ye spread some fertiliser on't if I supplied the fertiliser?" And fin I said, "Oh aye, I'll ferrly dae that," he says, "Aifter that I'll hae tae organise a meetin' someday so's fairmers kin come and inspect it." Weel, that wis at the end o' April, syne a fortnicht aifter that I saw a notice board at the roadside, invitin' fairmers tae come and inspect the grass seed trials for reclamation from heather on the — of June, 1959 at 7.30 p.m., and bi the time that nicht cam' roond, the girss wis lookin' fine and green. Forbye the notice board, the meetin' hid been advertised in the daily and weekly press.

Bit fit a lit-doon Tommy Graham got that nicht, for there wis juist himsel, Ian McIntyre, Ian Charles the S.A.I. traiveller, ither twa lads I didna ken and me turned up. We discussed the plots aricht, spak aboot aa the various grasses and clovers fit wis sawn, and feenished up newsin' aboot fairmin' in general. Syne Ian Charles says, "I've kent Mr Smith here since he cam' tae Balnamoon, and niver eence his he bocht onything fae the S.A.I., hiv I iver offended ye in ony wey, Mr Smith?" Ye see, it wis him that supplied the lime, the slag and the fertilisers for this trials, of coorse, the College wis peyin' for't. I thocht tae tell him tae mind his ain bisness, bit I didna, so I says tull him, "I'll tell ye foo that is. Fin I startit on mi ain in 1944, I eence ordered some fertiliser fae Bertie Mitchell, he wis the same as you, a traiveller for the S.A.I. It wis ordered at the New Year tae be delivered the hindmist week in Mairch, and tho I telt him a fuew times, I niver got it. It cam' tae the middle o' April, and aifter see'in Bertie Mitchell at Montrose Mairt, I wis gaun hame in the bus fin I met John Mearns, traiveller for Aiberdeen Lime Co. Weel, I ordered mi fertiliser fae him and it wis delivered next day, and tho I niver cancelled that order wi' Bertie Mitchell, it wis niver delivered. So that's the wey I've niver bocht onything fae the S.A.I., it wis a gie lit-doon tae me I ken tell ye."

I saw Tommy Graham inaboot gweed lots aifter that litten fowk see ower the plots, and the notice board stuck at the roadside for a twa/three years, invitin' fowk tae gang and hae a look bi themsels. Weel, that wis in 1959, it's noo 1990 and fin I gaed doon that road aboot a month syne, the plots wir aa gruwn oot o' sicht wi' funs.

It wis juist aifter this I hid a visitor ae day, he wis weel dressed and spak wi' a Farfarshire accent. He says tae me, "Good mornin', you'll be Mr Smith are you?" And fin I says, "Oh aye, that's fa I am, bit fa ir ee and fit ir ye sellin'?" He says, "No, no, Mr Smith, you've got it all wrong, I'm not selling anything, Sutherland is my name, I come from Brechin and I'm here on behalf of the trustees of the late Lord Clinton to tell you that the Pitsligo Estate is to be sold and that you as a sitting tenant are to be given the opportunity to purchase your farm." He ferly took me unawares, fancy me gettin' the chance tae buy Balnamoon. Syne I thocht tae mesel, bit I hinna the bawbees tae dae that, and afore I cood spik, he says, "Well Mr Smith, would you be interested in buying the farm?" I lookit at him and says, "Oh aye, I wid be interested, but faur dee ye think I wid get the finance tae dae that? Aa the same I like the idea and me bein' a sittin' tenant, I wid be bound tae get a deal in my favour." He then asked if I had a bank overdraft, did aa the stock on the farm belang tae me, and some ither things forbye, and aifter he got satisfactory answers to his questions, he says, "Well Mr Smith, if you were to decide to buy, I have no hesitation in sayin' you'll easily get the finance required, in fact I could arrange it for you if you like." So he left me, telling me to think about it, he would call back in about three months time, and now he was away to see some more of the farmers to find out what they thought.

Weel, this caused a lot o' gossip, maist o' the tenants wir ferr teen wi't, them fit hid follqwed their forefaders, maist o' them said they wid aisy buy their fairms, ithers like me kent we coodna buy withoot borrowin' money. Eence the plaice wis their ain, it wis a case o' peyin' interest instead o' peyin' rent, and so the argie'n gaed on, and them fit thocht they kent maist aboot it, weel they wir juist spikin' aff a teem belly. Syne stories startit tae pass fae moo tae moo, fit wis tae happen tae the village lands. Neen o' the fowk in the village hid been spoken tull, maist o' them thocht they hid a richt tul't, juist the same as they thocht they hid a richt tae their peat bank in the moss. And fin ony o' them said onything tae me aboot it, I wid say, "Hiv ye ony o' that doon in black upon fite," and fin they said, "No," I says, "Weel, I widna like tae be in yer sheen than." It wis a gie tryin' time for them I kin tell ye.

So, ae nicht the wife and me, we sat doon at the fireside and took it aa throo-hands, we lookit back ower the years since we cam' tae Balnamoon. Fit a lot o' improvements there hid been in that time, we had a shelter for the sooker kye, a deep litter shed for the hens, we hid twa railway cairrages, een a store for feedin' stuffs and een for rearin' turkeys in, a garage for the caur, a watter supply ower aa the fairm and a het watter supply in the hoose, the fencin' and the road inaboot wis greatly improved, bit the best improvement ava' wis the supply o' electricity. Michty, fit a help it wis, and we noo hid that extra grun at the village lands, and aa this hid teen plaice ower the laist aicht year. There wis juist ae thing missin', we hidna a bathroom in the hoose, and the factor hid promised tae pit een intae the hoose, there wis nae sine o'd happenin', ye see it wis juist a promise bi wird o' moo, nae tae be lippened on. So we decided that nicht we wid buy the fairm, provided we got the finance for't and got a dacent deal, and of coorse the pitten in o' the bathroom wid be up tae oorsels aifter that. And maist o' the tenant fairmers wir in the same mind as fit we wir, wullin' tae buy bit they wid juist wyte tae see fit happened and as for the tenants o' the village lands, they wir left tae winner onything they thocht fit.

If I mind richt, that took plaice aboot June. Weel, the fairm work widna wyte ir Mr Sutherland cam' back, it hid tae gang on, the neeps hid tae be huowed, the hey teen aboot and the corn crap hairsted. I wis lucky again this year, there wisna muckle thrashin tae be dune throo the summer and Sandy wis at hame maist o' the time. I hid the forteen acres at the village lands in neeps that year, this wis extra tae the neeps at Balnamoon, so I hid tae get a sqaud oot o' Cyaak tae huow them. The three months wir up and there wis nae sine o' Mr Sutherland comin' back, fowk wir beginnin' tae think he wisna comin' back, things wid juist cairryon as afore. Weel, they wir in for a shock. I wis sittin' readin' the Press and Journal ae day at dennertime fin I saw this headin', **"Prominent Buchan farmer acquires north-east estate"** and it went on tae say that Mr George Watson, Middlemuir, Strichen, had bought the Pitsligo Estate for an undisclosed figure, and that he (Mr Watson) was now superior of all the land round about Pitsligo, and stretching all the way to the seashore at Pitullie and Sandhaven. I redd it again, thinkin' I coodna be seein' richt, syne I shoutit tae the wife, she wis washin' the denner dishes. I says, "Ye hid better come ben and see fit's in the paper the day," and fin she redd it, she says, "I canna believe it, that mannie Sutherland said he wid be back tae see's aboot buyin' oor fairm. Ach, ye canna trust thae factor mannies ony farrer than ye kin thro them. Fit'll happen noo, Ake?" I says, "Ach, it juist means that George Watson is noo oor laird instead o' Lord Clinton, fin oor lease ends at Mey 1963, it's him and his factor we'll hae tae deel wi' if we're gaun tae bide on ony langer, it's juist Tillygrain aa ower again."

Weel, fin Lord Clinton deid, fowk winnered fit wis gaun tae happen, there wis a lot o' gossip on the go at that time, and it wis the same fin Mr Sutherland cam' roond, bit noo this wis a different kettle o' fish. The fowk wis spierin' at een anither, fit George Watson wis gaun tae dae. And fin ye gaed tae the Mairt at Maud, that's fit abody wis spikin' aboot. Maist o' them hid a different story fae the next een, and fin ony o' them said tae me, "George Watson shoodna been alloo'ed tae dae that," I said, "I dinna see foo no, the man kin plaise himsel, and mair nor that, I doot therell be a lot o' cheenges." Weel, hairst time cam' on, fowk wis ower busy for bletherin' tae een anither, so the gossipin' stoppit. I wis gie lucky Sandy wis ayie at hame so we pushed on wi' the hairst afore he hid tae gang awa' back tae the thrashin' mull. Aa this time, Bill Mackie the baker, wis workin' wi's part-time, he helpit at the huow, the hey, the hairst and the liftin' o' the tatties.

That hairst there wis mair o' the big fairmers bocht combine-harvestors. This wis somethin' else fit wis argie'd aboot, some fowk thocht it widna be lang ir aa the hairstin' wis deen wi' combines, look at the hard work it wid dae awa' wi'. Ithers thocht it wid be nae eese ava, fit wey wid the corn and the strae bide fresh for feedin' tae the nowt in the springtime, and onywey, fit eese wid thae hefty machines be in a field faur there wis spootie holes. Michty, it wid be some job takin' een oot o' a spootie hole. And so the argie'n gaed on, it laistit tull the hairst wis by, and wis forgotten aboot tull the hairst cam' roond again.

If I mind richt, it wis aboot this time that Harry Massie deed, he took a hert attack and didna get ower't. Weel, we wid baith miss auld Harry, me for the advice I got fae him aboot sheep, and the wife for lookin' aifter the hoose files. We wir sittin' at the fireside ae nicht, I thocht the wife wis ava quate. I says tae her, "Fit ir ye thinkin' aboot, is there onything worryin' ye?" She says, "I'm juist sittin' here thinkin' this wis the second time we've planned tae buy oor ain plaice, and neen o' the time it cam' aff. I'm winnerin' if ye gaed tae George Watson, dae ye think he wid sell's Balnamoon?" I lookit at her and aifter a filie I says, "Ir ye serious aboot this?" And fin she says, "Of coorse I'm serious, I wid richt like a plaice o' oor ain." I says, "Weel, ye'll juist better forget aboot it, there's naewey I kin see George Watson dee'in that. In my opinion, he didna buy the estate tae start sellin't, and mair nor that, if I wis in his sheen I wid be dee'in the same mesel." At the same time it set me thinkin', juist fancy Beldie thinkin' alang that lines. Naething wis said for anither ten meenits, I wis sittin' wi' a paper in mi hand, bit I wisna readin' it, fin she says, "It's your turn noo, ye're sittin' there thumpin' up the thinkin', fit ir ye thinkin' aboot?" I didna answer her richt awa', syne I says, "Weel Beldie, I juist winnered at you sayin' that, ye've ayie said ye wis fine plaised bidin' here, in spite o'd been ower at the back o' beyond and an affa plaice for sna, aa the same, wid ye agree tae flit if we got a plaice we cood afford tae buy?" She says, "I wid that Ake, juist think back, think o' aa the improvements we've deen here, the cattle shelter, the deep litter shed, the garage, the drainin' and ither things forbye. Ye hid tae get permission fae the factor afore ye cood dae ony o' them, and noo yer spikin' aboot biggen a silage pit, ye'll hae tae get permission fae George Watson's factor afore ye start that. Noo, juist compare that wi' Geordie Greig at Girssiehill, or Laurence Milne at Upper Tack, foo they hiv gotten on since they bocht their fairms, they kin plaise themsels noo." The upshot o' aa this wis we decided that nicht, if ony sma' kind o' a plaice we cood afford cam' on the mairket, we wid hae a go at it.

The New Year passed, we wir noo intae 1960, the bairn wis noo five year auld and wid hae tae start the skweel shortly. Harold, him and anither loon fae Cyaak wis attendin' Peterhead Academy. They wir sent there kis there wisna room at Fraserburgh Academy, so the Education fookies said onywey. As I said afore, I hid aa the forteen acres o' the village land in neeps. I rentit oot twal acre o' the neeps tull a shepherd tae ait on the grun, this made shure that the sheep's muck wis left on the grun for manure, and I hid forty blackfaced hoggs feedin' on the ither twa acre o' neeps. Weel, ae nicht aboot the middle o' January, a snastorm cam' on. Michty, fin I gaed oot at aicht o'clock tae look throo the nowt, there wis aboot hauf a fit o' sna lyin' in the close. I thocht tae mesel, it's a gweed job there's nae wind, and fin we rose next mornin' it wis still sna'in'. I says tae Harold, "Harold, I dinna think ye shood gang tae the skweel the day, if the wind rises and aa that sna lyin' on the grun, the roads'll be aa blockit, and ye michtna get hame again." Bit Harold hid ither ideas, he wis fifteen gaun saxteen noo, he wisna tae lissen tae his auld fader, he wis nae feart at a puckly sna onywey, so he gaed tae the skweel in spite o' fit I said.

Throo the forenin the wind rose and fulled aa the roads wi' sna, it quatened doon aboot three o'clock. I gaed tae see foo the black-faced hoggs wis, and they seemed tae be aricht, scrapin' doon amin the sna, and gettin' a neep tae cha' at. I fulled the hake wi' hey and gaed awa' hame, the electricity wis aff bi' this time, and fin I gaed intil the hoose, I cood see there wis something wrang, the wife wis affa doon-herted like. I says tae her, "Fit's wrang wi' ye, ir ye nae weel?" She says, "Na, na Ake, it's nae that, i'm juist winnerin', wull Harold get hame the nicht? It wid be affa mind if he got stuck on the road somewey in that bus." I tried tae eese her mind, I says, "Fit needs ye worry, if the skweel bairns get stuck amin sna, somebody'll look aifter them, and onywey Harold's nae a bairn noo, he'll seen be saxteen, gie weel fit tae look aifter himsel." I gaed awa' oot wi' the storm lantern tae feed the nowt and milk the coo, syne I lookit inby the deep litter shed, the hens wir aa up on the reests so they wir aricht, nae need tae worry aboot them, bit fin I gaed back intae the hoose, the wife wisna neen better. She says tae me, "Oh Ake, Harold's nae hame, I'm ferr worried seek, fit ir we gaun tae dae?" "Fit ir we gaun tae dae," I says, "We're gaun tae hae some supper, and if Harold's nae hame ir that time, I'll gang tae Cyaak and see if there's ony news aboot him." So aifter supper wis by I rigged oot and gaed awa' tae Cyaak, it wis ayie sna'in, bit the wind wis gie quate, I cood hear it soochin' quately, as if it wis litten's ken there wis tae be a storm. I wis gie neerhand Cyaak fin I saw this man comin' tae meet's, it wis the local bobby, and fin he cam' inaboot tull's, he says, "Goad, I'm richt fine plaised tae meet ye, ye see I wis on my road doon tae tell ye yer laddie's aricht, he's bidin' anicht in the Royal Hotel at Peterhead. The bus did start awa' tae bring them hame, bit the driver turned and took the bairns back tae the skweel." I says, "Oh that's fine, this news wull pit the wife's mind at eese, bit the storms nae aa by, dae ye hear the wind soochin' awa' there, I'm share it's tae be waur afore mornin." And afore we pairtit, I says, "Wull ye report tae the Broch the morn's mornin' that oor electricity is cut aff," and he says, "Oh aye, ferrly that, I winna forget."

Weel, I wisna lang hame and intae the hoose fin the wind rose. Michty, it houl'd and roared in the lum anicht, the wife thocht it wis tae blaw the hoose doon, bit I says, "Na, na, Cyaak granite's nae sae aisy shifted as aa that." Fin I gaed oot neist mornin' at sax o'clock, the close wis blawin bare, bit fin I lookit roond the neuk o' the hoose, there wis nae sine o' the road inaboot, it wis fu' o' sna, and I thocht tae mesel, Goad, fit like wull the sheep be the day, I wis mindin' aboot fit happened tae the ewes fower year syne. Aifter I fed the nowt and milket the coo, I gaed back for my brakfast. The wife, she wis the same as me, she wis winnerin' fit like the sheep wid be. Weel, I thocht I'd better gang and find oot. I gaed up throo the quarry park and fell in wi' the ewes, they wir aricht, they'd been takin' shelter ahint the dyke roon the quarry. The wey the quarry wis shaiped, the bit faur they wir lyin' hidna muckle sna, so I left them for the time bein' and held up the road tae faur the blackface hoggs wir. Noo, I'd aften heard aboot sheep bein' beeried amin sna and comin' oot livin', like my ewes fower year syne, and I'd aften bein' telt aboot sheep climin' on the tap o' een anither amin sna, wi' the eens in the boddam gettin' smored, and I used tae think ye wid need tae tak' a puckly saut tae believe that, bit here wis proof in front o' my ain een, for durin' the nicht thae forty sheep hid gaithered in a boorachie at the back o' a dyke, and as the sna piled up, the sheep climed up on the tap o' een anither, wi' the result that oot o' thae forty sheep, I hid twa and twenty deid and aichteen livin'. I hid tae get help oot o' Cyaak tae dig them oot, and the neist day I cairtit the carcases tae the roadside and they wir lifted bi the knackery larry. That wis a gie set-back I kin tell ye, it took me a file tae get ower't, and the neist time I wis at the mairt at Maud, I wis tellin' a twa/three fowk aboot it. There wis een or twa roond aboot lissenin' ae weel, fin ae lad says, "Ach, it's juist fowk fit keep sheep that hiv mishunters like that." Anither lad says, "Oh, bit there's a bricht side tae ilka black spot," and fin I spiered at him fit he meant bi that, he says, "Weel, if it wisna for thae kind o' mishunters, the men at the knackery widna get a livin."

The sna fae that storm took aboot a fortnicht tae gang awa', bit it took me a file langer tae forget aboot the loss it caused, hooiver, aifter the kye startit tae cauf and the ewes startit tae lamm, I hid eneuch tae think aboot withoot it. The thrashin' mull wis gaun gie near steady, this meant that Sandy wis workin' awa' fae hame a lot and I wis richt gled that Bill Mackie, the baker, cood gie me a haun. I mind I hid tae get somebody tae pu' some neeps tull's that spring. Sandy says tull's, "Dad, I ken the very loon for that job, young Doddie Reid hisna a job ivnoo, I'll spier at him if he'll come." Weel, Doddie turned up aricht, and aifter I telt him he cood work bi the day or the oor, or he cood be peyed sae much for ilka hunner yairds, he says tae me, "I think I'll tak' the piece work, Ake, that wey I kin start and stop fin I like." Weel, he did the job aricht, bit michty, he didna like tae pu' neeps. Ilka time I saw him, he wis moanin' aboot his back. There wis ae thing for shure, he niver wintit tae see neeps again, he wis fine plaised fin he wis feenished and got his pey.

It wis rainin' 'cats and dogs' ae nicht, it wis aifter the kye wir aa caufed and the ewes wir aa lammed, and I sat doon at the fireside tae plan oot hoo I cood bring this forteen acres o' village land intae the rotation o' the fairm. I hid saxty-five acre at Balnamoon in a rotation of sax shifts, that wis an average of eleven acres a shift, so I decided tae cheenge tull a seven shift rotation, the village lands tae be the seventh shift. Tho I'd niver haen onything tae dae wi' silage, I'd seen ither fowk workin' wi't and it seemed tae work aricht. I thocht I wid start amin the silage and dee awa' wi' the neeps, that wey there wid be nae mair trauchlin' pu'in and cairtin' neeps in the winter months. This meant I wid hae tae undersaw twa shifts this spring wi' girss seed, the village lands and a shift on the fairm. So my seven year rotation wid noo be like this — ploo up the auld girss and saw corn, next year corn or barley and girss seed, first year's girss wid be hey, second year's girss wid be twa cuts o' silage, that wid lave three shifts for grazin' and twa/three acre o' the auldest girss wid be ploo'ed for wi' tatties and some neeps. And of coorse, I ayie hid the roch grun for grazin', and fin I spak tae the wife aboot it, she says, "Ach, ye ken best fit yer dee'in yersel, juist you lave the hens and the turkeys tae me." So that wis settled, it wid save a lot o' hard work in the winter time, syne I thocht, faur am I gaun tae store the silage? Of coorse, the thocht o' a self-feed pit cam' intae my heid, bit I'd better juist forget aboot it meantime, I kin plan for that neist year.

It wis aboot this time Beldie thocht she wid like tae learn tae drive the caur. I says, "Michty, sic a braw idea, noo dinna juist think aboot it, get goin' and get yer licence, syne ye kin get Bobby Shand fae Strichen tae gie ye drivin' lessons." She lookit at me, syne she says, "Get drivin' lessons fae Bobby Shand, div ye ken we'll hae tae pey him for that? I thocht ye wid manage tae learn me yersel." I gied a bit o' a lauch and says, "Me learn ye, na, na, ye micht ken that wid niver work, you and me widna agree deein' that, I'll aisy start ye aff if ye like, bit ye'll hae tae tak' lessons aifter that. Juist you tell me eence ye get yer licence and we'll mak' start." Bit it wis aa forgotten aboot for a file. Ye see, that nicht Geordie Greig and Mrs Greig cam' inaboot, they wir winnerin' if the fower o's cood gang for a holiday thegither. They'd been awa' twice a'ready on a motorin' holiday and they baith thocht it wid be a lot better wi' company. It wis Mrs Greig fit wis tellin's aa this and fin she stoppit, the wife lookit ower tull's and says, "Fit div ye think aboot it, Ake? I think it's a braw idea, we thocht the same wirsels fin we wir awa', we'd be better wi' company." I agreed wi' her, so the fower o's sat and planned this holiday, tho this wis juist the end o' Mey. We widna gang awa' or atween hey and hairst sometime. So, it wis decided that nicht fit we wid dae, we wid tak' baith wir caurs, the Greigs hid a gas stove so we wid cook oor denners and suppers at the roadside as we gaed alang and book in B. & B. ilka nicht. Ony nicht we didna manage tae get a bed, we wid sleep in oor caurs. We wid tak' plenty time, we wid lave on Setterday mornin', book in aboot Muir o' Ord or maybe Bonar Bridge the first nicht, syne at Thurso the second nicht and cross ower tae Orkney wi' the ferry fae Scrabster on the Monday, bide three nichts in Stromness, that wid gie's Tuesday and Wednesday tae tour aboot Orkney, come back tae Scrabster on Thursday and syne mak' for hame.

Weel, it wis the end o' June ir I heard ony mair aboot the wife drivin' the caur. Fin I spiered at her if she hid sent awa' for her drivin' licence yet, she says, "Na, na Ake, I'm nae tae bather, we're gettin' on affa fine as we are." I says, "Na, na, if ye hid yer drivin' licence, I widna hae tae lave mi work fin ye're needin' awa' fae hame." So I sat doon and fulled up the application form, got her tae sine it and sent it awa'. It cam' tae the nicht she wis gaun tae start, the caur wis sittin' in the close, I gaed inower aside her, she lut the clutch in ower quick and the caur struck the milkhoose. There wis nae damage deen, bit she jumpit ootower. "I'm nae gaun back in ahint that steerin' wheel," she says. I says, "Aa, bit ye are, ye wis juist upset kis I wis sittin' aside ye, I'll tak' the caur intae the hey park faur the hey coles are, ye can practice steerin' aboot amin the hey coles." So I took the caur intae the hey park, got her in ahint the steerin' wheel again, bade wi' her tull she cood start in first gear and cood stop the caur, syne I left her aleen sayin', "Juist you work awa' there for a file in first gear, steer roond aboot the hey coles and I'll come back and see foo yer gettin' on." I left her tul't and in naetime ava' she wis startin' and stoppin' the caur and steerin' close in aboot tae the hey coles, and fin I gaed back she wis fu' o' confidence. She says, "och Ake, I'll aisy manage, I wis feart I widna ye ken, ye'll hae tae lit me see foo tae cheenge intae second gear noo." I says, "Oh I ken yer a fearty, bit we'll hae tae gang on tae the main road afore ye kin start usin' the gears." So next nicht we gaed tae the main road and gin the nicht wis oot, she cood han'le the gears aricht, mair than that, she wis fu' o' confidence o' hersel. I says, "Ye'll hae tae tak' drivin' lessons noo, ye'll better see tae that yersel." It took her a gie file tae pass her drivin' test, in the meantime, ilka time her and me gaed fae hame, it wis ayie her fit wis drivin'.

That year there wis a big increase in the amount o' silage been made. Fin I gaed tae the mairt at Maud, I cood see the fowk workin' at it, syne at the mairt the fowk wir spikin' aboot it. Maist o' them thocht it wis ayie worth a try, ye didna hae tae be like aa thae big fairmers and gang intilt in a big wey, spendin' loads o' money on machinery tae mak' silage, na, na, as lang as yer auld mower wis in gweed order and ye hid a buckrake, ye cood aisy mak' silage. Of coorse, there wis ayie the lads fit wis gie swier tae cheenge, na, na, they wid say fit wey cood a handfu' o' that stinkin' stuff be better for yer nowt than a swad neep. Aa the same I thocht I wid gied a miss for anither year.

The hey wis aa ruckit noo, this wis the time for us tae gang awa' wi' Geordie and Mrs Greig on oor holiday tae Orkney. Sandy wis at hame so he wid look aifter the fairm, Granny Massie cam' and keepit hoose and we got anither wifie tae milk the coo. So on the Setterday mornin' we set aff aboot nine o' clock. We met the Greigs at the Lachlands, that's faur the Strichen road met the Bruckley road. We wir there first and I wyted back fae faur the twa roads jined, thinkin' George Greig wid gang first and I wid follow him, bit na, na, fin he cam in aboot he turned intae the Strichen Road, turned his car aboot and drew in ahint oor car, and fin I said tull him fit ir ye dee'in that for, I thocht ye wid gang first, he says, "Na, na, I'm nae gaun first, I've niver been throo Inverness, ye'll better gang first and I'll follow ye." So it wis agreed I wid gang first, we wid try and stick tull a speed o' thirty mile an oor. We wid hae plenty o' stops, it wid be up tae me faur we stoppit, bit I hid tae mak share there wis eneuch room for the twa caurs stoppin' thigither. Of coorse, this wis 1960, naething like the traffic there is noo in 1990, aye and a big difference in the speed o' the traffic tae. We got on aricht that day, aince we gaed throo Inverness there wis plenty Bed and Breakfast sines, some gie fancy sines and some gie roch and ready. Some hid the price on them, some at ten shullins, some at twal and sax and some at fifteen shullins, and of coorse some o' them didna hae the price up, ye wid juist hae tae tak yer chance.

We stoppit at Muir o' Ord in the aifterneen, the weemin thocht they wid like a cup o' tea. I says, "A cup o' tea, did ye say, na, na, nae for me, I juist feel I wint a great muckle slider." So we fell in wi' a shoppie faur the weemin got their tea and George and me got wir ice-cream. Afore we left Muir o' Ord we planned fit we wid dae fin we stoppit tae book Bed and Breakfast. The twa weemin wid gang tae the door, spier if there wis twa rooms wi' double beds available, spier tae see the rooms, and faur the toilet wis, syne spier aboot the price and if we wid get a fly-cup at bedtime. Weel, we hid been awa' twice afore bidin' Bed and Breakfast, and so hid the Greigs, bit noo this wis different, we wir lookin' for a hoose tae tak' in twa couples, a lot o' the hooses fit hid up sines juist took ae couple, bit in the lang-run we got bookit intae a hoose aside Bonar Bridge. There we wir affa weel treatit. It wis a fairm hoose and that nicht we hid a richt news wi' the fairmer and his wife, comparin' their wey o' life and the workin' o' their fairm wi' oor wey o' livin' and sic like. Next mornin' fin we left, they baith cam tae see's awa, and the wives wir swappin' addresses, nae doot wi' the intention o' sendin' een anither a Christmas caird.

We wintit tae be near Thurso that nicht so's tae get the ferry fae Scrabster tae Orkney next day, bit we didna look for Bed and Breakfast sines afore we hid oor denner at the roadside, we thocht we wid wyte tull throo the aifterneen a bit. Aboot fower o' clock I drew intill the side o' the road, George stoppit in ahint's, we aa got ootower and I says, "Hiv you fowk bein' noticin' fit I've been see'in, there's nae sines tae be seen, plenty posts for sines hingin' on bit that wis aa." George Greig says, "No, I hinna been peyin' ony attention, bit it'll juist mean that the hooses ir full up." Tae me, that didna mak sense. Yesterday there wis any amount o' Bed and Breakfast sines hingin' at the roadside, and noo, the day, there juist wisna ony. I thocht there must be anither reason for this, niver thinkin' we wid find oot afore nicht fit it wis. So we cairrit on, and the nearer tae Thurso we got, the mair I wis teen up aboot it. We wir juist at the ootskirts o' Thurso fin I stoppit at a hoose, there wis the post bit nae sine. I say tae the wife, "You sit there and I'll gang and spier at this wifie fit's wrang." I gaed tae the door and nockit. This weel dressed young wimman cam tae the door. I says, tryin' oot mi Sunday vice, "Excuse me botherin' ye missus, bit can ye tell me where we can get Bed and Breakfast accommodation for two couples?" She says, in a liltin' kind o' a vice, "Certainly sir, I have two rooms with double beds to let, you can have them if you care." I gied her a queer look. Here wis her offerin' tae tak's in, yet her sine wisna up, so I says, "Maybe you'll tell me how you have two empty rooms yet your sine's not up?" She lauched fin I said that, syne she says, "That's our religious beliefs round here. We don't advertise on a Sunday but we don't turn anybody away." So we moved intil the twa rooms. It wis sax o'clock ir this time. Mrs Greig says tae the wifie, "We're going into Thurso to see if we can get somewhere to eat, cood you recommend any plaice?" She says, "There's no chip shops or tearooms open on a Sunday in Thurso, the only plaice ye'll get a meal is the Royal Hotel, they serve high teas up tae six-thirty and start servin' dinners at seven o'clock, if ye hurry you shood be in time for high tea yet."

The fower o's gaed awa' in George Greig's caur and landed at the Hotel aboot ten past sax. Michty sic a braw fancy plaice it wis, nae the kind o' plaice us kind o' fowk wir in the wey o' gaun tull. Afore we got ootower the caur I says, "Dae ye think we shood gang in there? It looks affa toffy-nosed tae me." Bit Mrs Greig says, "Weel Ake, ye kin plaise yersel, bit I'm affa hungry. I'm gaun in onywey. Aifter aa, oor money's juist as gweed as ony ither body's." Weel, the fower o's gaed in thegither. Mrs Greig, she wis tae spik for's aa.

She spiered at the quine in Reception if we cood get high tea. The quine says, "Would Madam and her companions care to take a seat, I'll go to the dining-room and find out." So, awa' she gaed, we aa sat doon, michty fit fine saft sates they wir. George says, "I wid like fine tae get a sate like this intae mi tractor, it wid ferrly keep my backside warm on a cauldrife day." We aa hid a gweed lauch at this, syne the quine cam back, she says, "It's alright ladies and gentlemen, if you follow me I'll take you through to the dining-room." She took's intill the dinin⸗ room and left us stannin' inside the door. Michty sic a cairryon they wir at. There wis aboot a hauf-dizzen waiters, aa dressed in their swalla-tail quites and bow-ties, goin' for aa they wir worth. They wir clearin' awa' dirty dishes, tablecloths tae, and pitten on clean tablecloths and settin' doon cutlery and sic like on the tables. We stood for aboot five meenits, it lookit like hauf-an-oor tae me, fin this young waiter cam ower tull's and spiered at's if we wir the pairty for high tea. Mrs Greig says, "Yes we are." "Right," he says, "I'll show you to your table," and he took us ower tull a table for fower in the corner, gied's a copy o' the menu each, and said, "I'll be back for your order in a couple of minutes, you see we start serving dinner at seven o' clock." And fin we lookit at the menus, sic a shock we got fin we saw the prices. George Greig says, "I think we shood clear oot o' here, fit's the eese o' us peyin' aa that." Bit Mrs Greig thocht different, she wis in here noo and she wisna gaun oot. I wisna carin' ae wye or anither. I says, "Ach, we're on holiday, and I'm hungry, we shoodna be grudgin' the price o' a gweed meal ivnoo." The waiter cam' back tae tak' oor order. It wis aisy see'in they wir in a hurry tae get redd o's, a' the same we got a gweed meal, and we enjoyed it, in spite o' aa the funny looks we wir gettin' fae some o' the waiters and the price we hid tae pey for't.

Haufwey throo wir supper, I heard something fa' on the fleer. George Greig startit tae lauch. He says, "For goad sake, dinna look, my false teeth are on the fleer. I'll hae tae try and pick them up withoot thae hawk'eed waiters seein' me." Of coorse, we aa lookit doon and lauched. The young waiter cam ower tae see fit wis wrang. George Greig hid his fit on the tap o' his teeth ir this time, so I says, "Oh, there's naething wrang, we wir juist lauchin' at a joke amin wersels." Aifter he gaed awa' I says, "Michty, sic a calamity it wid've been if that heid waiter mannie hid kent fit happened. Juist fancy somebody drappin' his teeth in his dining-room, it didna bear thinkin' aboot." Hooiver George lut his napkin fa' on the tap o' his teeth and pickit them up that wey and the heid waiter wis neen the wiser.

Next mornin', aifter brakfast, we gaed tae Scrabster tae see aboot the ferry. We wir telt the ferry didna lave ir twa, bit if we wir takin' oor caurs ower we wid hae tae be back bi een o' clock, in fact we wis telt we cood book wir passage then and that wid mak' shure we wid get oor caurs on. We wir back in fine time afore een o' clock, and we stood and watched as the caurs wir lifted inower. They wir aa lifted wi' a crane in thae days. The fower o's wis aa winnerin' foo we wis tae get on crossin' ower tae Orkney, neen o's hid been on the watter afore and we'd heard sic a lot aboot seasickness. Aboot twa o' clock the ferry set aff. There wis a big crood o' fowk on board, it wis an affa' fine day wi' the sun shinin', abody seemed tae be in the holiday mood. Us fower wir on the upper deck as the ferry left Scrabster, bit we wisna far oot fin the ferry startit tae roll, first tae ae side and then the ither. And the farrer oot the ferry gaed, the waur it got. Mair than that the fowk quatened doon. First Beldie said she wid hae tae gang intae the lounge and sit doon, she wis startin' tae feel sick. Mrs Greig, she wis the same. George, he tried tae mak fun o' them aboot it bit it wisna lang ir he hid tae gang inside tae. Of coorse it wisna only them. Ither fowk wis juist as bad, bit it wisna batherin' me, in spite o' the rollin' o' the ferry I wis ayie managin' tae gang aboot.

I thocht I wid gang intae the lounge tae see foo they wir gettin' on. First I saw George get tull's feet. He took oot at the door throo tae the caur deck. He leaned up against a bonnie fite caravan and vomited and vomited. The vomit aa ran doon the side o' the caravan, fit a stink it had. I got George back intae the lounge, got him a sate in a corner faur I thocht he widna fa'. He said he wis feelin' better noo since he vomited and I gaed awa' lookin' for the twa weemin. Fin I fell in wi' them, they'd baith been vomitin' and wir juist like twa ghosts. Weel I'd niver seen a ghost, bit that's fit I thocht onywey. I spiered if there wis onything they wir needin'. "Na, na," they baith said, "faur wis ye fin we wis needin' a drink o' watter? We hid tae get anither mannie tae get it. Awa' ye go and lave's and the seener we're in Stromness the better." I spak tae een o' the crew aifter that. I says, "Fit wey is it sic roch the day? A fine summer day like this, I thocht it wid need tae be a stormy day afore it cood be as bad as this." He says, "It's aisy kennin' ye dinna ken the Pentland Firth. This is faur the swell fae the Atlantic meets the swell fae the North Sea. That's fit mak's it sae roch, it's aften a richt stormy day and it's nae sae roch as this." Weel, that's fit he said onywey. I suppose it's true bit I widna ken, aa the same, there wis mair than hauf the fowk seek that day, aye and some o' them wir regular traivellers at that.

Fin we got tae Stromness, George wisna in a fit state tae drive his caur. I wis gie lucky. I got the caurs baith parkit aside the harbour, and aifter I got the three o' them inower een o' the caurs, I set aff tae see aboot accomodation for the nicht. I wis thinkin' tae mesel, Michty fit a predicament we'd be in if we didna get ony road tae gang and thae three in the state they wir in. I wis thinkin' aboot this as I gaed roond the first corner, and there richt in front o' me wis a notice in a window, Bed and Breakfast. It wisna muckle o' a notice, juist a bittie fite cardboard wi' the words scrawled on't. Tae me, this lookit like manna fae hiven, and juist aboot thirty yairds fae faur the caurs wir parked. Weel, I gaed tae the door, and fin I spiered at the wife if she hid twa rooms wi' double beds she says, "Oh yes, sir. The two rooms are at the top of the stairs. There's a washbasin at the top of the stairs in a closet which you'll have to share. We use a dry W.C. ourselves, you can use it if you care, but the public toilets are at the foot of our garden. That's them there, about ten yards from the door, they remain open all night. It would be alright if you would rather use them, but you'd better see the rooms before you make up your mind." Tae me she seemed a fine eneuch wifie, so I gaed back tae the caurs. I telt them fit the wifie hid said. Weel in the state they wir in, they wirna ill tae plaise, so we aa gaed in tae see the rooms. Ach, we thocht it wid dae fine for ae nicht, onywey it wid gie them a chance tae get ower the seasickness. And fin I spiered at her hoo much she chairged, sh esays, "Oh, it's twelve and sixpence for one night and ten shillings per night after that."

So that wis aricht, and fin she saw fit like George and the twa weemin wis as a result o' the sea sickness comin' ower, her mitherin' instinct got the better o' her, she ran and made tay tull's, we got it set doon for's in the sittin' room, she set oot hame made scones tae, bit I wis the only een that cood ait them. They wir aa bedded gin aicht o'clock, and I hid tae gang for a wauk on mi ain that nicht. I hid a gweed wanner roond the streets o' Stromness afore I bedded up, I wis fair trickit wi' the streets kis there wis nae pavements, a lot o' the streets wis laid wi' slabs fae ae side tull the ither. Weel, we aa hid a gweed nicht's sleep that nicht, abody wis lookin' for their brakfast, we ferrly got a gweed brakfast, weel cookit and plenty o'd, so we decided we wid bide the next twa nichts tae, that wid gie's the hale twa days tae explore Orkney withoot winnerin' faur we wid bide. We visited a lot o' plaices thae twa days, oor landlady gied's a list o' plaices we shood gang tae see. So, Wednesday nicht cam' roond ower quick and the twa weemin startit thinkin' aboot the trip gaun back on the ferry, shurely it winna be sae bad as the crossin' on Monday aifterneen. THat nicht we wir in the sittin' room fin oor landlady cam' in tae hae a news wi's. She telt's she wis a waur widda, her man wis lost at sea the time o' the waur, she hid three sons, twa o' them wis in the Merchant Navy and the ither een wis in the Royal Navy. She hid a gweed pension and she cairret on wi' the Bed and Breakfast tae keep her fae gettin' bored, wi' her bein' sae near the harbour she wis keepit busy. Syne she says tae the ither three, "Dinna worry aboot the crossin' the morn, een o' the crew telt me Monday's crossin' wis the worst een for a long time. I think you will find it a lot quieter the morn, and it pays you to have a full stomach if ye think ye'll be sick. So at breakfast time the morn, eat aa that ye can."

So we left her next mornin', we wir sorry tea lave her kis she'd been gie gweed tull's. She says tull's fin we left, "Now be sure and stop by if ye come tae Orkney again." And it wis true eneuch fit she said aboot the crossin', it wis an affa lot quater, there wis nae vomitin'. Ye see, fin they gaed inower the ferry, they gaed tae the lounge tae sit there, they didna move tull the ferry docked at Scrabster, I think that helpit a gweed bit. It wis noo Thursday and we hid promised tae be hame bi Setterday. I says tae George, "Fit road dae ye think we shood gang hame?" He says, "I think we shood gang oot past Doonreay first and see if we kin get onything tae ait, we're shure tae fa' in wi' a plaice faur we'll get somethin." We got some denner at Bettyhill, syne we turned sooth throo Strath Naver, the road ran nae faur awa' fae the River Naver and Loch Naver tull we cam' tae Altnaharra, fae there we jined the Tongue tae Lairg road. The roads wisna up tae much, gie nairra wi' passin'

104

plaices, of coorse, neen o's hid been ower thae roads afore and the scenery wis terrific, fin we stoppit for a rest the silence cam' richt in aboot tull's. It took as big a haud o' ye, ye thocht ye wid like tae bide aa day. And fin ye lookit roond aboot ye, ye cood see sheep in aa directions. George says, "Nae winner they say the biggest sheep sale in Scotland is held at Lairg, fin they hiv aa this expanse o' grun tae gaither sheep aff a".

Fin we got tae Lairg, we booked intae a fairmhoose for Bed and Breakfast and gaed awa' tae see if we cood get some supper. Ye see, since the hurl on the ferry the weemin hid lost the urge tae mak' wir denner and supper at the roadside, so fin we cam' tae this restaurant we thocht we wid gang in. This plaice wis jined tull a hotel and fin we gaed in, this mannie in uniform met us inside the door. Mrs Greig says, "Do you serve high teas?" "Certainly, madam," he says, "how many are in your party?" She says, "Oh, there's four, we require a table for four." I saw him lookin' at George and me, syne he says, "The two ladies can go in, but I'm afraid I can't allow the two gentlemen, you see they are improperly dressed." Ye see, it wis an affa fine day, and George and me juist hid wir breeks on and.wir breeks wir haudin' up wi' wir gallowses at that. He says, "If the two gentlemen put on their jackets that will be alright." So, George and me, we hid tae gang and pit on wir jaickets. I says tae George, "Michty me, the mait'll juist taste the same whither we hiv oor jaickets on or no, fit a cairryon aboot it." Hooiver, we got a gweed supper, it wisna ower dear, and fin we cam' oot at the door, Beldie says, "Serves you twa richt, gaen intil a fancy plaice like that and showin' yer gallowses, ye'll better hae mair mainners fae noo on."

Next mornin' we left Lairg and past throo Bonar Bridge on the road tae Inverness, syne we held on tae Carrbridge, faur we bade anicht, again, it wis a fairmhoose we got intil. Ye see, George Greig wis ayie keen tae bide at fairms, he wis ayie fine plaised fin he got a news wi' the fairmer. That nicht fin we wir gaun tull oor beds, I thocht the wife wis affa serious, I says, "Fit's batherin' ye Beldie, ir ye aricht?" She says, "Oh Ake, I'm aricht, bit we've been awa' fae hame for a week, I wis juist winnerin' if the bairn'll be aricht, and fit aboot the young turkeys and the young chickens tae?" I says, "Ach, here ye are again, yer ayie the same, lookin' on the black side, ayie lookin' for disaster, na, na, wyte ir ye see, athing'll be aricht." She wisna sae shure, she says, "Weel, I hope so onywey, we'll ken gin the morn's nicht." We wir ready tae lave next mornin', George Greig wis gie disappintit he hid niver seen the fairmer. Weel, the fairmer cam' roond the neuk o' the steadin' and cam' ower tull's. George and him startit tae news tae een anither, I thocht they wid niver stop, I kent the twa weemin wis needin' tae get awa', so I hid tae remind George we wir needin' awa' hame. So we rigged oot, it wis anither fine day. We gaed tae Granton-on-Spey and stoppit a file there, syne we took the road alang the north side o' the Spey tae Craigellachie, it's nae the main road, bit we saw plenty fowk stannin' in the Spey tryin' tae tak' a salmon, files we stoppit and watched, bit we niver saw a salmon bein' teen yet. Aifter that, we gaed throo Keith and Banff and landed hame aboot five o'clock. We wir inaboot in time for wir supper. Grannie Massie says tull's, "We've juist haen hame-made cheese and breid for oor supper, bit you twa, yer maybe hungry, ye'll maybe need something better than that." I says, "Na, na, I'm hungry, bit naething'll plaise me better than hame-made cheese and hame-made breid spread wi' hame-made butter, that's the best welcome hame we cood get.

Aifter suppertime, Beldie coodna wyte, she hid tae gang and see if the turkeys and chickens wir aricht. Of coorse, I wisna neen better mesel, I gaed awa' for a wauk tae see foo the stock and the craps wir lookin'. Athing wis lookin' fine, and fin I cam' tae the seecond crap aifter the hey, michty sic a shock I got, it hid gruwn tull an affa heicht. Harold wis wi's, he wis saxteen noo, I says tae him, "I dinna ken fit we kin dee wi' this, there's plenty grazin' for the sheep and the nowt withoot it, of coorse I cood aisy let it tae somebody." We cairrit on waukin', and aa at aince Harold says, "Dad, I ken fit ye kin dae wi't, ye cood cut it and mak' it intae silage." That gaured me think, I didna mean tae start silage or neist year, I'd aften thocht aboot silage and noo here wis a chance for me tae mak' a start. There wis a hole in the neuk o' the park faur somebody hid aince driven oot road metal, it wis juist meant for the job, so we startit on Monday mornin' tae cut it wi' the mower and gaither it in wi' the buckrake, and bi the end o' the week, it wis aa cut and trampit intae this pit, and aa the time I wis winnerin' if I hid deen richt. Aifter it wis richt trampit doon, we happit the pit wi' a polythene sheet and left it, and aifter the New Year gaed by I startit feedin' it tae the sheep, it must've been gweed kis they ait the lot.

We'll gang back tae August again. Harold, he wis saxteen and didna wint tae gang back tae Peterheed Academy. His mither wis affa keen for him tae gang back for mair learnin', she didna wint him tae start workin' on the fairm. Sandy, he'd gotten a job wi' George Watson on the estate ir this time, so it wid've plaised me fine if Harold hid startit workin' wi's, hooiver, there wis a faimly row aboot it ae nicht. Harold, his mither and me got ferr wrocht up aboot it. I thocht tae mesel, it's time I pit mi fit doon, so I says, "Weel, it's juist like this Harold. If ye get a job ir neist Tuesday ye kin tak' it, and if ye dinna it's back tae the Academy for ye," and I pit on my jaicket and cleared oot. I wis ferr fed up o' aa this argie-bargie'in, fit wey his mither didna wint him tae work on the fairm I coodna mak' oot.

It so happened I hid saxteen lamms doon tae the Broch killin'-hoose the next weekend, they wir killed on Monday mornin' and I hid tae gang tae see the carcases on Monday aifterneen, that wis the day afore the Academy opened. Weel, Harold wid come wi's tae the Broch, first we wir teen tae see the carcases, they lookit affa bonnie hingin' there, we wir telt they hid aa made the top grade and I wis assured I wid get a gweed price for them. Aifter that, we wis teen intil the office, the office wis shared bi Buchan Meat Producers and Swifts, the meat wholesalers, there we met Bob Bisset, he wis assistant manager wi' Swifts, and we wir newsin' awa' aboot sic busy B.M.P. wis, they wir ferrly keepin' the killin'-hoose goin' at full throttle, keepin' the men workin' full time and mair nor that, it wis takin' inaboot income for the Broch

106

Toon Council. I startit tae think aboot the work wytin' me at hame, so I says, "Ach Bob, we've newsed here lang eneuch, Harold and me, we'll better get awa' hame," and we wir juist takin' oot at the door fin Bob says, "Bi the wey, ye widna ken o' a countrae loon fit wid start here as office boy, we've tried twa/three loons oot o' the toon, bit they winna bide, they dinna like the thocht o' workin' in a killin²-hoose." Michty, this wis juist intae Harold's barra, if he got a start here he widna hae tae gang tae the Academy the morn. So he says tae Bob Bisset, "Wull ye gie me the job? I'll aisy start the morn if ye like." Bob lookit at him and says, "Wid ye tak' the job?" And fin Harold says, "Oh aye, I wid that," Bob lookit at me and says, "Wid that be aricht?" I says, "oh, I winna try tae stop him, bit he'll juist hae tae mind he'll hae tae tak' the bike back and fore ilka day, twal mile each wey." So they got a haud o' Jimmie Finnie the manager, and it wis aa fixed up for Harold tae start neist day. Weel, that wis in 1960, it's noo 1990, he's noo Sales Manager, the only odds is Buchan Meat Producers is his boss and nae Swifts, and he works at the big slaughterhoose at Turra.

Hairst wis comin' on noo, Sandy wis awa' workin' on the estate wi' George Watson and Harold wis awa' workin' at the Broch, so I hid tae start and look for a hairst man. I gaed back tae mi auld freens in Cyaak, Dod Finnie and Sunnie Innes, bit no, they didna ken o' onybody aff-hand, aa the same if they heard o' onybody they wid tell them tae come and see², in the meantime I cood keep a lookoot mesel. Twa/three days aifter that, this young lad cam' inaboot, spiered at me if I wis Ake Smith. I says, "Oh aye, that's fa' I am, fa'ir ee and fit dae ye wint?" "Oh," he says, "I'm Stevie Soutar, I wis spikin' tae Dod Finnie and he telt me ye wis needin' a hairst man, wid ye gie me the job?" I says, "Weel, it depends on fit ye kin dae, foo auld are ye, hiv ye iver driven a tractor? And mair tae the pint, hiv ye iver set up stooks afore?" He says, "Oh, I'm aichteen, no I've niver driven a tractor and I've niver set up stooks, bit I'm niver ower auld tae learn." My first thochts wis that he widna be ower muckle eese, on the ither hand he seemed richt keen tae get the job, syne I thocht, if I turn him awa', I'll maybe nae get ony ither body. So I says, "Aricht, ye kin start on Monday it it's a dry day, we'll mak' a start tae redd the roads that day." he turned oot tae be a gie gweed worker, of coorse, we hid Bill Mackie gien's a hand as weel, in fact fin Stevie and me wir stookin' thegither, I hid a job keepin' up wi' him, he wis sae young and swack he ferrly gaured me think I wis gruwin' intae an auld man.

Meantime, Kathleen hid startit tae attend the skweel, there wis a skweel bussie gaed by the end o' oor road, bit the driver widna pick her up. ye see, she hid tae be twa mile awa' fae the skweel afore she wis entitled tull a hurl on the bus, so the bus gaed flee'in passed her ilka day. It wis a gweed job the wife hid learned tae drive, kis she cood gang for Kathleen on a rainy day. There wis ae day Sandy Cruickshank fae Redbog hid been in Cyaak wi' his horse and cairt, he'd been in wi' tatties tae Bobby Morrison for his chip shop, weel he wis comin' hame and fin he cam' tae the Lachlands he stoppit and lifted Kathleen inower the cairt. He lut her sit aside himsel on the front o' the cairt, gied her the rhines tae drive the horse doon the road, of coorse, the horse kent the road himsel, bit she didna ken that, and fan he cam' tae the end o' the road, Sandy lifted her ootower and telt her tae gang straucht hame noo. And she ran aa the road hame, she wis juist gaspin' fin she gaed intil the hoose. Her mither says tull her, "Michty Kathleen, fit's wrang the nicht, his onybody been chasin' ye?" She says, "No, no, Mam, naething like that, juist wyte tull I tell ye. Sandy Cruickshank gie'd me a hurl hame in his horse and cairt, he wis sittin' on the front o' the cairt himsel, and he lute me sit aside him, and aa the time he wis smokin' his pipe, and he lute me clap the horse and gied me the rhines tae drive the horse doon the road. Noo, Mam, fit dae ye think o' that noo, a little wee quinie like me drivin' a great big horse." Fin I gaed in for mi supper, she hid tae tell me the hale story aa ower again and it wis a lang, lang time ir she forgot aboot gettin' a hurl in Sandy Cruickshank's cairt.

Durin' the laist twa/three months we'd been hearin' rumoors aboot oor ain loon Sandy keepin' company wi' a quine in Cyaak. Madgie Reid wis her name and she workit in the baker's shop. The wife heard aboot it first, she'd been in Cyaak gettin' her hair deen, fin the hairdresser says tae her, "Bi the looks o' things Mrs Smith, ye'll seen be haen a weddin' in yer faimly." So that nicht at suppertime, she says tae Sandy, "Fit's this I wis hearin' aboot ye the day, ye've been keepin' company wi' that quine fit works in the bakers." Sandy lookit at her, he thinks tae himsel, that's juist like mi mither, she hid tae find oot aboot it, so he says, "Oh aye, it's true eneuch Mam," at the same time hopin' she widna say ony mair aboot it. Bit na, she wis juist like ony ither mither, she hid tae find oot mair than that. First she spiered foo auld she wis and fit wis her name? Did her fader and mither bide in Cyaak and fit did her fader dae? And aa this time I'm sittin' tak'nt aa in. Tae me it wis juist history repeatin' itsel', I minded aboot the things my mither spiered at me in 1932. And she feenished up wi' tellin' Sandy tae seek Madgie tae come tull her tea on Sunday. Madgie agreed tae come on Sunday, and aifter the wife telt me Madgie wis comin', she says tae me, "Noo Ake, ye'll better sort yer nowt hauf an oor earlier on Sunday, that'll lit ye hae time tae cheenge yer claes afore tay time." I says, "Cheenge mi claes, is there ony need for that?" "Of coorse there is," she says, "wir hane wir tay ben the hoose, yer nae gettin' throo there wi' yer mucky claes." So Madgie turned up on Sunday, she turned oot tae be a richt fine quine, and she cam' tae the hoose a lot aifter that.

I hid been haen a lot o' bather wi' my caur lately, so I took it doon tae Broon's Garage at Strichen for them tae hae a look at it. Een o' them took the caur oot the road a bit, and fin he cam' back he telt me fit it wis needin', "In fact," he says, "it's needin' a complete overhaul, mair than that, yer needin' fower new tyres, there's twa o' the tyres the canvas is showin' throo, it'll cost ye a gweed bit tae pit it richt." I says, "Weel gie's a roch idea fit it'll cost?" Fin he telt me I gie near took a fit, nae wey wid I spend aa that on an auld caur. So I telt him I wid need tae think aboot it and gaed awa' hame. The next nicht I took the caur tae McArthur's Garage in New Pitsligo and I got the same story fae him, bit I wis mair acquint wi' Bill McArthur, that's faur I got mi petrol, so the twa o's newsed aboot it for a file. He says tae me, "Ye widna think aboot buyin' a new caur, wid ye Ake?" I says, "Oh aye Bill, I hiv been thinkin' aboot it, bit if I wis tae be buyin' onything new it wid be a Morris van, that wid be affa handy for takin' stuff inaboot tae the fairm. Dae ye think ye cood get a new een tull's?" Goad, Bill ferrly kittled up at that. He says, "Gie me a twa/three days Ake, tull I see fit I kin dae, it's only a fortnicht tae the New Year, yer caur licence expires at the New Year, it wid be affa fine if I got een tull ye for the first o' January." Bill hid athing planned for New Year's Day. He took me doon tae Banff, we gaed alang the waterside tae Agra Motors, and there I took delivery o' a spleet new van, grey in colour and licensed for a year, mi auld car wis left in the cornyaird for scrap. The postie saw'd lyin' there, he says tae me, "Wid ye like tae sell yer auld car Ake?" I says, "Oh aye, it wid be fine tae get it oot o' the road," so he telt a scrappie mannie in Cyaak aboot it. He cam' inaboot and made an offer for't. I says, "Wull ye gie me the cash the day?" He says, "Oh aye here ye are," so I took the money and he cam' back the next day and gaed awa' wi' the caur, it wis a fine, quick wey o' gettin' redd o'd.

It wis noo a fortnicht intae the New Year, I thocht it wis aboot time tae brak' in the pit o' silage I'd made o' the seecond gruwth aifter the hey. I startit feedin't tae the ewes, I thocht if they wid ait it, I wid be saved fae haen tae hash neeps tae them. weel, I didna hae tae winner lang, for the sheep cleaned it up, day aifter day and nae a scrap left, and mair than that, they seemed tae thrive on't. I thocht tae mesel, Goad, this is richt stuff, if I hidna been sae bloomin' thrawin' I cood've been makin' silage twa/three year syne, that lads fae the College ayie telt me it wis grand stuff, bit I widna lissen tae them, aye and a lot o' fairmers wir like me, gie swier tae cheenge. I gaed intil the College Office at Maud ae day aifter that, Tommy Graham wis awa', he'd left tae be manager o' the North-east Farmers. The new boss o' the College wis there, Ian Lumsden wis his name, and Ian McIntyre wis there and a'. I telt them fit I thocht aboot the silage, fit fine and aisy it wis gotten compared wi' neeps. Ian McIntyre says, "Well Mr Smith, if you had listened to us, you would have been started with silage years ago, what you want to do now is to think about building a silage pit near hand your steading, so that you can barrow silage into your byre, or better still, build a self-feed silage pit, you know you would qualify for a 50% grant for it." Gaun hame that day fae the mairt, I wis thinkin' fit the College lads hid said aboot biggin' a silage pit, and that nicht aifter suppertime I wis sittin' at the fireside thinkin' aboot faur it wid hae tae be bigget. There wis naewey I cood think aboot a self-feed pit, I wid hae tae alter the steadin' for that, and onywey I coodna afford it ivnoo, I'd spent aa my spare cash on that new van. I decided that nicht I wid forget aboot biggen a richt silage pit that spring, bit I wid mak' shure it wid be weel planned for gaen up in the spring o' 1962, in time for the silage that year. And the next time I met George Watson I spak tae him aboot it, "Oh," he says, "that'll be aricht, juist you write tae Mr Ogston in plenty time aboot it."

CHAPTER 8

Sandy gets mairrit

At the New Year, Sandy and Madgie said they wir thinkin' aboot gettin' mairrit, and afore the end o' January they telt's they hid fixed a date, the 31st Mairch. They wid get mairrit in the kirk and the reception wid be held in the British Legion Hall, wi' Frasers fae the Pitsligo Arms dee'in the caterin'. We wis sittin' at wir supper fin they wir tellin's this. I says, "Hiv ye seen the minister and bookit the hall yet, Sandy?" He says, "No, we hinna Dad, bit there's plenty o' time yet." I says, "Plenty time did ye say, the twa o' ye ir shurely feel, I think ye shood gang awa' and see the minister the nicht, some ither body cood aisy hae that date bookit." So they gaed awa' tae see the minister, and cam' back wi' gie lang faces. Fin they cam intae the hoose I kent bi the looks on their faces there wis somethin' wrang, so I says, "Fit's wrang noo, did ye see the minister or a ghost at the manse?" Sandy says, "Na, na Dad, dinna be daft, bit we canna get that date, Helen Hutcheon his her mairrage bookit for that day, the minister says foo nae get mairrit the next day, bit we're nae keen on that, ye see that's the 1st o' April, April Fools Day, we dinna fancy gettin' mairrit that day." Bit aifter we sat and newsed aboot it, they thocht it widna maitter. Madgie thocht they shood see her Mam and Dad first afore they made up their minds. Weel, Doddie and Mrs Reid hid nae objections, so the date wis fixed for the 1st of April. This meant we wid hae twa weddin's, een on the 31st o' Mairch and een on the 1st o' April.

There wis some excitement got up ower the heid's o' thae twa weddin's, I wis telt I hid tae get a new suit. The wife says tae me, "Noo dinna argie aboot it, ye ken fine yer needin' a new suit, ye've a fite sark juist been on twice, it'll dae fine, ye've a new tie fit'll dae for Ellen Hutcheon's weddin', bit ye'll need a new een for Sandy's weddin', ye canna ware the same tie tae them baith." I kent fine I wis needin' a new suit, the een I hid wis aboot twal year auld. Of coorse, it wis juist used for weddin's and a Denner and Dance noo and again. And as for hersel, she hid tae get twa rigoots, naewey cood she gang tae the weddin's wi' the same frock on. Syne ae nicht we'd tae sit doon and work oot fa' wis tae be invited, we wir tied doon tae a certain number. Weel, Sandy fund oot that nicht foo mony uncles and aunties he hid, aye and foo mony cousins forbye, there wis nae doot aboot it, they coodna aa be invited, some o' them wid hae tae be missed oot. It wis a gweed job things wir gaun aricht on the fairm. Michty, I thocht tae mesel, fit a calamity it wid be if we hid a mishunter like fit happened in 1958 fin the caure wir dee'in, at a time like this. Weel, Sandy and Madgie got mairrit aricht, they got the len o' my new van tae gang awa' for a fuow days, and they cam' back and startit mairrit life in a single room at number twa Low Street, Cyaak.

Aifter the excitement o' the twa weddin's, it wis back tae the humdrum life on the fairm. I said afore I wis tae be cheengin' tull a seven year rotation, weel I hid twa shifts noo in young girss, so I decided the young girss on the village land wid be used for hey, and the young girss on Balnamoon wid be used for silage. Bit ayie at the back o' my mind wis the thocht that dee'in awa' wi' a neep shift widna be gweed for the fairm, fit wey wid I manage tae keep the grun clean, of coorse wi' aa this fancy sprayers comin' on the mairket, weeds widna get tae gruw amin the grain craps. It wis aboot the middle o' Mey I met Ian McIntyre on the road ae day, he's een o' thae lads fae the College ye ken. Weel, he stoppit tae hae a news wi's, and we wir newsin' awa' fin he says, "Fit aboot yer silage pit, Mr Smith, are ye goin' tae have it ready for this year's silage? You know the last time I wis speaking to you, you told me you were making plans for it." I wis gie teen aback fin Ian spak aboot the silage pit, bit there wis naewey it wid be ready for this year's crap, so I says, "Ach Ian, it'll hae tae wyte anither year, I'll mak' shure it's bigget ir that time."

And spikin' aboot silage, I hid meant tae tak' it in this year wi' the buckrake, juist the same as I did laist year, bit aboot the middle o' June I saw a green crop loader advertised in the Press and Journal for sale, it cood be seen workin' on a fairm aside Langside. So I gaed alang tae the fairm, they wir haulin' in their silage wi' a new fangled machine, bit there wis aboot hauf an acre lyin' in the bout for the green crop loader tae be tried oot on. They yokit a tractor and a bogie wi' this machine trailin' ahint the bogie, it lifted the girss aff the grun up intill the back o' the bogie, a man wis needed inower the bogie tae haul the girss tae the front. Michty, it cood ferrly load the girss, aye and at a ferr lick at that, kis I saw the man in the bogie wis gie sair-made wi' himsel. I cood see for mesel it wid be an affa lot quicker that workin' awa' wi' a buckrake, so I bocht it there and then, and gaed for't that aifterneen wi' the tractor. Fit a success it wis, I got the wife on tae the tractor and atween the twa o's we cood ferrly shift the silage. It wis hard work for me, bit it wis clean work, and I ayie consoled mesel bi thinkin' it wis an affa lot better than gaun oot in the winter time tae pu' neeps and ca' the neeps intill the neep shed, ayie and up tae the een amin glaur files. And at nichts, aifter suppertime, Harold used tae hae a go at takin' in silage, he used tae get anither loon inaboot, the twa o' them wrocht thegither, tae them it wis great fun.

Aifter the first cut o' silage wis teen aboot and afore I startit cuttin' the hey, this stranger cam' inaboot ae nicht. He says, "Ir you Mr Smith?" I says, "Aye, that's me, bit fa' are you? I've seen you afore, bit I canna name ye." He says, "Oh, Wallace is my name, I've a diry doon aside Memsie, we sell oor milk in the Broch, it's my brither Douglas fit his Widside oot the

Brucklay Road. Div ye ken fa' I'm spikin' aboot?" I says, "Oh aye, I ken Douglas aricht, bit fit dae ye wint tae see me aboot?" "Weel," he says, "it wis Douglas fit said I shood come and see you. I hiv twenty September calvers I'm needin' grazin' for ivnoo, I see ye hinna haen ony nowt on the roch grun at the roadside this summer, I wis juist winnerin' if ye wid keep that dry kye on't for a couple o' months, it wid be grand grazin' for dry kye ye ken, and I wid pey ye well for't." He ferrly took my breath awa', juist fancy him comin' and seekin' tae get his fancy Fresian kye ontae roch grun like that, och weel I thocht I'll hae eneuch grazin' throo the summer withoot it, so I says, "Foo much wid ye be wullin' tae pey me per coo per week?" I wis teen aback fin he made his offer, it wis a lot mair than fit I thocht it wid be, so I says, "That'll be aricht as lang as ye tak' them awa' hame afore the end o' August." Oot cam' his cheque book and he peyed for the first fower weeks richt awa', and fin I gaed ower the hill next mornin', there wis the kye lyin' there, they wir aa lyin' on the bit the College hid sawn wi' girss seed. I saw Sandy Cruickie that day, he says, "Ake, I winner at ye litten that man pit his dry kye on there, I'm shure ye winna be gettin' muckle for't," bit I juist lute him winner, it wis neen o' his business fit I wis gettin' for't.

I'll remind ye noo aboot fit I said aboot Sandy and Madgie aifter they got mairrit on the 1st o' April, that they hid startit aff mairrit life in a single room at number twa Low Street. Weel, it wis aricht for a file, bit it wisna lang ir they thocht they wid like something better, and fin a sma' hoose aside them wis up for sale, they cam' and spiered at Beldie and me if we thocht they shood buy it. We gied them aa encouragement tae dae this, bit they didna get it, some ither body put in a better offer and they wir disappintit. Juist aifter that, the tyler's hoose and shop at 44 High Street, Cyaak, cam' on the market, they managed tae buy that, and they've bidden there iver since.

We wir ower visitin' the Greig's at Grassiehill ae nicht, George Greig he says, "Fit aboot a week's holidays again this year, juist like fit we did laist year, tak' baith wir caurs and gang Bed and Brakfast again." So we sat in Goerge's kitchen that nicht and planned oor holiday, the weemin wir ferr keen on't, as lang as we didna hae tae gang on a ferry. Oh na, na, nae mair ferries for them. We widna plan nae route, we wid juist gang' awa' on a Setterday mornin', tak' the roads as the notion took us lookin' for Bed and Brakfast ilka nicht faur we landed. I wid gang first again and George Greig wid come on ahint. I says, "That's aricht, bit if I'm gaun first, ye'll better tell me fit direction we're gaun." So it wis decided we wid gang sooth this time instead o' North, we wid try and bide awa' fae the big toons and I cood work oot oor first day's route onytime I liket.

Bit there wis work tae dae afore that, we baith hid wir hey tae cut and tak' aboot. I hid aa the village lands in hey, forteen acre o'd, so I thocht instead o' colin't this year, I wid hire somebody wi' a baler and get it baled. The wither wis fine that year, aifter I cuttit the hey, I turned it twice, syne I got Ian Daniel ower wi' his baler. I gaed in front o' him pitten twa bouts intae een, and the hale lot wis baled that day. Aifter that I set aa the bales end-up in fowers, the notts o' the twine tae the fit, and left them tae dry oot. I wis noo ready tae gang awa' oor holiday, and I wid tak' the bales in fin I cam' back.

The Setterday mornin' aifter that, we set aff on oor holiday. Afore I left, I said tae George Greig, 'Are ye shure noo ye wint me tae gang first?" He says, "Oh aye Ake, awa' ye go and if ye see me flashin' mi lichts in yer mirror, ye'll ken I'm needin' tae stop." Weel, they hid said they wintit tae bide on the side roads, so I gaed tae Banchory first, syne ower the Cairn o' Mount tae Fettercairn, Edzell and Kirriemuir. The Greigs hid niver been ower the Cairn afore, they wir ferr tricket wi't, of coorse it wis naething new tae the wife and me. We hid a lot o' stops, the Greigs wir ayie see'in some ferly or ither they wintit tae see, and that nicht we bade in a hoose in Blairgowrie, there wisna mony fairmhooses dee'in Bed and Breakfast in this district. The next day we gaed throo Dunkeld, Aberfeldy and Kenmore, bit we wir stoppin' as aften it wis five o'clock and we wir takin' alang the North side o' Loch Tay. I stoppit at a layby, the fower o's got ootower and we decided we wid mak' some tay, syne we wid start and look for somewey tae bide. George, he says, "I see gweed lots o' the fairmhooses hiv up sines, we'll maybe get intae een o' them the nicht." And I says, "Maybe we wull, bit dae you fowk ken this, we've juist come aboot forty mile the day, weve been stoppit as aften. I thocht this wis tae be a motorin' holiday, we're see'in ower mony ferlies tae look at." Aifter we hid oor tay, we moved in the road abit, we cam' tae this big bonnie fairmhoose wi' a fancy sine at the roadside. I stoppit and gaed back tae see fit the Greigs thocht aboot it. Oh aye, they thocht this wid be a fine plaice tae bide at, so we gaed inaboot. The twa weemin gaed tae the door and spiered at the lady if she hid twa rooms wi' double beds available. "Oh certainly," she says, "but come round to the front door and bring your husbands with you." So the fower o's gaed roond and intae the front door, michty, fit a fancy hoose it wis. First she lute us see the bedrooms, syne the dinin' room and the sittin' room. Athing wis spotless, fancy curtains hingin' at the windaes, carpets yer feet sunk doon intill on the fleers, and plenty cushions lyin' aboot for sittin' on. This wis faur fancier than we'd iver been in afore, bit we said we wid tak' the rooms. It wis a fine nicht, so we thocht we wid gang for a wauk alang the side o' the loch, we hid plenty time, wir evenin' tay and pieces wisna tae be served or nine o'clock, or so the wifie said onywey. And the feed we got that nicht, it wis oot o' this world, it wis the milk we got tae oor tay, we wir aa teen up wi', for it wisna milk, it wis richt thick crame. George, he says, "I'll bet this mannie his richt auld-fashioned coos, ye winna get crame like that fae Fresians," and I says, "Yer richt eneuch George, they micht even hae Jersey coos." And fin' the wifie cam' in tae clear awa' the dirty dishes, she spiered at's if we aa liket porridge, een aifter the ither we said, "Oh aye." "Well," she says, "for your breakfast tomorrow you'll get porridge followed by bacon and egg, and toast." And fin George says, "Wull we get crame like that tull oor porridge?" She says, "Most certainly, if you want it."

Next mornin' we got oor brakfast at hauf past seven, so's we cood get awa' gin hauf past aicht, and we ferrly got crame, richt fine and thick it wis. Aifter we hid oor porridge, George wis ayie gaun back tae the jug for anither speenfu', and ayie he says, "That's richt stuff." Weel, him and me, we wir wytin' ootside for the weemin tae come oot, they wir ayie the same, ayie hindmist, fin he says tae me, "Michty Ake, it's affa tae bide at a fairm like this and nae see the fairmer, come awa' throo the steadin' tull we see if we kin see him." So we gaed awa' tae see if we cood fa' in wi' the fairmer, bit na, na, nae sine o' him. I wis on the road back tae the caurs fin George says, "Hing on Ake, there's anither door ower there," I wisna neen keen tae turn back, so George gaed in himsel, he cam' oot and shouts, "Ye'll better come and see this Ake, this'll open yer een." I gaed ower and intae the biggin', michty sic a sicht met oor een, this wis the coo byre. There wis twa richt auld-fashioned blue/grey coos stannin' there, bit the byre itsel', fit a sotter it wis in, the greep wis sittin' fu' o' muck, it wisna gweed kennin' fin it hid been muckit oot afore, mair than that, it hid an affa stink. George, he says tae me, "And tae think I suppit a' that crame fit cam' oot o' this byre. Come on, lit's get oot o' here, this his ferr seeken't me." I says, "Na, na George, tho the byre's like this, it disna mean there's onything wrang wi' the crame, aa the same, i agree wi' ye, it's time we wir oot o' here, and mair nor that, dinna say onything tae the weemin aboot it." It wis a file aifter we wis hame ir the weemin wis telt aboot the byre, we aa hid a gweed lauch aboot it, and Mrs Greig says tae George, "Serves ye richt, if ye hidna been sic ill-fashioned ye widna kent onything aboot it.

Weel, that holiday we wis supposed tae land in the Borders, bit we niver got ony farrer than Central Scotland. Some o' the plaices we visited wir Killin, Crianlarich, Glencoe, Oban, Dalmally, Lochearnhead, Callander, the Trossachs, Balquidder, Glen Lyon, Rannoch Station, Tyndrum, Fortingall and a lot mair, nae in that order, bit juist as we cam' on them. Michty, the time gaed by afore we kent faur we wir, and mair than that, we got gweed Bed and Breakfast accommodation faur iver we gaed, in fact, some o' the plaices we wis telt tae cry inby tull shood we be passin', even tho it wis juist a fly cup in the aifterneen. I got a pleasant surprise fin I landed hame, they'd haen a fine week o' wither. Dod and Lizzie Easton hid been keepin' hoose the time we wis awa'. I think Sandy and Madgie hid been oot at Balnamoon ilka nicht, and wi' Harold be'in at hame tae, they hid aa the hey bales inside afore I got hame. I hid eleven acres o' seecond-cut silage tae han'le yet, weel, I made a pit aside the steadin' tae hud it, this meant it wis as near as I cood barra'd inside, I wid feed it tae the nowt in the byre in the winter fin the neeps wirna aisy tae get. Ye see, tho I hid aa that silage I hidna deserted the neeps aa thegither, I still hid three acre in neeps and hauf an acre in tatties.

Ae nicht aboot the end o' October, I wis sittin' relaxin' in front o' the fire, I wis thinkin' back aboot sic a gweed year we'd haen, and sic a fine holiday we'd haen, michty, fit a lot o' plaices we'd visited and ferlies we'd seen, syne I startit tae winner hoo this switch ower fae neeps tae silage wid work. Ach, I thocht it wid likely work aricht, and thinkin' aboot silage gaured me think aboot the silage pit I meant tae big, it wid hae tae be near the steadin' wi' a reef ower the tap o'd, so's I wid get bales o' hey or strae bigget on the tap o' the silage. I gaed ower tae the table and startit tae draw some plans, fin the wife says tae me, "Fit ir ye dee'n Ake?" I says, "I'm makin' plans for the silage pits gaun up, ye ken it'll hae tae be ready for next year's silage." She shewed awa' for a filie, syne she says, "Fit wey shood we spend oor money that wey? You telt me a file back we'd be better aff wi' a plaice o' oor ain, and I agreed wi' ye, ye hinna cheenged yer mind, hiv ye?" I says, "Oh na, na, bit I've niver seen onything we cood afford advertised, so we'll juist hae tae bide faur we are for a file langer." So it wis aa planned oot that nicht, I wid get young Sandy Lovie wi' his digger tae howk oot the hole, Bengie Godsman tae dae the mason work and Johnnie Walker wid dae the jiner work and pit on the reef. Syne I git a form tae apply for a grant and it wis planned that the work be cairrit oot in Mairch and April, 1962.

Athing gaed on as usual that winter. Michty, sic an odds I kent nae haen tae pu' and ca' neeps in the deid o' winter. Spring cam' roond, and the silage pit wis bigget afore the end o' April, in fine time tae lit the cement harden for the silage in June. There wis a cheenge in my grain crap this year, on the advice fae the lads at the College. I saw'd a shift o' barley, tae be sawn oot wi' girss seed, I'd niver gruwn barley afore, it used tae be thocht that fairmers coodna feed barley tae nowt, bit that hid been proved tae be aa wrang, and feedin' barley tae nowt wis gettin' gie common. We hid a visit fae the Greigs ae nicht, they'd come tae tell's they coodna gang wi's this year for a holiday. They wir affa sorry, bit they hid ither commitments this year and coodna gang, so aifter they wir awa' hame, we planned we wid gang oorsels. The wife says, "That'll be aricht as lang as we dinna hae tae gang wi' a ferry." Hooiver, I got roond her tae agree tae gang tae Skye, tak' the ferry fae Uig in Skye tae Tarbert in Harris, spend twa/three days in the Outer Isles, and come back again. She wisna neen teen wi' the idea o' gaun on the ferry, aifter her experience gaun tae Orkney, bit in the lang run, she agreed.

Meantime, Harold wis ayie workin' wi' Swift's, the meat wholesalers, he cam' hame ae nicht ferr excited. He says, "Ye'll niver guess fit's happened the day?" His mither says, "No, we'll niver guess, fit wey wid we ken fit happened at the Broch, so ye'll better tell us." "Weel, it's like this," he says, "I got mi pey up the day, I'm nae langer the office boy, I'm junior salesman noo." I didna say onything, bit his mither says, "Oh, that's affa fine, ye must've been dee'in yer job gie weel." "Oh aye," he says, "that's richt and mair than that, I'm gaun tae pass mi drivin' test and buy a sma' caur, I'm fed up bikin' twal mile back and fore ilka day."

The work on the fairm wis weel forrit, I startit tae think aboot oor holiday, we'd been ower at the Greigs and telt them faur we wir gaun. George Greig says, "Goad, I wish we wir gaun wi' ye, I've ayie thocht I wid like tae gang there." I didna ken the times o' the ferry fae Uig tae Tarbert, so I rote tae the ferry company's heid office requestin' information aboot the ferry. I got back a brochure tellin' me the ferry ran twice daily, Monday tae Setterday at nine o'clock and twa o'clock, forbye it gied's a list o' the fares, and feenished up wi' sayin', if we wintet tae be shure o' gettin' a certain ferry, it wis maist desirable tae book in advance, bookings wood be accepted at this office. So, ten days afor we wir tae be gaun awa' I sent awa' a cheque tae pey for a bookin' on the ferry leavin' at nine o'clock on Monday the —th of August, 1962. The tickets wir returned richt awa', for a van and twa adults, alang wi' a request tae be there an oor earlier for loadin'. We startit aff aboot aicht o'clock on Sunday mornin' and landed at Kyle of Lochalsh aboot five o'clock, we wir ferr fed up wi' oorsel's, we wir niver in the wey o' gaun sae faur in ae day, fin ye wir gaun as faur as that ye didna hae time tae look aboot ye. We noo hid tae look for Bed and Breakfast and mair nor that, we hid tae get somewey faur we wid get oor brakfast aboot hauf past five. The plaice wis deid, nae a sine advertisin' Bed and Breakfast tae be seen, we wir beginnin' tae think we wid hae tae sleep in the van fin we met this man. I telt him fit we wis aifter and he telt's faur tae gang. "Mind you," he says, "she michtna tak' ye in, div ye ken this is the Sabbath?" So that's fit wis wrang. Weel, she did tak's in, tho she wis gie swier, syne she says, "Come throo tae the sittin'-room fin yer ready, I'll go and make some tea for you."

So that's fit we did, and fin we gaed intae the sittin'-room there wis a loon and a quine sittin' there, aboot ten or eleven they wid hiv been, they wir sittin' there as if they wir feart tae move. I hid mi Sunday Post wi's, it wis fauldit at the Broons and Oor Wullie, and fin I laid it doon, the bairns picked it up, they startit tae read Oor Wullie and they wir roarin' and lauchin' in nae time. There mither cam' throo tae see fit wis goin' on, she tore the paper oot o' their hands and flung it in the fire. She says tae them, " Ye ken fine naebody kin read papers in this hoose on the Sabbath, awa' ye go tae yer beds and dinna rise tull mornin'," and they gaed oot at the door gie sleekit like. I didna like this ava', fit hairm wis the bairns dee'in reedin' aboot Oor Wullie, mair nor that, the Sunday Post wis mine, so I says, "Hey missus, ye micht pey attention tae fit yer dee'in, that paper belanged tae me, ye hid nae richt tae burn it." I realised richt awa' I hid said the wrang thing, it wid hiv been better if I hid keepit mi moo shut, for I cood see she wis raised, her face wis ayie gettin' reeder, and she says, "I've already said it, nobody is allowed to read papers in this house, not even our guests, that's why I burned your paper, if I had known you were to bring in this paper, you wouldn't been allowed in," and she gaed oot at the door. I cood see she wis ferr rocht up aboot it. My first thochts wis tae cleer oot, bit common sense come tull's, fit better wid we be if we cleered oot, we'd juist hae tae look for some ither wey tae bide, onywey she'd ferrly lutten me see fa' wis boss.

Next mornin' she coodna been nicer, she gied's a gweed brakfast and wished us a good journey across Skye and on the ferry. She says, "I use that ferry quite often because I belong to Stornoway, if it turns out a nice day, you'll get a quiet crossing." And fin we boarded the ferry tae tak' us ower tae Kyleakin, fa' ither bit her man cam' tae collect oor fares, for he wis the purser on the ferry. The journey ower tae Uig wis uneventful, we got there aboot ten meenits tae aicht, in affa fine time I thocht. They wir loadin' the ferry fin I gaed inaboot, so I drove straucht intae the wytin' queue o' larries and caurs. A man cam' and socht tae see wir tickets, "Oh," he says, "ye're in the wrang queue, you shood be ower there in that raw, ye'll be first in the queue there," and he pintit tull the ither side o' a fite line. I says tae him, "Fit's the difference atween the twa queues?" He says, "Oh, this is the local queue here, they get preference ower aa ither body, if there's room aince the locals are aa on, ye'll get on, bit wi' this bein' Monday mornin' yeve very little chance, ye'll juist hae tae wyte for the aifterneen ferry." Weel, we didna get on, and I juist thocht tae mesel, 'Fit wis the eese o' aa that plannin' aforehand, aye and gettin' up sae early this mornin', makin' shure we wid be here gin aicht o'clock, and waur than that, I coodna tak' the van awa' for fare o' ither caurs gettin' in front o's.' So the wife and me, we wir stranded on the pier at Uig, naething tae dae and naewey tae gang.

Hooiver, we got awa' wi' the twa o'clock ferry, it wis a fine quate day, the watter wis as calm ye widna kent ye wis on't, and the wife niver felt seek a' the road ower. We landed at Tarbert aboot sax o'clock, the first thing we hid tae dae wis look for somewey tae bide, in Tarbert itsel'. There wis nae Bed and Breakfast sines tae be seen, so we took the road tae the North. Michty, a lot o' the hooses seemed tae hae thacket reefs, syne we cam' tae een juist new bigget, in fact the girss wis gruwn richt up tae the front door, and a lot o' orra stuff lyin' roond aboot, broken cement blocks and sic like, nae a road inaboot, juist ower the girss. Bit the thing I liket wis the sine at the roadside fit said, "Bed and Breakfast," it wis a gie roch sine, bit it wis there. So we gaed inaboot and gaed tae the door, a quine aboot twenty cam' tae the door, and fin the wife spiered if she cood tak' in, she says, "Oh certainly, you're most welcome. Ye see, this is a new house and you are my first guests, please excuse the outside of the house because my man hasn't had time to clear it up yet." Weel, the ootside wis maybe in a gie roch state, bit the inside wisna, the furniture wis aa new, ilka fleer wis carpeted, athing in the bedroom we wir shown intill wis o' the very best, and fin the wife cam' back fae the bathroom, she says tae me, "Oh Ake, ye shood see that bathroom, I niver saw onything like it." Next mornin' we got a gweed brakfast, porridge and crame syne ham and aigs, so we made up wir minds we wid bide three nichts there, that wid gie's twa hale days tae toor aboot Lewis and Harris. It wis fine wither that twa days, it wis fine and warm and we ferrly enjoyed it. I cood sit and drive the van wi' my sark sleeves rowed up.

We left fine and early on Thursday mornin' tae catch the ferry, bit it wis the same again as Monday mornin', we didna get on the foreneen ferry and hid tae wyte tull aifterneen, and it wis an oor ahint its usual time. Again we got a fine quate crossin' and landed at Uig aifter seven o'clock. We thocht we widna hae ony bather gettin' ony wey tae bide, bit we wir wrang. As we gaed alang the road, sine aifter sine wis happit up or teen doon, ony een we saw hingin' we stoppit at, only tae be telt they wir full up. Eventually, we landed at the McInness' aboot nine o'clock, bit their sine wis doon tae.

I stoppit the van, we winnered fit we wid dae, the wife says, "Ach, tak' the van inaboot and maybe Mrs McInnes'll manage tae tell us faur tae gang." Bit, "Na, na," she says, "ye winna get in onywey the nicht, Skye his niver seen sae mony visitors afore, ilka hoose is full, in fact, the tea-room (or restaurant) in Broadford his made up some beds on the floor for fowk tae sleep on." This wis gie bad news for us, hooiver, I says, "Ach, there's naething stoppin' us fae sleepin' in the van, ye winna mind us parkin' the van here wull ye Mrs McInnes?" She says, "The very thing, just you do that, I'll give you some pillows and two sheets and a blanket, you'll come in just now for something to eat, and after my guests have had their breakfast tomorrow, you can come in and get your breakfast. Oh, and another thing, our door is never locked, you are welcome to come into the bathroom at anytime." And aifter Mrs McInnes gaed intil the hoose, the wife says, "Oh bless her Ake, isn't Mrs McInnes a richt gweed freen tae hae?"

Weel, we sleepit soond that nicht, we left ae hauf o' the van door open and hung a bit screen ower't tae keep oot the midgies, kis they cood be richt coorse, and afore we left that mornin', I offered tae pey Mrs McInnes the usual for Bed and Breakfast, bit she widna tak' it. She says, "No, no, I was just helpin' you oot as a friend." We crossed ower tae the mainland aboot eleven, went tae Fort William and bade the nicht there, syne made for hame on the Setterday, and landed hame aboot five o'clock. So that wis anither holiday that didna gang as planned, for we lost twa hauf-days ower the heid's o' nae gettin' on the mornin' ferries, bit the wife wis fine plaised, she says, "If aa ferries wis like that, I widna be neen feart tae gang wi' them." And the Greigs cam' ower on Sunday nicht tae see hoo we'd gotten on, so we newsed awa' and hid a richt gossip aboot it, and it feenished up wi' George sayin' he wished they hid been wi's. I says, "Oh, that's aricht, we kin gang back anither time athegither."

I noo hid tae tak' in the seecond cut o' silage, and it wis juist aifter that I met auld Gordon Michie at the mairt in Aiberdeen. We newsed awa' for a filie aboot fairmin' in general, syne he says tae me, "Ake, ir ye lookin' for a plaice tae buy? For if ye are, there's een aside Byth in the markit ivnoo wid suit ye fine, it's Braeside, there's mair than a hunner acre on't, maist o'd gweed gruwin' land at that. Div ye think that wid suit ye?" I thocht a meenitie, syne I says, "Oh, it's aricht you sayin' that Gordon, bit aifter aa fit we've deen at Balnamoon, we'd be gie sweir tae shift, ye see I've juist nae lang feenished biggin' a silage pit and I'm noo plannin' a new road inaboot tae the plaice. This new road wid gang straucht fae the fairm tae the main road, juist think sic an improvement that wid be." Gordon says, "Oh aye, that's true eneuch Ake, bit juist think fit fine it wid be tae hae yer ain fairm. I ken an affa odds since we gaed tae Little Byth. Ye see we're improvin' Little Byth as we gang alang, and it's aa for wir ain benefit, and I kin tell ye mair, Sandy Wilson wull be wintin' tae sell Braeside, kis he his already bocht Auchnagorth." "Aricht Gordon," I says, "I'll see fit the wife his tae say aboot it the nicht." Weel, that nicht the wife and me, we coodna mak' up wir minds aboot it, she wisna neen keen on't fin I said we wid hae tae borrow money tae pey for't. "Goad Ake," she says, "we've niver haen tae borrow money in wir life afore. I dinna ken fit you think, bit I dinna wint tae start dee'in that."

Anither month gaed by ir I met Gordon again. He says, "Michty Ake, did ye niver dae onything aboot Braeside?" And I says, "No, I didna Gordon." "Weel," he says, "it's nae selt yet, it'll be aisier bocht noo, foo no phone Sandy Wilson and gang and hae a look o'd?" So that's fit I did, the wife and me gaed that aifterneen tae see't. I wis ferr teen wi' fit I saw, specially the hoose, it wis in grand order, the warst thing aboot it wis the road inaboot tul't, it wis affa roch. I said tae Sandy Wilson it wis an affa roch road. He says, "Weel, ye ken it's a throo road, fit wey shood I keepit up for ither fowk tae rin on." I cood see his pint aricht, aa the same, if it hid been me I wid've been sortin' at it. Anither thing I winnered at, there wis still a field o' corn tae cut. On the road hame tae Balnamoon, we wir takin' Braeside throo oor hands as we gaed alang. I says tae her, "Fit like wis the hoose, wid the hoose plaise ye?" She says, "Michty aye, Ake, it's a grand hoose, athings in first class order, Mrs Wilson lute me see ilka neuk and crannie, I coodna see onything wrang, I think ye shood look mair intilt than this." So that nicht I gaed tae Macduff tae see John King the solicitor, it wis him fit hid the sellin' o' Braeside. Weel, aifter a dram or twa, him and me sat and discussed Braeside. I wis telt fit they wir expectin' for't, there wid be nae richts reserved, such as mineral, shooting or fishing. I said I coodna understand fit wey the hoose wis in sic gweed order. He says, "Oh, Mr and Mrs Wilson got a grant tae renovate the fairmhoose nae sae very lang ago," and then I says, "ye ken, I'll hae tae borrow money if I wis thinkin' aboot buyin' Braeside." "Ach Alex," he says, "dinna lit that worry ye, ye'll juist hae tae see yer bank manager aboot that." Fin I gaed hame that nicht, I telt the wife fit John King hid telt me, and she says, "Ach Ake, I think we shood hae a go at it, ye'll need tae see George Watson first, syne gang and see the bank manager."

So I gaed tae see George Watson, and fin I said cood I feenish my tenancy at the term if I got Braeside, ye ken there's anither sax months tae run till my lease expires. He says, "Oh aye, ye kin ferrly dae that," syne I says, "Ye'll understand ye'll hae tae tak' ower the cattle shelter, the deep litter shed, the garage, the silage pit juist new up, aa the electric wirin' and some ither things forbye." He says, "I ken aa that, dinna think I'll stand in yer road tae lave."

I gaed tae see Mr Duncan, the bank manager at Maud the next day, telt him aa aboot it. He says, "I wid like tae see this place first Alex, fit aboot you and me meetin' at Braeside aboot five o'clock and the twa o's kin hae a gweed look roond." That's fit we did, he wis weel eneuch plaised wi' fit he saw, and we feenished up stannin' on the brig ower the Byth Burn discussin' foo much siller I wid hae tae borrow. I hid it aa coontit oot aforehand mesel', I thocht I wid manage aricht wi' fower and a hauf thoosand pounds, he thocht I wid need at least five thoosand pounds. We wir stannin' argie'in aboot it fin there wis a wheesh in the watter alow, he lookit doon. "Oh Alex, I think that wis a salmon, it coona hiv be that cood it?" I says, "Oh aye, fine that, this burn rins intill the Deveron aside Turriff." "That's interestin'," he says, and shortly aifter that something disturbed a pheasant along the burnside, and it rose and flew awa' ower tae the Wids o' Byth, and he says, "Dae ye think there wid be a lot o' that kine o' birds aboot the plaice?" Weel, we wir stannin' there discussin' game birds noo, the amount o' loan I wis tae be needin' wis clean oot o' oor heids, fin the wild dukes startit tae come inaboot, bit they wir landin' farrer doon the burn and intill a bit o' a field under watter. We stood and watched them comin' intae land, there must've been mair than a hunner. I wis watchin' the banker, I cood see he wis richt interested in fit wis gaun on, and aa at aince he says tae me, "Did ye say if ye bocht this fairm ye wid get the shootin' and fishin' richts as weel?" And fin I said, "Aye, that's richt," he says tae me, "Wid ye let me come tae shoot and fish here?" He took me a bittie unawares, I didna think he wid be spierin' that, aa the same I says, "Oh aye, I dinna see foo no, I winna bather wi't onywey, I hiv a gun bit I dinna hae time for that kind o' things." "In that case than," he says, "ye'll get yer loan, come in tae the office the morn and we'll see aboot it."

So I gaed awa' hame fine plaised wi' mesel', bit fin I telt the wife it wis a different story. She says tae me, "Dis that mean Ake Smith, yer gaun tae be borrowin' fower and a hauf thoosand pound?" I didna like the wey she said it, as if she didna agree wi's, so I says, "Aye, that's fit it means, we'll be borrowin' that money and buyin' Braeside." She lookit at's, I cood see she wisna neen teen wi't, syne she says, "Weel, plaise yersel' Ake Smith, bit I'm juist tellin' ye this, yer nae borrowin' money in my name, so keep my name oot o'd." "Ach, awa' wi' ye Beldie," I says, "ye ken fine athings been Mr and Mrs Smith up tae noo, ye shurely dinna wint that cheenged noo." Weel, it didna mak' ony odds fit I said, she widna cheenge her mind, so I wis feelin' gie hingin²lugget kind fin I gaed awa' tae see the bank manager neist day. And fin I telt the bank manager aboot it, he says, "Och, that's aricht Ake, it winna mak' ony odds, the loan will have to be made out in your name only." Weel, he arranged for me tae get a loan of fower and a hauf thoosand pounds from the Scottish Agricultural Securities Corporation, to be repaid over fifteen years, the interest to be at 6½% ower the whole period. As for the shootin', he aften cam' tul't, he wis ayie handin' in a wild duke, noo and again an pheasant, or a hare tae the wife tae mak' for wir denner.

Weel, it wis the end o' October bi this time, that meant we hid tae be flitted within a month, so I startit flittin' wi' the tractor and bogy. I spiered at Sandy Wilson fan he wid be flittin', "Oh," he says, "we'll flit on the 27th of November, that'll lit ye intae the hoose on the 28th of November, bit ye kin flit aa yer implements and that kind o' stuff afore that." Syne I said tull him, I hiv a gweed lot o' baled hey tae flit, kin I flit that?" He says, "Oh aye, there's a Nissen hut stannin' empty, ye kin get yer hey intae that." So that November I ran back and fore wi' tractor, shiftin' athing I cood get shifted. It turned oot a richt coorse month witherwise, day aifter day there wis sna and sleet. In fact, I hid tae cairry a shovel wi's steady for shufflin' sna files. And I hid tae thrash oot the hauf o' my crap afore I left, the ither hauf hid tae be thrashin' in the spring, this wis in accordance with the terms of a tenant vacatin' a fairm on an estate at Martinmas. The grain belanged tae me and the incomin' tenant (in this case, George Watson) hid tae tak' ower the strae at the price set by the Feer's prices in the spring. I wis gie lucky kis George Watson bocht the grain I didna need for feedin'. I mind ae 'day I wis on the road wi' a load o' corn, I wis gie near the Darralea Inn fin een o' the bogy wheels burst. Goad, fit wis I tae dae noo, I thocht tae mesel'. Weel, I gaed aland tae Darralea and phoned Little Byth, spierin' if they wid lend me a bogy. "Michty aye," I wis telt, "and mair nor that, juist bide faur ye are, we'll bring the bogy doon tull ye and gie ye a hand tae shift the corn." And bi the time I waukit back tae the tractor, I cood see a tractor and bogy comin' doon Little Byth road. It wis Henry, auld Gordon Michie's son fit wis wi't, and atween the twa o's, we wisna lang in shiftin' the corn aff ae bogy on tae the ither, syne we took aff the burst wheel and I took it intae Alex Milne in New Byth tae be repaired. That wis the first time I spak tae Alex Milne, bit he did a lot o' work for me aifter that.

Weel, it cam' tae the term day, it turned oot tae be a richt fine day, bit we'd a lot o' work tae dae that day, for we hid the cattle, the sheep, the hens and the furniture aa tae flit. Alan Hutcheon, Sandy Cruickie, John Massie and Bill Mackie wir aa gien's a hand. I hid Billie Milne wi' his float shiftin' the stock and Henry Fyfe fae new Byth wi' his float shiftin' the furniture, and we got on grand, athing wis bi hand afore supper time. I did grudge lavin' the silage pit fu' o' silage and gaun tull a plaice faur I wid hae tae pu' neeps again, for there wis seven acre o' swad's on Braeside, and a richt gweed crap they wir, bit nae silage, so next day I hid tae pu' neeps and tak' them inside.

I said afore that Sandy Wilson hid still a field o' corn tae cut fin I gaed tae see Braeside, weel there wis still five acre o' that corn nae cuttit, it wis lyin' ferr flat and waur than that, that field wis sawn oot wi' girss seed. So fit wis I gaun tae dae wi't? I wis sittin' at the fireside thinkin' aboot this the seecond nicht we wir there, fin I thocht, 'Foo no lit the sooker kye on tult, I cood use the electric fence and gie them a bittie ilka day, nae doot I wid spile the young girss, bit it wid be spiled onywey.' I hid the sooker kye gaun lowse in ae hauf o' a big Nissen hut, Sandy Wilson hid been usin' it as a coort onywey, the only snag wis there wisna a watter supply, the sookers hid tae get oot for watter ilka day onywey. So next day I rigged up the electric fence, and that corn keepit the sookers goin' for a lang time, and they thrave on't. They eesed tae come in at nicht and lie doon fine contentit, they even ait it fin there wis sna on't.

We wirna richt settled intae Braeside fin we got wird that Grannie Massie hid passed on. It struck Beldie gie hard, kis her and her mither hid ayie been gie close. She died juist a week aifter we gaed tae Braeside and wis cremated in Aiberdeen. Beldie took a file tae get ower't, and we hid a gie quate time aifter that, there wis nae pairty at Hogmanay that year.

The month o' December wis a richt fine month, dry days wi' a touch o' frost in the mornin's, and day aifter day I pu'd neeps and stored them, and I hid a gweed puckle stored afore Christmas. I hid twa larry load o' draff stored in the close, so I wis prepared for a storm. There wis a lot o' muck left lyin' aboot the plaice, so atween Christmas and New Year I got Lows fae Mintlaw tae come wi' a muck-loader and twa spreaders tae spread it on the stubbles, so as I cood get it ploo'ed doon onytime. Bit that wisna tae be for they feenished wi' the muck on the 30th December and the next day, Hogmanay, the sna cam' on and we didna see the grund again tull the middle o' Mairch. It wis een o' that auld fashioned winters faur there wisna sic a hard frost, juist eneuch frost tae keep the sna fae meltin' and ayie anither blast o' sna tae block the roads.

I wis gie weel prepared wi' feed for a storm, I hid a fine store o' neeps, twa larry loads o' draff, the hey I flittit fae Balnamoon, Sandy Wilson hid haen a day's thrashin' in the middle o' December and I hid bocht hauf o' the strae, and aifter aa that the sooker kye wir still tarin' up the corn even tho' it wis covered wi' sna, aye and still thrivin' on't. Up tae that time we hidna seen muckle o' oor neebors, there wis the Gerrards fae Backstrath, the Miltons fae Redburn, the Dalgarnos fae Auldmill and the Wulls fae Culbyth. We used tae see Francis Gerrard gaun doon the road waukin' tae New Byth, she ayie hid something tae say, and there wis ae day I wis gaun awa' doon the road fin she wis passin', so I offered her a lift, bit she didna wint it. She said she wid raither traivel, bit I got her persuaded tae come inower the caur. So she opened the back door o' the caur and gaed inower the back sate, she widna sit in the front sate and the neist time she gaed doon the road, she jumpit the fence and traivelled throo the fields, she didna come roond bi oor hoose.

As I said, the sna cam' on on Hogmanay, the road tae Braeside comin' up the brae hid heich banks on ilka side. This bit o' road wis blawin' fu' o' sna, and fin I gaed oot fae mi denner on the seecond Tuesday o' January, here wis auld Wullie Gerrard and his twa sons, Sandy and Wattie, shufflin' the sna oot o' this bit o' the road. It wis a fine day wi' the sun shinin', bit there wis frost in the air. I gaed inaboot tull them, I says, "Aye, aye lads, fit's the idea for cleerin' this bit o' the road?" Auld Wullie Gerrard says, "Weel ye see, we're needin' some nowt awa' tae Maud the morn, we thocht if we cleared this bit Henry Fyfe wid get inaboot tae yer steadin' wi his float, and if ye dinna mind, we cood load the nowt at your steadin'. Ye see, we wid wauk them ower this length the morn's mornin'." I says, "Oh, that's aricht and mair nor that, I'll gie ye a hand tae clear the road." Weel, it's aricht plannin' something, bit naitir's gie fickle sometimes, for fin I lookit oot next mornin' the road wis blawin' fu' o' sna again, and Gerrards didna get their nowt awa' that day. Next week it wisna neen better, they hid tae wauk the nowt aa the wey tae Byth tae get the float.

So, we didna clear that bit o' the road again, abody fit used the road gaed intae een o' my parks at the fit o' the brae and got back onto the road at the tap o' the brae. I ran up and doon wi' my tractor, so did the Gerrards, auld Jimmy Milton fae Lower Auchnamoon wid use his tractor tae get tae

Redburn. We hid tae cairt wir aigs tae Byth and pick up wir groceries as weel, aye and this cairret on for weeks, files we got a thaw bit ayie the sna cam' on again. Syne ae day oor watter supply conked oot, it wis a watter-driven pump that pumpit the watter up tull a cistern atween Braeside and Auchnagorth. It wis a watter supply fit hid been rigged up afore the estate wis selt aff, the pump wis aside Redburn and it wis supposed tae supply Auchnagarth, Braeside, Redburn and Roundhill, of coorse, that wis afore ony o' the hooses hid proper sanitation, bit noo Auchnagorth hid a supply o' their ain, and affin fin ye lookit up tae the cistern ye cood see the watter spewin' oot o' the overflow. Sandy Wilson hid warned me that this wid happen, bit he said, "Dinna worry aboot it, kis I hiv a standby supply fixed up, it's a watter pump driven by an electric motor, aa ye hiv tae dae is switch on this motor and ye'll get watter within five meenits. Syne he lit me see the switch and pintit oot the hoose at the fit o' a park faur the pump and the electric motor wis, at the same time, he says, "There's a spring doon there and it's richt fine watter." So, fin oor watter stoppit rinnin' that day, I pushed doon the switch and stood and wyted, five meenits Sandy hid said, bit we wyted hauf an oor and still nae watter, so I gaed awa' doon tae the hoosie tae see fit wis wrang. And fin I opened the door I saw the pump and the motor wis there aricht, bit there wis nae movement ava.

Weel, I phoned Sandy Wilson at Auchnagorth and telt him. He says, "Oh, it wis workin' at the term, if onything his gin wrang wi't since that time, it's nae my responsibility, ye'll better get a plumber tae hae a look at it," and he hung up on's. I wis in a bit o' a fix noo, fit wis I tae dae neist, so I phoned Wullie Milne fae Cyaak, only tae be telt he wis awa' oot on a job and coodna come or the morn. Syne I gaed alang tae Redburn, got a hid o' Jimmy Milton, he bade at Redburn alang wi' his mither and sister, and he lit me see fit I wid hae tae dae tull the pump tae get it pumpin' richt again. He also telt me as the cistern for Braeside wis hier than fit Redburn and Roundhill wis, fin onything gaed wrang wi' the pump it wis ayie Braeside fit ran oot o' watter first. Weel, aifter Jimmy Milton fixed the pump it wisna lang or we got watter and gin nicht the watter wis spewin' oot o' the overflow at the cistern on the heid o' the hill.

Next day, Wullie Milne cam' inaboot tae see fit wis wrang wi' the electric motor and pump used as a stand by. Him and me, we traivelled doon throo the park tull the widden hoosie, opened the door and gaed inside. Noo, Wullie Milne wis niver a man tae say a lot, at the same time he cood speak his mind. He stood and lookit at the motor for a file, turnin' it roond noo and again, syne he says tae me, "There's naething kin be deen tae sort that motor, it's burned oot, it's been like that for a gie file, I wid say that thing hisna wrocht for a sax month onywey. I lookit at him, I winnered if I wis hearin' richt, I says, "Are ye shure noo Wullie, kis een o' the conditions o' me buyin' the fairm wis that this plant wis in workin' order." He says, "In workin' order, I'm tellin' ye, that plant hisna wrocht for sax month onywey." Weel, this gaured me think, I wisna gaun tae stand for this onywey, I thinks tae mesel, 'I'll better get on tae Johnnie King, the solicitor aboot this, and the quicker the better, so I says tae Wullie, "I'm gaun awa' tae the hoose tae phone the solicitor aboot this, wid ye come wi's and tell him ower the phone fit ye think aboot this plant?" That's fit we did, first I spak tae the solicitor and telt him fit hid happened, syne Wullie Milne telt him the condition the electric motor wis in, the pump wis aricht, bit it wid need a new motor. Then the solicitor said tae me, "Dinna worry ony mair aboot this Alex, I'll see tult there's a new motor installed." And see tult he did, for within a week the auld motor wis teen oot and anither motor puttin' in, fa peyed for't I dinna ken, for I wisna worryin'.

Ae day aifter dennertime, I gaed awa' ootside, it wis an affa fine day, for tho there wis a gweed puckle sna lyin', the sun wis shinin', and as I stood in the sunshine juist inside the barn door, auld Jimmy Milton fae Auchnamoon cam' up the road wi' his tractor. He wis on the road tae Redburn, there wis naething new aboot him dee'in that, and he ayie gied's a shout fin he wis passin'. Bit this day wis different, he stoppit the tractor and cam' inside the barn door and startit newsin' tull's, and aifter the usual back-chat aboot the wither and sic like, he says tae me, "Goad Alex, I canna understaun hoo ye gaed awa' and peyed sae muckle siller for this fairm, div ye think ye'll iver get in back?" Weel, I'd heard the rumoors gaun aboot fit I'd peyed for Braeside, it wis a gie bit mair that fit I did pey, so I says, "Jimmy, fit I did pey for Braeside, I think I'll aisy get it back, bit if I peyed fit you think I peyed, I michtna be sae shure." Onywey, he says, "Juist fancy you peyin' aa that money for Braeside. Michty! Look at the state the road inaboot's in, it's sittin' on the face o' a brae and north facin' at that, the bank on ae side o' the big burn is burst and ye've aboot an acre in the neuk o' that park under watter, mair than that, that big burn's sair needin' deepened. I've been tryin' tae get that deen and if it comes aff ye'll hae the biggest share tae pey o'd, and tae croon a', ye come inaboot here wi' a puckle sooker kye and lit them rin wild ower yer young girss. I dinna ken fit yer thinkin' aboot, ye maun be needin' yer heed lookit." I lookit at him, syne I says, "Ach min, awa' at tak' a rinnin' jump tae yersel, aa thae things ye spak aboot kin be sortit oot," syne he says, "Oh aye, bit they'll tak' some sortin'," and aifter that he gaed awa' tae Redburn.

And aifter he gaed awa', I stood and thocht aboot fit auld Jimmie Milton hid said, there wis ae thing, he wis a man that spak his mind onywey and it lit me ken fit fowk roond aboot wis thinkin' aboot me. Weel, I wisna carin' onywey, and aa the things he spak aboot I kent I wid seen pit richt. It wis aboot a week intae Mairch ir the sna gaed awa', it hid been a gie hard time o'd since the New Year and here wis me withoot a single furr turned ower. The stubble park lyin' up tae Backstrath wis cleer o' sna, so I phoned Bill Daniel at Middlemuir and spiered if he cood come and ploo'ed. "Michty aye," he says, "and Ian'll come tae, we canna get ploo'ed roond aboot here, kis the grund's ower weet." And bi the time they ploo'ed that park, the ley park next tae Redburn wis clear o' sna, so they ploo'ed it tae, and in the maitter o' a week or so, my ploo'in wis up tae time alang wi' the fowk roond aboot. Fin Bill wis intae his denner the hindmist day he wis ploo'in, I says tae him, "Bill, wull ye come back and pit in the seed in thae twa parks shortly?" He says, "Michty aye, as seen as ye hiv the seed and the fertiliser ready." "Oh," I says, "the seed and the fertiliser's here wytin." "Aricht," he says, "if this open wither bides, thae twa parks wull be in richt trim next week, they're new ploo'ed, they winna need muckle brakin' in and I'll come back and pit in the seed. He feenished plooin' the middle o' the aifterneen, so he fulled in aa the mids afore he gaed awa'. The result o' aa this wis I hid twenty-sax acre o' my crap sawn, I juist hid anither twal acre o' crap tae pit in, it wisna the end o' Mairch yet, and mair nor that, nae ither body roond aboot hid gotten a start. And the next time I saw auld Jimmy Milton, he says, "Michty me min, yer nae feart ye rot aa yer seed, div ye see aa that sna lyin' aboot the dykesides, I'm shure it's lyin' there wytin' for mair."

Bit there wisna mair sna, the ewes I flittit fae Balnamoon wis aa lammed, I'd brocht them throo the winter, feedin' them on hey and draff, they wir lookin' fine, the lamms and a', the only casualties I hid wis een or twa deed lamms, aa the same I wis fine plaised tae see a green bite for them. Things wir gettin' back tae normal, the wife wis gettin' doon the road wi' the caur again, she startit meetin' ither fowk roond aboot. I didna hae tae tak' the tractor oot in the mornin's tae tak' Kathleen tae the skweel ony langer. Harold, he wis fine plaised he cood get richt inaboot wi' his van fin he cam' hame fae his work, bit they aa complained aboot the state o' the road. So, Harold startit wi' a shovel and a shouder pick, takin' aff the heich bits intae the low bits, workin' awa in the evenin's and weekends, and he made a big improvement on the road.

I'll gang back tae the middle o' February no, that's fin the first sooker coo caufed. I winnered fit I wid dae, wid I sell her ivnoo, or wyte tull I hid a puckle tae gang awa' thegither. I didna mak' up mi mind tull I met auld Gordon Michie in New Byth ae day. He wis spierin' foo I wis gettin' on and fin I telt him aboot the sooker kye caufin', and I wis winnerin' if I shood sell them aff as they caufed or no, Gordon thocht a filie, syne he says, "Cood ye keep them tull the beginnin' o' April Alex?" I says, "Oh aye Gordon, I cood aisy dae that, foo are ye spierin'?" "Weel," says Gordon, "there's a special sale o' breedin' stock at Huntly in the beginnin' o' April, if I wis you, I wid book them for that sale noo, that wid gie the mairt fowk plenty o' time tae advertise them and ye wid get a fair crack o' the whip fin they're drawn for the sale." So that's fit I did, I gaed tae Huntly the following Wednesday, booked them in for the sale, and fin the sale wis advertised, mine got a special mention amin the lave. I hid twenty kye tae gang tae that sale, there wis een cauved the day afore and there wis een cauved the mornin' o' the sale, so that meant there wis aichteen gaed tae the sale, fifteen wi' caur at fit and three nae cauved, and mair nor that, the auldest coo wis juist five years auld, there wisna fit ye wid hiv ca'd an auld coo amin them. Bit fin ye saw them stannin' in the byres amin the lave, they lookit affa oot o' plaice. Michty, the rest o' the

125

kye there wis lookin' braw, bonnie shiny coats and aa in fine order, mine lookit affa roch and hairy, and nae near in sic fine fettle.

Gordon Michie wis wi's at the sale. I says tae him, "Goad Gordon, my kye winna sell weel here the day, nae amin aa thae fine polished beests." Gordon says, "Weel, ye kin think that if ye like bit I think yer wrang, juist ye wyte and see." The sale startit I think at ten o'clock and the prices wir gweed that day, mine didna come intae the ring ir aboor een o'clock. I hid tae gang and stand aside the auctioneer. Michty, I wis ferr affrontit o' the hairy shaggy beest that cam' intae the ring, she wis a cross Hereford and a second cauver, wi' a fine strong black bull cauf. The biddin' startit, and the bids seemed tae be comin' in aa directions, the coo and her cauf wis nocked oot in less than a meenit, at a bit mair than fit I thocht I wid get, of coorse, I didna tell the auctioneer that. It wis the same wi' them aa, I got a gweed price for ilka een, and fin the auctioneer selt the hindmist een, he telt them the reason the ither twa wisna there wis kis they wir newly cauved. I wis a bittie mesmerised, they'd selt sae quick I hid nae idea fa hid bocht them, and fin I gaed back tae Gordon Michie, he says, "Noo, fit did I tell ye, yer kye˙selt as weel as ony o' them," and fin I said, "Fit wey wid that be?" He says, "Goad Alex, ye maun be blin' nae tae see that, yer kye hiv been gaun ootside aa winter, fa iver's bocht them kin tak' them hame and pit them ootside and they winna loss wecht, bit if they pit ony o' that ither eens ootside ivnoo, they'll seen less their bonnie bloom and wecht, aye and mair nor that, there's ayie a chance o' them takin' the cauld as weel." And afore I gaed awa' hame, this man cam' inaboot tull's, I canna mind his name, bit he cam' fae the Marnoch district. He says, "I bocht three o' yer kye, this ither twa ye hiv at hame, ir they for sale?" I says, "Oh aye, they're for sale aricht, it's juist kis they've newly cauved they're nae here." He says, "Kin I come and see them, and maybe I'll manage tae buy them aff ye?" I says, "Aricht, juist ye dae that and we'll maybe mak' a deal." Weel, he cam' that nicht, he bocht them baith, they gaed awa' wi' a float the next day, and that wis the end o' the sooker kye.

I still hid the bull tae sell, he wis sax year auld noo, bit still a gweed stock-getter, so I took him intae Aiberdeen ae Friday and selt him, the Dept. of Agriculture for Scotland bocht the bull tae gang awa' tae the Western Isles as a stock bull. That aa happened in the spring o' 1963, and even tae this day, fin I'm ritin' this in 1990, I canna mak' up my mind whither I did richt or wrang daen awa' wi' the sookers. I got grand prices fin I selt them, I've nae doot pairtly due tae the fact that Sandy Wilson left that uncut corn on the grund, and they fed themsel's gie weel on't. Of coorse, I still hid tae find oot fit hairm I hid deen tae the young girss wi littin' them poach it aa winter. Bit it turned oot nae that bad, for I got it rolled on a hauf-dry kind o' a day, and the girss cam' up rale aven ower aa the park.

Aifter that I got the neep grund ploo'ed and sawn wi' corn and girss seed, I noo hid thirty acres o' barley, aicht acres o' corn, hauf an acre for tatties, fower acre for neeps, aicht acre for silage, fit wid be cut twice, eleven acre for hey, and the rest for grazin'. I hid still a lot o' work on hand, kis a lot o' the fences wis needin' repairs, so there wisna a lot o' time for social life, aa the same I wis gettin' mair aquint wi' my neebors, and Wullie Gerrard startit comin' wi's in my caur tae the mairt at Maud. Ye see, he eesed tae gang doon past the hoose waukin' tae get the bus at New Byth, he wis a gie independent lad, Wullie, it took me a file tae convince him he wid be better takin' a hurl fae me than gaun wi' the bus. Of coorse, lookin' back noo, it wis that kind o' things fit wis the feenish o' the rural busses. And of coorse, there wis the Dalgarnos fae Auldmill, doon at the fit o' the road, we near ayie saw them fin we wir gaun fae hame, Bengie fancied himsel as a bit o' a blacksmith forbye workin' his fairmie, and Mrs Dalgarno brocht oot a lot o' chuckens, sellin' them as day-aulds and she fed a gweed puckle turkeys. She brocht oot young turkeys tae, bit they wir single-breested and my wife widna hae them, so aboot the middle o' Mey, I hid tae gang awa' tae the Lynn o' Skene for a hunner day-auld turkeys, back tae the plaice faur she ayie got them afore. She wis tae hae her turkeys juist as usual.

It wis noo the Whitsunday term, the wife and me, we wir sittin' relaxin' ae nicht fin she said, "Goad Ake, we've haen a gie hard sax month o'd since we cam' here, it's a gweed job we've baith kept wir health, it wid hiv been a gie job if ony o's hid turned nae weel." I says, "Oh aye, that's richt, we've ferrly haen oor share o' gweed luck, mair nor that, it's been a great help haen Harold at hame, he's ayie been ready tae help oot, oh aye, and Sandy tae, he's been here maist week-ends, and mair nor that, fit an odds workin' here compared tae Balnamoon, there's neen o' thon big chunks o' granite lyin' in the parks here." Naething wis said for a file, I wis sittin' thinkin' and plannin' faur I wis tae mak' a silage pit, at the same time I wis thinkin' aboot the fine silage pit I'd bigged at Balnamoon, syne gaed awa' and left it. I heard the wife spikin' bit I wisna peyin' ony attention tae fit she wis sayin', so she cam' ower tull's and shook mi airm, sayin', "Ye're nae lissenin' tae fit I'm sayin', I wis juist sayin', ir we gaun tae hae a holiday this year?" I says, "Oh, yer thinkin' aboot a holiday ir ye?" And she says, "Of coorse, aifter aa the hard work we've gin throo this file back I think we shood treat oorsels tull a holiday, that is tae say if we can afford it." I says, "Oh, we can afford it aricht, we'll hae tae contact George and Mrs Greig and see fit they think aboot it, in the meantime ye kin start winnerin' fa's gaun tae milk the coo fin we're awa'.

Aifter that I startit tae spik aboot faur I wis tae hae the silage pit, sayin' I wid need tae consult the college advisors aboot hoo big a hole I wid need. So the neist time I wis at the mairt at Maud, I gaed intae the college office, they telt me in there foo big a hole I wid need tae hid twa cuts affen ten acres, and advised me tae mak' shure tae mak' it so it cood be extended. Weel, I got Sandy Lovie fae Cowbog inaboot wi' his digger, the park across the road fae the steadin' wis aboot three fit hier than the road, so we dug oot a hole there, the earth wis flung tae baith sides, so we hid a pit aboot five feet deep and the foond level wi' the road. This meant that the sap fae the silage wid rin doon the road, something that wid niver be allo'ed nooadays. It wis fine and handy there for cuttin' the silage in the pit, as I wid be able tae work an electric cutter, usin' an electric cable across the road.

So that wis the silage pit ready, bit the neeps wir needin' huowin', I hid fower acre o' them, I thocht I wid better get somebody tae gie's a haund wi' the huowin', bit fa wis I tae get? Weel, I hid noticed that Wattie Gerrard wis rinnin' up and doon the road wi' his van since the term. I thocht tae mesel he wis shurely oot o' work and I micht get him tae huow. Tho the wife and me wir gie weel aquint wi' auld Wullie Gerrard and Frances Gerrard bi this time, the only time I hid spoken tae Wattie wis the day he wis helpin' his fader tae shovel sna aff the road, and aifter dennertime ae day I cam' on Wattie stuck hauf wey doon the brae wi' his van, somewey or ither he hid lutten the van rin intae the side o' the bank and he wis tryin' tae shove it back on tae the road himsel. I gaed and gie'd him a haund, bit naewey wis the twa o's fit tae shift that van, so I gaed and yokit the tractor and pulled the van back on tae the road, and it wis fin he wis thankin' me for dee'in that, I said, "Ir ye oot o' work ivnoo, Wattie?" He says, "Oh aye, I am that, foo ir ye spierin'?" And I says, "Weel, I'm needin' somebody tae gie's a haund wi' the huow, and aifter that tae gie's a haund wi' the silage, the hey and the hairst, wid ye be wullin' tae tak' it on?" He says, "Michty, that's juist fit I'm needin', somewey faur I kin work and be at hand tae help at hame, kis my auld man's gruwin' nae sae able noo." So that wis the start o' Wattie workin' at Braeside, he turned oot tae be a richt worker, and ower the years he wrocht a lot for me.

I scarifeered the neeps that aifterneen, they wir noo ready tae huow, and George Greig cam' inaboot that nicht, he says tae me, "I see ye've been scarifeerin' yer neeps, hiv ye deen them a'?" And fin I said I hid, he says, "Weel, kin I get a len o' yer scarifeer, kis I hinna een o' mi ain, and neeps are an affa lot aisier huowed aince they're scarifeered." I says, "Of coorse ye kin get it, come for't the morn if ye like, and ye dinna need tae be in a hurry bringin't back, I winna need it again this year, and maybe niver again. This wis a scarifeer I bocht at the implement sale at Kittybrewster Mairt in Aiberdeen years ago, the time I hid a horse, I bocht it for a fiver, the cairrier nott a pound for takin't hame and fin the horse gaed awa', Geordie Wallace the blacksmith at Cyaak converted it for use wi' a tractor, this wis a common occurance in thae days, convertin' horse implements for usin' wi' a tractor. Ye'll hear mair aboot this scarifeer farrer ower in the story.

That nicht we discussed wi' the Greigs aboot takin' a holiday, bit we decided against it. Ye see, we wir aa tarred wi' the same stick, George Greig hid bocht his fairm as a sittin' tenant twa/three years back and wis daen a lot o' improvements that summer and I hidna made up mi mind fit improvements I wid be dee'in, fit I wis thinkin' aboot wis drivin' a lot o' road metal on to the road.

Weel, George Greig cam' ower for the scarifeer next mornin', took it hame and gaed ower aa his neeps wi't and that nicht he phoned me and said, "Ake, Charlie Coutts saw me usin' the scarifeer the day, he cam' ower tull's and spiered if he cood get a turn o'd, so fit dae ye say? Wull I juist let him get it?" "Och aye," I says, "lit him get it, he winna dae't ony hairm onywey." Wattie Gerrard and me, we got the neeps huowed, syne we startit tae the silage. I wis cuttin' the silage wi' an auld horse mower in the foreneens, and we took it in in the aifterneens, loadin' it inower the bogie wi' the greencrop loader and Wattie spreadin' the silage in the bogie. Michty, sic weel the twa's got on, for Wattie wis an affa wullin' worker. I mind ae Setterday the time o' the silage, Beldie and me, we wir gaun tull a mairrage at Cyaak, I said tae Harold on Friday nicht if I cuttit some silage on Setterday foreneen, wid he gie Wattie a haund tae tak' it in in the aifterneen? Harold says, "Fine that, bit I'll be late the morn ir I come hame, ye'll likely be awa' afore that, and I'll hae somebody hame wi's and we'll tak' in the silage." Beldie hid socht Mrs Dalgarno tae milk oor coo that nicht.

So we thocht we hid athing cut and dried for the next day, bit athing disna ayie gang tae plan, for Mrs Dalgarno fell and hurt her leg throo the foreneen and wee Johnnie wis sent up the brae tae tell's his mam coodna milk oor coo. Fit wis we tae dae noo. "Ach," says the wife, "fin eence the weddin' meals bye, we'll come hame and I'll milk the coo mesel, syne we kin gang back tae the dancin'." That's fit we did, of coorse Harold didna ken o' this cheenge o' plans, and fin we gaed inaboot tae Braeside we met Harold in the close wi' a load o' silage, and lyin' on the tap o' the silage wis a nice young quine, the same young quine he mairrit three and a hauf year aifter that. Eileen Ironside wis her name, it wis the first time she hid been at Braeside, bit her brither Bill wis there tae. I kin tell ye they got a surprise fin we turned up, and so did we, it juist gaurs ye think it's true eneuch fit the say, "Fin the cat's away, the mice will play." Hooiver, the wife milkit the coo, and we gaed awa' back tae the dancin', and we ferr enjoyed oorsels, in thae days ye cood tak' a dram or twa and nae worry aboot drivin' hame.

We got that cut o' silage in, I still hid the hey tae tak' bi haund and the seecond cut o' silage afore hairst. At the same time I startit tae think fit wis I gaun tae dae aboot the hairst, I hid flittit mi binder fae Balnamoon, wis I gaun tae use it and hae a richt auld farrant hairst, cuttin' wi' the binder, stookin' and leadin, syne thrashin' athing wi' the traivellin' mull, or wid I juist hiv a combine, sell the barley aff the combine I didna need and bale the strae. If I gaed for the binder etc., I wid need ither men, (pairt-timers) forbye mesel, and if I gaed for the combine, I cood manage mesel wi' a haund fae Wattie Gerrard. And fin I sat doon and coonted it up, I discovered the combine wis tae be a lot chaaper, bit wid I get as gweed a result, wid the corn and barley I keepit for stock feed, wid it be fine and fresh gin the spring o' the year, and fit like wid the strae be gin spring time. I cood see mesel gaun intae the byre on an April mornin', the combined strae aa left in the hake or in amin the nowt's feet, and that wid gaur me think back tae the times ye hid a thrash ilka week and fin ye gaed intae the byre in the mornin', the fine fresh strae wis aa oot o' sicht, the nowt lyin' contented and swier tae rise. Of coorse, the fact I hid a gweed workin' mull sittin' in the barn, wi' a grain elevator and a screen on't for cleanin' the grain, and a spoot doon intae the bruiser hid tae be considered and a'. Syne I thocht tae mesel, there wisna a lot o' combines on the go yet, wid a contractor come tull's fin I wis needin' him, it wid be mair likely the contractors wid pey mair attention tae the bigger fairmers, faur they wid get a bigger acreage tae cut, and the mair I thocht aboot it, the farrer awa' I got fae makin' a decision.

The next week-end, mi sister and her man, Jim Taylor wis his name, cam' tae visit us, he wis a salesman for Reekie fae Arbroath, based at Forfar, sellin' tractors and implements tae fairmers, and takin' back seecond hand tractors and implements in pairt peyment. I hid juist feenished cuttin' the hey that foreneen, it wis a fine day and a richt fine smell wis comin' aff the hey. Jim Taylor says, "That's looks like a fine crap o' hey ye hiv there Ake." I says, "Oh aye Jim, bit we're lookin' at the best o'd, ower at the ither side o' the park is the bit faur the corn crap lay a lang time and the sooker kye ait the corn aff the grund, it's nae sae gweed there. Syne he says, "Fit ir ye gaun tae dae wi the hey, ir ye gaun tae bale it?" I says, "Oh aye, I'm gaun tae bale it aricht, I'll hire somebody wi' a baler for the job." "Ach," he says, "I'll sell ye a seecond-hand baler in workin' order for aboot the same price it wid cost ye tae bale this park o' hey." I thocht he wis pullin' mi leg, so I says, "Pull the ither een Jim, fit wey cood ye dae that, and mair nor that, wid I get it in time for balin' this hey?" "Fine that," he says, "a lot o' the fairmers roond oor wey hiv been balin' and combinin' noo for a puckle years, they're noo buyin' new machines and we're haen tae tak' their auld eens, some o' them in grand order, and we're litten them awa' gie chaape, and gled tae get them aff wir haunds. And as for gettin't here fae Farfar, I'll start awa' wi't aboot three o'clock on Monday, my drivin' licence covers the little larry, I'll bring it here mesel and I shood aisy be hame again gin ten o'clock."

So I agreed tae that, the baler wid be here in fine time for the hey, even supposin' Sunday and Monday wis twa fine days. Aifter that, Jim says tae me, "Noo, fit aboot a combine harvester noo, wid ye nae be better hairstin' wi' a combine than batherin' wi' that auld-farrant binder?" I says, "Oh aye Jim, I hiv been thinkin' aboot it, bit I canna mak' up mi' mind, ye see there's a lot o' things tae think aboot." Of coorse, I wis coontin' on haen tae hire a combine. Syne Jim spiered foo many acres o' grain I hid, and fin I said, "Thirty-aicht." He says, "Weel Ake, fit ye wid hae tae pey for a contractor tae cut that acreage, wid be mair than hauf o' fit I cood sell ye a gweed workin' combine, that means yer combine wid be peyed up ower twa year, mair than that, ye wid get yer crap cut fin ye thocht it wis ready, nae fin a contractor cood come and cut it." Aa this time I wis thumpin' up the thinkin', this wis ower a gweed chance tae miss, so I says, "Tell me Jim something aboot this combine yer spikin' aboot?" So he says, "Oh, we hiv some in store ivnoo, bit there's een comin' in at the end o' next week, if ye wis tae tak' een, we widna tak' it aff the larry, it's an auld-farrant Massey Harris, seven and a hauf fit cut, ye hiv tae hae a man stannin' on a platform baggin' the grain, the bags gang slippin' doon a shute on tae the grund, and ye hiv tae gang wi' a tractor and bogie tae pick the bags up." I thocht aboot it for a filey, and I says tae Jim, "I'll think aboot it ower Sunday and Monday, I'll mak' up mi mind bi the time ye come wi' the baler on Monday nicht."

Weel, he turned up wi' the baler on Monday nicht. Sunday and Monday hid been twa fine dryin' days, so I thocht the hey wid be ready tae bale gin neist day at dennertime.

CHAPTER 9

The Combine Harvester

Aifter he got something tae ait, he wis makin' ready for gaun awa' back fin he says, "Noo Ake, fit aboot the combine, wull we juist deliver it tae ye gin the end o' next week?" I wis still nae ower shure o' mesel, I hummed and hae'd for a filie, syne I says, "Och aye Jim, I'll tak' the combine, juist you send it up fin yer ready, it'll be aricht as lang as the driver kin tell me hoo tae work it." Next day we got the baler yokit, the hey wis in richt order, bit the baler didna work sae weel as he said it wid, ilka noo and again it didna tie a knot on ae side o' the bale, it juist meant ye hid tae gang back and pit that bales throo the baler again. I phoned Jim Taylor that nicht and telt him fit the baler wis dee'in. "Oh," he says, "that means that the big washer on the main shaft o' the knotters is worn, gang tae Sellars, get a new washer, makin' shure it's the richt size, fit on the washer and that'll stop that happenin'." They wey he spak, ye wid hiv thocht it wis a five meenits job, bit it took me aboot twa oors, nae doot a mechanic wid hiv deen it in less, and it workit fine aifter that.

It wis aboot this time, I hid tae gey my sheep dippit. I met auld Jimmie Milton on the road ae day, he telt me they wir tae be dippin' sheep on a certain day at Johnnie Buchan's o Widside, and Johnnie telt him tae tell me I wid get my sheep dippit if I wintit them deen. I says tae Jimmie Milton, "Och, I'll better get them deen," it wis compulsory onywey, and I thocht it wis affa fine o' Johnnie Buchan offerin' me the chance tae dip my sheep, specially fin I hidna even spoken tae him afore. So I set aff on the appintit day, I hid Wattie Gerrard wi's tae gie's a haund, forbye a gweed workin' dog, bit the trauchle we hid gettin' that sheep ower tae Widside, dippit and hame, gaured me winner if it wis worthwhile keepin' sheep, so I thocht tae mesel, I wid need tae work it oot in my mind some nicht fin I wis relaxin' whither I wid be better keepin' sheep or pitten them awa' athegither.

Jim Taylor kept his promise aboot the combine, for he turned up the following Sunday wi' the combine on a larry and anither lad drivin' the larry. We got it aff the larry, there wis a fine handy bank tae rin it on tull, syne he took it intae a girss park and lut me see hoo tae work it, and it wis left sittin' at the side o' the steadin', a great big monster o' a thing for abody tae see fae hine oot aboot, or so the wife said onywey. Weel, it wis here noo, and fin the time cam' we wid hae tae use it, tho in my ain mind I wisna neen shure aboot it. We hid the seecond cut o' silage tae tak' bi hand noo, and as I gaed aboot my work amin the silage, I wis thinkin' aboot that combine, fancy baggin' the grain and throwin't doon on the grund, aa tae be liftit up again, shurely something aisier cood be deen aboot that. And day aifter day I thocht aboot it, tull a plan formed in my mind, I wid tak' aff the shute for the bags slidin' doon on, I wid extend the platform so as we cood cairry saxteen bags on't, I wid hae bogies sittin' on the end rig, so's we cood draw inaboot wi' the combine and big the bags on the bogies, that wey fin we wir loadin' the bogies the bags wid be gaun doon onto the bogies instead o' us haen tae lift them aff the grund, and that wid mean a lot less hard work.

So ae nicht I gaed doon tae Bengie Dalgarno. As I said afore, he considered himsel a bit o' a blacksmith, richt eneuch, he wis affa handy for some jobs, durin' my time at Braeside he did a lot o' jobs for me. Weel, I spiered at him if he wid come up the brae and hae a look at fit I wis wintin' deen tae the combine. I explained tae him fit cheenges I wintit on the combine and spiered at him if he wid tak' in hand tae dae the work. "Och aye," he says, "nae bather at aa, only ye'll hae tae tak' the combine doon the road tae my smiddy, it'll be an affa lot handy'r there." Bit afore that cood be deen, Bob Green, the machinery adviser fae the College at Turra cam' inaboot. He says tae me, "I noticed ye hid a combine harvester inaboot, are ye intendin' use'nt?" I says, "Of coorse I'm gaun tae be use'nt, bit I'm fine plaised ye cam' inaboot, ye micht tak' a look at it and tell me fit ye think o'd." I cood see I hid said the richt thing, for he took aff his jaiket, got intae his overalls and within a twa/three meenits he wis on tae the tap o' the combine. Aifter he'd haen a gweed look at it, he says, "Ye kin this machine hisna deen a lot o' work, it's in first class order, and look at the tyres, there's nae a mark on them, you cood shift that tyres ontae a tractor tae gie'd mair grip." Syne he says tae me, "Fit ir ye tae dae wi' the grain aifter it comes aff the combine?" I says, "Oh, I'll be sellin' the maist o'd aff the combine, and I hiv a fine big grain laft, I'll get a puckle o'd spread oot on the fleer there." Then anither thocht struck me and I said, "Fit wey ir ye needin' tae ken that?" He says, "Oh, I'm on the lookoot for somebody tae big in a floor drier intae their present steadin', fit ye wid need for that is a grain laft wi' plenty space below for storin' the dried grain, hiv ye a biggen like that in yer steadin'?". I says, "Oh aye, I hiv that, ir ye wintin' tae hae a look at it?" So him and me, we hid a look at the strae barn, nae doot the thrashin' mull wis still sittin' in't, and a fine big grain laft abeen'd. Noo, this barn and laft wis the best biggen in the steadin', the wa's fine and strong and the timmer still fresh, specially the laft fleer, and aifter he hid a gweed look at it, he says, "Michty, this plaice is juist made for the job, ye widna consider pitten in an on floor grain drier in here wid ye?" Ye wid hae tae fling oot that mull, it's juist firewid noo onywey, there wid be nae need for alterations tae the ootside o' the buildin'. Fit ye wid need wid be a fan and an electric motor tae drive it, a joiner for aboot a week, and plenty hard work fae yersel. Juist think hoo handy it wid be for yersel, ye hiv a combine and a baler noo. Div ye think it wid be affa fine if ye cood dry yer ain grain, and mair nor that, if ye decide tae gang on' wi't, I'll draw up the plans for't and come inaboot noo and again and gie ye a haund." Goad, I thinks tae mesel, he's shurely affa keen tae see me goin' on wi' this, bit there wis somethin' he hidna mentioned, so I says, "Oh aye, it's aricht you goin' on aboot this, bit tell me this, hoo much is this gaun tae cost? I still hiv that combine tae pey ye ken." He says, "Oh that's something I canna tell ye, bit I ken faur I kin get a gweed seecond hand fan for ye, syne ye wid need an electric motor, that wid be the maist expensive things, and I think the hale thing cood be dune for aboot five hunner pounds. Of coorse, that's nae alloo'in onything for hard work. He left me aifter that, sayin' he wid be back next day tae see fit I thocht aboot it.

I thocht aboot it aa that day, richt eneuch it wid be affa fine if we cood dry wir ain grain, syne I minded I hid menat tae drive road metal ontae the road afore hairst. Weel, if I wis tae pit in this dryer, I wid hae tae forget aboot the road this year, and that's the wey my mind wis workin', first ae wey and syne the ither, so I decided tae sleep on't, bit that didna help ony, for I coodna sleep for thinkin' aboot it, and fin I rose next mornin' I wisna neen farrer forrit. And fin Bob Green cam' inaboot I says tae him, "Ye'll be thinkin' I'm a funny kind o' a lad, I dinna ken fit tae say tull ye, for I hinna made up my mind yet." Hooiver, aifter some airm-twistin' I agreed tae go on wi't, that ferrly plaised Bob Green. He says, "Ye'll hae tae tak' oot that mull first, syne I wid like tae meet the jiner tae tell him fit his tae be deen, and wyte ir ye see, we'll mak' a grand job o' this." So we took oot the auld mull, tho Bob Green hid said it wis juist firewid noo, I didna think that, for it wis aa pitchpine, we broke it up bit bi bit and aa the timmer wis laid aside tae be used again, the bits we coodna mak' use o', we dumped in the moss aside Geordie Cassies. Air ducts wir made tae sit on the laft fleer, they wir made o' plywid wi' three inch strips o' perforated zinc alang the fit o' them, a hole wis made throo the laft fleer tae lit the het air intae the ducts, and a big air duct wis made tae tak' the het air fae the fan up tae the ducts on the laft fleer. The fan and the electric motor wis sited ootside the barn wa', wi' a hole throo the wa' tae lit the fan blaw the het air throo. Tae get the het air, I got the blacksmith tae mak' a brazier, it sat aside the fan, and it wis fuelled wi' antracite, and it wis set in sic a wey as the fan sooked the air throo the fire. I got Wullie Milne fae Cyaak tae come and wire up the electric motor and fin he wis feenished he says, "Naewey wull that motor start, ye've nae power comin' throo een o' that lines fae the transformer." I says, "That canna be richt, fin I notified the Hydro Electric office in Banff I wis pitten in this motor, I wis assured there wis a strong eneuch supply tae drive that motor, as I hid a two line supply." And the fowk in the Banff office took some convincin' there wisna a richt supply, they widna believe us, and syne they sent a man tae see fit wis wrang, and if I mind richt, the fuse for een o' the lines wis missin' at the transformer. Aifter that wis fixed, we got plenty power. The fan and the motor wis sited in a shed alangside the barn, there wis a lot o' space in that shed, so I got the coal merchant tae bring inaboot a ton o' antracite, hopin' that wid dae the hale hairst. The time aa this wis goin' on, Bob Green hid been a constant visitor, and he wis niver neen feard tae cast his jaicket and intil his overalls fin there wis a job tae dae. He wis lookin' forrit mair nor ony o's tae see if the dryer wid work aricht. We tried it oot, the fan wis ferr blawin' the het air up tae the ducts in the laft, bit wid it blaw the het air up throo the grain and it twa and a hauf fit deep, we wid juist hae tae wyte and see eence the combine wis yokit and Bob Green gaed awa' hame, tellin's tae be shure tae lit him ken fan we wir tae start usin' the dryer. We noo hid tae line the bit o' the barn faur the grain wis tae be stored wi' polythene sheetin', and pit doon polythene on the fleer as weel. This wis tae mak' shure the grain widna turn musty wi' moisture oot o' the wa's. Meantime, I hid gaithered inaboot a gweed lot o' secks tae pit the grain in on the combine, they wir a lot o' different sizes, bit we made up wir minds we widna full the big eens. Wattie Gerrard wis tae be handlin' them on the combine, he thocht a hunnerwecht wis eneuch for ony man tae lift.

So it cam' the day we yokit the combine. We startit aifter dennertime, cairret on or suppertime and gaed back for twa oors aifter that. Bi that time we hid twa bogies sittin' we fifty secks apiece, a big cairt wi' twenty-five secks and a big heep o' secks sittin' on the end rig. The bogies and the cairt wir teen inside anicht and the heep in the park happit wi' a cover. Next mornin', Wattie wis ower sharp kind, that wis Wattie aa ower, ayie keen tae get on wi' his work. Weel, him and me, we startit coupin' the grain oot o' the secks on tae a bit o' the barn fleer fit wisna nott for storage, fae there it gaed up tae the laft wi' an auger and spread ower the tap o' the air ducts. We hid aboot aicht ton o' grain, Bob Green hid telt's we wid need that amount tae get the dryer tae work richt. It wis aa up tae the laft gin ten o'clock, I gaed tae the hoose and phoned the College office at Turra tae tell Bob Green. He says, "Get yer fire gaun than and I'll be there as seen's I can."

Aa this time I wis thinkin' tae mesel, 'Michty, wull this contraption work, aifter aa the work fit hid gin intilt it wid be affa if it didna work.' Weel, we wis aboot tae find oot. Wattie hid the fire gaun, so I startit the motor. Richt awa' it wis sookin' the flames oot o' the fire intae the fan. Wattie shoutit, "Stop it Ake, ir ye'll set fire tae the hale biggen." At that meenit Bob Green cam' inaboot, he says, "No, no, dinna stop it, it'll ayie be like that." Syne he says, "Come up the stair tull we see if it's workin." So the three o's gaed up tae the laft. Michty, finiver we gaed intil the laft we felt the het air, we hid tae open the skylichts and the door at the end o' the laft. The three o's wir aa stannin' on the tap o' the barley, Bob gaed awa' ower tae the middle, he took oot a fine bonnie fite hankie and spread it oot on the tap o' the barley, aa at eence it rose aff the barley and wis suspended aboot an inch abeen the barley, it bade there waverin' in the air. He says, "That proves the fan's strong eneuch for the job," He tried the same again in different pairts o' the laft, the result wis ayie the same, and Wattie and me, we wir stannin' gapin' at him, we coodna believe fit we wir seein'. And Bengie Dalgarno, he heard the soond o' the fan, he cam' up tae see fit wis gaun on, and got as big a surprise as fit we got.

Weel, I wis fine plaised, it wis fine tae ken oor work hidna been in vain. Bob Green says, "I must admit, you lads hiv made a gweed job o' this." I says, "Oh aye, maybe so, bit I hiv you tae thank for aa yer help, it of hidna been for you it wid niver hiv been deen." Syne I says tull him, "Foo lang wull that batch tak' tae dry, and fit wey wull I ken it's dry eneuch?" He says, "Oh, it'll tak' aa day richt up tae bedtime, ye'll hae tae mak' shure the fire's keepit richt gaun, and as for dryness, ye shood buy a gadget for measurin' the moisture content o' yer grain." And fin we wir sittin' at oor denner that day, Wattie and me, we wir newsin' awa' aboot the drier saxteen tull the dizzen, fin Wattie says, "Fa's gaun tae look aifter the fire fin you and me ir on the combine?" "Michty," I says, "that's somethin' I ferr forgot aboot," so in the lang run, it wis tae be left tae the wife tae look aifter the fire, and aifter she said she wid see tul't Wattie says tae her, "Oh aye, I ayie kent fairmer's wives ir some eese for some things," and he gie near got roond the lugs wi' the dishcloot. Weel, that day we kept the fire and the fan gaun richt up tull nine o'clock, and fin we gaed up tae the laft, there wis naewey ye cood wauk on the tap' o' the barley noo, yer feet gaed richt doon throo it, and yer beets fulled up wi' barley, there wis nae ither for't bit tak' them aff and tak' oot the barley.

Next mornin' we opened the trap-doors atween the air ducts, the barley poored doon intae the store alow, syne the twa o's shovelled the barley fit wis left ower tae the trapdoors and that wis the first batch dried and stored. And I thocht tae mesel, 'Michty, we wid juist hae aicht or nine batches aa thegither, the dryin' and storin' o' the grain wisna tae be ill tae dae.' Bit of coorse, there wis ither things forbye that, the combine nott a gweed lot o' lookin' aifter, if it wis lookit aifter richt there wis nae ferr o'd brakin' doon. The strae hid tae be baled and bigget intae a soo, that wis somethin' else I wid hae tae think aboot, pittin up a shed tae hud the strae, and of coorse, the strae affen got rain afore it wis baled and hid tae be turned wi' the hey-turner. If I mind richt that first hairst wi' the auld fashioned combine, the baler and the grain dryer only laisted a fortnicht, and Wattie and me did it aa oorsels, apairt fae the help we got fae Harold in the evenin's and Sandy at the weekends. Feenishin' up wi' the barley stored in the auld strae barn, the corn left in the laft faur it wis dried, and the strae in a soo covered up wi' polythene. Bob Green cam' inaboot a few times that fortnicht. He said tae me, "I'm fine plaised tae see athing gaed aricht for ye, ir ye plaised noo ye didna start wi' that auld binder?" I says, "Michty aye, I'm plaised aricht, naewey wull I yoke that binder again." He gaed awa' aifter that, bit afore he gaed awa' he says, "I'm plannin' something ivnoo, I canna say fit it is, I'll be back tae see ye inaboot a fortnicht's time."

That nicht Wattie spiered if it wid maitter if he didna come fro a file, he wintit tae help oot at hame, they hid a gweed lot o' hairst there yet. I says, 'Oh, that's aricht Wattie, I winna hae muckle work for ye for a file noo, bit ye'll ayie come and gie's a haund fin I'm needin't wullin't ye?" He says, "Oh, that plaises me fine, juist ye lit me ken fin yer needin' me." So that wis me feenished wi' the hairst, there wis nae ither body roond aboot feenished, nae doot I' spent a puckly siller on the combine, the baler and the drier. I sat doon at the kitchie table that nicht and gied a roch coont foo much it wid've cost me tae cut it wi' the binder, stook it and get it bigget intae stacks, and I found oot it wid've cost me aboot hauf fit I peyed for the combine, the baler and the drier, and mair nor that, I wid still hae tae thrash it yet and the combine, the baler and the drier wir there for years tae come, so there wis naewey I hid teen the wrang decision.

Next mornin', I startit tae clean the combine fin Bengie Dalgarno cam' inaboot, he still hid a bit tae cut, wid I come wi' the combine and cut it for him. Noo, this wis something I didna wint tae start dee'in, I hid plenty tae dae at hame withoot gaun and helpin' ither fowk. Bit ye see, he hid helpit me a lot wi' alterin' the combine tae cairry the bags o' grain tae the end rig, and the riggin' up o' the drier forbye, I felt I coodna very weel say no, so I startit up the combine and gaed awa' doon the road, takin' a gweed puckle secks wi's. There wis juist aboot twa acre o'd, and I wis near throo wi't fin Ned Simpson, fae Upper Auchnamoon cam' tull's. He says, "I hiv a bit left tae cut yet tae, ye widna come alang the road and dae that as weel?" This wis waur still, I tried tae tell him the machine wisna licensed for the road, I wis sair needin' tae be at hame dee'in my ain work than ither fowks, hooiver he got roond me and I gaed and cuttit his bit tae. Aifter I wis feenished, he spiered at me, "If he took the grain up tae Braeside, wid I dried for him?" Weel, naewey wis I gaun tae start that, na, na, if I startit that I wid get plenty o'd tae dae, and mair nor that, the drier wisna suitable for that, wi' it been bigget intae the auld barn. Aifter that I got the combine richt cleaned and ile'd, took aff the big air cleaner, and got it intil the big Nissen hut. It wis fine tae see it inside under a reef, nae like a lot o' other combines left ootside aa winter.

Bob Green hid said he wis comin' back tae see's. Weel, he did come back, and aifter he hid haen a gweed look at the dried grain, he wis makin' shure it wis keepin' aricht I thocht, he says, "I'm organisin' a tour o' aa the new driers fit his been put intae operation in the district this year, I wid like you tae come on this tour, and I wid like yer permission for the tour tae feenish up here, juist for the purpose o' litten them that's interested see it is possible for somebody in a sma' fairm sic like yours tae be able tae dry yer ain grain withoot a big layoot o' capital. Wid ye be wullin' tae dae that?" My first thochts wis tae say no, fit wey cood onybody compare a drier like mine wi' ither driers costin' onythin' fae five thoosand pounds tae twenty thoosand pounds and I hid only spent aboot sax hunner pounds, na na, tae me it didna mak' sense. And fin I tried tae pint this oot tae him, "Na, na, yer wrang," he says, "it dis mak' sense, we're juist in the middle o' a period o' cheenge as faur as hairstin' goes, and ye've made a richt gweed job o'd, ye didna dae't bit bi bit, last year ye cuttit yer crap wi' a binder, stooked it and syne bigget it intae rucks, that wid've teen ye three or fower weeks and ye still hid tae thrash it, peyin' fowk for aa that work. This year, ye combined yer crap, baled the strae and dried the grain, and in yer ain wirds it only took ye a fortnicht, in ither wirds, ye made a clean brak, ye cheenged fae ae system tull anither, and as for this tour, I'm shure there'll be a lot o' fairmers like yersel wull be plaised wi' fit ye've deen here." Weel, aifter that, I coodna very weel say no, and I agreed tae gang on the tour, and fin it cam' tae my turn I hid tae explain tae the fowk the work we hid tae cairry oot and hoo much it hid cost.

So the day o' the tour cam' roond, I wis still neen keen on gaun tae see aa this fancy driers. I kent within mesel I wid niver be spendin' thoosands o' pounds on a grain drier, aa the same, I hid promised Bob Green I wid gang and naewey wid I lit him doon, and I wis fine plaised fin I gaed inaboot tae the first fairm tae see een or twa that I kent. I think we visited aboot hauf a dizzen fairms that day, aa wi' new biggins for dryin' and storin' grain. Some o' the biggins as big as my hale steadin', aa bigget wi' new material, costing thoosands o' pounds and pairtly peyed for bi government grant. And the farrer on in the day we gaed, I wis ayie thinkin', 'Goad, fit wull this fowk think o' my simple drier.' Of coorse, aa the plaices we gaed tull wir storin' hunners o' tons o' grain, nae winner they cood afford the ootlay for dryin' and storage. Braeside wis tae be the hindmist stop, and afore we left the een afore that, Bob Green telt the pairty that we're now goin' tae see a drier designed for the sma' fairmer, an auld strae barn converted intae a dryer wi' storage space for aboot seventy tons, so aboot a third o' the pairty drappit oot and gaed awa' hame.

And fin we cam' tae Braeside, Bob Green got them aa gaithered inaboot tae the barn door. I heard some remarks like, "Michty, there's naething tae see here," or "It's juist been a waste o' time comin' here," and sic like, bit aifter I opened the barn door, explainin' there wis only the fan, the motor and the brazier ootside the biggen, and they saw the barley stored in the barn and the corn stored abeen the air ducts in the laft, the mood ferrly cheenged, mair so aifter I telt them fit it cost. Some o' them winnered if the grain wis richt dried. I says, "Juist step on the tap o' the barley ir ye see. And of coorse they did, wi' the result their feet gaed richt doon in amin the barley, fullin' their beets. It wis the same wi' the corn in the laft, their feet gaed doon amin't, syne I hid tae get a shovel and mak' a hole amin the corn, tae lit them see fit the ducts wir made o', and then some o' them said, "Ye'll hae tae use shovels a gweed lot hiv ye?" I says, "Oh aye, ye dinna hae tae be feart at hard work." Syne somebody spiered if it wis expensive keepin' the fire goin'? I says, "Weel, ye kin judge for yersel, I bocht a ton o' anthracite afore I startit, and ye kin see I've aboot aicht cwt left." The next thing I wis spiered wis, "Did I get a government grant?" And fin I said I didna, they winnered fit wey I managed tae keep the cost sae low. I says, "Oh, I wis lucky tae get a gweed seecond-hand fan, we used up aa the gweed timmer fit cam' oot o' the auld mull, and of coorse, there wis plenty o' hard work involved, something fit wisna chairged for." Weel, they wore awa' aifter that, bit durin' that winter there wis lots o' fowk cam' inaboot tae see hoo it wis deen, some o' them thocht it wis aricht, they wid hae a go at it gin anither year, and some o' them said there wis naewey they cood dae the same as I did, kis they didna hae a heich eneuch biggen, and I hid tae admit I wis lucky, ye wid hiv thocht my aul strae barn and grain laft wis juist made for the job.

Bit there wis ae thing wrang wi' usin' the barn for storin' grain, near aa the strae wis sittin' ootside, nae doot it wis happit wi' polythene, bit it wid hiv been better under a richt reef, so that wis somethin' I wid hae tae see tull afore anither hairst, pit up anither shed. There wis anither thing wrang forbye that. I fund oot fin I selt the first larry load o' barley, it took us twa oors tae load the larry, for it hid tae be taen oot o' the store ontae the spare barn fleer, syne auger'd inower the larry fae there, and it meant double shovellin'. Ye cood hiv wrung oot oor sarks afore we wir feenished, even Wattie wis complainin', mair than that, the larry driver wisna plaised kis he hid tae shovel the barley fae the middle o's larry tae full up the front, so maybe biggin in the drier like fit we did hidna been sic a clever thing aifter aa. I lissened tulla the complaints and the swearin', at the same time I wis plannin' fit I wid dae tae improve it gin anither year. I juist hid anither twa larry loads tae pit awa', the rest wid be used for feedin' on the fairm.

Ae day a wumman cam' tae the door, some charity or ither she wis collectin' for. Beldie and me wir sittin' at oor aifterneen fly, so fin she gaed tae the door she invited the wifie in for her fly, and we wir newsin' awa' saxteen tae the dizzen fin the wifie says, "I see ye hiv a Rayburn stove Mrs Smith, aren't they grand things for a fairm kitchie?" The wife says, "Oh aye ferrly that, ye kin burn onything in them, ye get plenty het watter and the kitchie's ayie fine and het in the mornin." "Richt eneuch," this wumman says, "bit I got mine converted tae ile aboot three month syne, and sic a success it is, nae mair aise tae cairry oot, and nae near sae much stew in the kitchie." I cood see my wife wis ferr interested. I thinks tae mesel, 'Fit neist', bit the twa o' them sat and discussed it, it wid hiv been aa the same tho I hidna been there, I wis juist ignored, and in the lang run she telt the wife tae see Wullie Milne in Cyaak, he wis advise her aboot convertin' her Rayburn. Aifter the wifie gaed awa', she spiered at me fit I thocht aboot it. I says, "I hiv naething against it, naewey wid I stand in the road o' progress, aa the same ye'd better think aboot fit wid happen if the ile tank wis needin' fulled in a time o' sna, juist fit like it wis this laist winter, and the larry coodna get up the road." And fin she spak tae Wullie Milne aboot it, he says, "Michty, ye dinna hae tae worry aboot that, install a 250 gallon tank, ae full o' it'll dae ye three month, so ye juist top it up a 100 gallon at a time in the winter."

So the Rayburn wis cheenged ower tae burn ile, fit a lot less work it wis for the wife, nae peats, sticks or coal tae cairry intill't and nae aise tae cairry oot, tho we wid still need coal and sticks for the ben the hoose fire, it ayie wis lichted in the evenin's at the week-end. And durin' aa that winter, the Rayburn wis turned doon low at bedtime, a kettle o' watter sat on the tap o'd, and fin I rose in the mornin', the kitchie wis ayie fine and warm and the kettle simmerin' awa' for me tae mak' tay afore I gaed oot tae sort the nowt.

I used tae be oot tae the byre gin sax o'clock, it took me an oor and a hauf tae feed, muck and bed doon the nowt in the byre, meantime the wife wid come oot tae the byre tae milk the coo, and we baith gaed intae wir brakfast gin hauf past seven. At aicht o'clock I gaed oot again tae feed the nowt gaun louse in the Nissen hut, and feed the sheep syne I wid get awa' tae ony ither job needin' seein' tull. Jobs like pu'in neeps, takin' in neeps, takin' in strae, bruisin' corn and sic like. There wis ayie somethin' tae dae, and of coorse I hid tae try and get some plooin' deen as weel. And the wife, aifter she hid her brakfast, she hid the hens tae feed, syne intae the hoose tae clear awa' the brakfast dishes, get Kathleen awa' tae the skweel, mak' the beds and sic like and start makin' the denner. If Wattie wis workin' wi's, he hid tae get his denner tae. It wis affa fine athing gaed as planned, bit it didna ayie dae that. Some mornin's I wid gang intae the byre and meet a stot stannin' lookin' at's as I gaed in throo the door. Somewey or ither he hid managed tae rattle his binnin' louse, or maybe it hid broken, so there wis ayie a bit o' a circus ir I got him tied up again, sometimes I wid manage wi' pitten some bruised corn in his trochs, he wid gang intae his sta' tae ait it. Ither times I wid hae tae use a lasso tae get him tied up, and it wis ayie waur if there wis a quaike in heat, a stot wis ayie swier tae pairt company wi' her. And dinna think it wis juist the stots that broke louse, the quaikes wir juist as bad, and if it so happened the quaike wis in heat, she wis waur than ony stot tae get tied up again. Ither mornin's ye micht gang intae the byre and get a beest nae weel, at an odd time ye wid get een fit widna rise, juist lyin' there wi' it's heid hingin' ower intae the troch, or maybe ye wid get een fit widna ait, juist stood and lookit at the mait set in front o'd. Fin that kind o' things happened ye hid tae think tae yersel, 'Michty, wull I hae tae phone the vet ivnoo and get him oot richt awa', or kin I wyte and gang in for my brakfast,' and aifter that, fit iver ye decided tae dae, ye kept on winnerin' if ye hid deen richt. And of coorse, fin ye wis hinnered in the mornin', ye wis ahint aa day.

As I said afore, I hid fower acre o' neeps that first year at Braeside. I wis feedin' neeps tae the nowt in the byres, alang wi' bruised barley and corn, and some strae. The younger beests gaun louse in the Nissen hut wir gettin' hey and bruised corn, and they wir gettin' oot and in as they liket. I meant tae feenish the neeps afore I startit the silage, bit the weather broke doon on's, there wis a heavy fa o' sna and I still hid hauf an acre left, so I stoppit the neeps and startit amin the silage. I wis cuttin' the silage wi' an electric cutter and takin't intae the neep shed wi' the buckrake, syne barra'int intae the byre. Michty, sic a lot aisier than workin' amin neeps, bit there wis juist ae snag, I hid tae cairry watter tull the nowt. This I didna like tae dae, so I promised mesel afore the nowt cam' intae the byre neist year, I wid hae watter bowls intae the byre. Anither thing I said tae mesel wid cheenge, there wid be nae mair neeps at Braeside, na na, nae fin ye kin tak' in yer winter's supply o' silage and hey in the summer months. Nae doot it wis a lot o' work, bit it wis aa deen in the fine weather and lang daylicht days, forbye wi' neeps ye hid tae trauchle on in the short mucky days, and affen amin rain or sna.

There wis ae foreneen, it wid've been aboot the middle o' November, fly-cup time at that, and Wullie Murray cam' inaboot. Wullie kent fan tae come inby, he kent fly-cup time, and fin he wis sittin' at the kitchie table he says tae me, "Hiv ye been amin yer hey bales the day Ake?" And fin I said, "Oh aye, I hiv that." He says, "Did ye see onythin' wrang this mornin'?" I lookit at him, I winnered fit he wis gettin' at, so I says, "No, I didna see onythin' wrang, fit div ye ken?" "Weel," he says, "I wis awa' wi' the float tull a store cattle sale at Lanark, I cam' hame wi' a load o' nowt yesterday, I got a puckle o' them selt afore I got hame, bit I landed in New Byth aboot eleven o'clock wi' sax stirks left, and see'in I hid naethin' tae feed them wi' I cam' up here and helpit mesel tae fower bales o' hey, and I'm here tae pey for't noo." I lookit at him, I thocht tae mesel, 'Fit a cheek he hid dee'in that', aa the same here he wis the neist day inaboot tae pey for the hey, and if he hidna teen the hey, the stirks micht hiv tae gang withoot mait, so I says, "Ye ken Wullie, it's juist rougues fit dis things like that. At the same time I niver missed it, so if ye peyed ivnoo, I'll say nae mair aboot it." Noo, Wullie Murray wis een o' thae lads fa made their livin' as a cattle dealer. He roupit oot o' the Hame Fairm o' Byth and bocht the auld manse at New Byth. The manse wis neist door tae the kirk, bit ye niver saw Wullie in the kirk, hud awa' fae funerals and weddin's. He used the auld stable and byre at the back o' the manse tae keep ony stirks he wis landed wi'. The same stable faur the minister's shelt hid eence been kept and in the same byre faur the minister's coo and stirks wis kept, forbye that, he hid some grazin' nearby, fit wis near ayie crappit richt doon tae the grun. He wisna fussy aboot the quality o' the nowt he bocht. If Wullie thocht there wis a pound tae be made affin a beest he bocht it. Near abody said Wullie Murray wis juist a swick, weel aa that kind o' lads ir ca'd that onywey, bit he didna swick me that foremeen, for I wis gie weel peyed for that hey. I got a lot mair than the richt price for't, and that wisna the hindmist time he got hey, and I wis ayie weel peyed for't, cash in haund at that.

The November term cam' roond, it wis noo a year since we cam' tae Braeside. Sandy Wilson, him fit wis in Braeside afore me, he hid shiftit ower the braeface tull Auchnagorth. Weel, he shiftit again, he selt Auchnagarth tull a man, George Elphinstone, fa wis the tenant o' Headiton, a fairm on the Bonnykelly estate, and Sandy Wilson himsel, he bocht the Bayview Hotel in Macduff, and wis tae hae a go at rinnin' a hotel. The wife and me, we sat doon ae nicht and lookit back tae the time we cam' tae Braeside. We gaed ower aa the cheenges we hid made, the sooker kye and the bull wir awa', she wis fine plaised aboot that, kis she didna like a bull aboot the plaice, and I wis noo fattenin' nowt, we hid cheenged oor wey o' hairstin', of coorse there wis still improvements tae mak' there, I wid learn bi my mistak's. I wisna gaun tae gruw neeps neist year, makin' mair silage instead, aa this wis tae save hard work and workin' oot in aa kinds o' wether. the Rayburn in the kitchie wis cheenged tae ile, that wis a big improvement tae. Weel, that wis aa plus marks, fit aboot the minus marks. First there wis the watter supply, it wisna neen satisfactory, somethin' wid hae tae be deen aboot that, and the road, I hid been sae busy daen ither things, there hidna been time tae dae much tae it. And of coorse, I wis needin' a shed tae hid the strae. Syne I minded aboot auld Jimmie Milton comin' tull's aboot the big burn, litten me ken I wid hae the lion's share o' it tae pey. Of coorse, maybe naethin' wid be iver deen tul't, we wid juist hae tae wyte and see fit happened.

Durin' the laist twa month I hid noticed the banker comin' inaboot, he aften handed in a wild duke for wir denner, that wis ayie in the evenin's, bit ae Setterday aifter dennertime he cam' tae the back door, I wis throo wi' mi denner, so I gaed tae the door, he hid a pheasant in his haund, and he says, "This'll mak' ye a fine denner, I've a freend wi' me the day and the twa o's wauked aa the road alang the burnside, we got twa pheasants and snipes, so here's een o' the pheasants." So the twa o's got newsin' and afore lang he wis intae the byre seein' the nowt, the ither man alang wi' him, syne he spiered fit I hid deen wi' the grain I hairsted, hid I selt it aff the combine and did I come oot aricht wi't?" I says, "Na, na, the grain wis dried on the fairm and there wis juist ae load awa' yet." So he hid tae see the grain and the drier. He wis ferr teen wi't, he says, "Michty me, yer ferrly gettin' on at a great rate." And I startit tellin' him aboot aa the things I wid hae tae dae, and he says, "Oh juist you cairry on as yer dee'in, dinna be feart tae spend a puckle siller, bit juist you consult me first and I'll sort it oot for ye." And that bank manager, Duncan wis his name, him and me, we got on grand thegither tull he retired. He bigget a hoose for himsel tae retire intil aside the Blairton Inn at Balmedies and even aifter he flittit there, he used tae come tae Braeside for an oor or so's shootin'.

We wir intae 1964 noo, auld Jimmie Milton stoppit gaun by ae day. He says tae me, "Ake, I'm gaun tae hae anither bash at gettin' that burn deepened, we canna hing fire muckle langer kis it's ayie gettin' waur. I hope yer ayie o' the opeenion it shood be deepened. I've been spikin' tae the new man at Auchnagorth, he's keen on the idea tae." I says, "Oh aye Jimmie, get gaun as faist as ye can, as faur as I'm concerned the quicker it's deen the better." "Aricht," he says, "I'll see fit I kin dee, of coorse abody wid hae tae pey their share and I think ye wid hae the biggest share, at the same time we shood get a government grant for that job." Aifter that, he hid spoken tae some o' the ither fairmers involved, Gordon Michie fae Little Byth, Bill Grant fae Auchnagorth; George Elphinstone, Auchnagorth; Ned Simpson, Auchnamoon; Geordie Still, Loanhead; Bill Sievwright, Culbyth; Jimmie Milton, Redburn and Frank Williamson, Roundhill. In his opeenion, they wid aa be involved if this scheme gaed ahead and they wid aa hae tae agree tae pey their share afore it cood get startit. And ayie fin he met me, he wid tell me athing wis gaun fine, and he wis gaun intae the College office at Turriff tae spier aboot a government grant.

On the 17th February I hid a phone call fae Hugh, my brither, it wis tae say that wir mither hid died and I hid better get doon tae Montrose richt awa'. Weel, wi' me bein' the auldest I thocht I shood be there, so I set aff at eence. Beldie said she wid get Wattie tae look aifter the beests. And takin' doon the road that day I minded aboot Grannie Massie passin' awa' in 1962, and noo here wis Grannie Smith in February, 1964. Grannie Massie hid been aichty and Grannie Smith wis seventy-two. Michty, it gaurèd me think I wis gettin' auld tae. She wis buried in Sleepyhillock Cemetery three days aifter that, and mi fader wis left on his leen aifter that in the hoose at 123 Murray Street, Montrose, and Gertie, her fit wis mairrit tae Alan Massie, she lookit aifter the hoose for him, and gied him his denner, itherwise he managed awa' himsel.

I still hid the ewes I flittit fae Balnamoon, the tup wis in amin them fine and early. Some o' them startit tae lamm in the middle o' February, and tae get plenty time tae look aifter them, I got Wattie Gerrard tae sort the nowt for's. I hid thirty-five ewes, and I hid it planned so's they cood rin oot and in tae the big Nissen hut, so the wither wisna batherin's. Ye see, aifter the bather I hid wi' the dippin' the year afore, I sat and planned it oot so's I widna hae tae dip or clip again. The ewes I hid ivnoo wid aa be lammed gin the first week in Mairch, if I wis gweed tae them, the ewes wid gang awa' fat in Mey and the lamms aboot the end o' June or intae July. That meant durin' July and August I widna hae sheep aboot the plaice, this wid help tae keep the plaice clean fae fitrott etc., and I cood buy in broken-moo'ed ewes in September, makin' shure they wir dippit afore I bocht them, pit a tup in wi' them, and the hale circle wid start aa ower again. Mair nor that, the clean grund faur the silage wid be wytin' for them, this wid mak' share the ewes wid come intae heat. So, that's fit I did aa the time I wis at Braeside, and it wrocht aricht, some fowk said it wis a lazy man's system, bit I didna care, it wis fit suited me best.

Ae day, aboot the beginnin' o' Mairch, Ian Lumsden the College adviser cam' inaboot, he hid Jimmie Milton wi' him. I winnered fit wey this wis. Weel, they startit tae spik aboot the Byth Burn and gettin' it deepened. Ian Lumsden says, "Mr Milton here cam' in tae oor office in Turriff tae see if we cood gie'm ony advice aboot gettin' the Byth Burn deepened. I may say this is nae the first time he his been in, he's pretty keen tae see the job cairrit oot, so I cam' oot tae see him the day, the twa o's hiv haen a gweed news aboot it, and we've come tae the conclusion that, as you'll hae the biggest share tae pey, you shood be takin' mair say aboot gettin' the job deen. Of coorse, Mr Milton here kens mair aboot that burn than iver you'll dae and he wid ayie be ready tae help ye oot." I says, "Aricht, I wid like tae see the job deen tae, so fit dae ye wint me tae dae?" Ian says, "The first thing ye wid need tae dae wid be tae arrange a meetin' o' abody involved, if ye cood dae that I wid come and meet them athegither, and if abody wis agreeàble I wid get the Dept. of Agriculture to survey the hale area, work oot the estimated cost and tell us hoo much grant we cood expect." I says tae Jimmie Milton, "Are ye in agreement wi' this, Jimmie?" And fin he said, "Oh aye, cairryon and I'll help ye aa that I can." I says, "Faur ir we gaun tae meet than, fit aboot meetin' here at Braeside, wid the chaumer here dae for a meetin' plaice? If ye baith agree tae that, I wid pit a fire on and that wid keep abody warm."

It wis agreed that's fit we wid dae, atween Jimmie Milton and me, we agreed tae contact abody fit wid be involved tae meet on a certain day in the chaumer at twa o'clock, and the adviser fae the College wid be there tae spik tull's. Weel, abody turned up that day. There wis Frank Williamson, young Jimmie Milton, Bill Sievwright, auld Jimmie Milton, George Elphinstone, Geordie Steel, Ned Simpson, Bill Grant, Gordon Michie and his son Henry and me. So abody turned up that day, and Ian Lumsden fae the College cam' inaboot, he explained the advantages we wid aa get if we gaed on wi' the scheme, and he stressed the importance there wis for abody concerned tae work thegither tae get the scheme cairrit oot. Syne he gaed on, "If yer aa agreeable the day, I'll get in touch wi' the Dept. of Agriculture and get them tae survey the grund involved." Aifter a lot o' discussion, abody agreed that the scheme shood gang on, so the meetin' feenished and Ian Lumsden left sayin' he wid get the Dept. of Agriculture tae cairryoot a survey.

Weel, that meetin' wis held aboot the end o' April, and throo the summer the Dept. did cairry oot a survey, bit their survey took in an affa lot mair grund than fit we wir thinkin' aboot. It took in aa the Howe atween the big burn and the New Byth village lands, this meant an affa lot mair fowk wid be involved noo, they wir Gordon Imrie, Milton o' Byth; Frank Moir, the muller at the mull o' Byth; Bengie Dalgarno, Auldmill and the laird and the tenants of the village lands. Sometime in the back-end I got a copy of this survey, and alang wi' the survey wis the estimated cost of the scheme and the amount the scheme would attract in the form o' a government grant. It also stated that if the scheme was not completed in full, no government grant would be paid. I kent richt awa' this wid niver be accepted, the cost even wi' the grant teen aff wis a gweed bit mair than fit we thocht it wid be. Fae my ain pint o' view, I wid've been wullin' tae go on wi't, even tho I wid hae the biggest share tae pey. Of coorse, I wid get mair benefit than ony o' them if the scheme wis cairrit oot. I discussed it wi' Ian Lumsden the next time I wis at the mairt, I telt him fit I thocht, tho I wid like tae see it gang aheed, I wis shure a gweed lot o' the rest o' them didna. He says, "In that case than, ye wid need tae get them athegither for anither meetin', if ye lit me ken fan it's tae be, I'll come alang tae."

On the road hame that day, I wis thinkin' tae mesel, 'Michty, fit hiv I lutten mesel in for, haen tae gang awa' roond aa thae plaices and try tae get the fowk tae come tull a meetin'. Comin' doon the road fae the Reedhill intae New Byth, I thinks tae mesel, 'There's nae time like the present, I'll gang inaboot and see fit Gordon Imrie his tae say aboot it.' Gordon, he wisna neen keen on't, aifter I telt him aa aboot it, he says, "Weel, I ken the burn's needin' deepened, it winna mak' muckle odds tae me. If ye get the scheme aff the grund, I'll pey my share, I widna stand in the road o' progress." And fin I spiered if he wid come tae the meetin', he says, "Oh aye, I'll come tae the meetin'." I thocht that wis fine, syne I gaed alang the road tae see the muller,

Frank Moir. He cam' tae the door himsel, and fin I startit tae tell him fit wey I wis there, I wis wintin' him tae come tull a meetin' tae see aboot the deepinin' o' the burn, he says, "I'm nae needin' tae hear ony mair aboot it, get oot o' this and dinna stand there and spik aboot somethin' ye dinna ken aboot;" and he banged the door in mi face. 'Weel, that wisn'a neen neeborly wis it', I thocht tae mesel as I gaed awa' up the brae intae New Byth, syne I stoppit wi' Nat Greig, he wis een o' the tenants o' the village lands. I tried tae explain tae him fit it wis aa aboot. I said tae him he wid hae tae pey a sma' share if the scheme gaed on, and spiered wid he come tull a meetin' aboot it. He says, "Na, na, ye needna expect me tae help ye wi' the deepenin' o' the burn, I widna get ony benefit fae it, and ye ken dae onythin' ye like aboot yer meetin', kis I winna be there." I wis gie doon in the moo ir this time. I kent fine I wid get the same answer fae the ither tenants o' the village lands, so I didna gang near them, bit I stoppit wi' Bengie Dalgarno fin I wis passin', he wis in the same opeenion, naewey wid he help tae pey for the deepenin' o' the burn, bit oh aye, he wid come tae the meetin', it wid be a cheenge o' scenery onywey and it wid be fine tae hear fit ither fowk hid tae say.

So, the day o' the meetin' cam roond, aa the original fowk wir there, plus Gordon Imrie and Bengie Dalgarno. Again Ian Lumsden wis there, first he spak aboot the amount o' time and energy I wis pitten in tae get this scheme goin', some o' them thocht it wis aricht for me tae dae that, as I wid get the maist benefit fae't, syne he says, "Of coorse, there's nae much sense o' gaun on wi't if some fowk didna agree wi't, some o' them thocht foo shood we stick tae the Dept. of Agriculture's plan, takin' in aa that extra grun, it wis juist the deepenin' o' the burn we wir originally thinkin' aboot, foo shood we nae draw up a plan o' oor ain, apply for a grant, syne get a move on wi't. It wis a gweed job Ian Lumsden wis there, he wis able tae tell's if we didna stick tae the Dept. of Agriculture's scheme, there wid be nae grant. There wis a fine fire gaun, the chaumer wis fine and warm, bit bi this time there wis mair than the chaumer warm, the heat o' the meetin' wis risin' tae. Them fit hid weet grun aside the burn wisna neen teen wi' the wey this ither twa/three lads wir haudin' things up. I got a share o' their feelin's for nae gaun tae see the ither tenants o' the village. Michty, ye shood a' kent Nat Greig widna agree wi's, some o' the ither eens micht. I retorted, "Weel, if ye think ye wid mak' a better job than me, ye shood hae a go at it." And somebody said tae Bengie Dalgarno, "Foo ir you nae peyin' yer share, I'm shure ye cood aisy afford it?" Weel, Bengie lookit roond aboot, he didna say onythin', syne he took oot a fag, lichtit it and blew oot the reek, syne he says, "Foo am I nae peyin'? Weel, I hiv a mind o' my ain and I kin plaise mesel, as for me bein' able tae pey'd, that's neen o' yer bisness." Eventually the meetin' broke up, it hidna been a success, and as the fowk wannered awa' hame I realised we wir back faur we startit. I thocht tae mesel, 'Did we mak' a mistak' bringin' in the Department, shood we hiv gaun aheed in the first plaice withoot applyin' for a grant' and ayie fin I met ony o' them fit wis richt involved, this argiement wis spoken aboot. I met Gordon Michie at Maud ae day aifter that, I says tull him, "Weel Gordon, that's the deepenin' o' the burn up a closie, it'll niver be deen noo." "Deel a bit o'd," he says, "wyte ir ye see, this scheme wull come tae the forefront some time in the future."

Weel, that meetin' wis aboot November 1964, we'll gang back noo tae the spring o' 1964. I said afore I wid hae tae big a shed tae hud strae. Weel, there wis an open space atween the steadin' and the hoose, there wis space eneuch for a shed there, only there wis a full length railway carriage in the middle o'd, that wid hae tae be shiftit oot o' there, and I wid mak' the door fine and wide, so's the combine wid get in, and I wid keep the new shed for implements and that wid mak' the present implement shed available for strae. So I got the railway carriage shiftit ower tae the field at the back o' the hoose, got it wired up for electricity, ready for the wife's day-auld turkeys fan they cam' hame. And noo I hid tae think aboot gettin' up a shed. Weel, I met Gordon Michie in Aiberdeen ae Friday, I wis stannin' lookin' at a sectional widden shed at the mairt for sale, fin he cam' inaboot tull's. I wisna neen teen wi' the shed kis some pairts wir gie sair come-at, mair nor that, fa' iver hid teen'd doon hid been gie roch, there wis bits here and there split throo the middle. Gordon says tae me, "Ye nae thinkin' aboot buyin' that ir ye?" I says, "Oh aye I am, aa the same, it's nae as big as I wis needin'." "In that case," he says, "ye shood juist forget aboot it, young Gordon's bocht a puckle sheds aff the government juist noo, he's takin' them doon and pitten them up again far onybody fit's needin' een, they're agie bit stronger than that een lyin' there and if ye wint tae see een, come tae Little Byth, we've een up already."

Weel, I minded fit a gweed strong job young Gordon hid made o' erectin' the Nissen hut at Balnamoon for wir hens, so I gaed tae Little Byth tae see this shed. Michty, I wis ferr teen wi't, fine strong framework and plenty windae space, wi' an asbestos reef. I ordered een richt awa', and gaed awa' hame wi' the measurements for gettin' in the foond. I got hame a larry load o' sax inch cement blocks and got Peter Kindness fae New Byth tae big in the foond. Peter Kindness, he wrocht wi' Jamie Lovie at Cowbog, and wis ayie lookin' for an extra job. Eence the foond wis feenished, the shed cam' inaboot in sections on a larry, and in a short time it wis erected and it ferrly fulled the gap atween the hoose and the steadin', and turned oot tae be a grand implement shed, plenty room tae get intilt wi' the combine.

This aa took plaice durin' the first hauf o' April, meantime, I hid been feedin' the nowt and the sheep wi' silage. As I said afore, I still hid hauf an acre o' neeps fit I meant tae use up in the springtime, bit I wisna needin' the neeps noo, so I selt them tae auld Jimmie Milton, at the same time I got a lecture fae him aboot hoo silly I wis, sellin' that gweed neeps and feedin' mi nowt wi' that stinkin' stuff o' silage. I says tae him, "Weel, ye kin think fit ye like, bit as faur as I'm concerned, that's the feenish o' neeps at Braeside." And it wis the same wi' the tatties, I didna gruw ony for sellin' again. year aifter year I gruw eneuch tatties and a dreel o' neeps for wirsels in a strip o' grun at the back o' the hoose. And I hid mi vegetable gairden as weel, I niver failed tae gruw oor ain carrots, leeks, cabbage and sic like, kis they wir affa handy for the broth pot. I ken a lot o' fairmers like me coodna be bathered wi' the gairden, they ayie said they coodna mak' time for't, bit it wis juist like this, if ye wis interested in gruwin' vegetables ye cood ayie get time for't. The bit in front o' the hoose, the wife lookit aifter. There wis a bit there wi' a dyke roond it, a pathie up the middle tae the front door, a sma' lawn on ilka side wi' flooer borders roond aboot. In the spring and aa throo the summer she keepit it a blaze o' colour, and the roses roond the windaes and the door flooer'd for month aifter month.

It cam' tae the term again and athing wis gaun alang fine. We wir ayie gaun back and fore tae the Greigs at Grassiehill. We wir ower there ae nicht fin George says, "Fit aboot a holiday this year, ye ken we niver got awa' ava laist year, of coorse, we wir aa busy workin' on improvements." So it wis agreed we wid hae tae mak' an effort tae gang awa' Bed and Breakfast for a week. We wid hid ower tae the west coast, book in somewey aside Oban, lave een o' oor caurs there and gang across tae Mull, bide for twa nichts and come back again. And of coorse, we wid hae tae pey a visit tae Iona fin we wis there. We sat and newsed aboot this holiday anicht, got oot a road map and startit plannin' faur we wid stop. I says, "Fit's the eese o' dee'in that, we niver stick tult onywey," syne Mrs Greig said, "Shurely we cood set a date for startin'?" I says, "Oh, that's aisy, it'll hae tae be fin we baith hiv wir hey baled, and afore the seecond cut o' silage." Beldie, my wife says, "Ach, you twa lads ir ayie the same, canna set a date ower the heid's o' the work on the fairm."

I gaed in tae Aiberdeen ae Friday tae the implement sale, I wis needin' a green crop harvester afore the silage startit. Cuttin' the silage wi' a mower and loadin' it wi' the green crap loader wis aricht, bit it wid be better wi' a harvester, it wid be quicker onywey. There wis twa/three o' the kind for one man operation, faur the harvester ran alangside the tractor and cood be coupled aff fin the bogie wis full, and left stannin' in the park tull ye ran hame wi' the bogie tae the silage pit and cam' back again. Weel, that wis fit I wis needin', bit there wis mair fowk there lookin' for the same thing, and they seemed tae hae a stronger cheque book than fit I hid, for I didna get ony o' them. Bit there wis somethin' else that I bocht, it wis a puckle watter-bowls for gaun intae a byre. There wis een or twa mair than fit I wis needin', so I bocht the lot, they wir juist lyin' there in a heep, in a sotter nae handy and I got them gie chaap.

Aifter I bocht the watter-bowls and peyed for them, I wis cursin' at mesel for bein' ower ticht wi' mi siller and nae buyin' een o' thae forage harvesters, fin this young lad cam' inaboot tull's. He says tae me, "Aye Mr Smith, ye didna get een o' the harvesters, wid ye still like tae buy een?" I lookit at him up and doon, naewey did I ken fa he wis, as faur as I wis aware I hid niver seen him afore, yet he hid ca'd me Mr Smith, so I says, "Aye min, I'm still needin' a harvester, bit tell me this first, fit wey div ye ken my name?" He says, "Oh, that's simple. I saw ye buyin' thae watter-bowls, and the auctioneer cried oot yer name, aye and yer address tae, bit mair tae the pint, ir ye still needin' a harvester?" And fin I said, 'Oh aye, I wis," he says, "Weel, I work for Sellars, we hiv een sittin' at Kintore in better order than ony o' thae eens, and nae neen dearer. Fit aboot followin' me oot the road and haen a look at it?" I did that, and I bocht that machine, tho it wis seecond-hand it wis in first class order, and it wis still in workin' order fin I left Braeside in 1973, of coorse, it hid gotten some bits renewed durin' that time.

The time I wis takin' in the silage, Wattie Gerrard wis spreadin't and trampin't wi' the ither tractor. Eence we hid the first cut o' silage teen bi hand and the hey cut we wir ready tae gang awa' on wir holiday we hid planned.

Harold wis ayie bidin' at hame, Wattie Gerrard said he wid look aifter the nowt the time we wir awa'. Frances Gerrard said she wid come ower twice a day and milk the coo, she wid lave milk in the hoose, juist fit they wid need, and tak' the rest hame. She wid mak' butter wi' the crame affin't and the pigs wid get the skimmed milk. Evelyn Massie, oor niece, said she wid come and be hoosekeeper, she said she wid enjoy that kis it wid be like a holiday tae her. That wey o'd, we baith kent athing wid be aricht the time we wir awa'.

CHAPTER 10

The Trip tae Mull

So the Greigs and us, we set aff ae Sunday mornin', we'd agreed tae meet at the Wids o' Byth. I wis there first, so I stoppit hard intae the side o' the road, thinkin' George Greig wid gang by and gang first, bit na, na, he cam' inaboot and drew in ahint oor caur. I wis stannin' at the back o' the caur at the time, I gaed back tae spik tull him. I says, "Come awa' noo George, ye cood aisy gang first the day." He says, "Ach awa' wi' ye Ake, awa' ye go and I'll follow ye, juist try and average thirty miles an oor, that'll plaise me fine." So we set aff. Noo in 1990, fin I'm writin' this, ye wid think thirty mile an oor is gie slow, bit in thae days, at thirty mile an oor ye wir gaun at a ferr lick, and he ayie bade weel back for anither caur passin's. That day, I mind it wis an affa fine day, the countraeside wis lookin' braw, weel we gaed throo Huntly, Dufftown tae Tomintoul, we stoppit twa/three times at the roadside, sometimes we saw somethin' we wintit tae see, ither times it wis the Greigs. Fin they wintit tae stop he flashed his lichts. Weel, we cam' tae Tomintoul and we gaed intae the Glenavon Hotel for wir denner, or shood I say, lunch. It wis denner tae me onywey, or maybe I wis auld-farrant. I liked tae get mi denner roond aboot mid-day and mi supper at suppertime.

Weel, we set aff again, takin' the road tae Grantown on Spey, bit we struck aff tae the left afore we got there and gaed throo Nethy bridge and Boat o' Garten. Again we wir takin' wir time, stoppin' here and there, and gin nicht we landed at Newtonmore, thinkin' we wid hae nae bather gettin' in for Bed and Breakfast. Bit that wisna tae be, we spent a gie file rinnin' here and there and nae gettin' onywey, so in desperation I turned awa' oot the road tae Spean Bridge. It wis aboot aicht o'clock ir this time and on the ootskirts o' Newtonmore we cam' on this big hoose wi' a Bed and Breakfast sine hingin' at it, so we stoppit, and the twa weemin gaed tae the door. Fin they cam' back tae the caurs they telt us twa men fowk we cood get in here, only some o's wid hae tae gang intil a caravan. That wis aricht bit fa wis tae gang tae the caravan. We hummed and haa'ed a file, syne I says, "Ach, I'll seen find that oot, fit aboot tossin' for't." Weel, the hale fower o's agreed, so I took oot a hauf-croon and tossed and we lost the toss and hid tae gang tae the caravan. Bit that wis nae doon come, for athing we nott wis there, forby a richt comfy bed, and fin we gaed tae the hoose next mornin', michty, sic a feed we got, we widna be hungry for a file that day.

We set aff again aboot nine o'clock. On the road tae Roybridge and Spean Bridge we ran alang the side o' Loch Laggan for a gie bit, stoppit and got wir photographs teen aside the memorial tae the Commandos and held on tae Fort William. We spent aboot an oor and a hauf there, syne gaed on tae Ballachulish. There wis a queue o' caurs wytin' tae gang ower the ferry, and a piper stannin' at the roadside playin' his pipes, a bowlie at his feet for fowk tae pit their siller in. He wis a fine weel-built man, I'm nae a judge on pipin', and I thocht his pipin' wis aricht, of coorse, I've ayie had a saft side for pipin' and pipe bands, bit oh, the claes he hid on, they hid ferrly seen better days, and fin I lookit intae the bowlie, I cood see there wis jist pennies and ha'pennies in't, so I flung in hauf-a-croon. Michty, ye'd hiv thocht he'd gotten an electric shock. He stoppit pipin', lookit intil the bowlie, lookit at me and says, "Thankyou sir, is there any tune you wood like me to play?" And afore I cood say onythin', George Greig says, "Oh aye, Cock o' the North and Scotland the Brave." Again he lookit at me and he says, "Is that alright by you sir?" I says, "Och aye, that'll dae fine," so he strauchened himsel, puffed oot his chest, fulled the bag o' his pipes wi' wind and startit tae play, bit fit an odds noo, I thocht he wis playin' weel afore, bit noo he wis gien the pipes fit for, and there wis a spring in his step as he paced back and fore. I says tae the ither three, "Michty, fit an odds hauf-a-croon mak's," bit my wife brocht me doon tae grun level wi' a bang fin she says, "Fit wis ye dee'in gien that piper hauf-a-croon for, he'll juist gang awa' and drink it." Ach, it juist seemed tae spile the aifterneen wi' her sayin' that, hooiver we got across the ferry and cairrit on tull we cam' tae Ledaig and we got bookit in there. It wis a new bigget bungalow, newly furnished inside bit nae redd up ootside, so we thocht we wir V.I.P's that nicht.

Fin we wir gettin' oor bedtime piece, we telt the landlady we wir gaun on tae the ferry at Oban next mornin' tae cross tae Mull, bide twa nichts in Mull, and if we left een o' the caurs here we cood come back here on Thursday nicht, bide anicht again and lave on Friday mornin', aye and mair nor that, we wid pey aforehand fin we left neist mornin'. She agreed richt awa', syne she telt's aboot the ferry, the first een left at hauf past sax in the mornin' and the next left at eleven o'clock, ye'll be in affa fine time for the seecond een if ye lave here at nine o'clock. So that's fit we did, the plan wis tae get intae the docks and get intae the queue for caurs tae mak' shure we wid get on. The time we wir wytin', the twa weemin wid gang and dae some shoppin', they wid hae time eneuch tae be back and catch the ferry at eleven o'clock. Weel, that wis the plan, bit it didna work oot that wey. Fin I drove intae the dock, I stoppit and lute the weemin ootower, they gaed awa' waukin. They wir loadin' caurs on tae the ferry and I niver got stoppit in the caur lanes, they wagged me straucht on. There wis anither fower ahint me, syne they startit tae lift the gangwey. I says tae een o' the crew, "Yer shurely in an affa hurry, the ferry disna lave tull eleven o'clock." He says, "That's fit ye think maybe, the neist een laves at eleven o'clock, this is the mornin' ferry. We hid a brakdoon this mornin' and we'll be lavin' shortly." I says, "Oh, that's affa, mi caurs on the ferry, I've nae tickets and my three passengers ir nae on board, twa o' them went up the toon and the ither een's stannin' ower there." He says, "Och, fit dis't maitter, ye kin pey for yer caur and yersel on board, and yer passengers kin follow you on the next ferry." Juist imagine, sic a predicament tae be in. I hid tae shout tae George Greig fit hid happened, and telt him he wid need tae wyte for the weemin and aa come ower thegither on the next ferry. Weel George telt me aifter he hid in ahint a telephone box, and fin the weemin cam' back, sic a panic they gaed in. they wir stannin' aboot five yairds awa' fae him fin they fund oot the ferry wis awa', and nae sine o' the caur aither, mair nor that, the twa men hid deserted them as weel.

Weel, I got aff the ferry at Craignure and parkit the caur in the caur park and startit tae look for Bed and Breakfast for the fower o's. I gaed intae a shoppie and spiered there, they telt me I shood gang alang the road tae Salen, there wis some hooses there catered for Bed and Breakfast, een o' them micht tak' us in. I hid plenty time afore the ferry cam' in, so I gaed alang and got bookit intae a hoose there, twa rooms wi' double beds and a bathroom in atween. I left oor luggage and gaed awa' back tae Craignure and intae the caur park. It wis there I hid a spot o' trouble. My caur wis parkit in the car park, I wis sittin' in't wytin' for the ither three comin' aff the ferry, and there wis a couple wytin' for some freens tae come aff the ferry, they hid a little terrier doggie, and it wis rinnin' aboot aa ower the plaice. And fin the freens cam' aff the ferry, michty, the wee doggie gaed ferr wild, rinnin' tae meet them as they cam' alang the pier, yelpin' and barkin' aa the time, rinnin' in amin ither fowk's legs and sic like, and fin it cam' rinnin' back it ran slapbang heid-on intae the front wheel o' my caur. I wis sittin' wytin' in the caur for the ither three comin' aff the ferry. Weel, the doggie akinda nockit itsel' oot, it wis lyin' there wi' a spot or twa o' bleed on it's foreheid, and as it got tull's feet it wis gie groggy. Bit michty, it wisna the doggie fit wis wild noo, it wis the wifie. She startit flayin' aboot wi' her handbag, lashin' oot wi't at the bonnet o' my caur, and as I made tae come ootower the caur, she lute fly at me, meanin' tae tak' me roond the lugs wi't, bit I saw it comin' and made a grab at the handbag, wi' the result the strap got broken and the handbag gaed flee'in ower the heid's o' the caur, and landed at anither man's feet. The doggie wis greetin' and whimperin' ir this time, so she picked it up and startit tae cuddle it, syne she accused me o' rinnin' intae her doggie wi' my caur. Of coorse, there wis nae wey I wis tae accept that, na,na, so her and me got intae an argiement nae handy, and it got tae the pint fin she said tae me she wis tae call the police, and me tellin' her it wis the best thing she cood dae. I dinna ken foo lang this cairrit on, there wis a crood gaithered roond aboot ir this time, and I cood see they wir aa sorry for the doggie, aye and mair nor that, they wir believin' her fin she said I ran intae her dog. George Greig and the twa weemin wir stannin' aside the caur ir this time, winnerin' fit it wis aa aboot, fin twa men cam' forrit. They said they saw fit hid happened, telt the wifie she hid better shut-up, telt her she wis lucky I wisna accusin' her o' assualt, aye and aifter aa they said, ye wis wrang in the first plaice, div ye see that sine ower there, it says, 'All dogs shood be kept on a lead within the pier and car park.' She burst oot greetin' aifter that, her man got her and the twa visitors inower the caur, and they drove awa', syne I says tae the twa men fit hid spoken oot, "Wull you twa lads gie me yer names and addresses in case onythin' comes oot o' this?" This they agreed tae dae, bit I niver heard onythin' mair aboot it.

Noo, up tae that time, we'd haen grand wither since we left hame, bricht sunshine aa the wey, bit fae the time I'd left the ferry ye cood feel a cheenge in the air. As we left the caur park it wis spittin' on rain and bi the time we got tae Salen it wis rainin' 'cats and dogs.' We didna stop there, we cairrit on tae Tobermory tae get something tae ait and ayie it rained and rained and rained, and nae an ordinary rain, it wis juist hale watter. We wir supposed tae see a bit o' Mull that aifterneen, weel we did drive roon the roads, bit we hardly saw onything, for there wis mist as weel as rain. So we landed at oor digs aboot sax o'clock, gaed inside and spent the nicht playin' cairds in the sittin' room. Weel, wi' aa that rain fa'in the day, we thocht we wid be shure tae get a better day the morn fin we wir gaun tae Iona, bit nae sic luck. next mornin', the rain wis ayie dingin' doon, first we thocht fit eese wis it gaun tae Iona on a day like this, then we thocht we hid tae shoveby the day onywey, so we micht as weel gang. So we set aff, nae doot we wir aricht in the caur, naewey we cood say we wir enjoyin'd. We gaed throo Knock and Bunessan tae Fionnaport, that's faur we wir tae get the sma' ferry tae Iona. I got the caur parkit, bit fin we lookit ower the watter tae faur Iona wis, ye coodna see a thing, athing wis oot o' sicht amin the mist. George Greig says, "Fit's the eese o' gaun ower there the day, I think we shood gang awa' back, get wir luggage and catch the ferry back tae Oban." Bit the weemin widna agree, "Na, na, fit wey div ye think ye kin dae that? The wifie at Ledaig wull likely hae the rooms let, so we'll juist hae tae bide on Mull the nicht." We gaed awa' back tae Craignure, the rain wis still peltin' doon. I stoppit aside a phone box at Craignure, Beldie says, "See'in ye've stoppit here, I'll awa' and phone tae Evelyn and see foo they're gettin' on, she winna be ower plaised wi' aa this rain." And fin she startit tae complain tae Evelyn aboot the wither, Evelyn says, "Oh na, na, Auntie Beldie, we hinna haen rain here, in fact I wis sittin' oot in the front green sunnin' mesel yesterday, fit a fine tan I'm gettin', and it's juist the same the day, brilliant sunshine and nae a clood in the sky." Beldie cam' back inower the caur, telt's fit Evelyn hid said, syne she says tae us, "Juist fancy that, we cam' awa' here for a summer holiday, and we're gettin' aa that rain, and the sun shinin' like that at hame." So, it wis back tae oor digs at Salen, anither nicht playin' cairds, and fin we rose next mornin', it wis rainin', juist as heavy as iver.

We got back tae Oban in the aifterneen, bi the time we got there the rain wis aff, bit the mist wis hingin' aboot, athing wis hingin' weet. The wife thocht she wid phone Evelyn again, only tae be telt it wis anither glorious day at Braeside. Aifter we hung aboot dee'in some shoppin' in Oban, we hid fish and chips in a restaurant, they didna taste sae gweed sittin' in a restaurant aitin them as it wid've been aiten them oot o' a newspaper sittin' somewey at the roadside on a fine nicht, bit then it wisna a fine nicht, that made aa the difference. Syne there wis naething else for't bit back tae Ledaig faur George's caur wis parkit. So that wis oor trip tae Mull, apairt fae the first oor or so it hid been heavy rain aa the time, and waur than that, we didna get ower the watter tae see Iona. Next mornin' it wisna muckle better, only it wisna rainin', bit there wis nae sine o' the sun, and the mist wis hingin' in the sky, keepin' the hill-taps oot o' sicht. Weel, that day we passed throo Connel, Taynuilt, Dalmally, Tyndrum tae Killin, and the farrer east we cam' the wither wis gettin' better, bi the time we got tae Killin, the sun wis lookin' throo the cloods, the sunbeams streetchin' richt doon tae the grund, and the stame wis risin' aff the grund wi' the heat o' the sun, and as we gaed on oor wey alang the side o' Loch Tay, the sun got the better o' the cloods and it turned intil a fine day, and fin we got tae Kenmore the sun hid the sky aa tull itself, there wisna a clood tae be seen. We decided we wid hae a richt fish supper there, gettin' it rowed up in newspaper, takin't oot the road a bit, lichtin' oor stove and makin' tay at the roadside. Oh, this wis somethin' like the real thing noo, there wis juist ae thing wrang, this wis Friday nicht and we wid be hame the morn, we cood've deen wi' anither twa/three days wi' wither like this. We gaed tae Aberfeldy aifter that, bade there anicht and next mornin' we set aff on fit wis tae be oor hindmist day.

Throo Dunkeld we gaed on the road tae Blairgowrie, the wither wis fine, so ayie noo and again we wid stop tae see something, and ayie swier tae gang awa' again. We bade a filie in Blairgowrie, the weemin said they wintit tae dae some shoppin' and George and me, we got a hud o' a newspaper the piece and brocht wirsels up tae date wi' the news, sittin' on a sate wi' the sun shinin' doon on's. We wir ferr enjoyin' oorsels, fin the weemin' cam' back, and gie swier tae rise, bit we wir telt we'd better get a move on tae plaise them, at the same time we cood aisy bide anither nicht somewey and gang hame the morn. Bit na, Mrs Greig widna hear o'd. She says, we canna dae that, the fowk at hame wid be winnerin' fit wis wrang. There wis nae mair said on that subject tull we wir takin' doon the Deeside road atween Braemar and Ballater. It wis juist aboot five o'clock and we wir in affa fine time for gaun hame that nicht, fin George flashed his lichts, that wis the signal tae me he wintit tae stop, so I drew inaboot tae the roadside. He cam' oot o' his caur, I opened my side windae, and he says tae me, "Ake, did ye see that hoose back there on the ither side o' the road?" I says, "Aye, fit aboot it?" He says, "There's a Bed and Breakfast sine hingin' at it, that wid be a richt plaice tae bide anicht, we cood book in, syne gang on tae Ballater, hae a fish supper there and phone hame, that wid lit the fowk at hame ken." So we aa got oot ower, and aifter a lot o' hummin' and haa'in, that's fit we decided tae dae.

So we turned the caurs roond aboot, gaed back the road tae this hoose, it wis a bonnie fite-washed hoosie, set back aff the road aboot twenty yairds; there wis trees roond aboot the ither three sides and a big gairden wi' a lot o' bonnie floo'ers in't. The twa weemin gaed tae the door tae find oot aboot gettin' in, and fin they cam' back they said the rooms wir fine, there wis juist ae snag, the toilet wis ootside, it wis a flush toilet ootside the back door, and it wis spotlessly clean. And kis the toilet wis ootside, the wifie said she juist chairged twal and sax a nicht instead of the usual fifteen shullings. So we aa agreed it wid dae fine for ae nicht and we took oor luggage inside. Aifter that we left my caur, gaed tae Ballater for oor fish suppers, syne we spent the rest o' the evenin' explorin' some o' the roadies aboot Deeside. Next mornin' we got a first class breakfast, settled up the wuman afore we left, syne took wir time on the road hame, and got hame aboot three o'clock. Then followed the usual rootine fin we cam' back fae a holiday. The wife hid tae gang and see if her turkeys wir aricht, hid the hoose flooers been richt seen tull, hid the coo behaved hersel, did she lit doon her milk tae Frances Gerrard, and sic like. And of coorse, I wis juist as bad, I hid tae get intae my workin' claes and hae a traivel roond the fairm. Michty, I wis ferr teen aback at the lick the silage hid gruwn, it wis juist ready for's tae mak' a start tull, and the second crap aifter the hey, bi the time the silage wis cut, we wid hae tae cut it as weel, and forby aa that, the barley wis startin' tae turn, so Wattie and me, we wid be gie busy ir hairst wis ready. Of coorse, it wis the result o' the fine wither there hid been aa the time we wir awa' that the barley wis turnin'.

The next mornin', Wattie and me, we startit tae the silage. It wis the seecond cut bit I thocht it wis heavier than the first cut, it wis thicker onywey and it wis mair bulky. Onywey, we pit it on the tap o' the first cut and it fair fulled up the pit I hid made, and bi the time I startit takin' the seecond cut aifter the hey, we hid tae stop usin' that pit, it wis gettin' as hie I wis feard for accidents. So, I got Sandy Lovie back tae tak' oot anither pit alang side the first een, bit nae sae big. And the time we wir fullin' it I wis sayin' tae mesel, 'Sic fine it wis tae hae aa that winter feed stored close by the steadin'.' It wis aboot this time Ian Lumsden fae the College cam' inaboot. he says, "That' a richt fine store o' silage ye hiv there, ye shurely hinna ony neeps this year." I says, Oh na, na, I think I'm feenished wi' them," syne he says, "Oh, I'll tak' awa' a sample o' yer silage and get it analysised, wid ye like that?" I says, "Oh aye," so he took awa' a sample wi' him, and ilka year aifter that tull I left Braeside in 1973, I got the silage analysised.

So I noo hid tae think aboot the hairst, it wis juist aboot a fortnicht awa'. I wis thinkin' tae mesel, 'Fit aboot aa thae improvements I wis tae be makin' afore hairst this year, I wis tae be buyin' anither auger for shiftin' the grain. I wis tae be makin' a widden box for coupin' the grain intil oot o' the bags, this wis tae save a lot o' shovellin'. I wis tae tak' oot a sma door oot o' the doonside wa' o' the barn, so that the larries cood stan' there fin loadin' barley. We wid get baith augers used and that wid ensure quicker loadin', and lastly, I hid promised Len Buchan, the traiveller for Barclay, Ross, I wid consider buyin' an electric heater for heatin' the air for dryin' the grain. Sic fine and clean it wid be Len said, and mair nor that, it widna need onybody tae

Grannie Massie when she visited us at Balnamoon in 1951.

The Author's Parents, 1952.

Coling Hay at Balnamoon, 1952. L. to r. Sandy Smith, Dod Finnie, Dod Easton, Lizzie Easton, Sunnie Innes, Frances Easton, Harold Smith and Edith Hutcheon.

Sandy, with horse and cairt, Balnamoon 1952.

Piecie-time in the hairst field. Beldie's sister Flo on the binder, Beldie herself, Harold, Heather Gorman and Sandy on the tractor, 1954.

Fairm dog at the front o' the hoose at Balnamoon.

9 HIGH STREET

NEW PITSLIGO, 22ᵈ Oct. 1954

Mrs Smith

"Dalnamoon,

To ALEXANDER KING
WATCHMAKER

"Alba" T/V.	50	14 .
Pur. Tax.	20	11 .
Lady's wrist watch		
repaired	12	6
	42	6 .

This is the A/c for our first new T.V. The T.V. before this one was second hand.
Note the Purchase Tax, about 40%, and we grudge V.A.T. at 17½%.

At Collieston Beach, 1959.
Mrs Greig, Beldie, myself and George Greig.

At a wedding in 1960. My brother Hugh, my auntie Belle, she is now 91, and Beldie my wife.
Only my legs are seen.

Photo taken on a cauld sunless day. Mrs Greig, George and Beldie with Dounreay in the background, 1961.

Myself and Beldie on the Churchhill Barriers at Scapa Flow, Orkney, 1961.

At the roadside between Comrie and St. Fillans. Beldie and I had stopped here for a break aboot midday on a fine day.

Beldie, myself and Mrs Greig stopped at the roadside on a fine sunny day.

Holidaying with Mr. & Mrs. Greig in South-West Scotland, 1962.
The two ladies were writing postcards, the men were probably reading newspapers.

Kathleen and me, on the front doorstep at Braeside, 1963.

Photograph taken at Dinner and Dance in the Commercial Hotel, New Blyth, around 1969/70.

Photo taken when we visited Mr. & Mrs. Shepherd around 1973/74. Jimmie Shepherd was best man at our wedding in 1933.

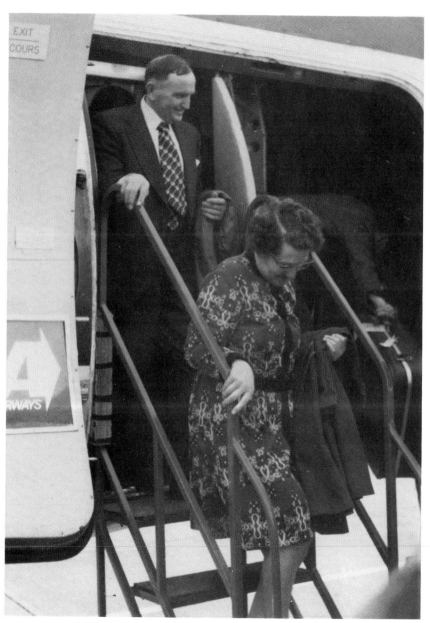

Beldie and I leaving the plane at the Isle of Man, May 1974.

Ready to leave our accommodation in the Isle of Man, May 1974.
L. to r. Mr. & Mrs. Greig, Beldie and myself.

At Aberdeen Station when we went to the Isle of Man, 1974.
George Greig, Mrs. Greig, Beldie and myself. The Greig's grandson Philip in front.

Mr. & Mrs. Greig outside the cottage we bade in at Carnoustie, 1975.

Beldie and I at Carnoustie, 1975.

Photo taken at Yarmouth while on holiday with the Cullen Evergreen Club, May 1979. The author is at the back in the brown shirt.

Mr. & Mrs. McInnes, the couple Beldie and I ayie bade wi' when in Isle of Skye.

September 1985. L. to r. Margaret, my wife; Elsie, my brother Hugh's widow; my sister Georgina, also a widow; Bobbie, Elsie and Hugh's daughter, and myself.

Kjosfoss Waterfall, Flám Valley.
Photograph taken when the author visited Norway in July 1981.

Myself, Margaret, she was Mrs. Murray at that time, and Mr. & Mrs. John Wilson,
the day we went to Braemar Games, 1981.

Margaret setting oot oor picnic at Drumtochty, 1982.

Group taken at the Esplanade Hotel, Dunoon, end of May 1983. We stayed for a week there. The author is standing at the back in the white shirt.

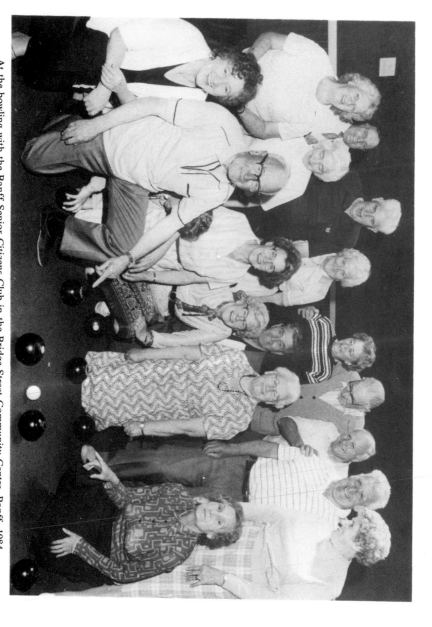

At the bowling with the Banff Senior Citizens Club in the Bridge Street Community Centre, Banff, 1984.

Some of the pairty holidayin' at Annan, 1985.
Photo taken at Threave Gardens, Dumfries.

My sister Mabel, myself, my sister Georgina and Margaret at
Palmer Annesly Hotel, Blackpool, 1985.

Myself at the Rannoch Station. This Station is awa' in the wilds o' Rannoch Moor, 1987.

North Alvah Terrace, Banff, the bungalow we moved into in 1973.
Photo taken in 1976.

Group taken at Scarborough, end of May 1986. We stayed for a week in the Carlton House Hotel.

The Author, taking photos at the Gateshead Garden Festival, 1990.

look aifter it. That wis his story, ye see he wis tryin' tae sel't, bit fin I fund oot the price o'd and fit it wid cost tae run it, there wis naewey I wid consider buyin' it, na na, it wid be aboot twice as much tae run it as fit I wid be tae buy anthracite, and the wife wisna batherin' aboot haen tae keep the fire gaun. Bit Len wisna plaised. He said tae me, "Ye ken Ake, I'm shure ye said ye wis tae buy a heater fae's, and noo yer backin' oot." "Na, na," I says, "I didna say that, I said I wid think aboot it, and noo I'm nae seekin't, bit I'll tell ye fit I'll dae, I'm needin' anither auger, the same as I hiv ivnoo, ye kin send it oot ony time ye like." Oot cam' the bookie and the pencil, the order wis written intilt and the carrier delivered it next day. Syne at the weekend I got Peter Kindness tae mak' a trap-door in the wa' o' the barn for loadin' the grain oot o', and we made a squarr box for coupin' the grain oot o' the bags intill, we used some o' the timmer fit hid been laid by the year afore oot o' the auld thrashin' mull.

So, we wir noo ready for hairst. I spent a hale day gaun ower the combine and the baler, makin' shure they wir baith weel cleaned and iled, and we hid a grand hairst that year, a lot aiser than the een afore. We hid ferrly learned bi oor mistaks the year afore, there wisna near sae much shovellin' tae dae, and sic fine it wis tae get the maist o' the strae inside, naewey wid it get weet noo. At the end o' September I got twa larry load o' draff inaboot. It stores gie weel, fin it's richt trampit, so I noo hid plenty feed for the nowt and the sheep for aa winter, bit afore I took the nowt inside, there wis anither job tae dae, I hid tae get the watter-bowls I hid bocht in Aiberdeen fixed up intae the byre, kis if there wis ae job fit seemed tae be niver endin', it wis cairryin' watter tull nowt tied up in a byre, they ayie seemed as if they wirna satisfied. Atween ae thing and anither, I wis cuttin' oot the heavy work, I wid manage fine noo aa winter tull the ewes startit tae lamm, I wid need tae get Wattie tae sort the nowt at that time.

We wir noo intae 1965, I hid haen a fine aisy twa/three month, and ae nicht aboot the end o' January fin I wis sortin' the nowt I took an affa sairness in my richt side. I wrocht awa' tull I sortit the nowt, syne I gaed inside and hid mi supper. My side wis as sair I hid tae gang tae my bed. Weel, I got as bad we hid tae get the doctor, this wis aboot nine o'clock at nicht. The doctor hid a gweed look at's, he says, "We'll hae tae get ye awa' tae Aiberdeen, yer needin' yer appendix oot," so he phoned for an ambulance, and I wis teen awa' that nicht. The doctor hid gien's some peels tae tak', he said they wir for killin' the pain, and richt eneuch the pain did gang awa' a bit, and fin I went tae Forresterhill I landed in Ward Aicht aboot eleven o'clock. I wis keepit there for three days, for observation they said tae me it wis for, the pain wis awa' ir this time and the doctors in Aiberdeen didna agree wi' the New Pitsligo doctor, naewey they said it wis my appendix fit wis batherin' me. So I wis sent hame, telt tae tak' things aisy, and wis sined aff my work for a fortnicht. Weel, Wattie hid been lookin' aifter the sheep and the nowt fin I wis awa', so he just cairret on. Michty, Wattie ferr liket the work amin the nowt, he ayie said it wis affa fine and warm daen that in this cauld-rif days. And bi the time my fortnicht o' rest wis up, the ewes startit tae lamm, so he cairrit on amin the nowt, this left me free tae look aifter the ewes and tak' things aisy mesel.

This pain didna clear up richt, ayie noo and again I felt it, bit ayie it gaed awa' again, bit it niver wis sae sair as it wis the first time, hooiver, I gaed back tae the doctor aboot it. He says, "Weel, I still think it's yer appendix, tho the doctors in Aiberdeen winna hear o'd," and he gie'd's some peels tae tak'. He says, "Dinna tak' mair than twa at a time, dinna tak' mair than aicht in a day, and come back fin yer needin' mair." Goad, they peels ferrly helpit me, fin the pain cam' on, I wid tak' twa and the pain ferrly got aisier. I learned aifter that the peels I got wir Paracetamols, weel that wis in 1965 and noo it's 1990, and I still use thae peels noo and again.

Ae nicht fin I gaed in for mi supper, the wife says, "Ake, I think that watter pump's needin' see'in tull again, the watter's been splutterin' aa day oot o' the tap." I says, "Oh, that's funny, it's ben overflowin' oot o' the cistern ilka day for a file, aa the same I'll hae a look at it." So I gaed up tae the cistern that nicht. It wis mair than hauf foo and the watter wis rinnin' intae the cistern fae the feeder pipe, it wis aisy seen the pump wis workin' aricht. Fin I gaed in that nicht, the wife says, "Did ye see onythin' wrang wi' the watter?" I says, "No I didna, there wis a gweed sup comin' intae the cistern onywey." "Ah weel," she says, "it's nae neen better at the tap yet, it's ayie splutterin' awa' there," and it didna get ony better for a file, fit wis causin' this we juist didna ken. The ewes and the lamms wir rinnin' oot and in o' the big Nissen hut as the liket, they wir gettin' oot on tae the park faur the cistern wis. Weel, this day I saw a ewe lyin' haufwey up the park, I thocht bi the look o' her she wid be lammin', so I gaed awa' tae see if she wis aricht, and as I gaed up the park I cam' on this weet bit, nae very big bit weet for aa that and it shoodna been weet, this wis something mair tae think aboot. Bit I hid tae see tull the ewe first. Richt eneuch, she wis startit tae lamm and she wisna makin' muckle o'd. Ye see she hid twins and they wir baith tryin' tae be born at the same time, so I hid tae sort her oot, and in nae time at aa she wis up on tull her feet and lickin' the lamms, first een and syne the ither.

It wis back tae the weet bittie grund noo. Weel, I saw faur the watter wis oozin' oot, it wis as sma' as ye wid hardly notice it, and it wis seepin' awa' oot o' sicht, lavin' a bit aboot three yairds across weet kind. Naewey cood I think faur that watter wis comin' fae, as faur as I kent there wisna a drain in that park, syne I happened tae look up the wey o' the cistern, and I lookit doon the wey o' the steadin'. Goad, I wis stannin' abeen the watter pipe fae the cistern tae the steadin', wid this be fit wis wrang wi' the watter supply the wife wis complainin' aboot? Cood it be that the watter pipe wis leakin'? Weel, there wis juist ae wey tae find oot. I gaed for a spad and dug a hole tae find oot, and richt eneuch, the farrer doon I gaed the weeter the yird got, and fin I bared the pipe, the watter cam' spewin' oot, mair than that, it wis an auld lead pipe. I phoned for Tinnie Milne at Cyaak, only tae be telt the men wir aa oot, I widna see ony o' them or the morn, so I got a bit o' an auld bike tube and binder tow, wuppet the tube roond the pipe and tied it on ticht wi' the binder tow, that wid dae in the meantime.

Next day, Tinnie Milne cam' tae see the leakin' pipe. First he says, "Ye've made a richt gweed job o' wuppin' that pipe, there's juist a drap or twa comin' oot", and aifter he'd haen a richt look at the pipe, he says, "That pipe's gie sair come at, a' the same we cood cut oot a bit and pit in a bit plastic, bit ye wid be better pittin in a new pipe aa the road fae the cistern doon tull the steadin', there's nae grants available for replacin' an auld pipe wi' a new een, bit ye'll get gweed price for the auld lead pipe as scrap, the scrap value o' lead ivnoo is hie, it'll pey for mair than hauf yer ootlay for pitten in the new pipe." He gaed awa' hame aifter that, lavin' me tae mak' up my mind fit I wid dae and tae lit him ken the morn. I didna need lang tae think aboot it, fit wis the eese o' mendin' an auld pipe like that. I phoned him that nicht and telt him tae come and pit in a hale new pipe. And fin the auld lead pipe wis bein' liftit, we fund oot there wis ither bits fit hid been leakin', juist a wee drappie ye ken, it juist proved we wir sair needin' tae replace it. I gaithered up aa the scrap lead pipe, and pit it inside a shed. Tinnie Milne said nae tae lave it lyin' aboot kis some o'd micht wauk awa', and richt eneuch there wis twa/three scrappie kine o' lads cam' inaboot and tried tae buy it, wavin' bundles o' notes tae lit me ken they hid money tae pey for't, bit ye see I ayie said, "Na, na, it's already selt," for I hid promised Wullie Milne I wid hing on tul't, he wid send inaboot a richt scrap dealer tae buy it. Weel, fin he cam' inaboot he hid a wie'n machine on his larry. He telt me fit he wid gie's per cwt. for the lead, and him and me, we wid see it wie'd thegither. I canna mind fit I got for that auld lead pipe, I juist mind it wis aboot double fit the ither lads wir offerin', and it peyed for aboot twa thirds o' the accoont for pitten in the new pipe, and mair nor that, we hid a faur bigger pressure o' watter aifter that.

And aa this time, this pain in my side wis batherin' me, files I hid tae gang and lie doon tull it gaed awa'. I wis richt lucky haen Harold ayie bidin' wi's, he helpit oot a lot in the evenin's and weekends, and of coorse, Wattie Gerrard wis ayie wullin' tae work for's at ony time. Files it got as bad as I wid gang and see the doctor, he wid say tae me, "I still think it's yer appendix, bit fit's the eese o' pitten ye tae Aiberdeen, they dinna think that in there." Ower the heid's o' this pain I wis ayie in, we decided we widna hae a holiday this year, the wife wis gie disappinted, bit fit ither cood we dae. I wis gaun roond a park o' barley ae day wi' a scythe, cuttin' doon the thistles, dockens and sic like, fin the pain startit, and I juist hid tae stop. I made for the hoose, doubled up like a hauf-shut knife. Beldie, she saw's oot at the kitchen windae and cam' tae gie's a haund. She got me inower mi bed wi' a het watter bag on the sair bit and phoned for the doctor. The het watter bag ferrly eesed the pain and fin the doctor cam' in he hid a gweed look at's and says, "I still think it's yer appendix, I'll get an ambulance tae tak' ye intae Forresterhill and I'll gie ye a letter tellin' them fit I think." Bit na, it wis the same as the last time, they kept me for a week daen some tests and sent me hame tae rest.

Richt eneuch, as lang as I didna dae ony heavy work the pain didna bather me. That summer we hid oor usual visitors tae see us, a lot o' oor relations and freens lookit inaboot in the passin', some o' them juist lang eneuch tae say hello, hae a blether and a cup o' tay and awa' again. Bit ae nicht this man and wife cam' inaboot, she says tae me, "Hello, Uncle Ake, it's fine tae see ye again." Goad, I hid tae tak' a seecond look at her afore I said, "Michty me, it's nae you is't Betty?" Ye see, this wis Betty Easton and her man Bob Anderson. Betty wis brocht up wi' Dod and Lizzie Easton and wis een o' the faimly, she mairrit Bob Anderson and bade in Arbroath noo, in the meantime they wir holidayin' and bidin' in a caravan at the Banff Links, and according tae them, there wis nae ither plaice like the caravan site at Banff Links. Weel, they wir surprise visitors aricht. They cam' tae Banff Links year aifter year for a file, and noo and again we gaed tae see them there. It cam' on tae hairst, I made up mi mind I wid tak' things aisy, if I did that it micht help tae keep the pain awa', so I drove the combine and did jobs like that, that meant that Wattie got a lot o' the heavy work tae dae, bit he didna worry, he seemed tae thrive on't.

We hid a weet kind o' a time aifter hairst, it rained on and aff for a puckle days, and there wis watter lyin' on the laich grund alang the sides o' the burn. This affected a gweed puckle fairmers, some o' them startit tae hae anither think aboot deepenin' the burn. Fin I met them they wid say, fit aboot tryin' tae hae anither meetin' Ake, and see if we can thrash somethin' oot. I didna sae onythin' aboot it for a file, in fact it wis aifter the New Year fin I met Gordon Michie at Maud. He says, "Ye ken Ake, I think ye shood try and hae anither meetin' aboot that burn." So I thocht aboot it, nae doot it wid benefit Braeside a lot, in fact mair than ony ither fairm, so I made up my mind tae gie't anither try. So I spak tae twa/three mair o' the fowk involved. Oh aye, they wir aa in the same mind, they wid like tae see the burn deepened, bit nae sic a fancy job as the Dept. of Agriculture hid suggested, juist a straucht forrit job and lit abody pey their share. So I got abody thegither again tull a meetin' in the chaumer, it startit aboot een o'clock and laistit tull fower, abody got the chance tae spik their minds. There wis some argie-bargie'n I kin tell ye, bit in the lang run we cam' tae an agreement. Een o' the things we hid tae decide wis foo muckle deeper we wid mak' the burn, as it wis, it wis gie slow movin' aa the road fae the turnpike richt alang past Braeside, aifter that it startit tae rin awa' doonhill gradually. Them fit hid been brocht up roond aboot there said that there wis aboot fower fit o' dirt alow the brig on the Braeside road, it wid need tae be deepened aa that. Then they winnered if they took it doon fower fit at the Braeside brig wid they get eneuch run on the burn aifter that. Abody wis there fit hid grund lyin' tae the burn, fae Michie's o' Little Byth tae Imrie fae the Milton, they aa agreed I shood advertise for a contractor tae dae the job, and they wid meet again in the chaumer in three weeks time, that wid gie me time tae advertise and get in estimates.

Weel, I got aboot hauf a dizzen estimates, I didna open them afore the meetin', and abody turned up bit Harold Williamson. We wyted a file, somebody said we shood start withoot him, bit na na, some ither body says, "I think Alex shood gang and phone him. he's likely forgotten aboot it." And fin I phoned him, he says, "Na na, I didna forget, I'm nae for onythin' tae dae wi' the cleanin' o' that burn, it wid be juist like poorin' siller doon a drain and onywey, ye wid get the maist gweed o'd." Weel, weel, the man's spikin' his mind onywey I thocht, so I says, "Aricht Harold, we'll juist hae tae manage withoot ye," and fin I gaed back tae the chaumer and telt the rest o' them, they wirna neen plaised, and startit tae misca' Harold, bit I says, "Na na freens, I ken it's a disappintment, aa the same he his a mind o' his ain and can plaise himsel." Gordon Imrie fae the Milton wis there, he rose and says, "It's like this lads, if Harold's nae haen onythin' tae dae wi't, there's nae eese o' me bidin' here," and he gaed awa' hame. Wi' this happenin', I cood see the meetin' fauldin' up. I hid a look roond abody, they wir aa sittin' there grim-faced, so I says, "Noo lads, if ony mair o' ye wint tae withdraw, noo's the time tae dae't." Naebody spak for a wee file, syne somebody says, "If we're aa agreed, I think we shood juist cairry-on and mak' the best o'd, it's a peety Harold his backit oot, of coorse, Gordon coodna cairry-on wi' Harold backin' oot." Syne some ither body says, "Oh, that's aricht maybe bit that means we canna gang ony farrer noo than Redburn, dae ye think we'd get eneuch run on the watter tae deepen the burn fower feet noo?"

Weel, we opened up the estimates aifter that, michty sic a difference there wis amin thae estimates, there wis an affa odds atween the dearest and the chaapest. There wis een a gie bit chaaper than ony o' them, it cam' in fae Mr C. Ogg, Duncan Street, Banff. At the meetin' afore that we hid decided fit hid tae be deen tae the burn, bit noo some o' them thocht we cood dae withoot some o' the fancy fal-de-rals, weel that's fit they ca'd them onywey, aa we wintit deen wis the burn deepened, sloped on baith sides and the dirt tae be flung back oot o' the road, ilka body tae dae onythin' he liket wi' the dirt on his ain fairm. Abody agreed tae that, syne it wis agreed I wid gang and see Mr Ogg, explain fit we wintit, and try tae get the price doon a bittie farrer, and afore he gaed awa' hame, Jimmy Milton says, "Cry inby fin yer gaen awa' tae see Ogg, I'll come wi' ye for company." So him and me, we gaed tae see Charlie Ogg, made a bargain wi' him at sae much the yaird for dee'in the job and ilka fairmer will pey him fin he wis feenished wi' the bit anent their land.

So Charlie Ogg cam' inaboot ae day in April, he hid his brither John wi' him and John wis drivin' a digger. The digger hid seen better days, bit there wis ae thing aboot the digger I'd niver seen afore, it hid an extension on it's digger airm, that wey it cood stand on ae side o' the burn and rax richt ower tae the ither side, and Charlie, he hid a shovel wi' him, bit it wisna muckle nott, I think it wis mair for company than onything else. They startit at the mairch atween Harold Williamson and me, he hid a park at the north side o' the burn, and wrocht their wey up the burn, nae takin' oot much for a start, bit ayie gaun in a bittie deeper as they gaed alang, lavin' the boddam o' the burn level and baith sides slopped. Michty, John Ogg cood ferrly handle that digger and he wis makin' a grand job, and bi the time they got tae the brig on the Braeside road, they wir diggin' oot aboot fower feet. Up tae that time I hid athing tae pey for, wi' me haen grund on baith sides, so that's fin I gied Charlie the first peyment, aifter that I juist hid tae pey hauf, as Bill Sivewright o' Culbyth hid ae side o' the burn tae pey for, so I peyed him again fin they feenished that bit. They wrocht awa' at it, and bi the middle o' June they landed at the main road atween the Broch and Macduff, syne they cam' back and took some stuff oot o' the burn anent Redburn. Tae look at the feenished job it lookit aricht, bit fin ye lookit doon the burn fae faur they stoppit, the thocht gaed throo yer mind it wid've been better tae gang a bit farrer, bit of coorse we coodna, we wid've been ontae Harold Williamson's land syne. Abody fit wis involved in that scheme wis fine plaised, fit an odds they thocht it wid mak' tae the land on ilka side o' the burn, the grund wid be a lot drier. So that wis the burn deepened, it hid been spoken aboot since iver we cam' tae Braeside, aye and a lang time afore that.

Noo, lit me tell ye fit oor loon Hraold hid gotten up tull this file back. Him and Bill Ironside cam' inaboot trailin' and auld Ford caur, they hid hauled it oot o' a rubbish dump somewey and towed it hame tae Braeside. Michty, it wis juist like a heep o' scrap iron, it hid fower wheels richt eneuch, the tyres seemed tae be worn bit hale, an engine, gearbox, steerin' column and wheel, and that wis aboot aa. I said tae them, "Fit ir ye dee'in trailin' that scrap iron inaboot here, ye canna be thinkin' ye'll mak' a caur oot o' that?" I micht as weel hae held my wheest, for Harold says, "Ye kin think that if ye like, bit Bill and me, we'll seen hae this thing rinnin', and aifter that fit fun we'll hae rinnin' aboot the girss parks wi't." Weel, they wrocht at it in the evenin's and weekends, they took the engine aa tae bits and put it thegither again, they fixed on a twa gallon petrol can for a tank, tied on strae bales for sates, and afore lang they hid it rinnin', under it's ain power, nae silencer and nae brakes. The park oot in front o' the steadin' wis in girss that summer, michty fit fun they wir haen, there wis a gie strait brae in that park, they used tae tak' doon that brae wi' the engine gaun full throttle, sittin' on the strae bales and hingin' on like grim death. Of coorse, there wis a fine level bit at the fit o' the brae tae slow doon on. And ither young fowk wid come inaboot and hae a shottie, Eileen Ironside and Frances Easton amin them, they wir juist as daft as the loons wir. that auld caur lay aboot Braeside tull we left in 1973, and ayie noo and again it wid get a rin in a girss park. It wis selt amin mair scrap at the roup afore we left.

It wis juist aifter that, we wir workin' amin the first cut o' silage, I startit tae be bathered wi' that pain again. I hid tae gang tae my bed and the doctor wis sent for. It wis the same story as the past twice. The doctor says, "It's yer appendix again," and pit me awa' tae Aiberdeen wi' an ambulance, and again I wis keepit and gaed throo some mair tests and pitten hame. Shortly aifter that, the same thing happened again, it wid've been aboot the middle o' July ir this time, bit I got a lot mair tests this time. I wis in Ward 10 and gaed throo tests for a hale week, then ae day the doctor cam' tull's and says, "Mr Smith, we've tried everything to find out what's giving you that pain, and without success, so we've decided to take out you appendix to see if that will help you." I cood hiv telt him richt awa' that wis ayie fit my doctor at hame wis sayin', bit I hud mi wheest, I wisna tae start an argiement kis that widna help ony. It wis durin' my stay in hospital that time I got freendly wi' David Brewster, he wis a student and workin' as a male nurse durin' his summer holidays. Weel, him and me we got on great thegither, he wis ayie spierin' at me aboot fairmin' life, he seemed tae be affa teen up wi' fairmin'. I thocht maybe he wid be gaun in for't, bit na na, he gaed intae teachin' instead and he's noo Heidmaster at Gourdon Primary Skweel. I got my operation, I got on richt weel aifter't and I wis hame gin the end o' that week, that meant I'd been awa' in Forresterhill for a fortnicht. Michty, fit an odds I kent on the plaice fin I cam' hame. The time I wis awa' the hey hid been cut and baled, it wis aa sittin' there ready tae tak' inside.

The doctor cam' inaboot tae see's. He says, "Now no working Mr Smith, you'll better stay off work for another six weeks, you must give your wound plenty time to heal, that way you will be more able for your work when you do start." And ower the heid's o' this, we didna get a holiday this year again, that wis twa year we hid missed oot noo. Aifter that, instead o' the doctor comin' tae see me, I hid tae gang tae see him, eence a week it wis, and my health improved greatly, there wis nae mair o' this sair sides noo, the operation hid been a great success. Up tae this time fin ye gaed tae see the doctor, ye gaed intae the surgery at 9 o'clock, sat doon on a form and wyted yer turn. Weel, ae day I got a postcaird tae tell's the doctor wis tae start an appointments system, this wis tae save fowk gaun in at 9 o'clock and files widna be seen ir ten, on the ither haund, if ye didna hae an appointment ye michtna be seen that day, and the day this wis tae start wis the day I hid tae gang back. So, I phoned the doctor, a quine answered the phone, said she wis the doctor's secretary and asked what she cood do for me. 'Goad', I thinks tae mesel, 'fit iver neist, juist fancy the doctor haen a secretary, he's shurely gettin' up in the world, hooiver that wis neen o' my bisness.' Weel, I says tae her, "Oh yer secretary ir ye, I'm comin' tae see the doctor the morn's foreneen, div I come as usual at 9 o'clock or div I need an appointment?" She says, "What is yor name and address sir?" And fin I telt her I wis Alex Smith fae Braeside, New Byth, she says, "Yes Mr Smith, you'll need an appointment, your appointment will be for 9 o'clock tomorrow morning," and wi' that she hung up the phone. 'Michty', I thocht tae mesel, 'fit's the world comin' tull, juist fancy a countrae doctor tellin' ye tae mak' an appointment tae see him.' I ken ye needed an appointment fin ye gaed intae the infirmary, and aften hid tae wyte oors on end fin deen, bit wir ain local doctor, na na, he maun be gruwin' ower big for his beets.

Hooiver, I gaed awa' next mornin' tae keep my appointment, I gaed intae the waiting room a wee filie afore nine, there wis sax fowk in afore me, so I sat doon on a chair at the back. Abody wis newsin' throo-ither, so I jined in tae. Amin ither things they wir newsin' aboot wis this new scheme for appoinments, and bi the wey they wir spikin' they didna seem tae ken it wis startin' that mornin'. Weel, the door throo tae the surgery opened, bit it wisna the doctor fa cam' oot, it wis this quine, aa dolled up in her bonnie fite rigoot. She says, "Mr Alex Smith," I winnered if I wis hearin' richt, she coodna be meanin' me and aa that ither fowk in afore's. I stood up and said, "Div ye mean me, Miss?" And she says, "Yes Mr Smith, I mean you, your appointments for nine o'clock." Michty, Dougal Sangster, him fa hid been in first that mornin', jumpit tae his feet and says, "Na na, I'm nae tae stand for this, I wis first in here the day, fit wey ir ye taken Ake Smith afore me?" And the rest o' the fowk sided wi' Dougal, they wintit tae ken fit wis special aboot me tae lit me in afore them. There wis a gie cairry-on for a file I kin tell ye. The peer quine wis teen aback, syne the doctor cam' throo the door, he spiered at the quine fit wis wrang. She said the fowk wir raised kis she wis takin' me in first tae the surgery. First the doctor socht them aa tae sit doon, syne he says, "We sent out details of this appointments scheme to everyone about a week ago, how many of you bothered to read it?" I says, "Oh, I did doctor and I thocht I wid need tae mak' an appintment for the day." Bit I wis the only een fit did that, they aa said they got it and lookit at it, een or twa o' them, they flung it in the fire, ithers said it wis pitten in amin the rubbish, so fit wey cood they ken. "Alright," says the doctor, "now you'll know how Mr Smith will be seen first today, and remember, make an appointment before you come back." And this wis grist tae the gossips, fa iver heard the like afore, the doctor takin' sides wi' that mannie Smith, him fir eese'd tae be at Balnamoon and wis noo at Braeside, comin' in fae the countrae and waukin' in tae see the doctor aheed o' ither fowk fa hid been wytin' for a file. Ithers said it wis the doctor's wyte, that wid niver hiv happened if auld Dr Cameron hid ayie been there. Bit the story deed doon, in a week or so it wis auld news, and abody hid tae accept the new appointments scheme, it wis progress in action ye see, that's fit them fa' thocht themsel's something said onywey.

I got back tae my work aifter that, michty fit an odds I kent, nae mair o' this shyin' awa' fin there wis ony heavy liftin' tae dae. The hairst wis comin' on, we wir ayie usin' the auld combine, it wis ayie makin' a gweed job, so I didna see ony sense in cheengin' it, nae doot, naebody wid buy it, it wis ower auld fashioned. Sometime durin' that summer I'd been at a roup and bocht an auld Jones baler. It wisna that I wis needin't, bit I hid been telt it wis a gweed workin' machine, even tho it wis aa bashed aboot and lookin' mair like a heap o' scrap iron than onything else and the auctioneer coodna get a bid for't. The scrappie-lads wir haen a look at it fin I put in a bid o' ten pounds, and it wis nockit doon tae me. I got it hame, gie'd it a richt clean up, syne tried it oot, it didna work ony better than the een I hid, bit michty fit aisy it wis tae tak' on, nae near sae heavy on the tractor, so I startit usin' it and selt the ither een.

Weel, I hid athing ready tae start, the combine and the baler aa fine cleaned up and greased, a supply o' anthracite in aboot for dryin' the grain. It wis the first Setterday in September and Sandy cam' inaboot. He says tae me, "Foo ir ye nae hairstin' Dad, the crops aa stannin' fine and it's lookin' fine and ripe tae me, I think ye shood start and I'll gie ye a haund, mair nor that Harold'll be hame at dennertime, he'll gie's a haund tae." I wis affa tempted tae start, and aifter dennertime the twa o' them wis at me again, it bein' sic a fine day. Bit na, I widna start, I thocht the barley wis ower saft, it wid be better o' a day or twa yet, tae cut it ivnoo it wid need ower muckle dryin', and onywey fit's aa the hurry, it's juist the beginnin' o' September. Bit I wis tae regret this, for on the Tuesday aifterneen the wind rose, and afore lang it wis blawin' a hurricane, and it wis a richt dryin' wind, the barley wis swayin' aboot richt doon tae the reets. I thinks tae mesel, 'Goad, this is gaun tae be a disaster.' I gaed awa' doon the road afore bedtime, the park on the left hand side o' the road gaun doon wis in barley. I wis stannin' watchin' the barley sweyin' aboot fin there cam' an affa gust o' wind, it seemed tae be like a whirlwind, I saw the barley swirlin' as it passed, fin it cam' my length, my bonnet took aff and I niver saw't again. And fin I gaed awa' throo the crap, the barley wis aa lyin' on the grund, and the strae stannin' strippet bare. I stood amin that barley a gie file, I wis winnerin' fit I wis tae dae noo, naewey wid we get that barley aff the grund, syne I thocht tae mesel, 'Foo did I nae gie in tae the twa loons on Setterday and start cuttin', a gweed bit o'd wid've been cut afore this time.' And they didna lit me aff wi't, aye and nae only them, the wife and a', they ferrly lut me ken I wis a stubborn auld de'il.

This wis a disaster aricht. Weel, afore I gaed tae my bed that nicht I gaed ower tae Backstrath and socht Wattie tae start next mornin' if it wis dry. So, next mornin' we set aff, me wi' the combine and Wattie wi' a tractor and a bogie, and we gaed doon the road, ower the brig and intil the field at the ither side o' the burn. Fin we gaed intae the park, Wattie jumpit aff the tractor, waukit aboot ten yairds in amin the barley and stood up as if turned intae a tree. He juist stood there, so I shoutit, "Fit's wrang wi' ye Wattie?" He lookit roond and says, "Oh, there's naething wrang wi' me, bit michty Ake, the barley's aa lyin' on the grund, I canna tak' this in." I says, "Weel Wattie, I dinna ken if ye kin tak' it in or no, bit it's true onywey." We gaed ower that park that foreneen, there wis five and a hauf acre o'd and we got fifteen bags o' grain, aboot fifteen cwt., and nae fifteen cwt. tae the acre, that widna been sae bad, bit fifteen cwt. athegither. I wisna lookin' for big run aff that park, it wisna muckle o' a crap, aa the same I thocht I wid get twenty-five cwts. tae the acre, and Wattie, he hid tae say something aboot it. He says, "Ake, we'll be a lang time o' fullin' the drier at this rate." We gaed up the road tae the park aside the steadin' aifter that, we'd juist gin eence roond the ootside o'd fin auld Jimmie Milton cam' inaboot tull's. He cam' ower tae faur the combine wis stannin', he says, "Goad Ake, is that aa ye've gotten gaun roond that park, michty there's something wrang, that lookit like a gweed eneuch crap." I says, "Michty aye Jimmie, there's something far wrang, look doon amin yer feet and ye'll see for yersel." He stood there tull we gaed anither roond, it wis waur than the first een, syne he says, "Goad min, it's terrible that is, it's as bad as it cood pit ye oot at the door. Michty, I'll better get awa' hame and see fit like my ain barley is, Goad I hope it's nae sae bad as this," and gaen hame he telt Bengie Dalgarno syne Bill Sivewright, and somebody telt the postie, afore lang abody roond aboot kent that Smith fae Braeside hid gotten his barley shaken, it wis as bad as he wid likely hae tae roup oot. Ye see, the farrer this kind o' stories gaed, the bigger and waur they got. There wis ayie fowk wullin' tae add on a bittie here and there.

That day we wir lowsed for wir denner fin Ian Lumsden fae the College cam' inaboot. Wattie and me, we wis stannin' aside the combine fin he cam' ower tull's. Aifter the usual newsin' aboot the fine hairst day it wis and sic like, he says, "There's a new government scheme startin' called the Small Farmers Scheme, it's meant tae help the likes o' you, would you like to apply for the benefits which you would get from it?" We newsed a file aboot this new scheme, then I saw him starin' at the grund. He says, "That's an affa mess the wind his made o' yer barley, there's an affa lot o'd lyin' on the grund." I says, "Oh aye, it's some mess isn't it, ye widna like tae invent a machine tae sook that barley aff the grund, aye and mair nor that, fit am I gaun tae say tae the bank manager fin he sees my bank balance at the end o' the year." Weel, he sympathised wi' me aboot the loss o' the grain afore he gaed awa', and said he wid be back wi' mair information aboot this Small Farmers Scheme. It wisna lang ir we heard aboot ither fairmers hid gotten their barley shaken, a gie lot o' them roond aboot wis affected tae some degree, bit fae fit we wis telt, neen o' them as bad as Braeside wis. Wattie Gerrard said tae me, "That's fit ye get for hairstin' wi' aa that fancy machinery, my fader bindered aa his and it wis sittin' in the stook, the stooks wir blawin' doon, bit aifter the stooks wir set up again, there wis nae grain on the grund.

There wis ae thing aboot that hurricane fit we hid, it ferrly dried the grain, it didna need muckle dryin' in the dryer, and as we got grand weather aifter that, oor hairst didna laist lang, bit michty fin I lookit intae the grain store I got an affa shock, it wis only aboot hauf foo, there wid be nae barley tae sell this year, we wid juist hae tae pull the belt a bit tichter and dae withoot things we wir needin'. And fin I gaed tae the mairt at Maud, some o' the fairmers roond aboot wis winnerin' fit we cood dae aboot this disaster. I says, "Fit dae ye mean, fit dae ye think we cood dae aboot it?" Some o' them thocht we shood get compensation fae the government. I says, "Na na, that's a risk ye hiv tae tak' fin ye saw yer seed, it's you that tak's the risk o' nae gettin' a richt return affint." Anither een, he wis a tenant fairmer, he says tae me, "Oh it's aricht for you, yer lands nae costin' ye onything, ye see I hiv my rent tae pey twice a year." Little did he ken I wis peyin' mine twice a year tae, bit for a different purpose, I wis peyin' twice a year tae mak' the fairm mine.

Bit it turned oot nae tae be sic a loss aifter aa. We turned the turkeys oot on tae the stubbles aifter they got a feed in the mornin', we thocht it wid be better tae hae something in their bellies afore we turned them oot on tae the barley. Weel, they used tae come in at nichts and straucht on tae their reests, if we pit oot feed for them they juist ignored it, so we stoppit daen't. And michty, foo the turkeys pit on wecht. That wis the year we decided we wid pluck wir turkeys afore we selt them. We got twa weemin oot o' the village tae gie's a haund wi' the pluckin'. Bengie Dalgarno, he cam' and pu'd their necks for's, that's a job I wis nae eese at, bit he made a grand job, he ferrly hid the nack o'd. Aifter they wir aa pluckit, we selt them direct tae the butchers. Harold, oor son, wis dealin' a lot wi' local butchers throo his work, he got the butchers tae buy the turkeys, Gregory fae Gamrie, Stewart fae Buckie, Gordon fae Banff and some ithers. Forbye that, we selt some direct tae the public, ready tae gang intae the oven. We wir weel peyed for aa that eens, bit we wir left wi' fifteen great big turkey cocks, their average wecht wis aboot thirty punds, and neen o' the butchers wid hae onything tae dae wi' them. "Na na," they said, "fit wey wid we get fowk tae buy a bird that size, ye'll better try some o' the hotels wi' them." So we wir telt onywey, and mair than that, fit wey hid they gruwn sae big, it must've been the barley they wir aiten. I spak tae Henry Fyfe aboot it, him fit hid a cattle float at New Byth. He says, "Ach Ake, book them intae the turkey sale at Kittybrewster on Friday, it's the week afore Christmas, they'll sell aricht there, and I'll tak' them in for ye." So that's fit I did, I gaed hame and bookit them intae the sale ower the phone. Henry, he closed aff a bit at the front o' his float for them and took them in. Mighty, sic a lot o' turkeys there wis that day, fin I gaed intae the sale and saw them aa. I thocht tae mesel, 'Fit wey wull they manage tae sell aa that turkeys?" Oors wir in a sta' bi themsels, great big bonnie heeded birds, aye and fine and plump. There wis aa kinds there that day, maist o' them hid been weel fed, bit there wis some shargars amin them. It wis aisy seen there wis mair demand for the sma' birds, especially the hens. I startit tae winner fit oor eens wid mak', there wis nae doot aboot it, they wir the biggest birds there, and as the auctioneer moved alang the byre, I gaed and stood up aside oor eens, at the same time I noticed twa/three mair lads stannin' wytin'. And fin they wie'd the first een, it wis thirty-fower pund, the bids startit comin' in thick and faist, and it wis nockit oot at a bit mair than fit I thocht we wid get. The rest o' them wis the same, and aifter they wir aa selt the crood moved on, bit the twa men fa hid bocht oor turkeys bade back, they wir in amin the turkeys ir this time, han'lin' first een syne anither. I says tae them, "Fit ir ye tae dae wi' thae big turkeys, and fit wey did they mak' sic a gweed price?" Een o' them says, "Oh, they're aa bocht tae gang tae big hotels, and the wey they made a big price, weel we've baith been in this trade for years, we've niver seen sic weel feenished turkeys, nae only that, they're the only reed-heeded birds here the day. It's aisy seen they've been rinnin' ootside, bit mair nor that, fit hiv ye been feedin' them on?" So I telt them the story aboot the barley been shakin' and the turkeys feedin' on't.

That wisna the only gweed I got aff the shakin' barley. It wis a mild back-end that year, I hid aboot twenty yearlin' stirks got oot and in on tae the stubbles richt up tae the New Year, I did the same wi' them as wi' the turkeys, I ayie saw their bellies wis full afore they got oot, this meant that they didna ait ower muckle barley at ae time. Fin they cam' in they juist lay doon and startit cha'in their queeds. And mony the time since then I've lookit back tae that time, I've thocht aboot a lot o' different things, tried tae mak' oot hoo muckle siller I lost that day wi' the barley gettin' a a shak', ayie it cam' back tae me, I shood've lissened tae Sandy and Harold fin they wintit me tae start, bit then fit wey wis I tae ken fit wis tae happen. Ach weel, they say there's nae eese in greetin' ower spilt milk, weel if that's the case, there's nae eese in greetin' ower shakin' barley, it wid be best forgotten aboot. Bit that's ae time I'll niver forget aboot, it ayie comes back tae me noo and again.

There wis ae thing I wis richt fine plaised aboot, my operation hid been a great success, nae mair wis I bathered wi' a sair side, I wis fine and fit for my work and I wis feenished wi' takin' peels. It wis juist aifter this that Eileen and Harold got mairriet, they wir mairriet on the thirty-first o' December, 1966, Hogmanay nicht, and a richt fine nicht it wis. They wir mairriet in the South Kirk, Fraserburgh, and the reception wis in the Bay Hotel, Rosehearty. They gaed intill a hoose in Cornfield Road, Turriff, it wis fine and near his work at the slaughterhoose, and they are still there yet, twenty-fower year on.

We wir intae 1967 noo and aboot a fortnicht intae January, Ian Lumsden cam' back tae see me aboot this Small Farm (Business Management) Scheme. He said that the scheme wis tae run for three years, the purpose of the Scheme was to improve the fertility of the soil, improve the farming planning, encourage the farmer to keep proper records and a proper book-keeping system for the farm and some other things forbye. The benefits from all this was to bring increased income to the farmer. Provided the farmer carried out all the plans in the Scheme, he would be paid a grant for each year up to three years. He explained all this too me, then he left, sayin' tae me tae think aboot it, he wid be back shortly tae get the application finalised. It wis February ir he cam' back, my application wis completed for my programme tae start as from 28/5/67 and laist for three years. The programme I undertook wis as follows: in conjunction wi' the College, I wid leave cropping as at present but increase general manuring, this in turn should mean better crops, carry on with the sheep and the cattle, increasing the numbers if required, buy a crop sprayer and keep detailed records of everything on the farm. I says tae Ian, "Keeping records winna bather me, I already keep good records." He says, "Can I see your records?" I says, "Oh aye, ferrly that," and turned oot my records for the previous twal month period 28/5/65 to 28/6/66. He hid a gweed look at them, syne he says, "Ye've made a grand job of this, bit this is the exception tae the rule, nae mony small farmers wil bather themsel's to do this, this is one of the objects of the S.F.M. scheme, to get small farmers to keep decent records, and tho this is a first class job, for the purpose of this scheme, you will be required to use the forms provided for the purpose, otherwise you won't qualify for a grant." And fin ye gaed tae the mairt or ony ither plaice faur fairmers cam' thegither, this S.F.M. Scheme wis aa teen throo haunds. Some thocht it wis juist a waste o' time, fit wey wir they needin' tae be telt foo tae fairm. Ithers thocht there wis nae hairm in't onywey, there wis nae doot they wid learn something oot o'd, bit there's juist ae thing for certain, if it hidna been for the grants they wir gettin', nae mony fairmers wid hiv bathered wi't.

It wis an open kind o' a spring that year. I hid aa mi plooin' deen afore the end o' February. Fit an eese it hid been gettin' the burn deepened, michty, the grund doon in the howe wis an affa lot drier. I met Gordon Michie ae day at Maud, he spak aboot the burn. He says tae me, "Michty Alex, that's a job fit shood hiv been deen years syne, fit a lot better wir drains ir workin' noo." I says tae him, "Oh aye Gordon, yer richt eneuch there, bit aa the same fin I stand on oor brig and look doon the burn tae faur we stoppit deepenin' it, the thoct gangs throo mi mind, fit a lot better it wid hiv been if we'd gotten anither twa hunner yairds or so. I ayie thocht if we got a richt spate, the watter wid build up there, nae doot we'd haen three or fower spates already and there wis nae bather." Weel, there wis somebody thocht it wis an affa lot better, for Harold Williamson plooed up the park he hid at the ither side o' the burn, he hid stoppit crappin' this park kis it wis affen flooded fin there wis a spate. Bit noo we hid haen nine months gin by since the burn wis deepened, there hid been some spates, bit the watter hid niver come ower the banks, nae doot he thocht it wis safe eneuch noo tae gruw a crap in that park. Things wir gaun gie weel for's for a file, I wis fine able for my work, that meant we wid hae mair time tull wirsel's aboot the evenin's and weekends. I got Bill Daniel back again tae dreel in the seed grain and got him back tae dreel in the girss seed, so aboot the beginnin' o' Mey the work wis weel forrit. Ae nicht fin I gaed in tae my supper, Beldie says tull's, "Ye ken Ake, this laist twa year we hinna haen a holiday ower the heid's o' yer illness, fit aboot us twa gaun awa' this weekend and bidin' twa nichts on Skye, and come hame on Monday nicht. Sandy his Monday aff, so him and Madgie wid come and help keep hoose, and mair than that, I wid get Francis Gerrard tae come and milk the coo." I thinks tae mesel, 'Michty, she his athing weel planned oot, she's shurely needin' awa", so I says, 'Oh aricht, that'll dae me fine tae, it'll be fine tae get awa' fae the plaice for a file." She says, "Weel, if we dinna gang this weekend, we winna win, kis my young turkeys'll be here afore anither weekend." So on Setterday mornin' we set aff and landed at the McInnes' aboot nine o'clock. Michty, they wir richt fine plaised tae see's, bit Mrs McInnes gaed aa intae a flutter. "How did you not let me know you were comin'?" she says, "your bed won't be aired," and awa' she gaed tae mak' oor bedroom ready and to switch on the electric blanket. So we spent Sunday on Skye, visitin' some o' the plaices we hid been afore, bit it wis Sunday, we hid niver been on Skye on a Sunday afore, there wis hardly abody tae be seen until kirk time, syne it seemed abody gaed tae the kirk, aye, and back again in the evenin'. And fin we spak tae Mrs McInnes aboot it, she says, "There's no work done here on a Sunday, that's the Lord's day, if you had turned up to-night instead of last night, I coodn't have taken you in as paying guests, it's alright if you come on a Saturday and stay over Sunday," syne she muttered awa' tull hersel in Gaelic, she micht hiv been swearin' at's for aa we kent. And I affen winnered aifter that fit wid hiv happened on a Sunday nicht if we hid turned up, wid she hiv teen's in as freens withoot peyin' wir wey, kis she hid said she coodna tak' us in as peyin' guests. Weel, I niver got the answer tae that een. We got wir brakfast next mornin' at hauf past seven, kis him and her wir needin' awa' tae the moss tae cast peats, bit that plaised us aricht, as we wir needin' awa' hame onywey. We landed at hame that nicht aboot aicht o'clock, it hid been a fine brak and we baith enjoyed it.

The next week I hid tae gang tae Lynn o' Skene for day-auld turkeys. Beldie widna hear o' gaun ony ither wey, and ye coodna blame her. Iver since we startit gaun there for them, there hid been hardly ony losses amin them, and they ayie grew intae richt plump birds, juist grand for the Christmas table. I hid a file noo afore the first cut o' silage, so I got some fencin' deen, fulled up holes in the road wi' gravel, wi' the burn been deepened there wis a gweed supply o' clean gravel alang the burn side noo for that job. We gaed ower tae Grassiehill on Setterday nicht tae visit the Greigs. Fin we telt them we'd been awa' in Skye the weekend afore, they said, "Foo did ye nae tell's, if we hid kent we wid've gin wi' ye." So it wis arranged that nicht the fower o's wid hae a holiday thegither, juist afore hairst, we wid gang awa' on a Sunday and come back the next Sunday, and this time we wid gang doon throo the borders and intae the North of England. Aifter this aa teen throo haunds, I says, "Ye ken fowks, we planned tae dae this ae year afore, bit we cam' on sae mony things we wintit tae see, we niver even got the length o' the border countrae, so I think we shood mak' up wir minds ivnoo we widna stop the first day tull we wir somewey in the borders." Abody agreed tae that, and it wis left tae me tae study a map and find oot faur we wid stop.

CHAPTER 11

The Cloodburst

Bit there wis a lot o' work tae be deen afore that, twa cuts o' silage and the hey, cuttin' the thistles and dockens on the grazin' and roond aboot the ootsides o' the grain parks and ither jobs sic like. We gaed aboot a lot that summer wi' the Greigs, gaun awa' for runs in een o' oor caurs, especially at the weekends. Ae plaice we gaed tull wis Turra Show, we widna hiv missed Turra Show in thae days, and generally spikin', we met a lot o' fowk there we hidna seen since the year afore, and gied's the chance tae hae a gweed clake. We hidna been able tae gang the year afore kis I wisna lang hame fae the Infirmary aifter my operation, so we hid twa year's news tae pass on. It wis juist aifter the Turra Show, in the same week in fact, there wis a cloodburst in the catchment area for the Byth Burn, and it wis some cloodburst tae, the rain cam' doon in sheets for oors on end, it wis like that at Braeside onywey and they telt me it wis waur farrer up the burn. And the watter fit cam' doon that burn hid tae be seen tae be believed. The thocht gaed throo my mind, it wis a gweed job the burn wis deepened, there wid be nae ferr o' the howe bein' flooded, bit ye see I wis wrang, it wis comin' doon the burn at sic a lick it washed awa' ony bits o' the banks fit hidna firmed up richt. The banks at baith sides o' the burn anint my grund bade firm, the burn wis fine and straucht there so there wis naething stickin' oot tae lit the watter get a hud o', bit farrer doon the burn, faur it wisna deepened, the banks coodna hud it, it gaed ower the tap o' the banks anint the park fit Harold Williamson hid ploo'ed. He hid a grand crap o' corn gruwn on't, it wis flattened tae the grun, and here and there ower a' the park there wis some gravel lyin' on tap o' the corn. It wis a disaster richt eneuch, and if I mind richt he niver got ony o' that corn hairsted. It took a day or twa for the burn tae settle doon aifter that, syne I took a stroll ae nicht alang the side o' the burn for a gie bit, michty, the fine job the Oggs hid made o'd wis oot o' sicht noo, they hid left the banks fine and even, bit noo there wis great dauds riven oot here and there, and fin ye lookit intae the boddam o' the burn, ye cood see there hid been an affa lot mair stuff washed intae the burn. The bit faur the Braeside road gaed ower the tap o' the burn hid been deepened fower fit, weel I'm share the hauf o' that wis washed in again. It wis a sickener I kin tell ye, aifter spennin' a' that siller on't. Of coorse, fowk said the new banks didna get a chance tae firm up, the girss and the weeds didna hae time tae gruw fine and thick in the new banks, it wis little mair than a year atween the burn been deepened and this flood. It juist gangs tae show, ye canna fecht against naiter, she'll hae her ain road onywey.

I wis ferr doon in the dumps aifter this, peyin' for gettin' this job deen and noo this tae happen. Hooiver, we gaed awa' for wir weeks holiday aifter that, I wis hopin' I wid forget aboot it bi the time we got back. We gaed doon the east side o' Scotland, throo Edinburgh and cairret on the road tae Berwick. We spent the week toorin' aboot the Borders and the North o' England. We spent a nicht in Eyemouth, Alnwick, Galashiels, The Coach and Horses, and twa fairmhooses. The hindmist nicht we bade aside Ayr, and gaed inby tae visit my sister, Mabel and her man Gordon, they wir bidin' in Ayr at the time. The neist day wis Sunday, and we made for hame that day, gettin' hame aboot nine o'clock at nicht. On the road hame Beldie wis at her usual, winnerin' if the turkeys wir aa richt, hid the coo behaved aricht and sic like. She wis ayie the same, cairret on for a hale week withoot spikin' aboot hame, and eence we wir on the road hame, she wid start and winner.

That year we hid wir usual crap o' summer visitors. There wis ayie some o' the wife's fowk comin' tae see's. Some o' them wid bide twa/three days, some maybe juist a nicht or maybe juist for a fly-cup, bit ae nicht that year a couple cam' inboot wi' a caur. The woman says, "Hallo Ake and Beldie, it's affa fine tae see ye again." We baith lookit at her, michty, I coodna mak' oot fa' she wis tho I kent I hid seen her afore. She says, "Oh, this is affa Ake nae kennin fa' I am, weel I'll hae tae help ye oot, my first name's Teenie." Finiver she said it, Beldie says, "Oh, yer nae Teenie Tough ir ye?" and she says, "Aye, that's fa' I am, bit it's nae Teenie Tough noo, it's Teenie Cumming." "Oh," says Beldie, "and this'll be yer man here is't?" Weel, ye'll better come awa' in then." Tae lit ye understand, Teenie Tough wis Mrs Tough's quinie. Mrs Tough wis the wumman fit lookit aifter Sandy fin Beldie wis in the City Hospital aifter he wis born. So, we hid plenty tae news aboot, and we sat and hid a cup o' tay wi' oor visitors. They telt's they wir tourin' wi' a caravan, the caravan wis bookit intae the park at Myrus aside Macduff, they left the bairns there and cam' tae see us. And aifter they gaed awa', the wife says tae me, "Michty Ake, it's a sma' world we bide in, fancy seein' Teenie and her man the nicht, aa the same I wis richt fine plaised tae see them."

It wis comin' on tae hairst time again, I hid haen Wattie Gerrard workin' wi's aff and on aa summer, bit fin we feenished the seecond cut o' silage, he says tae me, "I'm affa sorry Ake, bit I winna manage tae hairst wi' ye this year, ye see the auld man's gettin' past it, he's nae sae swak as he eence wis, so they'll be needin' me at hame." Weel, I wis richt sorry tae hear that, kis Wattie and me, we got on great thegither, so I says, "Wattie, I'm sorry tae hear ye say that, that means I'll hae tae get some ither body, bit eence the hairst's bye, ye'll come back tull's fin I'm needin' ye." He says, "Oh aye Ake, I'll ferrly dae that," and he seemed tae be plaised aboot it fin he said it. I saw Bengie Dalgarno een o' the next days. I happened tae mention

170

I wis needin' a hairst man. He says, "Oh, Alex Kindness is hame oot o' a job, I'm shure he wid tak' on a hairst wi' ye." So that's the wey I cheenged my hairst man, bit we got on aricht. I wis still usin' the auld combine, he lut me ken fit he thocht aboot that, and fit he thocht aboot me tae, ayie cairryin' on usin' an auld machine like that, bit I juist lissened and said naething, as lang as we wir gettin' the work deen that's aa that maittered tae me. That hairst akinda made up for last year, fin the barley got sic a shak'. I saw we wirna tae hae storage room for aa the grain fin we hud the hauf o'd cuttit, so we rigget up a partition at the ither side o' the barn tae hid a puckle o'd, ten tons or thereaboots, and fin we feenished the hairst, the grain store wis fu', the laft wis fu', and this extra storage space wis fu' tae.

CHAPTER 12

The New Road

It wis aboot this time I saw an advert in the "Press and Journal," it wis aboot a scheme, government suppported and run by the local district counsels for improvin' countrae roads. Een o' the conditions bein' that the road hid tae be a throo road and servin' a puckle fairms. I read that advert twa/three times, michty, this wis juist fit we wir needin' tae get oor road boddamed and tarred, for oor road wis a throo road, kis it jined in wi' ae road atween Oldmill and Culbyth, come up the brae tull Braeside, syne passed Backstrath, Cowiehillock, Basilhall, and Backhill o' Auchnagorth and jined in wi' the road atween Cowbog and Pisgah Smiddy. I says tae the wife, "Lissen ir I read this tae ye," and I read oot the advert. She says, "Fit ir ye readin' aa that for, it canna be ony eese tae us?" I says, "Of coorse it cood be o' eese tae us, if aa that ither lads wid pey their share it wid work aricht." "Oh aye," she says, "and we'll hae tae pey the biggest share, kis we hiv the biggest plaice, and faur ir ye gaun tae get the siller tae pey for't onywey, ye ken we hid a peer hairst laist year, we hinna gotten richt ower'd yet." I says, "Ach, we'll aisy peyed, look at aa that barley lyin' there tae sell, and the byre's fu' o' nowt, some o' them near ready tae gang awa'. Michty, we'll aisy manage tae pey oor share." And the mair I thocht aboot this scheme, the mair determined I got I wis tae hae a go at it. We wir within the boundaries of the Turra District Council, so the first thing I did wis gang and see Provost Wood o' Turra, he wis a partner in the firm o' Lyall and Wood, Solicitors, Turriff, and he wis either chairman of or clerk to the District Council.

I'll better explain here that the District Councils in thae days operated something the same as Community Councils nowadays, the senior council being Aberdeenshire County Council. Weel, Mr Wood explained tae me hoo the scheme operated, it wis for the improvements of rural roads, the roads had to be throo roads, that is to say that a road to a fairm and nae farrer didna qualify, and aa the fairmers the road served hid tae agree tae his share. Fin he telt me that, I thocht tae mesel that some o' them widna agree tae that. Then he telt me hoo it wid be peyed for. The government wid pey 50%, the District Council 25%, and the occupiers of the fairms 25%, he also pintit oot there wis naewey the fairmers involved wid get their individual close deen under this scheme, it definitely wis for throo roads only. Syne he spiered at me aifter hearin' aa that, "Was I still keen to see the project gang aheid?" I says, "Oh aye, I'm richt keen tae hae a go, in my mind this is a scheme fit naebody shood refuse tae tak' advantage o." He says, "Well Mr Smith, go home and contact you neighbours, find out how they feel about it, come back and let me know what they think about it. The fact that you'll have more to pay than any of the rest of them and willing to pay it, makes a good start at any rate."

I gaed awa' hame aifter that, and aa the road hame I wis thinkin', 'Fit fine it wid be tae get this new road, aifter pitten up wi' sic a gie roch road at Balnamoon for eleven years, and a rocher een here for five years, michty it wid juist feel like bein' in Heaven, only I didna ken fit like Heaven wis, and nae likely tae find oot.'

Next day I gaed awa' tae find oot fit the ithers thocht. First I gaed tae Gerrards at Backstrath, it wis juist afore yokin' time at een o'clock. I got auld Wullie, Sandy and Wattie aa sittin' in the kitchen toastin' themsels at an auld-farrant peat fire. I telt them fit I wis needin' tae see them aboot, explained the scheme for gettin' the road tarred and spiered at them if I did aa the plannin', wid they be wullin' tae pey their share. Weel, they startit argie'in amin themsels. Wattie, he wis ferr for't, kis he wis rinnin' a van back and fore ower the road. Auld Wullie, he thocht the road wis aricht as it wis, he hid managed wi't as it wis for the laist three and twenty years, and Sandy, he wisna carin' ae wey ir anither, kis he hardly iver gaed fae hame onywey. I wis winnerin' bi this time they're shurely gaun tae refuse, bit Donald cam' in. Donald hid a bad leg, he wrocht awa' bi himsel in a garage at Garmond, and he ran back and fore a lot tae see his fader and mither, there wisna mony days bit fit he wisna up the road. Weel, his fader spiered at him fit he thocht aboot the road bein' tarred. he says, "Michty fader, that's fit's sair needin' tae be deen, yer shurely nae gaun tae lit this chance tae get a gweed road slip bye ir ye? Na na, ye shood help Ake here aa ye can tae get it deen." Of coorse, Wattie backit him up aifter that and I left wi' a promise they wid pey their share.

Syne I gaed alang tae Cowiehillock, that's faur auld Jimmie Lovie and his wife bade. We didna see them affen, kis they used the ither road fin gaun fae hame, they didna come doon by Braeside. Weel, I telt them aboot the sortin' o' the road, spiered at them did they think it wis a gweed idea, and wid they be wullin' tae pey their share o'd. We wir in the kitchen bi this time, they lookit at een anither afore ony o' them spak, syne Jimmie says, "Oh aye, I think it's a grand idea, only we'll be sellin' oot shortly and it's nae worth oor while haen onything tae dae wi't." And tho I tried tae tell him his fairm wid be worth an affa lot mair wi' a tarred road in aboot tull't, he widna cheenge his mind. So that wis him oot o'd. I gaed alang tae see Geordie Cassie next, there wis nae eese o' gaun inby Basilhall kis Geordie Cassie hid it tae. Weel, Mrs Cassie cam' tae the door and socht me intae the kitchen, Geordie wis sittin' at the fireside. He sat and lissened tull aa I hid tae say, and fin I feenished there wis silence, they baith sat and lookit at een anither, it wis makin' me feel uncomfortable, so I says "Is neen o' the twa o' ye gaun tae tell me fit ye think o'd?" Anither silence, syne Geordie says, "Fit aboot the road inaboot tae Backhill here, wull we get it deen tae?" So I says, "Na na Geordie, this scheme's for throo roads only, aa the same eence the road wis feenished ye micht think aboot dee'in yer ain bit yersel." Geordie thocht a meenitie, syne he says, "Oh I see fit yer aifter, ye wid get the road tarred richt inaboot tae Braeside, yer nae thinkin' aboot the like's o' us, the road gangs close by Braeside, bit we're mair nor a hunner yairds awa' fae the road. If ye kin get the road tarred inaboot tae yer steadin', weel so shood we, and if that's nae tae be deen, I dinna wint tae hear ony mair aboot it." And tho I tried tae tell him it made nae odds tae the sortin' o' the road that Braeside steadin' wis close inaboot tult, he widna lissen, so that wis him oot o' the scheme. I gaed awa' hame gie doon in the dumps, oot o' the fower o's only twa, Wullie Gerrard and me, wir wullin' tae cairry-on.

I hid promised tae gang back tae see Mr Wood and tell him hoo I hid gotten on, so I telt him only Wullie Gerrard and me wis wullin' tae go on. He says, "That often happens in cases like this, it's a pity all the same, but in these circumstances we cannot proceed with the work." This aa took plaice aboot the end o' November and the beginnin' o' December, so it wis noo time tae think aboot gettin' awa' the turkeys again, this gaured me forget aboot the road for a file. It wis ae nicht afore Christmas that Donald Gerrard stoppit fin he wis gaun up tae Backstrath, I wis takin' up the road tae my supper at the time. He says tae me, "There's been nae mair wird o' the road gettin' sortit his there Ake?" and fin I said, "Oh na na, we'll juist hae tae forget aboot it." He says, "Weel, Wattie and me wid richt like tae see it goin' on, fit aboot haen anither go at the Provost aboot it, ye cood aisy gang back and see him, aye and tak' mi fader wi' ye." I thocht aboot it that nicht, so I wid gang back tae see Mr Wood, and Wullie Gerrard cam' wi's. I telt Mr Wood fit we'd come tae see him aboot, spiered at him wid it nae be possible tae reconsider oor application for gettin' oor road tarred. Weel, he startit spierin' at Wullie aboot his faimly, foo lang hid he been at Backstrath and sic like. Wullie telt him he hid been at Backstrath since 1944, he hid a big faimly and maist o' them wir mairrit noo, syne he telt Mr Wood aboot Donald, he got a leg blawn aff up on the Mormond hill the time o' the waur, it wis a bomb fit hid been drappit fae a German plane that did it. He seemed affa interested aboot Donald, so him and Wullie news'd awa' tae een anither, juist as if I wisna there. I wisna carin', they seemed tae be enjoyin't, newsin' awa' as if they wir auld freens. Mr Wood seemed tae tak' a likin' tae Wullie and finally he says, "You go home now and I will see what I can do, remember don't set your sights too high and I'll be in touch with you both."

On the road hame we winnered fit he meant, did he mean there wis a possibility that we micht get the road tarred yet, and in my ain mind, I thocht Mr Wood wis ferrly impressed wi' fit Wullie hid telt him. It wis aifter the New Year ir we heard fae Mr Wood, we baith got a letter spierin' gin we cood gang back tae see him, suggestin' a time for this meetin' and wid I phone his office to confirm the time wis suitable. So we gaed back tae see Mr Wood, he telt us he hid gweed news for's, the District Counccil hid decided to accept our application, and he went on, the only thing to be done now is to find out how the final 25% of the cost is to be paid for. In other words you two will have to decide between you what share you are to pay, and I must have both your signatures saying you agree to pay this amount when the work is completed. I says, "Oh, that'll be nae bather, we'll juist work it oot on an acreage basis, that'll mean I'll hae tae pey 60% and Wullie 40%." Bit Wullie widna hae neen o' that, "Na na," he says, "oor road starts at the corner up past Braeside, ye see aa the road up past Braeside is yours, ye'll hae tae pey for that, ye see we've measured it, and oor bit is juist aboot twa/fifths o' fit yours is, and that's aa I'm gaun tae pey for." I cood hardly believe fit I wis hearin'. I did a quick calculation in mi heid, as faur as I cood mak' oot, on that basis I wis gaun tae hae tae pey 71% and them 29%, so fit wis I tae dae noo. I cood see bi the wey Wullie spak, the Gerrards hid teen't aa throo hand. I tried tae explain tae Wullie, ilka time ony o' them gaed fae hame they hid tae use the road past Braeside, bit it made nae odds, Wullie widna shift an inch, syne Mr Wood tried tae explain tull him I wis makin' a reasonable offer tae him, bit it wis nae eese. Mr Wood then said, "Gentlemen, I would like a settlement today if possible, please understand this work will have to be carried out within our financial year, otherwise I cannot see it bein' done at all." So I did anither quick calculation. I worked it oot, it wid mean I wid hae tae pey oot anither ninety pounds or so, syne I thocht fit wey draw back noo for the sake o' ninety pounds, aifter aa the work I hid pit intilt, and look at the extra value it wid pit on my fairm, so I says, "Aricht Mr Wood, for the sake o' gettin' the job deen, I'll agree tae Wullie's proposal." Fit ither cood I dae, naewey wis I gaun tae miss oot on this aifter gaun sae faur wi't. Weel, we baith sined on the dotted line, and Mr Wood said, "Splendid gentlemen, we'll get the work carried out before the first o' April. At this point I must point out that the percentages (40% and 60%), (29% and 71%) cannot be guaranteed, they must be taken as a rough guide."

The time aa this wis gaun on, I'd haen Sandy Stephen and the minister inaboot tae see's, this wis afore the New Year, and they spiered at's if I wid be prepared tae become and elder o' New Byth Kirk. I wisna neen teen wi' the idea, I said I thocht I hid plenty on mi hands wi' rinnin' Braeside withoot takin' on ony mair work. Weel, the minister says, "The New Byth Kirk Session is getting small in numbers, what with some of them passing on to a higher level and some leaving the district, we require a few more persons to join the Kirk Session. You know Mr Smith, the good Lord's work must continue." Weel, aifter some mair hummin' and haa'n I gie'd in, bit I wis gie swier I kin tell ye. Weel, the minister wis fine plaised, he said he wis shure I wid be a trustworthy member o' the session. I've nae doot he wid say that tae onybody fa' iver it wis fit wis jinin' the session. They excused themsels aifter that, juist sayin' afore they left I wid be informed fan the ordination wis tae be and they wir awa' tae see some ither body. So I wis ordained as an elder o'

New Byth Kirk on 14th January, 1968, alang wi' ither three, Gordon Imrie, Ian Cooper and Jim Michie. Gordon Imrie cam' fae Milton o' Byth, Ian Cooper cam' fae Wellington and Jim Michie, he wis a son o' Gordon Michie fae Little Byth, he bade at Upper Glasslaw. That brocht the numbers in the Kirk Session tae aicht. The ither eens wir Harry Milne, Session Clerk; Frank Moir, Treasurer; Jack Kilgour, the postmaister and Sandy Stephen. I wis paired aff wi' Gordon Imrie tae tak' my turn at the door ilka fourth Sunday, we didna hae a beadle so some o's hid tae ring the bell fan we wir on duty. There wis a Miss Paterson cleaned the kirk, she bade close by, and Frank Moir, the Treasurer, he wis handyman for the kirk at that time. It wis him that kept the kirk tickin' ower. Frank wis the mullert at Byth, he reminded me o' Lindsay Watson at Benholm, he wis a mullert tae and did a lot o' work for the kirk there.

It wis the first week in Mairch ir they cam' tae start the road. First ava' they put in a layer o' hardcore and rolled it in, syne the foreman tell't me that they wid be back in a day or twa wi' a machine tae lay the tar. This machine wis supposed tae be the bees-knees for that job, it made a fine level job o'd, and the contract fit Wullie Gerrard and me hid sined stated this machine wis tae be used for layin' doon the tar. A day or twa gaed by, there wis nae sine o' them comin' back, and ae mornin' a man cam' inaboot. I wis ayie amin the nowt in the byre fin he cam' tull's. he says tae me, "I'm fae the District Council, ye see the machine for puttin' doon the tar his broken doon and it'll tak' a twa days onywey tae sort it, I'm inaboot tae spier at ye if ye'd mind if the tar on your road wis spread wi' graips." I kin tell ye this, ye'll get a lot stronger a job that wey, ye see it his tae be puttin' on thicker wi' graips and mair nor that, it winna be sic a fancy job." I says, "Ach, I'm no carin', and if it's a stronger job I'm aa for't, bit ye'll better gang and see fit Wullie Gerrard says aboot it." He wis back fae Gerrards in aboot fifteen meenits, he says, "Oh, he agrees aricht tul't, wid ye lit me use yer phone?" Within hauf an oor the first larry wis inaboot wi' tarred chuckies, ahint that cam' a van wi' some men, and they hid a brazier for keepin' the graips het for spreadin' the tar. Afore dennertime I gaed doon the road tae see foo they wir gettin' on, the foreman says tae me, "Yer gie lucky, look sic a fine job yer gettin' ower the heid's o' that machine brakin' doon, we're pitten't on aboot twice as thick as fit the machine cood dae't." Weel, I thocht tae mesel, 'Ir they fowk tellin' the truth or ir they pu'in mi leg?' Ach, I wisna carin' onywey, tae me they seemed tae be makin' a richt strong job. And michty, aifter it wis feenished, sic an odds it wis gaun up and doon wi' the caur, there wis nae mair o' rinnin' in first gear fin drivin' on the roads. There wis a lot o' roads covered wi' tar throo that scheme, it wis juist haird lines on ony fairmer fit hid a lang road tull's fairm, there wis naewey they cood benefit fae the scheme.

It wis juist aifter the road wis sorted we hid a richt short and nasty sna' storm, it wis ae nicht at suppertime it startit. Aa at eence it grew dark and the sna' cam' on. The ewes wir aa lammed and wir lyin' ootside, I hid a a gweed idea fit wis tae happen, so withoot wastin' ony time, I gaed awa' wi' the dog and got the sheep inaboot tull the steadin'. I got that deen afore darkness cam' doon, noo they wir shut intae the close and there wis twa/three sheds they cood get in tull, and I wis fine plaised wi' mesel for gettin' them tae safety, kis the wind wis risin' and the sna' wis gettin' waur. It wis gie near dark noo, I shut up the dog, hid a look throo the nowt and gaed awa' tae the hoose. I wis gaun roond the neuk o' the chaumer, heid doon and facin' in the sna', fin I bumpit intae this man and near ca'd mesel ower. I lookit up and saw he hid a wummin wi' him, they baith hid a bag ower their shooder, and I took them tae be countrae traivellers. The man says tae me, "That's an affa nicht, fairmer, hiv ye a corner in yer steadin' faur us twa kin bide the nicht, it disna hae tae be onything fancy, juist somewey wi' a puckle strae." I says, "Oh aye, ferrly that, fit aboot the chaumer here, there's a fireplaice in't, ye kin licht it and that'll keep ye warm." So I took them intae the chaumer, switched on the licht and says, "Wull this dae ye, ye'll be aricht in here?" He says, "Oh aye, this is fine," syne he took oot a packit o' fags, gied her een, took een tull himsel, lichtit a spunk, lichtit first her fag and syne his ain een and flung the spunk doon on the fleer. I watched him dee'in aa this, I thocht tae mesel, 'He's affa careless', and I thocht aboot aa that nowt tied up in the byres and aa that sheep oot there in thae sheds and in the close, fit wis gaun tae happen tae them if this twa set the plaice on fire, it wisna tae be thocht aboot, so I says, "This steadin' his a lot o' nowt and sheep aboot, if yer tae bide here, there'll be nae smokin' and throwin' doon spunks." I cood see he wisna plaised, aa at eence he says, "Fa' dae ye think ye are fit kin tell me nae tae smoke, I'll smoke if I like, I winna spier at you." I didna like the wey he said it, so I says, "Weel, ye kin plaise yersel, ye aither hand ower yer fags and spunks ir gang doon the road." I thocht he wis gaun tae hit me, bit na na, he cheenged his mind and he thocht better o'd. He says, "Come on Jean, we're nae welcome here, we'll better gang oot o' here," and he took oot at the door, she hung back a file, syne she gaed oot at the door aifter him and doon the road they gaed. I stood and watched them as they gaed oot o' sicht amin the blin' drift for it wis een o' thae nichts fit ye cood say wis a fite oot. I thocht tae mesel, 'Goad, fit hiv ye deen noo, turnin' that peer couple oot in a nicht like this', I winnered if I hid deen wrang, and fin I thocht aboot the steadin' gaun up in a bleeze, and aa that nowt and sheep aboot the plaice, I thocht I hid deen richt. Neist mornin' I wis up and oot gin sax o'clock, it wis juist comin' in daylicht, it wis a fine mornin', the sky wis reed faur the sun wis risin', there wis a gweed puckle sna', bit I kent it wid seen be awa' oot o' sicht. I lookit doon the road bit there wis nae sine o' my visitors, so I gaed awa' tae sort the nowt and I forgot aboot them. It wisna ir throo the aifterneen I saw Bengie Dalgarno and he telt me somebody hid bidden anicht in een o' his henhooses, this henhoose hid been empty fin he baled his strae in the hairst time, so he hid fulled it wi' strae bales, and fin he rose this mornin' he noticed a twa/three bales lyin' ootside the door. He gaed ower tae see fit wey that wis, and he saw that somebody hid

177

opened oot twa/three bales and cuddled doon amin the strae, they wid've been richt fine and cosy. So that's faur mi twa visitors hid spent the nicht, bit Bengie niver saw them, they hid been on the road afore he lookit oot.

We wir ayie haen bather wi' wir watter, it wis juist a nuisance haen tae gang alang tae Redburn tae sort the pump, and this ither supply we hid for a standby wisna muckle eese, it wis affen dry as onything else. So, I thocht I wid start and look for a supply o' my ain on the plaice. I'd heard that Gordon Michie cood divine watter and Sandy Stephen wis the same. So I got them baith inaboot, nae at the same time, and got them tae gang ower the park abeen the steadin'. I thocht ye see, it wid be grand if we fell in wi' watter hi'er up than the steadin', bit nae luck, they baith struck watter eence, and it wis the same wi' them baith, it wis in the watter pipe doon fae the cistern. Syne they tried roond aboot the steadin', and again they baith struck watter aside the hoose, juist faur the ile tank for the kitchen stove wis sittin'. Neen o' them wid say hoo faur doon the watter wis. I wis thinkin' aboot the mannie fit cam' inaboot tull Gossesslie and Cauldcots fin I wis a bairn, he wis able tae say foo faur doon the watter wis, bit nae this twa, they widna commit themsels. Aifter that, they gaed doon intae the park alow the steadin', and again they baith struck watter, at the same plaice again and aboot the middle o' the park. Weel, I thankit them baith for fit they hid deen, telt them I wid keep thae twa plaices in mind if iver I decided tae dig for watter. Wi' me haen tae pey oot aa that money for sortin' the road, I wid hae tae be gie canny wi' mi' spennin' for a file, I wid juist hae tae trust tae luck that the watter wid keep rinnin'.

It wis noo aboot ten days afore the Mey term, the young turkeys hid been hame aboot a week fin the Greigs cam' inaboot. This wisna the first time they hid been ower since the road wis tarred, bit George says, "Goad, fit an odds ye'll ken wi' that new road, nae mair comin' rattlin' up there in first gear. I ken fit ye shood dae, ye shood plant a raw o' trees on baith sides o'd, syne we kin ca'd the avenue tae Braeside." I says, "Na na, nae avenue aboot it, it's still juist the fairm road." Weel, that nicht we planned we wid gang awa' for a weeks holiday afore hairst, juist the same as laist year, bit we wid gang back tae Mull again, hopin' we wid get across tae Ioná this time. Afore the Greigs gaed awa', I says, "Weel, that's oor holiday planned, I juist hope oor watter supply stands up, it wid be affa if it broke doon and us awa' on holiday and aa the beests needin' watter." George Greig says, "Ach Ake, fit ir ye worryin' aboot, fit iver wey dae ye think Braeside wid gang dry o' watter and that big burn rinnin' throo the howe doon there, fit yer needin' tae get is a watter cairt for the tractor and a watter pump for operatin' aff the power shaft on the tractor. Michty, they're simple tae operate, if ye hid that, ye cood gang awa' wi' an aisy mind. If onythin' happened tae the watter supply fin yer awa', Sandy and Harold cood aisy come inby in the evenin's and ca' watter tae the nowt, or for that maitter, Wattie Gerrard wid manage that." That year there wis the usual roups afore the term, maistly fairmers roupin' oot and retirin'. Weel, there wis een held the day afore the term, I gaed tul't and bocht a hunner gallon watter cairt for the tractor and a pump for gaun on the tractor for fullin't wi', this pit mi mind at rest as faur as the nowt gettin' watter wis concerned.

Bit the watter situation didna get ony better, in fact it wis gettin' waur, there wis nae doot I wid hae tae dae something drastic, so I gaed doon tae see Bill Sivewright at Culbyth, he hid a digger on an ordinary Fordson Major tractor. I telt him aboot the twa lads baith tellin' me aboot gettin' watter at the same plaices and I spiered if he wid come up wi' his digger and dig oot a hole tae see if we wid strike watter. He agreed at eence. Weel, he dug doon as faur as he cood aside the hoose, bit nae luck, the boddam o' the hole wis ayie bone dry. Syne we gaed doon and intil the park alow the steadin', and aboot twal fit doon we struck watter, it cam' spewin' up oot o' the boddam at an affa lick, in aboot a meenit the watter wis aboot fower fit deep in the hole. I stood and lookit intae the hole. Michty me, I thocht tae mesel, juist imagine aa that watter spewin' oot o' the earth and we coodna get eneuch. I wis ferr mesmerised, syne I heard Bill Sivewright spikin', bit I didna hear fit he wis sayin'. Somebody else says, "He's nae hearin' ye Bill, he's ferr taen aback wi' seein' aa that watter." Syne I says, "Oh aye, fit wis ye sayin' lads?" Bill he spak again. He says, "Goad, ye shood be plaised wi' that supply Ake, there's eneuch risin' there as wid supply aa Byth, ye dinna ken foo lucky ye are." Benjie Sivewright wis there tae, he wis Bill's brither and he cam' ower alang wi' Bill, syne Bengie Dalgarno, he saw the cairryon and cam' inaboot tae see fit wis ongaun. The fower o's wis aa stannin' lookin' doon intae the hole, newsin' amin oorsels, the watter wis ayie risin' in the middle o' the hole, bonnie and clean bi this time. Somebody spak aboot it bein' fine clean watter. Bill, he says, "Aye, nae winner it's clean, the hindmist three or fower bucketfu' fit come oot o' the hole wis sand and gravel, look awa' ower there and ye'll see the sand and gravel faur I coupit it." And shure eneuch fin ye lookit ower tae faur he pintit, ye saw the heap o' sand and gravel. Aa this time it wis gaun throo mi mind fit aisy it wid be tae tak' advantage o' this watter, we wid hae tae sink a well, big a hoosie tae hud an electric motor and a pump, tak' an electric supply doon fae the steadin' and athing wid gang like clockwork, weel, that's fit I thocht onywey. Abody gaed awa' hame aifter that, and afore nicht abody roond aboot kent that Smith fae Braeside hid been diggin' for watter, and he hid come on a spring fit wid drive a thrashin' mull.

I gaed in and phoned for Wullie Milne, the plumber fae Cyaak, he said he wid come oot and see fit hid been dee'n aifter he hid his denner. Weel, he turned up aricht and as we wir gaun tae the park faur the hole wis dug, I wis tellin' him fit I wis needin' deen, a wall sunk doon intae the grund, a hoosie biggit tae hud an electric motor and a pump, and aa the rest. He says, "Aa, bit juist ca' canny, yer gaun ower faist, it'll be a file if iver ir we get that aa deen." I lookit at him, syne I says, "Fit dae ye mean bi that? The hole's howkit, there seems tae be plenty watter there. I dinna see foo we canna get on wi't." That wis me aa ower, fin onything hid tae be deen, get goin' at it. The watter wis still risin' in the middle and oozin' awa', maybe nae

179

sae much as it wis, bit risin' aa the same. I says, "Noo tell me hoo we canna get on wi't?" He says, "Weel, ye'll hae tae lave it aleen for a month onywey tae find oot if there's still watter there, in fact ye'll maybe better lave it for twa months, ye see ye've maybe struck a vein o' watter fit micht gang awa' again, syne we'll hae tae get it tested tae see if it's fit for human bein's drinkin', if it disna pass ye winna be allo'ed tae use it. Meantime, ye kin gang tae the College Office at Turriff and find oot fit grants is available for a scheme like this."

Weel, that wis me deen for again, I thocht fin eence we got a supply o' watter we wid get on richt awa' wi' pitten in a wall, bit apparently no, I cood cairry-on if I liket, bit if the supply peetered oot or didna pass the test, it wid be money doon the drain, so I wis forced tae haud mi hand. This gaured me think aboot the auld supply again, and I winnered fit hid cam' ower'd, I gaed alang tae Redburn and got a hid o' young Jimmie Milton, I says tae him, "Jimmie, wid ye tak' a look at that watter-pump and see if ye see onything wrang? As faur as I kin see it's workin' aricht." He says, "Oh Ake, the pump's workin' aricht, I wis at it last nicht, foo ir ye spierin' onywey?" I says, "Foo am I spierin', ye shood ken we're short o' watter, I wis juist winnerin' fin the pump's workin' aricht, foo ir we nae gettin' eneuch watter?" He thocht a meenitie, syne he says, "Weel Ake, I'm nae shure I'm richt, bit div ye mind ye hid tae renew yer watter-pipe fae the cistern tae the steadin' aboot twa year back kis it wis leakin', weel I think it wid be the pipe fae the pump here up tae the cistern fit wid be needin' renewed, an auld rotten lead pipe at that." I asys, "Goad Jimmie, I niver thocht aboot that, I believe that's fit cood be wrang, bit michty that's nae a short bit pipe, it's aicht hunner yairds onywey, and mair nor that, we wid hae tae dig up roads forbye." I hid a look ower the grun faur I thocht the pipe wid gang, bit I didna see ony weet bits, of coorse, that didna mean tae say it wisna leakin'.

Weel, the time cam' fin we hid tae gang awa' oor holiday, there wis ayie watter comin' throo tae dae the hoose, the turkeys, the hens and sic like. Wattie Gerrard took in hand tae drive watter for the nowt, so that wis aricht. We took a different road tae Oban this time, and landed on the ootskirts o' Oban on Monday nicht, there we got B. & B. and left George Greig's caur there in the mornin', arrangin' tae come back there on Thursday nicht. There wis nae ravel up wi' the ferry this time, it wis an affa fine day, and fin we cam' aff the ferry we wisna in nae hurry, juist enjoyin' the sunshine, and it wis aboot mid-aifterneen ir we got tae Salen, thinkin' we wid book in again faur we wir laist time, bit we got a bit o' a shock, they wir bookit-up, and sae wis the rest o' the hooses in Salen. This wis something we didna expect. The fower o's got inower the caur and hid a gweed news aboot it, we coodna aa agree, the weemin wir a bittie worried kind they wid hae tae sleep in the caur. George thocht we shood juist hid gaun, we micht fa' in wi' a plaice alang the roadside, and if no, we micht get a plaice in Tobermory, failin' that we wid hae tae book intae a hotel. Ye see, fit we hid forgotten aboot wis the increase in the number o' tourists comin' tae Mull since we hid been here the laist time, it wis a bit chancy nooadays. Weel, that's fit we did. I drove the caur and the ithers keepit a lookoot for B. & B. sines, and tae mak' it waur, the sky startit tae turn black, and in a wee filie it startit rainin'. It wis gaun throo mi mind as I gaed alang the road, 'Goad, is this gaun tae turn oot like the laist time and we're tae be rained oot.' As I drove the caur alang the road, twa/three times I heard them sayin', "Here's a sine wir comin' tull," and aifter that, "Ach, it's happit up," and it wisna ir we cam' tae the ootskirts o' Tobermory that we saw this B. & B. sine, it wis gie hame-made like, leanin' against a big steen and keepit in plaice wi' anither steen, it lookit as if it hid juist been stuck up that day. I stoppit and lookit intae the end o' a gie roch road, there wis nae sine o' a hoose. The weemin wir in sic a hurry, they wir makin' for tae gang ootower and look for the hoose. I says, "Na, na, bide faur ye are, yer nae gaun waukin' doon that road and it rainin' like this, I'll tak' the caur inaboot." George, he gied a bit o' a lauch, he says, "Yer nae feard Ake, the caur micht get grunded on that road, if we get stranded here, we've had it for the nicht.

I took the caur doon the road, it wis 'rainin' cats and dogs' ir this time, the road wis gettin' intae an awfu' sotter, hooiver, we turned richt at a corner and there wis the hoose, bit nae an ordinary hoose, it wis a bungalow and a big bungalow at that, bit fit a sotter roond aboot, it wis aisy seein' it wis juist new bigget. I took the caur richt inaboot the door, the twa weemin gaed up tae the door, a young deemie cam' tae the door and took them inside, it wis aboot fifteen meenits ir they cam' oot, fine plaised wi' themsel's. They said tae us, "Come on you twa, tak' in wir luggage, we're bidin' here twa nichts," syne Mrs Greig says tae me, "The wifie says dinna be feard yer caur'll stick Ake, she says the grund's fine and hard in alow, her man hisna hid time tae clean it up yet." And aifter we gaed inside, the weemin telt's fit wey they wir sae lang in comin' oot, they wir luttin' see aa the hoose, richt eneuch it wis new bigget, aa the furniture etc. wis new. There wis fower lettin' bedrooms, a great big sittin' room, a separate dining-room, twa bathrooms, a kitchen wi' aa the modern gadgets and some ither cupboards forbye. The wife hid telt them her and her man, he hid a penter's bisness, they hid haen the bungalow bigget tae cater for the increase in tourists comin' tae Mull, and mair nor that, we wir her first guests, and there wis a ceilidh planned for the sittin'-room the nicht. We didna hae tae tak' pairt if we didna wint, there wis anither room wi' a T.V. in't we cood gang tull if we liket. Wee, there wis nae eese gaun sight-seein' that nicht wi' the rain poorin' doon like it wis, so we gaed doon intae Tobermory and hid hie tea, syne we gaed back and sat doon tae watch the T.V. Bi the time we gaed back, there wis anither twa caurs inaboot, so the wifie noo hid aicht lodgers for the nicht. Weel, we wir sittin' watchin' the T.V., aa richt comfy in airmchairs, the rain wis lashin' up against the windae, it wisna a nicht for bein' ootside, fin the door opened aboot aicht o'clock and a man cam' in, he juist hid a sark and breeks on, he says tae us, "My name's Donald, the ceilidh's aboot tae start, come awa' throo and help tae mak' up the crood, it's ayie mair fun fin there's a puckle fowk."

We wir gie swier, we'd haen a lang day, and fin he saw we wir switherin', he says, "Ach, come awa', the wife and me, we wint this tae be a nicht we'll mind on, the first nicht we hid fowk bidin' in wir new bungalow."

So we gaed awa' throo tae the big sittin'-room, michty sic a shock we got, the carpet wis rowed up and ower tae as side, there wis a man sittin' in a corner playin' a fiddle, and there wis aboot a dizzen fowk sittin' roond aboot, keepin' time tae the music wi' their feet or their hands. We fund oot aifter, this wis the neebors inaboot at enjoy themsel's and we wir juist treated like the rest o' them. The man himsel', he started playin' an accordion, michty sic a nicht we hid, fit wi' dancin', birlin', hoochin', singin' and sic like, and ayie anither body wid come in tae jine the fun, syne the ither fower guest cam' in, they wir socht tae jine in wi' the fun, bit na, na, they excused themsel's. Een o' the men says, "Oh thankyou, but no, we've had a marvellous dinner in a hotel in the village, we're ready for our beds now." That wis aboot ten o'clock, the wife wis makin' tea in the kitchen for the fower o' them, fin the doorbell rang, this wis twa loons oot o' the village wi' a puckle fish, they hid been awa' oot wi' their fader in his boat fishin', and he hid sent them up wi' the fish. She brocht the twa loons inside tae get a fancy piece, finiver Donald saw them, he stoppit playin', hid a bit o' a cairry-on wi' the twa loons, telt us aa their first names, syne he says, "Mair nor that, this twa loons are gaun tae sing tull's," and turnin' tae the loons, he says, "Ye'll ferrly sing for's wullin't ye?" Weel, I'm nae a man o' music, so I canna tell ye the name o' the instrument Donald startit playin', and the twa loons, they stood in the middle o' the fleer, they still hid their ileskins on and the watter wis dreepin' aff them, and they sang a puckle sangs in Gaelic, wi' Donald playin' tae them. Michty, tae us it wis juist magic, tho we didna ken a wird they wir sayin'. And noo and again this ither lad wid pick-up his fiddle and play alang wi' them, and we got aboot hauf an oor o' this.

Juist afore they startit tae sing I saw Mrs McKay spik tae twa o' her neebors, the three o them gaed awa oot, throo tae the kitchen tae mak' oor supper I thocht. Ye see, in thae days I wis ayie ready tea ait, and fin the singin' stoppit she cam' back and said something tae Donald, he in turn spak tull's aa. He says, "Noo freends, juist bide a filey langer, the wife his oor supper ready," syne he cam' ower tae faur George and me wis sittin', he says, "You twa, ye seem tae be twa able-bodied men, wid ye come wi's and gie me a hand tae cairry in a big table?" Of coorse we gaed richt awa', I dinna ken fit George wis thinkin', bit I wis winnerin' fit wis tae happen neist. The table wis set doon in the middle o' the fleer, George and me, we wir tae sit doon again, "Bit na, na," Donald says, "there's naething tae hinder you twa workin' for yer supper, ye kin help tae cairry the stuff fae the kitchen." The table wis happit wi' fite cloots, and we cairrit ben plates o' oatcakes, scones shortie, butter, jam, sugar, milk, mugs for tay, nives, forks and speens, tae feenish up wi' twa big ashets wi' their covers on and an urn o' tay. And aifter Donald said 'Grace', he says, "Noo, abody kin help themsel's," and takin' the covers aff the ashets, he says, "there's a fish here for abody, I hope ye enjoy it."

Michty, tae me the fish wir richt temptin', lyin' there fried in batter. I thocht tae mesel, here's aa this fowk here, and there must've been twenty o's, stickin' in tull a feed like this aifter eleven o'clock at nicht, it didna seem richt tae me. Syne I thocht aboot that ither fowk fit wis in the hoose, did they ken fit they wir missin'. Hooiver, we'd been haen a gie hie time o'd, fit wi' the dancin' and aa that, and we wir hungry, so the fish aa gaed oot o' sicht and a gweed puckle o' the ither eatables forby, it wis aa gweed mait and abody muckit in. Aifter a file the twa musicians started playin', bit they didna get much response. Mrs McKay thocht she wid get the dancin' goin' again, bit na, na, as faur as we wir concerned, we wir aa needin' awa tae oor beds, in fact we hid planned tae be up early tae lit's awa tae Iona. And fin we wir gaun tae oor beds the rain wis ayie lashin' on the windae. I thocht tae mesel, 'Goad, is this tae be a washoot the morn, juist the same as the laist time we wir here.

I sleepit richt soond throo the nicht and waukened aboot seven o'clock. The wife wis up afore I wis waukened. She says, "Come on sleepy-heid, it's time tae get up, the sun's shinin' bricht and I hear the birdie's singin', it's shurely gaun tae be a fine day, we'll get tae Iona the day yet." The time we wir gettin' oor brakfast, George startit spierin' at Mrs McKay aboot Iona. She says, "Yer gaun tae get a fine day for gaun there, the crossin'll be quate the day, ye'll hae plenty time tae gang there, bide on the island up tae sax oors if ye wint, and be back here bi bedtime." I says, "Oh, it's affa fine tae ken that," syne I says, "that wis twa richt singin' loons we hid last nicht." She says, "Oh aye, bit they get plenty o' practice, ye see they're members o' a Gaelic Quire." So that explained fit wey the loons cood sing. George then spak aboot the twa men, he says, "Goad, thae twa men kin ferr play and they cood keep knipin' on at that." Mrs McKay gied a bit lauch. She says, "Oh aye, that's true eneuch, hiv ye iver heard Bobbie McLeod's Broadcastin' Band?" and fin we said we hid, she says, "Weel, they're baith members o' that Band, my man plays the accordion and that ither lad plays the fiddle, and they get plenty practice tae." This wis news tae me, nae winner we hid enjoyed oorsels laist nicht, lissenin' tae that professional musicians and singers.

That day turned oot fine, sunshine aa day and nae a breath o' wind, we got ower tae Iona aboot twal, hid a gweed look roond and a rest in the sunshine in the aifterneen. Ye see, we wis juist dwaadlin' aboot as we lookit ower the Abbey Buildin's, and we left Iona juist aifter five. The twa weemin hid bocht as much readin' material aboot Iona as wid keep us readin' at hame for a gweed file. We got back tull oor digs in plenty time, the road inaboot wis a lot drier than fit it wis the nicht afore, and fin I drove the caur inaboot tae the door, Mrs McKay wis plantin' flooers oot in the front o' the hoose. George, he got ootower the caur first. He says, "Is there anither ceilidh the nicht?" She gied a bit o' a lauch and says, "Oh na, he's awa paperin' anither wife's hoose the nicht, ye see he his tae attend tae that bisness files." Weel, we hid anither comfortable nicht there, neist day we crossed ower wi' the ferry tae Oban, bade there anither nicht, and wandered awa' hame aifter that, gettin' back on Sunday nicht. We'd haen a fine, relaxin' week o'd, apairt fae the rain on Tuesday nicht we'd haen gweed wither, and we wir gie weel plaised wi' oorsels.

Wattie Gerrard telt's a mannie hid been inaboot tae tak' a sample o' the watter oot o' the hole we hid dug. he hid telt Wattie the watter wid probably be aricht comin' oot o' a hole as deep as that. Weel, Wattie and me, we'd started tae the seecond cut o' silage, that keepit us workin' for a week, and bi that time the grain wis ripenin' faist. Durin' that week I got a report aboot the watter, it wis turned doon, nae fit for human consumption it said, somethin' foreign wis gettin' intilt, bit they wid tak' anither sample in aboot a month's time. This didna plaise me neen, and I thocht back tae fit Willie Milne hid said tull's, that it micht be a gie file ir we cood use that watter so he hid been richt aifter aa. I wis gaun awa tae New Byth ae day and I met Bengie Dalgarno, he spiered at me if I'd haen ony wird aboot oor watter yet. I says, "Michty aye, they've turned it doon, they say there's some foreign body gettin' intilt, I winner fit that wid be?" He says, "Oh, I think I ken fit that wid be, it'll be the sharnbree comin' oot o' the midden, rinnin' doon the parks, seepin' doon intae the grund and gettin' intae the watter." Goad, that gaured me winner, and the mair I thocht aboot it, the mair I thocht it cood be true, naewey cood we use the watter if that wis the case.

Syne I mindit aboot bein' at a roup at a craftie in the Hills o' Fisherie, I canna mind the name o' the craftie bit that disna maitter, it wis afore we gaed tae Braeside, I bocht the mannie's coo that day. Ye see the wife hid been milkin' the coo for milk tae themsel's and litten the cauf sook aifter that, fowk said the coo wisna theirs, she belanged tae Wullie Murray, the cattle dealer, of coorse ye cood believe that if ye liket, it wis naebody's bisness onywey, and she suited me fine for a sooker coo, the coo and the cauf wis selt thegither. Weel, fin I gaed inaboot tae this craftie, I saw twa boards aboot fifteen inches wide, lyin' close thegither on the grund nae faur fae the midden. I wis stannin' lookin' at this fin I spiered at a passerby fit that twa boards wid be for. He says, "Oh, that's their wall, they haul the watter oot o' there wi' a pail on a tow." I says, "Oh shurely no, and it sae near the midden," and bi this time there wis mair than me lookin', we saw the shambree lyin' gie close tae the wall. Syne somebody says, "Oh, bit it's seepin' intae the wall," and richt eneuch there wis a drap fa'in intae the wall ilka noo and again. We wir movin' awa fin the wife cam' ower tull's wi' a pail, she pulled the boards back and drappit the pail doon intae the wall, the pail wis fu' fin she pulled it up, she set the pail doon and pit the boards back, and aifter pickin' some dirt aff the tap o' the watter in the pail, she gaed awa intae the hoose wi' the pail o' watter. Naebody spak aa this time, bit aifter she gaed intil the hoose somebody says, "Aa weel, I'm nae gaun in for mi tay onywey." Aa this cam' floodin' back tull's as I stood there that day newsin' wi' Bengie Dalgarno, and I've nae doot bit fit the fowk fa' hid bidden in that craft hid used watter oot o' that wall for years and years, and likely niver ony the waur o'd, bit there wis ae thing, naewey wis we tae use the watter if it wis tainted wi' sharnbree.

It wis juist aboot hairst time noo, I hid the auld combine and the baler gien a richt clean-up and greased in readyness for startin'. I gaed awa ower ae day tull Harry Panton's at Millbrex for a bit for a tractor. Fin I gaed inaboot, he wis cuttin' some barley wi' a combine, he hid a man wi' him, and aifter he gaed eence roond the park, he stoppit and the twa o' them stood and newsed à file, I thocht he wis tryin' tae sell the combine tae this man. I stood and wyted, I didna wint tae butt in, syne the man gaed awa and Harry cam' ower tull's. I telt him fit I wis needin', he says, "Oh ferrly, ye'll aisy get that, bit bi the wey, ye widna like tae buy a combine wid ye, I'm tryin' tae sell this een meantime, that lad wis aifter't bit he thinks it's ower dear." This gaured me tak' a look at the combine, it wis the same as the een I hid, only it wis a newer model, it hid a tank for the grain instead o baggin' the grain, and it hid a sax cylinder engine instead o' a fower cylinder engine, it seemed tae be in dacent order. I says, "Foo much wid ye be seekin' for't?" and he ferrly took my breath awa' fin he said, "Oh, it's nae ower dear, I'm seekin' a hunner and fifty pounds for't." Tae me that soonded like a bargain, so I says, "Wull ye lit me see it workin'?" He says, "Oh aye, in fact ye kin tak' it roond that park yersel gin ye care," and that's fit I did. Michty, it gaed juist like clockwork, I wis ferr teen wi't. He wis wytin' wi' a tractor and a bogy fin I cam' back wi't, so the barley wis teen oot o' the tank intae the bogy, that lute me see the auger wis workin'. There wis juist ae thing wrang wi't fit I cood see, the tyres wir gie sair worn, fin I pintit this oot tae Harry, he says, "Oh that's the usual, the tyres wull hae been swappit ower and pitten on tae a tractor." We newsed awa a filie langer, syne he says, "Weel, fit dae ye think, ir ye gaun tae buy it?" And fin I says, "Oh aye Harry, I'll buy yer combine," he says, "Aricht, I'll deliver it tae ye the nicht, I hiv trade number plates for that job and ye kin pey me fin I come ower.

So that's the wey I got a mair up-to-date combine. I noo hid it and the auld een, the first thing I did wis tae cheenge ower the tyres fae the auld een tae the new een, I cheenged the batteries roond tae, kis the auld een hid a bigger and better battery that the new een, fit wis left o' the auld een wis flung aside, for takin' spare bits affint for the new een. Sic an odds we kent wi' haen that ither combine, it didna come ony mair speed, bit somewey or ither it wis an affa lot aisier tae han'le, and Wattie didna hae tae bide wi's aa the time, the grain wisna gaen intae the secks noo. This lut Wattie get on wi' some ither work the time the combine wis gaun. I mind o' Bob Green fae the college comin' inaboot ae day, nae lang aifter I hid bocht this combine. I wis goin' on wi't, bit I stoppit and socht him tae hae a look at it. Aifter a file, he says, "This is maybe an auld machine, bit michty it's in gweed order, this'll dae aa yer combinin' for a puckle years." I says, "Oh aye, I expect it'll dae aa my time at Braeside." And aifter we newsed àwa' a filie he says, "I see yer still burnin' cinders in the brazier for dryin' yer grain, I thocht ye wid've been mair up-to-date ir this time and haen an electric heater." I says, "Na, na, in the first plaice ye get plenty heat aff the cinders, and accordin' tae my calculations it's chaaper tae rin that wey."

It wis juist aifter hairst the mannie cam' back tae tak' a sample o' the watter. He spiered fit we wis daen for watter. "Ach," I says, "there's eneuch comin' fae wir auld supply for the hoose, the turkeys and the hens, and the nowt, weel they're gettin' aa they kin drink twice a day aside that hole in the park. I hiv an electric fence roond aboot the hole, and I pump watter oot o' the hole for the nowt." So him and me, we gaed awa' doon tae the park faur the watter wis, fin we got there he hid a gweed look at it, he says, "There's still plenty watter here onywey, if it hid been tae dry up it wid've been dry ir this time, there's some hope we'll be successful yet," syne he took a sample and gaed awa' wi't, sayin' I wid hear aboot it afore lang. Weel, fin I got the result it wis the same as afore, unfit for human consumption due to a foreign agent getting into the watter, or wirds to that effect, and a postscript sayin' they would take another sample in January. Hooiver, this time there wis mair watter comin' throo fae the original source, of coorse it cood've been kis aa the nowt at Roundhill and Redburn wir inside noo and nae drinkin' watter, they wir bein' fed on neeps instead, and of coorse it wis comin' on tae winter, there wisna sic a demand for watter. So we wrocht awa' a file, files I hid tae turn the watter aff in the byre and ca' watter for the nowt there, it caused a lot o' work kis it hid tae be cairrit in pails. Again the same man cam' back and took anither sample and again it wis turned doon, the letter wi't this time said I'd better forget aboot that supply and look for something else. So aifter aa that work, we wirna neen farrer forrit, I still hid tae get anither watter supply or consider layin' a new pipe aa the road fae Redburn tae the cistern on the heid o' the hill.

So I gaed back tae Wullie Milne at Cyaak, and spiered fit he thocht. he says, "Ye hiv twa options Ake, ye kin pit in a new pipe up tae the cistern or ye kin seek a supply aff the mains watter supply. I widna advise the first een, kis ye micht pit in a new pipe and something micht gang wrang wi' that supply, and of coorse wi' you bein' the laist tae get affint, it's you fit wid hae tae suffer. Na, na, in my opinion ye'd be better tae apply tae Aiberdeenshire County Council for a supply, it'll be the dearer o' the twa, and the watter ye get'll be metered. Eence ye get it in ye'll hae tae pey for't ilka quarter, aa the same ye wid hae nae mair worry aboot a watter supply." I thocht aboot it that day, and at nicht the wife and me, we hid a lang news aboot it, she wis the same as me, ferr fed up o' haen tae dae withoot watter files, so we decided we wid gang aheed and contact the Watter Dept o' the County Council. Weel, lookin' back, I think that's fa I hid tae get in touch wi'. The decision hid been made, there wis nae huddin' me back noo, richt awa' I got in touch wi' the responsible persons. There wis twa lads cam' inaboot tae see if the watter wid rise tae Braeside, they said it wis touch and go, we wid ferrly get watter ower aa the plaice, includin' the grund fleer o' the hoose, they wirna richt shure it wid rise tae the cistern abeen. Syne they took me doon tae New Byth and lute me see faur I wid get a connection, it wis aside auld Geordie Robbie's and across the road fae the jiners, aifter that they gaed awa', warnin' me nae tae start till I got official permission fae them.

That cam' within a week, meantime I'd heard o' a man Morrison fa'

hid bocht a seecond hand digger and wis lookin' for work, he wis affa keen
tae mak' a start, so I wis able tae mak' a keen bargain wi' him. Een o' the
things I hid tae dae wis promise tae pey him richt awa' fin he wis feenished,
anither thing I wid hae tae dae, wis tae tak' him hame the first nicht, he wid
manage fine aifter that. I hid some hagglin' wi' the tenants o' the village lands,
there wis twa o' them hid a park the track hid tae gang throo, bit I got ower
that bi promisin' tae lave athing as I got it. It so happened the twa parks
wis in stubbles so that wisna ill tae dae. Eence we got yokit, we got on like
a 'hoose on fire' tull we cam' tae the big burn. Tae conform tae the plans
laid doon bi the Watter Dept, the plastic pipe hid tae gang throo a metal pipe
and the hale caboodle hid tae be twa fit doon tae alow the boddam o' the
burn. I coodna see fit wey Morrison wis tae manage that withoot floodin'
the park alow the burn, kis the grund level in the park wis aboot the same
level as the watter in the burn. I spiered at Morrison fit wey he cood dae't?
He says, "Oh, nae bather ava, if ye wint tae see it been deen, juist you come
doon the morn's mornin' fin I yoke." He didna tell me he wis tae be yokin'
at five oclock that mornin' , and fin I cam' oot at hauf past sax and lookit
doon intil the howe, the digger wis at the nearside o' the burn, so I niver saw
him beerie'n the pipe aneath the burn. His excuse tae me for startin' early
that mornin' wis that he needit anither man wi' him, and this man hid anither
job tae gang tull at seven o'clock. Aifter I hid the nowt sortit and teen mi
brakfast, I gaed awa' doon tae see fit like a job he hid made. Richt eneuch,
the pipe wis oot o' sicht and doon tae the richt depth, at the doonside o' the
burn ye saw the end o' the metal pipe wi' the plastic pipe gaun intilt, and
the track across the park wis hauf foo o' watter, and fin ye gaed tae the ither
side o' the burn ye saw the pipe comin' oot o' the metal pipe.

Aifter that, it wis plain sailin'. There wis juist ae thing I didna like, we hid
tae cross the road. 'Goad, I wis gie swier tae dig across the road fit hid juist
been aboot a year doon, bit it hid tae be deen. Morrison wis ferrly a lad for
knipin' on, he wrocht lang oors and took gweed care o' his digger. Ye ken,
I think his first name wis Alaister bit I'm nae shure, hooiver, he made a gweed
job and didna tak' lang. The day he feenished I wrote oot a cheque for him,
he gaed awa' fine plaised and I wis plaised tae. Next day, twa lads fae the
County cam' inaboot and jined the pipe tull the connection at New Byth,
likewise Wullie Milne did the same abeen the hoose, he jined the pipe tae
the een comin' intae the hoose. Een o' the lads fae the County bade aside
the stop-cock at New Byth, fin athing wis ready at Braeside, they phoned
somebody tae tell him tae open the stop-cock. Ae lad fae the County, Wullie
Milne, the wife and me, we wir stannin' inside the backdoor, watchin' the
tap in the sink, it hid been turned on. We hidna affa lang tae wyte, aifter
we heard some gurglin' and air comin' oot, the watter started tae rin, bit nae
very faist, there wisna muckle pressure, syne the tap wis turned aff. Wullie
Milne gaed up tae the tank abeen, and aifter aboot a quarter o' an oor he
cam' back. he says, "Oh, it's aricht, it's gie slow bit it'll dee." Meantime, the
wife hid brewed tay, so we aa hid a fly-cup thegither, syne the ither fowk

gaed awa'. So that wis us fixed up wi' anither watter supply. Nae doot there wisna muckle pressure wi't, bit it wis ayie there, that wis the gweed thing aboot it, and we wir telt it wid likely be better fin this new supply oot o' the Deveron wis workin'. And aa the time we wir at Braeside we'd nae bather wi't, I juist hid tae pey up and look pleasant fin the bill for't cam' in.

It wis in April, 1969 fin aa this took plaice, and if I mind richt, anither oot o' the ordinary thing happened. Ae day aifter Postie wis by, auld Wullie Gerrard cam' ower tull's, he hid a big envelope in his hand and he says, "Look Ake, fit I've got the day, wull ye tak' a look at it and see if ye understand it? The wife says tae me there's naewey we're gaun tae pey aa that siller." So I took the envelope oot o' his hand, I kent fine fit wis in't, kis I hid got een the same. It wis a re-assessment o' the rates we wir due tae Aiberdeen County Council. Ye see, aa the Rateable Values his been re-assessed, and near abody's hid gaun up a gweed bit, wi' the result that the rates we hid tae pey hid gaun up as weel, and Wullie didna like it neen. I says tae him, "Noo, noo Wullie, we're aa tarred wi' the same stick, there's nae much we kin dae aboot it, we'll juist hae tae pey up." He says, "Oh aye, that's bad eneuch, bit look at that form and see fit I hiv tae pey rates on, it says dwellin' hoose and garage, syne it adds on watter rates, fit wey hiv I tae pey rates on a garage, and me, I dinna even hae a caur." I took a richt look at the form, richt eneuch there wis a garage alang wi' the hoose, wi' watter rates added on tae, so I says tae Wullie, "Ye shoodna be chairged for a garage, bit ye shoodna hae tae pey watter rates aither. Michty, ye cairry aa yer watter in pails fae the wall in the park aside the steadin'. Foo lang hiv ye been peyin' for this?" He says, "Oh, I suppose we've been peyin' like this for years, it wis only wi' the big rise in the rates demand fit gaured us tak' notice." This gaured me think back tae the time fin we cam' tae Braeside, the first rates demand I got included watter rates. I rote back richt awa' and pintit oot I shoodna hae watter rates tae pey as I wis providin' oor ain watter, and I got the watter rates scored aff. Weel, Wullie and me, if I mind richt, we gaed tae Turra next day tae see somebody aboot his rates, and aifter some cairry-on we fund oot fit wis wrang. Fin Wullie gaed tae Backstrath, some o' them bocht a caur, this caur hid been sittin' in the close fin an assessor mannie gaed inaboot, and seein' the caur there he jaloozed they hid a garage and pit it doon on the valuation roll, and he hid been peyin' rates for't fae that day. he coodna mind foo mony years syne that wis, as for the watter rates, he'd been peyin' them since he gaed tae Backstrath, and if it hidna been for this big rates rise, he wid've cairret on peyin't. This juist gaured ye winner foo mony mair fowk in the rural communities wir peyin' rates for something they didna hae, maist of aa watter, kis a lot o' fairms hid their ain watter supply, and gie affen gweed watter at that.

As lang as I'm at it, I'll better tell ye aboot fit happened tae Wullie Gerrard ower the heid's o' that caur. It wisna at the same time as the watter, bit it wis juist something the same. He cam' ower tae me ae day, he says, "Ake, I've gotten a letter fae the A.A. the day, tellin' me my subscription's gaun up, and tae alter the standing order wi' my bank, I juist dinna understand it, I'm nae a member o' the A.A., I hinna a caur." This wis a puzzle I kin tell ye. I says tae him, "Wullie, there maun be something wrang here, I dinna think this letter's meant for ye." Bit hoo tae find oot, this wis een o' that things fit hid tae be seen tull richt awa' or it micht lead tae mair trouble, and onywey something wid hae tae be deen, kis I cood see Wullie wis ferr worried. I spiered at him if he hid last year's statements. "Oh na, na," he says, "the accountant mannie his them." We baith used the Clydesdale Bank at Maud, so I says tull him, "Fit aboot me phonin' oor bank manager, I cood spier at him if they peyed oot a Standing Order tae the A.A. last year, div ye agree tae that?" He says, "Dae onything ye like, I juist wint this thing oot o' the road." So I phoned the bank. Oh aye, they telt's, a Standing Order hid been peyed tae the A.A., and the year afore tae, and for a lot o' years afore that. Wullie woodna believe it, so I gied him the phone tae spik for himsel. So, the banker telt him, "Oh yes, Mr Gerrard, these Standing Orders have been payed out, more than that, we have the form here which you signed, giving us authority to pay these Standing Orders," and he quoted tae Wullie the date on which it wis signed. I wis stannin' as near the phone I heard athing been said, so fin Wullie laid doon the phone, I says tull him, "Wullie, ye'll shurely mind aboot signin that form noo?" He says, "Me mind Ake. Michty, the date on that form wis the year we cam' tae Backstrath, that wis in 1944." I hud mi weesht for a filie, syne I says, "Fit aboot that auld scrap caur ye hiv lyin' in yer cornyaird, wid that hae onything tae dae wi't?" He didna answer richt awa', I saw he wis thumpin' up the thinkin', syne he says, "Aye Ake, fin ye spak aboot that caur it gaured me mind, I'll better tell ye aboot it noo." So he startit tae tell's. Fin they cam' tae Backstrath, Sandy Gerrard bocht a caur. That year he took his fader, mither and Frances tae the Turra Show, and fin they wir comin' awa' hame the A.A. scout wis in the caur park, he got a haud o' them and managed tae tell them they wid be a lot better tae jine the A.A., pintin' oot aa the benefits they wid get and as for your subscription ye juist sign this form and the banker will attend tul't. So Wullie sined the form, the caur didna rin lang on the road, bit he niver thocht he wid hae tae cancel the Standing Order. Weel, I'm nae shure fin this happened, it wis in the mid-sixties somewey, and they gaed intae Backstrath in 1944. This juist lit's ye see fit happens wi' Standing Orders if ye dinna look aifter them. Wullie ferrly neglected that een and hid tae pey throo the nose for't.

Noo, we'll gang back tae ither maitters. There wis wird gaun roond aboot aa this gas and ile there wis in the North Sea, maistly aff the North-east o' Scotland. The ile company's wir tae be dreelin' in the seabed tae reach this ile, sic a lot o' hard work and wealth it wis tae bring tae the North-east o' Scotland if their predictions proved tae be richt. You coodna look at a paper withoot getting some heich-up opinion aboot it, some sayin', "Shure, there wis an abundance o' ile," ithers sayin','Ca' canny, we shood wyte for richt proof first." And the fishermen hid tae hae their say, fit wis tae happen tae them if there wis ile-rigs sprootin' up ower aa the fishin' grunds in the North

Sea, it didna bear thinkin' aboot, and back and fore gaed the argiements, bit it wis juist the same story aa ower again, abody wid juist hae tae wyte and see. Onywey, it made nae odds tae the fairm work, it hid tae gang on as usual. The Mey Term cam' roond, that wis the end o' the seecond year o' my S.F.M. scheme, so I got the seecond instalment o' the grant for cairryin' oot the scheme, the money wid come in handy for something I've nae doot.

CHAPTER 13

The New Steadin'

It wis aboot this time that the government made a cheenge in the wey they wir tae pey fairmers Grants for pitten up biggins. Afore this, tae qualify for a grant aid ye hid tae produce invoices for the materials used and the labour needed. If the fairmer did ony o' the work himsel', he got nae grant for that, and this affen keepit sma' fairmers fae gaun aheed and improvin' their steadin's. The conditions laid doon for qualifyin' for a grant affen pit fowk aff fae applyin', optin' instead o' gaun aheed wi't themsels and nae batherin' wi' a grant. Bit noo, aa this wis tae cheenge, for a start ye wis tae be allo'ed tae use seecond-hand material, provided it wis up tae a certain standard. If ye decided tae pit up a new biggin, an inspector fae the Dept. of Agriculture wid come tae the fairm tae discuss it, a plan hid tae be drawn up aboot hoo much o' a foond hid tae be howkit oot, hoo much wa's wid hae tae be biggit, foo much ready-mix cement wid be needed for fleerin' and sic like. For instance, concrete fleering wid qualify for a grant o' sae much the squaar yaird, the same wi' biggin wa's, it wis coontit up bi the squaar yaird and so on, and it didna maitter fa' did the work, the fairmer cood dae't himsel if he liket. Fin the job wis startit ye hid tae inform the Dept. of Agriculture, and noo and again an inspector wid look inaboot tae see the work wis bein' deen richt, ands eence it wis feenished it wid be inspected again and the grant peyed.

I'd affen thocht aboot knockin' doon the maist o' the steadin' and biggin a new coort and self-feed silage pit. I'd affen planned it oot in my heid, bit I ayie drew back kis o' the cost, bit this wis a different story noo, if I cood juist buy a gweed seecond hand reef tae hap aa the close I wid be aricht. I gaed intil the college office at Maud, I telt them in there aboot my plans and Ian Lumsden promised he wid look inby and discuss it wi' me. And fin I wis takin' oot o' the door, he says, "Yer nae thinkin' o' takin' that on this summer ir ye?" And I says, "Oh na, na," it'll hae tae be deen neist summer, I wid need tae get athing ready tae go fin the nowt gang oot at the end o' April." He cam' inaboot a week aifter that, I pintit oot aa fit I hid planned, and he pintit oot things I hid missed oot. Ae thing he said I'd missed oot wis the drains I wid need, hooiver, in the end, he thocht it wis a first class plan.

Bit I noo hid ither things tae think aboot, the first cut o' silage wis ready, aifter it wid be the hey, and aa the summer work aboot the fairm forbye.

Again that year we hid a week's holiday alang wi' the Greigs. We gaed up the East coast tae John o' Groats, alang the length o' Durness and doon the West coast, stoppin' ilka nicht for B. & B., juist movin' alang at a relaxin' pace. Some days we micht juist gaun fifty miles or so, ither days we micht gang a hunner miles. The wife and me, we ferrly enjoyed oor jaunts wi' the Greigs, we got on richt weel thegither. Durin' that holiday I got plenty time tae discuss this new steadin' I wis tae be biggin wi' George Greig, the twa o's trustit een anither, onything like this fit ony o's wis tae be dee'in wis ayie discussed at length atween the twa o's, we wir baith ayie ready tae lissen tae een anither.

Aifter the hairst wis by, I gaed back tae the college in Turra wi' a roch plan o' the new steadin'. They spiered at me, "Wis I shure I wis tae proceed wi't?" I says, "Oh aye, I've made up my mind, I'm gaun tae cairryon, I've deen my sums, I'll manage tae finance it mesel, failin' that, I've spoken tae the banker, he's ferr teen wi' the plan, he telt me juist tae cairryon, come tae me if ye wint a puckle siller." Ye see, it wis ayie the same man wis manager at Maud as fit wis there fin I gaed tae Braeside, and of coorse, he wis ayie comin' inby for a shot at the wild dukes and sic like. Weel, some o' the neist days a chap fae the college at Turra cam' tae Braeside, and him and me, we gaed ower the hale plan. He took a lot o' measurements, this wis for producin' a detailed plan o' the new biggin'. Afore he left, he said he wid send me a copy o' the plan eence it wis feenished and aifter that we wid get the application awa' tae the Dept. of Agriculture for grant aid for the new biggin. The application for grant aid wis approved gin the middle o' November, this included approval for the use of seecond-hand material if in gweed order. I still thocht I cood pick up a seecond-hand reef tae cover the coort fin it wis bigget. I gaed alang tae young Gordon Michie tae see if he hid onything near that size. Ye see, he wis buyin' ex-airmy biggins and erectin' them again on fairms, bit na, na. He says, "Oh no Ake, I hinna onything near that size, ye'll be affa lucky tae pick up a reef that size." Ach weel, if I didna get een, we wid juist hae tae pit on a new reef.

I thocht nae mair aboot it at the time, ayie ilka noo and again I wid think aboot this new steadin', sic rare it be, nae only that, I cood juist fancy mesel gettin' anither oor langer in mi bed in the mornin's, syne I wid think tae mesel, 'If I got the chance o' anither oor in the mornin's, wid I manage tae lie?' Ach weel, time wid tell. I wis sittin' relaxin', weel I wis hauf sittin', hauf relaxin' ae nicht, it wis aifter the turkeys wir aa pluckit and awa', maybe a week afore Christmas. Weel, I wis turnin' ower the pages o' the Press and Journal, hauf lookin' at the paper and the T.V. at the same time, tryin' tae watch them baith, and nae makin' a gweed job o'd, fin I noticed this advert. Michty, aa at eence the T.V. wis forgotten aboot. The advert said, **For Sale—Garage (80ft x 50ft) circular asbestos roof, framework of 6" x 2" timbers, sides of corrugated iron, door at each end ten feet high, to be removed from site to make way for a car park. Apply in the first instance to Brands (Dundee) Ltd, Aberdeen.** Brand's wis a firm fa specialized in this kind o' work, ony biggin fit hid tae come doon, they wid tak' it doon and sell the seecond-hand materials.

They affen selt this kind o' material at the Friday roups at Kittybrewster, I hid affen bocht timmer or corrugated iron belangin' tae them, and I wis gie weel acquint wi' their man fa' attended the roups on their behalf.

The thocht gaed throo mi heid, 'This wis juist fit I wis wintin', wid this biggin be in gweed order I winnered?' Weel, there wis juist ae wey tae find oot, I wid hae tae gang and see't. So, next mornin' I phoned Brands, if I mind richt their office wis in John Street, and I agreed tae gang that aifterneen tae John Street, fae there somebody wid tak' me tae see this garage. Fin I gaed intae their office, this weel dressed man met me, telt me he wis the manager and he himsel' wid tak's tae see the garage. So we set aff in the manager's caur, I hid nae idea faur I wis gaun, bit michty sic a hurry he wis in, gaun flee'in roond corners as if a swarm o' bees wis aifters, and fin he wis held up wi' the traffic, he swore at them under his breath. I thocht tae mesel, 'He's some man this, nae winner they made him manager, it wis aisy seen he liket his ain wey and liket tae see things deen.' Weel, we landed in Holburn Street, syne we turned intae a street on the left and doon there we cam' tae this garage. Fin we got oot ower the caur I cood see it wis in gweed order, and fan we gaed inside I thocht the same. He left me tae hae a gweed look at it and said he wid be back in fifteen meenits, he said that wis gie me a chance tae look for ony rotten bits. Bit nae rotten bits did I see and fin he cam' back I says tae him, "This is nae sic an auld garage, fit wey is it comin' doon?" He says, "Weel, it's because of the increase in the number of car owners in the city, and the number of cars comin' into the city. This was a thriving garage, the owner was doing well, but the council bought him out with a compulsory purchase order, they wanted the ground for a car park." And after, I said, "That's nae neen ferr on the garage owner." He says, "Oh, but there's more to it than that, some houses have to come down as well, that is where we come in, we have to clear the site and layout the carpark."

He then spiered at me if I wis interested in buying the building. I says, "Oh aye, I am that, bit I widna ken faur tae start tae tak' it doon." He says, "No, no Mr Smith, we'll take it down, we have the equipment for the job, we'll take it down and transport it to your farm for you for a thousand pounds, and I can guarantee this, we have expert workman for the job, there will be nothing destroyed during the whole operation. You can think about it on the return journey to our office, you can give me your answer there." So fin we got back tull's office, we sat and newsed aboot for a file, syne I says, "Oh aricht, I'll tak' it." Fan wid ye be ready tae deliver it?" He says, "Oh Mr Smith, we won't put off time, we are in a hurry to clear that site, but with Christmas and the New Year comin' on, the men will be on holiday. I would say you can expect delivery sometime in the first half of February." So that wis that settled.

Meantime, the time aa this wis gaun on, auld Frank Moir, the mullert wis gaun aboot sayin' it wis aboot time he gied up the job as treasurer o' the kirk, he wis gettin' ower auld for the job he said, and wi' the statement of accoonts due at the New Year, he wintit tae resign and lit the new treasurer present the statement of accoonts. At a Kirk Session meetin' held on the seecond o' November, it wis proposed and seeconded that I tak' on the job. I wisna neen teen wi' this, I tried tae pint oot that Frank shood hiv seen the financial year oot, and presented the statement of accoonts tae the Kirk Session afore he resigned, this wid ensure that the new treasurer cood mak' a fresh start in a new year. Syne Frank telt's he coodna cairryon, the job wis gettin' the better o' him, he wis ower auld for't he said. Of coorse neen o' the rest o's there that nicht kent the effects o' auld age, we wir aa a gie bittie younger than Frank, and noo as I sit here ritin' this the nicht I kin look back and feel sorry for Frank. This is 1991 noo, and fit I'm ritin' aboot took plaice mair than twenty year syne, so I ken the effects o' auld age noo, and I ken hoo Frank must've felt that nicht, he hid spent a lot o' his life workin' for the kirk, bit he coodna gang ony farrer, he hid come tae the end o' his tether, and that Ake Smith, nae muckle mair than a bairn, sittin' there sayin' he shoodna stop ivnoo, he shood cairryon some mair months yet. Weel, I agreed tae tak' on the job, Frank hid been treasurer for a lot o' years, and fin he handed ower the books he lut the 'cat oot o' the bag'. He says tae me, "ye ken Ake, the kirk's juist aboot broke, it's time somebody younger took on the job, kis it's gettin' me doon, I canna sleep at nichts for thinkin' aboot it." I cood see mesel he wis ferr worried.

Noo, at that time New Byth kirk wis linked wi' Gamrie kirk, that is to say, the same minister wrocht atween the twa kirks, preachin' at een in the mornin' and at the ither een at nicht, month aboot it wis, and the minister bade in the Auld Manse at Gamrie. It so happened I took on the treasurer's job twa/three days afore the kirk's Annual Sale o' Work, it wis the main event the kirk hid for raisin' funds and it wis held ilka year on the first Setterday in November. The fairmers fae roond aboot cam' wi' bags o' tatties, neeps, carrots, corn, bruised corn and sic like. The ladies o' the Women's Guild turned oot a lot o' home bakin', some o' them wid knit jerseys and socks and some ither things forby. Oh aye, and some o' them wid shew, maistly bairns' claes, there wid be a gweed show o' bonnie frockies and sic like for young bairns. Mair nor that, it wis a richt social occasion, aa the fowk fae the village and roond aboot wid turn oot tult. The fowk fae the village bocht the tatties, neeps and carrots the fairmers brocht inaboot, aye and there wis files a lot o' cabbage and that kind o' things there tae, and there wis ayie fowk wullin' tae buy corn kis a lot o' the villagers kept hens tae. I mind Sandy Stephen and Jim Michie selt the tatties and that kine o' stuff, and there wis twa loons, I canna mind their names, they hid a twa-wheeled cairtie, they wir daen a roarin' trade takin' hame tatties and sic like for the auld wifie's, aye and for some o' the nae sae auld wifie's as weel.

I kin ayie mind the first Sale o' Work fit wis held wi' me as treasurer, juist a twa/three days aifter I took the job. It wis held in the kirk hall, and wis opened by a retired minister, Mr Garrow wis his name, and he drove an auld 1929 Austin caur, and michty, he looked aifter that caur, it wis ayie bonnie and shinin'. Fin the time cam' for the Sale o' Work tae start, the hall wis

194

steerin' wi' fowk ir this time, Sandy Stephen, he introduced Mr Garrow tae the fowk, sayin' amin ither things that he cam' fae Woodhead, Fyvie and he wis here to open the Sale o' Work. Then Mr Garrow spoke, he said he was most encouraged to see such a turnout of folk, it juist showed that the fowk of New Byth and district had the welfare o' their kirk at heart. First he praised the folk who made the Sale possible, the fairmers who supplied the farm produce, the ladies who sewed and knitted for it, the ladies who provided all that mouth-watering home bakes and all the rest forby. He paused a moment, then he went on, "And too prove I think this is a worthwhile cause, I ask your treasurer to accept this cheque for fifty pounds as a donation from me towards the Sale of Work." Aifter he gave me the cheque he went on, "Now ladies and gentlemen, I declare the Sale open, open your wallets and your purses, see if you can clear every stall of its contents by the end of the Sale," and he sat doon tae rapturous applause.

Weel, he ferrly hid set a gweed example, the fowks they did open their wallets and their purses. The ladies fit wis servin' teas, they wir rin aff their feet, of coorse it wis the lack o' space fit wis their biggest problem, and as the aifterneen gaed by, athing wis cleered oot aff the stalls, bit the fowk didna gang awa' hame, ye see they bade tull the last. I said afore, the Sale o' Work wis a social occasion, they hung aboot newsin' tae een anither, wytin' tae hear fit the treasurer wis tae say tae them, for Frank hid ayie bein' in the wey in gettin' up on tae platform and thankin' abody for fit they hid deen. At the same time, he wid gie them a roch idea foo much we hid teen in at the Sale o' Work. So Frank cam' tae me, he says, "Ake, ye'll hae tae get up on the platform tae thank abody and tell them fit ye think ye've teen in aff the Sale." He ferrly ca'd the feet fae's, juist fancy bein' telt I hid that tae dae aboot hauf an oor afore the time. Ach weel, I thocht tae mesel, I'll better hae a go at it, some o' them winna gang awa' tull I div dae't. Weel, I managed it aricht and I got a richt hearty clap fin I telt them hoo much I'd teen in.

I thocht tae mesel, 'Wi' aa this siller comin' in, the kirk wid be weel aff', bit eence I hid a richt look throo athing I'd got fae Frank, I discovered it wis the ither wey aboot, nae siller hid been pitten awa' tae the Kirk Headquarters at 121 George Street, Edinburgh, and it wis noo juist aboot seven weeks tull the end o' the year, and aifter that wis peyed, there wisna muckle left. Afore I gang ony farrer, I maun mak' a correction, I said afore this fin I jined the Kirk Session on the 14th of January, 1968, and at that time there wis juist aicht elders, weel on the 31st Mairch, 1968, anither man jined the Kirk Session, he wis Mr Ogilvie, heedmaister at Crudie Skweel, bit we didna see him affen on a Sunday, ye see he wis a lay preacher and he wis gie affen awa' preachin' at some ither kirk. At that time it wis a Mr Walker fit wis oor minister, he wis an elderly man, bade bi himsel in the Manse at Gamrie. he hid a caur bit he didna hae a richt drivin' licence, juist provisional, and ilka time he cam' tae New Byth, he hid tae get a driver tae come wi' him, it wis neen ower handy I kin tell ye, so it wis nae surprise tae me fin he telts, at a Kirk Session meetin' juist afore the New year, that he wis lavin', and he eventually left aboot the end o' January, 1970.

Weel, at that Kirk Session meetin' afore the New Year, I pintit oot tae the members foo bad a state the kirk's finances wis in and I made a prediction that things wid get waur instead o' better if naething wis deen aboot it. Somebody says, "Weel, see'in ye ken sae much aboot it, fit div ye think we cood dae tae help it?" I didna say onything for a meenit or so, syne I says, "Weel, there's aé wey the fowk here the nicht cood help, we cood aa sine a covenant on behalf o' the kirk, and if we did it, a lot mair fowk wid dae't tae, wyte ir ye see, if we gie'd them a lead, a lot mair wid follow." A deid silence followed, naebody spak for a file, syne somebody says, "Weel, see'in ye ken sae much aboot it, ye'll better tell's mair aboot it, fit's a covenant onywey?" So I explained tae them fit wis meant bi a covenant, and aifter I explained it aa, I says, "Noo, I'm shure yer aa peyin' income tax, so there's naething tae hinder ony o's tae tak' oot a covenant, and wi' income tax bein' sae hie ivnoo, it wid mak' a gie odds tae the kirk funds." If I hid kent fit like a response my suggestion wis tae get, I wid've niver spoken aboot it, for first een and then anither shot me doon in flames, naewey wir they tae tell me hoo much they wir earnin' and if they wir peyin' income tax, na, na, it wis neen o' my bisness onywey and they ferr wired intae me aboot it. Within mesel, I kent it wid be a gweed thing for the kirk. I wis thinkin' I wisna tae get authority for this the nicht, so I hid anither go at them, and aifter I hid spoken aboot it at length again, I says, "Aricht lads, I'll pit it forward as a motion, I move that this meetin' give me consent to recruit members to sign covenants for the good o' the kirk." Richt awa' I got a seconder, Mr Ogilvie syne an amendment wis moved and seconded against my motion, so it went tae the vote. Fower voted for the amendment and five for the motion. The minister, he abstained, he said there wis nae sense in him votin', he wis lavin' in a month onywey. Bit I hid gotten fit I wintit, this wid be a big step forrit in collectin' funds for the kirk, and aifter the meetin' wis closed, some o' them said tae me in nae uncertain terms, nae tae come near them wi' thae forms, naewey wir they tae tell me hoo much they wir earnin', aa the same I got twa/three o' the ithers tae sine forms afore I gaed awa' hame.

Of coorse, it took time tae work, we wir gie hard up for a file, bit I startit gaun oot at nichts wi' my caur, visitin' fairms, maist o' them juist like my ain fairm, wrocht bi the fairmer and his wife. Weel, tho we didna see them affen in the kirk, it wisna affen I cam' awa' withoot a covenant bein' sined. Of coorse, in thae days five pounds wis a deecent sum o' money. And if ony o' them spiered at me fit they shood pit doon, I wid say, "Oh, you'll shurely nae grudge a fiver," and at an odd time the fairmer or his wife wid say, "Oh, bit we'll manage mair than that, fit aboot ten pounds." I niver pressed them tae gie's mair, my wey o' thinkin' wis a fiver wis a lot better than naething, and I near ayie got the cheque awa' hame wi's.

Syne there wis the annual New Byth Fairmer's Dinner and Dance, tho it wis ca'd the New Byth Fairmers it wis the Kirk Session fit organised it, so I wis noo treasurer for it tae. Weel, we ran a big raffle at this Dance, selt tickets for this raffle a lang time aforehand, and the proceeds fae this raffle and ony profit aff the Dinner and Dance wis divided up atween various organisations in the village. I kin mind fine the kirk got a third. I dinna hae much tae dae wi' the rinnin' o' the Dinner and Dance, it hid been gaun a lang time afore I jined the Kirk Session, my job wis tae look aifter the siller, and it wis ayie gie weel attended, and mair nor that, some o' the fowk in the village wid gie's the price o' a ticket, they didna wint a ticket, it wis a donation towards the fund fit they kent wis for the gweed o' the village. Anither thing we did at that time tae keep doon costs, oor organist bade in New Pitsligo, he hid nae transport o' his ain, so ilka Sunday us elders took turn aboot in gaun for him and takin' him back, and this service didna cost the kirk a penny.

I'll tak' ye back noo tae that meetin' afore the New year fin the minister telt's he wis lavin'. Weel, he did lave aboot the end o' January, so we wir withoot a minister noo, and at a meetin' o' the Turriff and District Presbytery, held in the St. Ninian's Kirk hall at Turriff, Mr Skinner, the minister fae Gardenstown wis appinted Interim Moderator for New Byth and Gamrie, so it wis him fit wis Moderator at oor next Kirk Session meetin'. Amin ither things he wis responsible for lookin' oot pulpit supply for's, so I wis telt that nicht I wis responsible for see'in that the preachers be paid for their services and expenses. Aifter that cam' the lang drawn oot saga o' gettin' the link broken atween Gamrie and New Byth and anither link formed atween New Byth and Monquitter. As far as New Byth wis concerned it wis a big improvement as there wis juist aboot three miles atween the twa kirks, and instead o' bein' the lesser pairtner in the Gamrie/New Byth linkage, we wir noo the lesser pairtner in the Monqitter/New Byth linkage. And fae the time o' the cheenge ower, Mr Skinner wis nae langer oor Interim Moderator, it wis Mr Edwards, the minister at Fyvie aifter that. Weel, the vacancy cam' tull an end fin Mr Fairweather wis inducted tae the recently linked charge, I think it wis on the 22nd October, 1971. As far as new Byth wis concerned, we'd haen a vacancy for twenty-one months, it wis a sair fecht keepin' fowk interested in the kirk aa that time. Mr Fairweather wis an ex padre in the Air Force, he hid been stationed at R.A.F. Cosford in England. He wisna lang in his new charge fin he fund oot there wis a big difference atween bein' a padre in the Air Force and preachin' in the Church of Scotland. Fin he wis in the Air Force he juist sined a form and he got anything he needed, bit noo money wis a scarce commodity, he coodna get athing he wintit.

We'll gang back tae January 1970 noo. The spik aboot this ile in the North Sea wis ayie gettin' mair shure that there wis huge reserves o' ile under the North Sea. The papers wir fullin' their pages aboot it, spikin' aboot millions o' gallons o'd, and aa predictin' sic a godsend it wid be for the North-east o' Scotland. Michty, abody bidin' there wid seen be millionaires. Bit I hidna time tae think aboot the ile, my thochts ayie turned tae this new steadin' I wis tae be biggin, sic a lot aisier my work wid be aifter it wis up, and ayie noo and again the thocht gaed throo my heid, 'Fit a calamity it wid be if it wisna feenished in time for the nowt comin' in. It wis in the first week in February I got a letter fae Brands, tellin's that the larry wi' aa the timmer oot o' the garage wid be the next day, and wid I mak' shure o' a plaice for the larry tae unload, and remindin' me o' the length o' the couples. So I gaed and took doon the fence across the road fae the front o' the hoose, this meant that the larry cood stand on the road and pit the couples on the bit bankie fit wis there. Next mornin' ilka time I got the chance, I wis lookin' doon the road for this larry and aboot ten o'clock, I saw this great lang larry lavin' New Byth, it crawled doon the road and stopped at Auldmill, syne it turned intae the road tae Braeside. It stopped, the driver cam' oot ower, he stood and lookit up the road, syne he cam' awa' again, he cam' oot ower fin he cam' tae the neuk, it wisna muckle o' a neuk, maybe ten or fifteen degrees, and he did the same fin he cam' tae the brig ower the burn, he hid a gweed look afore he cam' ower the brig wi' the larry. And fin he cam' inaboot I cood see fit wey he wis ayie lookin' tae see faur he wis gaun, for I hid niver seen sic a lang artic afore, and the couples wir stickin' hine ootower at the back forby. Hooiver, the driver wis fine plaised tae get unloaded ontae that bank, as lang as he got redd o' his load he wisna carin', aa the same I wis winnerin' fit wey we wir tae han'le thae couples fin the biggin wis gaun up. Syne we hid anither problem tae solve, eence the larry wis empty, fit wey wis we gaun tae get it turned tae gang doon the road again.

The driver lookit lang and hard aboot the steadin', there wis nae wey he cood get backit intil and be shure he cood get oot again. He wis stannin' scratchin' his heid fin I said tull him,"Fit aboot openin' that gate up there and ye wid get intil that park, it's fine and dry ivnoo, eence yer in there ye'll get plenty room tae turn and come oot again kis the grund's faa'in awa' comin' oot." So that's fit he did, the park wis in girss and I gaed in front o' him wi' my tractor and a chine fixed on tae the larry, juist in case it startit slippin', bit it wisna nott, eence the larry wis in the park, I lowsed aff the tractor and the larry cam' oot itsel, nae bather ava. It wis dennertime ir this time, the driver got some denner afore he gaed awa', and afore he left I says tull him, "It's fine tae see that stuff inaboot, bit I dinna wint tae see that size o' a larry inaboot again." He says, "Ach, that's naething tae fit I hiv tae pit up wi' files, ye've nae idea the snorls I get intae files. Next day anither larry cam' inaboot wi' the rest o'd, juist an ordinary larry this time. Weel, Brand's manager hid said they wid mak' shure athing belangin' tae the garage wid be delivered, that's hoo it turned oot, even the nails and the washers for huddin' on the asbestos reef and the corrugated iron wis there. That nicht I rote tae the Dept. tellin' them I hid bocht this seecond hand reef, and a lot o' ither corrugated iron and timmer forby, and I telt them I intended usin' this material in the construction of the new steadin'. Shortly aifter that, an inspector cam' inaboot, he hid a gweed look at athing, syne he says tae me, "Is this a building that has been taken down you have bought?" and fin I said, "Oh aye, it wis a garage in Aiberdeen." He says, "Well, in my opinion, it's in very good order, it's juist like new, most certainly you can use it in the construction of your new building," and he gave me a letter, signed by him, confirming that he approved this.

Meantime, the work wis gaun on aboot the fairm, the ewes wir aa lammed and the lamms aa fine tae the road, fin disaster struck. That day at dennertime, the wither forecast wis warnin' aboot a short, sharp storm, it wis tae cross Scotland, the temperature wid fa' tae freezin', there wid be sna' on the hie grun and gale force winds. It wis the thirty-first o' Mairch, I thocht tae mesel, 'Ach, it winna be that bad, and onywey, the sheep wir in that field next tae Redburn, they hid a fine funnie dyke for shelter.' The sna' cam' on aboot five o'clock, nae aa that much for a start, bit aifter sax the wind startit tae rise, and in nae time ava, it wis blawin' a gale. I wis sittin' at the fireside fin I heard the wind howlin', I says tae the wife, "Michty, that's gettin' up an affa nicht, I'll better gang and see the sheep's aricht." I put on my lugged bonnet, a scarf roond my neck and a thick quite and gaed awa' ootside, takin' the dog wi's. Michty, fit a nicht it wis, it wis still brade daylicht bit it wis gie near a fite-oot, and as I gaed throo the first park, I thocht it wid be better tae get the sheep inby the steadin'. Fin I gaed throo the gate, it wis blawn clear o' sna', and the sheep wir aa takin' shelter ahin this funs, the sna' wis beginnin' tae big up at the lee side o' the funs, I kent fine fit wis tae happen, I wid hae tae get them oot o' there quick, I wid hae tae get them ower tae the steadin'. So I startit tae get them oot throo the gate, the dog wis helpin' me aa the time, bit nae wey cood the dog and me get them throo that gate, finiver they cam' tae the open gate, they widna face up tae the gale, juist turned tail and back in ahint the funnie dyke in spite o' fit the dog and me wis daen. The dog and me, we focht against them for a gie file, ayie we got them the length o' the gate, bit na, na, the ewes widna face up tul't, and mair nor that, I wis ferr deen and so wis the dog. It wis a fite-oot aricht, it wis gie near dark tae, so I thocht I wid hae tae lave them faur they wir. Gaun back tae the steadin', I hid tae face the gale, files I hid tae stop and turn my back tull the wind tae get my breath back, and as I struggled my wey hame that nicht, wi' the dog at my heels, I thocht back tae the nicht twa year syne fin the same thing happened, only I got the sheep inaboot tae the steadin' that time.

Fin I rose next mornin', the sna' wis aff, the wind wis quate, the sky wis aa red faur the sun wis risin', and the sna' wis startin' tae melt, if it hidna been for the sna' ye wid hiv said it wis a fine, spring mornin'. Afore I gaed tae the nowt that mornin' I wid gang ower tae see the sheep first, and as I gaed intae the gate the ewes aa cam' rinnin', lookin' for their feed, I coonted the ewes first, they wir aa there and seemed tae be neen the waur, syne I coonted the lamms, I wis aicht short this time. I traivelled up the side o' the whins, I got fower o' them lyin' deid at that time, trampled or smored tae death, ye kin tak' yer pick for that, and I gaed back afore dennertime. I got the ither fower lyin' deid tae. Of coorse, I blamed mesel for this, foo did I sit sae lang in the hoose last nicht, if I hid gaun oot an oor earlier I micht've gotten the ewes hame tae the steadin', on the ither hand it micht've made nae odds, and so the argiement within mesel gaed on, first ae wey and syne the ither. I took the deid lamms inaboot tae the steadin' wi' the tractor and transport box, phoned the knackery and the knackery larry lifted them next mornin'. The sun shone aa that day, it wis fine and warm aifter the sun cam' oot, and gin nicht, if it wisna for the sna' lyin' aboot the dykesides, ye wid've niver kint it hid been a storm. And if ye gied the grund, fit wis lyin' ready for sawin', a kick wi' yer fit, the stew flew up and near blinded ye, it wis as dry as that.

Apairt fae that storm, that wis a fine aisy goin' spring, the work wis weel forrit and I wis fine plaised wi' mesel, I kent if this new steadin' wis tae gang up, we wir tae hae a gie busy summer in front o's, there wis be nae holidays this year, it wid be work, work, and mair work. I wintit tae get yokit tult as seen as I cood, the first thing I wid hae tae dae wis tae sell the slates aff the reefs fit hid tae come doon, so I advertised in the Press and Journal: ....? **square yards of slates for sale, buyer to remove as soon as cattle go to grass. Apply to A. Smith, Braeside, New Byth.** I thocht I micht hae some bather sellin' them, bit michty, that evenin' my phone kept on ringin', there wis sax phone calls athegither and they aa got the same answer, come and see the slates and mak' me an offer. Five o' them turned up next day, twa o' them telt me they didna wint the slates, they wirna juist fit they wir lookin' for they said, bit I got an offer fae the ither three. There wisna muckle atween the offers, bit the best een wis fae Eddie o' Fyvie, mair nor that, he said he hid twa hooses wytin' slates and cood he start takin' them aff ivnoo. Of coorse, he coodna dae that, kis there wis ayie some nowt in the byre. The sixth lad, he didna turn up, he bade in the Broch, bit he phoned that nicht, he said he wis juist a jobbin' slater, he wis juist needin' twa/three hunner slates and wid I keep them for him. I says, "Na, na, I'm nae tae work that wey, if ye canna come and see the slates and mak' me an offer for them, juist forget aboot them." So Eddie got the slates, fin I phoned him his men cam' richt awa', and within a day or twa the slates wir aa awa'.

Noo, accordin' tae plans fae the Dept., I wis supposed tae hire a digger and use twa tractors and bogies for the demolition o' the auld steadin' and diggin' oot the foond o' the new een, and I wis tae be peyed the grant accordin' tae that, bit a fortnicht afore, I hid seen Buchan the builder fae the Broch advertisin' in the Press and Journal, he wis seekin' work for a bulldozer he hid. I phoned him and he cam' tae hae a look at the biggins fit hid tae come doon and the foond tae be teen oot. "Oh," he says tae me, "this bulldozer o' mine is juist the job for this, first we'll tak' doon aa the auld wa's, shove them intae the midden, syne we'll dig oot the foond, aa the yird and rotten rock'll dae fine for happin' up the auld wa's, athing wull be deen wi' the bulldozer and yer tractors winna be nott. So, aifter the slates gaed awa', Wattie Gerrard, wir twa sons, Sandy and Harold, and mesel, we took doon aa the auld sarkin' and couplin's, and hid a richt bonfire, for there wisna a deecent bit timmer amint. The bulldozer cam' inaboot the next day. Michty, fit a machine it wis, it wis on tracks like a tank, and a great muckle bucket on the front o'd. Michty, it cood ferr dig wi' that bucket. Weel, it wrocht aboot a week wi's and at the end o' that time aa the auld wa's wis oot o' sicht and happit up wi' the yird and rotten rock, the foond wis teen oot tae the measurements o' the plans and a shooder pick or a shovel hid niver been used. So, in the middle o' Mey, the slates wir selt and awa', the muck teen oot o' the midden, the auld wa's nockit doon, aa shoved intae the midden and the foond for the new steadin' howkit oot. Michty, we wir aheed o' the plans, in modern language that wid mean we were ahead of schedule.

The Sunday aifter that, I wis at te door at the kirk wi' Gordon Imrie, aifter some newsin', Gordon says tae me, "Michty Ake, fit's this ye've been deen, haulin' doon yer steadin' like that, maun min, yer shurely gaun wrang in the heid, fit's gaun tae happen if the new een's nae up in time for the nowt comin' in? And mair nor that, dee'in awa' wi' yer byres, fit wey dae ye think ye'll get yer nowt richt fat and them aa rinnin' lowse in coorts, na, na min, yer awa' in the wrang track athegither," and as he said it, he stood there shakin' his heid. And as ither fowk cam' inaboot he got them tae agree wi' him. Weel, I wis the odd een oot that day, and aa I cood say wis, "Juist wyte tull it's feenished, ye'll maybe cheenge yer minds aifter that." The first bit o' the biggin fit hid tae be seen tull wis makin' the silage pit ready. I hid spoken tae Peter Kindness aforehand, he'd promised tae gie's a hand wi' the mason work, in fact he wis there tae keep us fae makin' ony mistaks. Sandy, Harold and me, we did a lot o' the work oorsels, bit Peter did the biggin. The work wis near aa deen at nichts and weekends, throo the day I wid shift the cement block tae faur they wir nott and sic like. I got a len o' a cement mixer fae Little Byth, I wis telt I cood keep it for a file as they widna be needin' it. So, within a week we hid the wa's o' the silage pit feenished and the foond in. The foond wis pittin' in wi' ready-mix on the Setterday, that wid gie the pit three weeks tae dry oot afore we startit pittin silage intilt, kis we wid hae tae start cuttin' the silage aboot the middle o' June.

The term cam' roond again, the final cheque cam' in for completin' the three years o' the Small Farmer's Management Scheme, it hidna been ony bather tae me and the cheques cam' in fine and handy. I'll hae mair tae say aboot this scheme farrer ower in my story. Aa that summer we stuck in tae pitten up the new biggin, Peter Kindness, files Wattie Gerrard, Sandy, Harold and me, and if ony o' oor freens cam' tae bide wi's, they hid tae muck in tae. Of coorse, the usual fairm work hid tae be attended tae as weel. It cam' tae the time fin the mason work wis feenished, it wis noo time for the jiner work. I hid spoken tae Gordon Michie jnr. aboot the jiner work. He said, "Oh aye, he wid ferrly dae't." I says, "Fit aboot thae muckle couples, fit wey wull we get then up?" He says, "Dinna worry aboot the couples, I hiv a plan for them, I'll start wi' the reef for the silage pit, eence it's up it'll be aboot hairst time, syne aifter hairst I'll come back and we'll pit the reef on the coort, that'll be in fine time for the nowt comin' inside," and still I didna ken hoo we wir tae get up the couples. Gordon and his apprentice cam' back the followin' Monday. We wrocht aa that week pittin the reef ontae the silage pit. We gied it plenty hicht so's there wid be plenty space for storin'

hey or strae abeen the silage, syne we hid tae stop a file for hairstin'.
Eence the hairst wis by, Gordon phoned ae nicht and said he wid be inaboot next mornin' tae start and pit the reef on the coort. It wis aboot aicht o'clock next mornin' I saw this cattle float turn intae the end o' the road, I didna pey muckle o' attention tul't kis it wis a strange float, I juist thocht the Gerrards hid shurely nowt gaun awa', bit na, na, fin it cam' up tae Braeside I saw that Gordon wis drivin't. He didna stop on the road, he drove the float richt intae the centre o' the coort, the foond o' the coort hid been concreted sometime afore. I gaed ower tae him, I says, "Fit dae ye think yer gaun tae dae wi' that float in here?" He says, "Weel Ake, I socht a len o' Little Byth's float tae Hendry, it'll be a big help fin we're pittin up that couples." I didna sae ony mair, in fact I coodna see the reason for this ava'. I hid a lang flat bogie, it wis coupled on ahint the bogie we used tae use wi' the green crop loader. I drew the twa bogies alangside the couples, we managed tae get een o' the couples on tae the bogies, of coorse, it wis still stickin' hine oot ahint and the end lyin' on the grund. Gordon says, "Noo, work awa' canny weys, Wattie and me, we'll cairry the end o' the couple, juist tak' yer time and draw up alangside o' the float in the coort." Aifter that, wi' the help o' twa strong ropes, we got the couple on the heid o' the float, syne he moved the float as faur forrit as it wid gang, swung the couple roond and first ae end and syne the ither wis lifted up tull's resting place. There wis ae thing aboot Gordon Michie, he wisna feart tae try himsel. Weel, the first een wis the worst tae get up, they wir a lot aisier aifter that, and gin nicht the main couples wir aa up and fixed. We feenished the job that week, syne the twa big doors wir fittit in, een tae the coort and een tae the silage pit and strae barn. They wir overheid doors, ten feet heich and ten feet wide. Tae feenish the job aff, we laid doon ready-mix concrete juist faur we thocht it wid be nott for the tractors rinnin' on.
So, the job wis feenished in plenty time for the nowt comin' in, they wid get in onytime noo, tho I wrocht awa' mesel daen odd jobs, pittin up hakes for hey, makin' the trochs for dividin' the coort and sic like. I noo hid a coort wid hid aboot fifty nowt, it wis divided by the trochs intae twa, ae hauf got intae self-feed silage aa day and the ither hauf aa nicht. They got bruised barley in the mornin', the time they wir aiten that, I got the gates cheenged ower tae lit the ither hauf intae the silage, and the time they wir shut awa' fae the silage, they got some hey intae the hakes bit they didna ait muckle hey. Fit an odds I kent o' my work aifter that, there wis nae mair rowin' in silage and rowin' oot muck, I felt like sellin' my barra. This aa happened in 1970, and at the time I'm ritin' this, in 1991, I hid tae phone Mr Balston, the present occupier o' Braeside, and he telt me the steadin' wisna neen the waur aifter aa thae years. And I thocht tae mesel at the time, 'I'm fifty-nine year auld noo, I've sax year tae gang afore I retire, this new biggin wid mak' it aa that musch aisier tae bide at Braeside tull I'm saxty-five.' That wis my plans onywey. Naewey wis I thinkin' o' lavin' Braeside tull I wis saxty-five and gettin' the pension.

We wir intae 1971 noo, and something wis aboot tae happen fit wid affect the hale countrae, for on the 21st of February that year, we gaed ower tae decimal money. The pound wid ayie be a pound, bit juist worth a hunner pence noo instead o' twa hunner and forty pennies. near abody thocht it wis a big swick, fit iver wis the government gaun and dee'in that for, meddlin' wi' oor bawbees like that. I kin mind the first Sunday o' the new money, Frank Moir and Ian Cooper wir at the kirk door that day, they wir ferr bamboozled, they wir supposed tae pit the free-will envelopes intae a bag and coont the loose cheenge. Weel, fin I gaed tae them that day, there wis an argiement goin' on nae sae handy, Frank wis determined that shullin's wis ayie shullin's, Ian wis tryin' tae tell him they wirna shullin's ony langer, they wir five pence coins. Frank, he says, "Dinna try and tell me that, I've lived a lot langer than you and I shood ken." Weel, they coodna agree, and they feensihed up bi coupin' the siller intae the bag. Ian, he says tae Frank, "Aricht, we'll juist lave it, Ake Smith kin coont it himsel eence he's hame." I did that job ilka Sunday, I opened aa the envelopes and markit doon fit wis in them, that wey I cood keep coont o' fit fowk wir gie'n tae the kirk.

Weel, I hid a gie easy time o'd noo, this new steadin' wis makin' an affa odds tae my work and it made an affa odds tae some ither body, for noo I gie near managed athing mesel noo, I hardly iver nott Wattie Gerrard. I spak tae Wattie ae day aboot it, aboot me nae needin' him affen noo. "Ach," he says, "dinna worry, I winna be takin' a steady job onywey, kis I'm nott a gweed lot at hame noo, the auld man's awa' that he's nae fit for muckle onywey. Juist the ither day he thocht it wis sae fine a day, he wid come oot and pu' neeps wi' me. weel, he wis knipin' on tryin' tae keep up wi' me fin he fell forrit, flat on's face. Weel, Sandy mi brither and me, we got him intae the hoose, we wintit tae send for the doctor bit he widna hear o'd." "Na, na," he says, "it wis juist wi' me boo'in doon that made me licht-heided, I winna hae tae try that again." "Bit he did tried again, this time they didna spier at him. Frances cam' rinnin' ower and socht the wife tae phone for the doctor, so the doctor cam'. Wullie wisna neen sair plaised aboot it." "Makin' a sang aboot naething," he says, "takin' the doctor oot here fin there wis ither things needin' tae be seen tull." "Bit the doctor widna hear o' that, he examined Wullie fae heid tae fit, telt him nae mair workin', dinna forget yer an auld man noo," syne he says tae Frances, "Ye did richt fin ye sent for me, if it happens again, juist you dae the same." Auld Wullie didna like it, he hid been a hard-workin' man aa his days, and he took a pride in his work. Sandy and Wattie got roond him and got him tae tak' things aisy. he telt me ae day fin I wis hurlin' him tae the mairt at Maud, he hid made up his mind tae dae fit the doctor said and he wis richt lucky hae'n Sandy and Wattie tae fa back on.

Beldie and me, we gaed ower tae Grassiehill ae nicht afore the term. Aifter the usual newsin', George Greig said tull's, "Noo you twa, ye canna hae ony mair tae dae at Braeside noo, anither steadin' biggit, a fine road inaboot noo, and a fine reliable watter supply, ye'll shurely manage tae gang for a holiday wi's this year." I lookit at Beldie and she lookit at me. I says, "Oh, I suppose we cood," syne she says, "I dinna see onything tae hinder's, faur wid ye like tae gang George?" He says, "Weel you twa, ye've been at the Ooter Hebrides afore, fit aboot gaun back, and Jane and me, we kin come wi' ye." So the fower o's, we sat there and took this holiday throo-hands. I pintit oot we wid be better tae cross ower fae Uig in Skye tae Tarbert in Harris on the Tuesday mornin', that wey we cood steer clear o' the Monday mornin' rush, kis the time we gaed afore, we didna get on the mornin' ferry ower the heid's o' aa the locals needin' ower aifter the weekend. So it wis agreed we wid gang this holiday, some time atween hey time and hairst time. We wid lave ae Sunday mornin', bide somewey aboot Kyle o' Lochalsh the first nicht, cross ower tae Skye on Monday and bide anicht aboot Uig on Skye, catch the first ferry ower tae Harris on the Tuesday, bide there for twa or three nichts, fit iver we fancied, syne mak' for hame. So that wis it aa planned, or so we thocht, for fin I lookit ower tae Mrs Greig I didna think she wisna ower plaised aboot something. I says tae her, "Fit's wrang Jane, is something batherin' ye?" She says, "Oh Ake, something's batherin' me aricht, is this sea crossin' gaun tae be as bad as the time we gaed tae Orkney, for if it is I'm nae gaun." Hooiver, we got her tae cheenge her mind, Beldie telt her the last time we gaed, it hid been fine and quate gaun baith weys.

I put in a gie easy summer that year, I noo hid the equipment for handlin' the silage and the hey bi mesel. Sandy and Harold, they wid come inaboot in the evenin's and weekends tae gie's a hand if I wis needin't. In fact, they took in aa the hey bales, it wis a fine ploy for them and they wir fine and fit for the job. Ye see, I wis noo saxty and beginnin tae feel my age creepin' up on's.

It cam' tae the day we set aff on oor holiday. We set aff wi' baith oor caurs and got Bed and Breakfast at a craftie aside Balmacara, and fin we left next mornin', we left George Greig's caur there, the fowk there said they wid look aifter't ir we cam' back. The weather wis fine and we wir enjoyin' oorsels. Weel, we got Bed and Breakfast aside Uig that nicht and got on tae the mornin' ferry tae Tarbert, the crossing wis fine and quate, neen o' the fower o's hid ony bather this time, nae seekness ava. I got the caur aff the ferry and we set aff alang the road tae Stornoway, on the look-oot for bed and Breakfast. George Greig wis an affa lad that wey, he wis ayie wintin' tae bide somewey oot in the countrae. We gaed roond a blin' corner, and there sittin' amin the heather aboot a hunner yairds in front o's wis this hoose, and aboot thirty/forty yairds back aff the road. The sun wis shinin' richt intae the front o'd, there wis twa windaes, a door and twa big skylichts tae the front o'd, the reef wis bricht reed, it ferrly stood oot against the hill at the back, and fin we stoppit at the end o' the road inaboot, there wis a sine, Bed and Breakfast. The road inaboot wis covered wi' girss, there didna seem ony plaice for parkin' a caur, aa the same George says, "The very plaice we're lookin' for, fine and quate, I hope there's room for the fower o's." So the twa weemin traivelled inaboot, and fan they cam' back they telt's it wis affa fine and clean, the woman lut them see the rooms, they wirna very big, and there wisna a bathroom, juist a toilet and a hand basin wi het watter. George says, "Ach, it'll dae for ae nicht onywey, and if we're weel deen tull we kin bide anither twa nichts aifter that." I took the caur inaboot, I cood see faur ither caurs hid been turnin', juist backin' in amin the heather, so I hid tae dae the same, there wis nae sine o' vegetables or floo'ers aboot the plaice, girss richt up tae the door, and the doorstep wis juist a squaar flagsteen, bit scrubbit clean and the door hidna been lang pentit. Roond the back wis a shed faur the coo wis keepit, there wis some hens rinnin' aboot and atween the hoose and the shed, there wis a burnie rinnin', the bonnie clear watter chatterin' ower the steens, and the shafts o' sunlicht reflectin' back faur they struck the watter. Truly a plaice at peace wi' the world.

Weel, it wis maybe a bittie roch kind ootside, bit fin we gaed intae the hoose, it wis a different story, athing wis spic and span, it wis a gie nairra stair we hid tae gang up tae the bedrooms, bit they wir the same as the rest o' the hoose, nae a speck tae be seen onywey. And in the bedrooms there wis brass paraffin lamps, polished tull ye cood see yersel in them. We wir telt the reason for this fin we cam' in at nicht.Fin we wir gettin' oor supper afore bedtime, she telts her man hid riggit up a dynamo, tae be driven bi the watter in the burn tae supply electric licht for the hoose, bit he hidna haen time tae wire up the twa upstair bedrooms yet, so they hid paraffin lamps. I dinna ken fit like a bed the Greig's got, bit we got a grand bed, and I sleepit like a log richt throo the nicht, and the breakfast we got next mornin' wis great, richt crame tull wir porridge, and us twa men, we got twa eggs alang wi' oor ham, aa nicely laid oot and weel cookit. So that mornin' we decided we wid bide anither twa nichts there, that wid gie's anither twa days in Harris and Lewis, the weemin wir wintin' tae hae a gweed look in the shops in Stornoway onywey and the rest o' the time wid be spent gaun here and there, and takin' oor time at that. So that's fit we did, the wither wis richt fine aa the time and we ferr enjoyed it. There wis ae thing that surprised us. Ye saw here and there fowk castin' peats, and we saw weemin cairryin' them on their backs ower tae the roadside. Onytime we stoppit and lookit at them, we saw they wir first class peats and as we lookit ower the grund tae the next lot o' peats, and again tae the next lot and so on, if the grund in atween wis aa peaty, we wid say tae oorsels, 'Sic a lot o' energy lyin' there, juist wytin' tae be harnessed, hunners o' acres wis oor calculation.

Weel, we left next mornin' in time tae catch the first ferry, landed at Uig, across Skye tae Kyleakin, ower the ferry there and we wir takin' alang the road tae Balmacara fin George says tae the rest o's, "Did we tell the fowk at Balmacara fit nicht we wid be back?" And fin we agreed we hidna, he says, "Weel, dis that mean wir beds ir nae bookit for the nicht?" Aa at eence the fun gaed oot o' oor holiday, fit wid happen if the wifie wis full up afore we got there? It wis noo sax o'clock, and there wis a gweed chance she wid be, and if that wis the case, we cood be in a bit of a fix, owin' tae the amount o' fowk fit wis goin' aboot in caurs on holiday. And fin we landed there that's fit we fund oot, the hoose wis fully booked, and aa the hooses roond aboot, so fit wid we dae noo? I thocht we shood cairryon alang the road, bit na, I wis oot-voted, we wid gang back tae Kyle o' Lochalsh and see the Tourist Office there, bit nae luck there. I cood see us haen tae sleep in the caurs anicht, and tae mak' things waur, the midgies wir bitin' something terrible. Ye coodna open yer caur windae bit fit the little beggars wir goin' for ye. George, he wis a bittie worried, he didna wint tae sleep in his caur, he even went tae the big hotel at Kyle and spiered if there wis ony spare rooms. It wis aifter he wis telt there wis nae spare rooms, he spiered fit they chairged for B. & B. Michty, he got sic a fleg fin they telt him hoo much it wis, he near drappit doon deid, he thocht the seener he wis oot o' there the better. So there wis nae ither for't bit tae hid back the wey we cam' tae Balmacara, syne on the road tae Dornie, keepin' a look-oot for a B. & B. sine. Ony een we saw wis happit up, and it wis the same in Dornie. Weel, we juist hid tae cairry on, first Shiel Brig syne Cluanie, we stoppit and spiered at the Cluanie Inn, bit nae luck, and ilka time we stoppit the caurs, we wir near aiten wi' midges, the craiters wir ferr workin' that nicht. It wis at a layby somewey atween Cluanie and Invergarry I stoppit the next time. Beldie and me, we gaed back tae the ither caur, sat inower the back o'd, and we hid a richt news aboot it. It wis hauf past ten ir this time, I says, "I think we shood bide here anicht, I canna see ony eese o' gaun on ony farrer, ilka hoose ye see his caurs sittin' at it. It's a fine, warm nicht so we winna stairve, and that widdie alang the road there'll dae fine for a wattery." For a start the ither three widna agree tul't, fa iver thocht aboot sleepin' in a caur anicht. Hooiver, they cam' roond tae my wey o' thinkin'. The midgies wir oot o' sicht ir this time, the gas stove wis lichted and Mrs Greig made wir tay, syne we made oorsels as comfortable as we cood, hopin' we wid sleep a file onywey.

I must hiv sleepit a gweed file, Beldie wis sleepin' tae, and we wir waukened bi Mrs Greig chappin' on the caur windae. She wis at my side o' the caur and she says, "Come on Ake, get oot o' that, it's hauf past sax and I've been tae the bathroom, it's your shottie tae gang noo." I says, "Stop yer kiddin', it's nae a lauchin' maitter, fit aboot makin' a fly tull's the time I'm at the bathroom?" She says, "Oh aye Ake, ye'll get yer fly, the kettle's on a'ready, and the time we wir haen oor fly, we kin discuss fit we're gaun tae dae noo." It wis a fine mornin', there wis nae midgies aboot, the chairs wir oot and the fower o's sat there in the layby haen a mornin' cup o' tay. It wis aboot seven o'clock and we wir newsin' abooy fit we wid dae aboot oor brakfast and gettin' wirsels washin' and shavin'. I wis sittin' winnerein tae mesel, nae peyin' ony attention tae fit the ithers wis sayin', fit I wis thinkin' aboot wis this, the Greigs hid a twa ring gas stove alang wi' a container o' gas, fu' no mak' wir ain breakfast, and aa at eence I heard Beldie say, "Fit ir ye thinkin' aboot Ake, yer affa quate, ye hinna said onything for a filie?" I says, "I wis juist winnerin' if you twa weemin hiv something tae cook for oor brakfast, kis we cood aisy hae oor brakfast here." Mrs Greig spak up syne, she says, "Oh, we wid manage fine, I still hiv a pund o' ham I bocht at Kyleakin yesterday, the time we wir wytin' for the ferry. Bit there's ae thing wrang

Ake, neen o' the twa o's his ony watter, atween wir tay last nicht and this mornin' we've used it a', and there's nae sine o' watter here." Aifter that, Beldie says, "Oh aye, we've plenty tae ait, I still hiv a gweed bit o' the hame-made cheese and breid we cam' awa' wi', bit it's nae eese withoot watter." I says, "Aricht, get athing inower the caurs, you follow me George, and I'll tak' ye tull a plaice faur we'll get aa the watter wir wintin', we'll get oor brakfast made, we kin heat watter tae wash oor faces, George and me, we'll get a shave, and we'll be aa ready tae face anither day."

So I set aff, wi' George comin' on ahint, throo Invergarry, turned richt there, passed the Laggan Locks on the canal, and drew intae a layby on the richt side o' the road a bittie farrer on, and juist across the road there wis watter comin' oot o' a spring, bonnie clear watter it wis and it ran intae a drain throo alow the road. Beldie says tae me fin I stoppit, "Oh, I mind aboot this plaice noo Ake, we stoppit eence afore and I used watter oot o' there tae mak' oor tay." It wis juist afore aicht o'clock, the weemin got the stove gaun, us twa men, we set oot the collapsible table we hid wi's and the fower chairs, and we sat there takin' wir brakfast. The only thing fit wis wrang wis the milk wi' hid wis aff a bittie, bit ach, it wisna ower bad, and the fowk gaun by, there wisna mony o' them, they gied's some gie funny looks, bit we wirna carin', we wir ferr enjoyin' oorsels. Aifter that, the dishes wir washed and dried, mair watter wis biled and we aa hid a wash, weel, it wis mair o' a 'cat's dicht' than a wash. Us twa men, we managed tae hae a shave, and bi this time we wir aa feelin' a lot better and fresher, and ready for the road. There wis ae thing we did afore we left, baith o' oor watter containers wir fulled oot o' that spring, we aa thocht it wis fine watter. Aifter that we held on tae Spean Bridge, fae there we took the road tae Newtonmore, we bookit intae a B. & B. afore we cam' tae Kingussie. We wir in gie early, bit then we wis aa needin' a richt wash, onywey we wisna tae be left oot again wi' bein' ower lang in bookin'. We hid a rin aroond in George Greig's caur that nicht, takin' in some o' the side-roads in the district, and next day we set aff for hame, gettin' hame in time for wir supper. That's an experience I'll niver forget, haen tae sleep in wir caur that nicht and washin' wirsels at the roadside next mornin', and I juist thocht tae mesel, 'Fit an odds fae the time we startit gaun alang that road in the late fifties, there wis hardly anither caur tae be seen, ye wid've gotten a bed onywey alang the road at that time, at the same time it wis fine for them fit hid rooms tae let,'and anither thing I thocht aboot, 'there wisna mony o' the caur drivers like us auld eens, they gaed flee'in by the like o' us, as if they didna hae anither day tae liv, naewey cood they enjoy the scenery as they gaed by.'

Weel, we wis hame onywey. The time we'd been awa', the seecond cut o' silage hid been teen aboot. Sandy hid a week's holiday, so him and Madgie wis bidin' at Braeside. Harold, he'd been holidayin' tae, so atween the twa o' them they han'led the silage, so there wisna muckle for me tae dae noo afore hairst. Bob Green fae the college, he cam' inaboot tae see's ae day. he says tae me, "Ir ye ayie feedin' a lot o' yer grain tae yer cattle?" And fin

I said, "Oh aye, I am that." He says, "There's a new wey o' keepin' grain for feedin', it disna hae tae be dried, you lay doon airducts aboot twa fit apairt underneath the grain, fix up a sma' electric fan tae the ducts, switch on this fan aboot twice a week for a short period, this blaws oot ony het air and keeps the grain fresh, it's affa fine for bruisin' this wey." Weel, we newsed awa' aboot it for a file, and in the lang rin I said I wid gie'd a try, the only thing aboot it I didna like wis if it didna work, I wid be left wi' the equipment. So I pit up a division in the middle o' my grain store. In the nearest hauf o' the store I set oot this airducts on the fleer, and left a space at grund level for fixin' the electric fan on tae the airducts. Fin I startit hairst, I dried the grain tull the far awa' end o the grain store wis fu', syne I fulled up the ither hauf wi' barley as it cam' aff the combine, and the hindmist six/seven tons wis left in the drier. And aa the time I wis daen this, I wis winnerin' if this wid work. Michty, I thocht sic a lot o' extra work it wid be if this new fangled contraption didna work, juist fancy hane tae start and tak' that barley oot o' there and pit it throo the drier.

Hooiver, aifter the barley hid been in three days, I fixed on the electric fan on tae the airducts and switched it on. The wey I did it that day wis kis Bob Green cam' inaboot tae see if it wid work. Weel, eence it wis goin' we baith gaed on tae the tap o' the barley, Bob Green took oot his hankie, spread it on the tap o' the barley and it floated in the air, aboot an inch abeen the barley. He did the same in a lot o' different plaices, the result wis the same. he says, "Ye've made a first class job o' settin' this equipment up, I'm shure it'll be a great success, and the cost'll be hardly onything at a'." I says tull him, "Dae ye really think this'll work, and he says, "Yes, of coorse it'll work, bit I suggest you get the blacksmith tae mak' an iron rod, seven fit lang and hauf an inch thick wi' a pint on the end o'd, ilka noo and again push this rod doon amin the barley ower aa the tap, that wey ye'll aisy ken if ony o'ds gaun wrang, kis the rod winna gang in amint if it's nae richt." This I did ilka seecond day for a start, and tae prove this contraption wis workin' aa richt, I used the barley in the laft first, so it wis intae December ir I startit usin' this barley fit hidna been dried and as the months gaed by the heap got lower and lower, and nae sine o' ony bad bits amint. Bob Green cam' inaboot noo and again tae hae a look at it, sometimes he wis juist himsel and sometimes he wid hae anither fairmer wi' him. I hid promised Bob I wid keep a record o' the time the electric fan wis switched on, this wis tae try and find oot the rinnin' costs. I canna mind fit the cost workit oot at, it wisna aa that much, onywey I'd managed tae keep the undried barley aa that time and it ayie hid a fine fresh smell fin teen oot o' the store, and fin I thocht aboot the price I wid hiv been for dryin' the barley and fit it hid cost for storin' it that wey, I didna think there wis much difference.

Weel, we wir intae 1972 ir this time, I wis rinnin' back and fore tae the doctor complainin' aboot a sair back and sic like. I thocht mesel it wis juist auld age fit wis wrang. The doctor affen said tae me it wis time I stoppit fairmin', bit na, na, I widna hear o'd, I didna wint tae stop tull I wis saxty-five, and as for Beldie, she wis in the best o' health, niver a thing wrang wi' her and lookin' as if she wid gang on for iver. And ayie we wir hearin' the news aboot this ile in the North Sea, the news wis world-wide ir this time, and the fact that there wis ile there wis creatin' a demand for land in the Northeast o' Scotland, aye and nae only land, hooses and aa. It ferrly created a market for hooses in plaices like Aiberdeen and Peterheid. There wis a lot o' Americans comin' ower and buyin' hooses.

Kathleen, she wis seventeen past ir this time, she wis lavin' Turriff Academy and she hid a plaice bookit at the Trainin' College in Aiberdeen tae learn tae be a Primary teacher. Weel, she wis gaun aboot wi' a lad, David Allan, fae the Shalloch at Crudie, and she landed in the faimly wey. It wis aboot the end o' Mairch she telt her mither. Michty, fit a steer got up, her mither wis ferr wound up aboot it. She says tae me ae nicht, "I dinna ken fit wey ye kin sit there, ye dinna seem tae be neen worried aboot it." I says, "Oh na, na, fit's the eese o' worryin', that's juist human nature takin' it's coorse." Bit it cheenged aa Kathleen's plans, she cancelled her plaice at the College, mairrit on the 3rd o' June and gaed awa' tae bide at Blair Atholl in a caravan at the back o' the Tilt Hotel, faur David wis a chef. I'm sorry tae say the marriage wisna a success. They hid three o' a faimly, twa loons and a quine, eventually they got divorced and they baith got mairrit again. Kathleen tull a man the same name as mesel, Alex Smith, he wis a fisherman in the broch, bit noo he his a steady job wi' a firm o' coachbuilders.

If ye think back a bittie ye'll mind me tellin' ye aboot a government scheme ca'd the Small Farmer's Management Scheme, this wis tae encourage sma' fairmers tae manage their fairms better. Weel, I startit that Scheme on the 28th Mey, 1967 and feenished it on the 28th Mey, 1970, juist aboot twa year syne, and noo here wis anither government scheme comin' oot, this time it wis tae pey grants tae fairmers tae amalgamate. This meant as faur as I wis concerned, I wis peyed bi the government up tae 28/5/70 tae improve my fairm management. This wis tae mak' shure I wid get a better livin', and noo, twa year aifter, I cood sell oot and get a bit mair fae the government if a neebor bocht it. Tae me it didna mak' sense, it juist gaured ye think the government didna approve o' sma' fairms, and this wis a wey o' gettin' them deen awa' wi'. I must admit it made me think, if I advertised Braeside and got a nearby fairmer interested, I wid get this grant forby the sellin' price, and I thocht aboot fit the doctor wis ayie sayin', "Time I wis stoppin' fairmin'," bit na, nae yet, I wid like tae cairryon tull I wis saxty-five, so it wis forgotten aboot for a file. At the same time, fin ye thocht aboot it, there wis sense in fit the government wis dee'in for wi' aa this great muckle machines comin' on the market for workin' on fairms, there wisna room for them in wee sma' parks, faur better tae dae awa' wi' ditches wi' pittin tiles in them and fullin' them in, takin' oot hedges and sic like tae mak' bigger parks for the machinery tae work in. There wis nae doot aboot it, pit a man intae een o' they big parks wi' a big tractor and a fower, five or even sax furra ploo, and he cood turn ower a fuow acres in a day.

We gaed awa' wi' the Greig's for a holiday again. As usual we left ae Sunday mornin' afore hairst, and on Sunday nicht we bade at a craftie afore we cam' tae Dunoon. Ye see, we hid planned tae spend the week tourin' aboot in South-West Scotland, and the next mornin' we crossed tae Gourock wi' the ferry, took the coast road tae Largs and landed in Ayr aboot suppertime. We stoppit there anicht, we got B. & B. in a hoose on the ootskirts o' Ayr. I kin mind that time aricht, we niver saw the lady o' the hoose aa the time we wir there, it wis a man fit cam' tae the door and lut's see the rooms, it wis him fit cam' throo wi' oor tay and sandwiches afore bedtime. He hid on a peeny bi this time, and spiered at's if we aa wintit a full brakfast. Next mornin' he served oor brakfast, again he hid on his peeny, and he newsed awa' like aa that, bit waur wis tae come, for he cam' in again cairryin' a big Bible, and aa the time we wir takin' oor brakfast, he stood readin' bits oot o' the Bible tull's. he wis in earnest, naewey cood we get a wird in edgeweys. Mind you we got a gweed brakfast, plenty o'd and weel cookit, bit neen o's enjoyed it. Fit wey cood we, and him stannin' there, dronin' oot o' him aa the time, and fin we wir gaun awa' it wis him fit took oor siller, tellin's at the same time tae stop by if we wir passin' by again.

We didna hing aboot lang and eence we wir throo Ayr, I drew intae the roadside aside a shoppie, it wis a fine mornin' and the fower o's got ootower the caurs. George, he says, "That wis a funny kind o' a lad, dae ye think he wis aa there, and dae ye think he hid a wife?" Syne, Beldie spak, she says, "Of coorse he maun hae a wife, there wis bairns there onywey for I heard them tho I didna see them." George, he gied a lauch, he says, "Maybe it wisna a wife he hid, it wis maybe a bidey-in." We aa hid a lauch as George said that, syne we aa gaed in tae the shoppie, George and me tae get a paper, and the weemin tae buy something tae cook at the roadside for oor denner. We scuttered aboot a gweed file there, ye see it wis an affa fine day, we cood hear the skylarks singin' oot o' them awa' up abeen. There wis a fairmer liftin' tatties across the road fae's, some o' the tattie-pickers wir strippit tae the waist, singin' tae themsel's and ony ither body lissenin' as they cairrit on wi' their work. It wis a day tae be at peace wi' the world. George and me, we wir ferr takin' the gweed o'd, we hid a newspaper tull oorsels, sittin' in cheers atween the twa caurs, watchin' the caurs gaun by. It wis sae fine we wisna in the mood for movin' on. The weemin tried tae get us tae shift bit na, na, syne George says, "Ach, we've bidden here as lang, cood ye nae mak' wir fly noo?" So we hid oor fly-cup, aifter it wis aa by I says, "We'll better move on noo, if we dinna move ivnoo, there'll ne nae chance o' seein' shops in Dumfries the nicht. ye see, oor plan hid been tae book in for B. & B. afore we cam' tae Dumfries, and if we didna get a move on there wid be nae shops.

We wir on the road fit gaed past Dalry, and eence passed it, we stoppit and hid some denner, that took's anither oor onywey. I wis thinkin' tae mesel, 'At this rate there winna be ony shoppin' deen the nicht', and I thocht George wis lookin' at me gie fite-faced. I spiered at him if he wis aricht. he says, "Michty aye Ake, I'm feelin' nae bad, juist affa swier and lazy kind."

So we set aff again, bit afore we got tae Crockerford, George flashed his lichts that wis a sine tae me he wintit tae stop. There wis hardly ony traffic so I stoppit at the roadside. He drew in ahints and I gaed awa' back tae see fit wis wrang. George wis sittin' wi' his heid hingin' ower the steerin' wheel. Jane says, "Oh Ake, George is nae neen weel, fir ir we tae dae noo, he's nae fit tae drive the caur." This wis a setback I kin tell ye. I thocht a filie tae mesel, syne I says, "Weel, first thing ye'll hae tae forget aboot shops the nicht, then we'll gang alang the road tull we get somewey for B. & B., we'll get in there and George'll get a rest, he'll maybe be better gin mornin'." Jane lookit at me. She says, "Ir ye nae forgettin' something Ake, I canna drive, I dinna drive, so fa's tae drive oor caur?" I says, "Michty aye, Jane, I didna think aboot that, sic a sotter we're in. Weel, you and George kin gang intae the back o' yer caur, I'll drive it and Beldie can come alang ahint in oor caur." We set aff like that, afore we'd gaun twa hunner yairds alang the road, we cam' tae this big kind o' a hoose. A sine at the side o' the road, in big letters, said Bed and Breakfast, and inalow, in smaa'er ritin' also High Teas. I thinks tae mesel, 'Michty, we've ferr landed lucky, we'll get in here, George,ll get tull's bed if he wints, and we'll get oor High Tea.' The twa weemin gaed tae the door, explained the predicament we wir in, and we wir met wi' naething bit kindness. She wis an elderly kind o' a woman, she says, "Of coorse that'll be aricht, juist bring in yer luggage, yer man can gang tull's bed if he wants, he'll maybe get better wi' a rest and ye'll aa get yer tea at six o'clock." Bit George didna get ony better, he got waur, and aifter teatime oor landlady, sic a fine body she wis, she got her ain doctor tae come and hae a look at him. he spiered at lot o' things at George, gied him some peels, he said they wid mak' shure he got a nicht's sleep. Syne he says, "I understand you are on holiday. My advice to you is this, get home tomorrow if you can, see your own doctor as soon as possible, I'll give you a letter to give to your doctor, and remember, no driving, let some other person drive your caur." This wis a slap in the face aricht and the feenish o' oor planned holiday.

Bit fit wis we tae dae the morn? George wis ayie restin', so the three o's sat there and took it aa throo hands. First we thocht we wid aa gang hame in George's caur, it wis the biggest een o' the twa, and I wid come back aifter that in anither caur tae pick up my ain een, bit Beldie spak oot, she says, "Fit's the eese o' dee'in that, I'll aisy drive oor caur hame." I hidna thocht aboot that, tho she wis a gweed eneuch driver, she hid ayie said tae me she widna like tae drive ower faur, drivin' aboot at hame's aricht, or even intae Aiberdeen and hame again, bit noo, here wis her sayin' she wid drive the caur fae the Sooth tae the North o' Scotland, nae doot we cood dae't aricht in a day, bit it wis a gie lang road. Next mornin' George wis a bit better fan he got up. We aa got a gweed brakfast, bit we didna enjoy it as we usually did. George, he didna tak' a lot, juist some tay and toast. Oor landlady, she wis ferr concerned, she managed tae produce a jar o' honey for George tae spread on his toast. Of coorse, eence the honey wis on the table, there wis mair than George used it. I hid my share o'd onywey. Weel, we got on

211

oor wey aboot hauf-past aicht, George and Jane sittin' in the back o' their caur wi' me drivin't and Beldie drivin' oor ain caur. Tae balance up the caurs, she hid aa oor luggage wi' her. We didna hurry in the road, stoppin' here and there tae relieve oorsels and hae something tae ait. George, he wisna gettin' ony waur, bit there wis ayie a seekly look aboot his face. we got tae Grassiehill aboot sax o'clock. I says tae Jane, "I think ye shood phone the doctor richt awa', maybe he'll come oot the nicht tae see him."

The doctor cam' richt awa', the time we wir wytin' Millicent hid made some supper for's, we wir sittin' takin' it fin the doctor cam' inaboot. He ordered George tull's bed, read the ither doctor's letter, examined him and says, "I agree with this other doctor, be ready to go to Foresterhill tomorrow forenoon, I'll send an ambulance to take you in." The wife and me, we gaed awa' hame tae Braeside aifter that, we wir doon in the moo ir this time, and nae winner, aifter fit hid happened, and mair than that, Beldie said she wis gie tired aifter drivin' sae faur in ae day. Neist nicht we phoned Grassiehill tae find oot aboot George. We wir telt he hid haen a lot o' tests and he wis keepit in anicht, they didna ken fan he wid get hame. Weel, it turned oot he wis keepit fower days athegither, it hid been a slight heart attack he'd haen fin he wis awa'. he wis telt he wis gie lucky tae get hame the wey he did, he didna hae tae work ony, and he hid tae gang on tae a diet kis he wis faur ower heavy. They wey he wis ower heavy wis kis he hid selt the grund on Grassiehill tull a neeborin' fairmer and kept the fairmhoose and garage tull himsel, that wey o'd he got the advantage o' this amalgamation scheme, and of coorse he hidna much tae keep him occupied noo. Weel, this gaured me think, here wis me, the doctor wis tellin' me it wis time I wis stoppit workin', wid I gang like George and pit on wecht and land in the same boat as he did. Ach no, I thocht, that widna happen tae me, so I stoppit thinkin' aboot it.

Time wore on, hairst wis by, the nowt inside and it cam' tae the time for the turkeys tae gang awa'. Beldie says tae me, "Ach Ake, I canna be bathered pluckin' and cleanin' aa thae turkeys this year. Ye ken, Kathleen's awa' noo, we winna hae her tae help us, foo no juist sell them tae Buchan Poultry Products and get redd o' them that wey." I says, "Aricht, if that's fit ye wint, we'll dae that, it'll plaise me fine onywey." Syne she says, "Oh, that's fit we'll dae than and mair nor that, I think this lot'll be the laist o' them, I'm nae tae bather wi' ony mair." Fin she said that I juist thocht tae mesel, 'There's mair than me feelin' their age', so I says, "Oh, that's fine, the faimly ir aa awa' noo, we'll manage fine wirsels, we kin aisy cut oot things like that and hae a gweed livin' tull it's time tae retire." And aa this time we wir hearin' aboot this ile, there wis hardly a day gaed by withoot the papers haen a say awa' aboot it, sic a boost it wis tae the countrae, the North-East o' Scotland in particular, sic an odds it wis makin' tae the unemployed, wi' aa thae jobs offshore tae be fulled, nae only that, there wis fowk movin' in tae the district for a lot o' thae jobs. Syne, ye heard the locals complainin' the inaboot comers wir gettin' a' the weel peyed jobs, michty Aiberdeen wis fu' o' them, foreigners and aa, and they wir buyin' up aa the hooses in Aiberdeen at prices the locals coodna look at.

We wir invited ower tae Grassiehill on Hogmanay nicht for oor usual feed. Ye see, we hid ayie visited een anither year aboot on Hogmanay finiver possible. The only exceptions wis fin the roads wir blocked wi' sna' and that wisna affen. Weel, it wis gie quate that nicht, juist the fower o's, the young eens hid aa their ain roads tae gang, aa the same Jane laid on a gweed feed for's. She says, "Fit's nae aiten the nicht, wull be aiten the morn, there'll be plenty fowk here tae ait it." Bit I stuck intult aricht and sae did the twa weemin, bit George wis still on a diet. He says, "Naewey wis he gaun tae brak his diet ower the heid's o' Hogamanay nicht," so he took a sma' bit o' this and a sma' bit o' that, and fin' it cam' tae the time for us three tae start tae the trifle, he says, "I'm nae for ony o' that, this is my puddin' here," and he pickit up a sma' roond container, nae sae big as an ordinary cup. I says tull him, "Fit's that George?" He says, "Div ye no ken fit that is Ake. Michty, that's a yogurt, and that's fit my diet sheet says I hiv tae tak', and I'm stickin' tul't." And fin it cam' tae twal o'clock, he widna tak' a dram wi's tae welcome in the New Year, juist a drappie leemonade. He says, "Na, na Ake, the doctor says I dinna hae tae tak' it so I'm nae takin't. I'm affa tempted ye ken, bit it's juist the same wi' the yogurt, I dinna care for them bit I'll keep on takin' them." It wis ferrly the richt thing for George tae stick tae his diet, for he wis back tae his normal wecht, in fact he wis doon alow it, and he said he wis feelin' fine, and the doctor wis littin him drive again, at the same time he wis telt tae tak' things aisy, and try tae get a gweed nicht's sleep ilka nicht.

CHAPTER 14

Sellin' Braeside

Noo, afore the New Year we wis hearin' o' een or twa fairms bein' selt at affa fancy prices, even up tae five hunner or sax hunner an acre. This wis fowk comin' up fae the sooth and buyin' up the land, peyin' an affa lot mair than fit ony local body wid offer. Nae doot it wis the ile that did it, and affen fin I heard o' a plaice bein' selt for an inflated price I widna believe it. I used tae say, "Na, na, fa in their richt mind wid buy a plaice at that price?" Weel, aifter the New Year the amount o' fairms comin' on the market got bigger and bigger. Nae doot this amalgamation scheme hid something tae dae wi't, bit gie affen it wis an incomer fit bocht the fairm, they seemed tae hae plenty o' bawbees tae fa' back on. And of coorse, it gaured me winner fit wey I wisna haen a go at sellin' oot, and ayie I pit it tae the back o' my mind, sayin' tae mesel, 'Oh na, na, nae yet.' Weel, Sandy and Harold wir baith inaboot ae Sunday nicht, we began tae discuss aboot aa this fairms cheengin' hands and sic a fancy price they wir makin', fin Sandy says, "Dad, foo dae ye nae sell oot here, tak' the chance fin there's a gweed price gaun. Ye ken fine the doctor's been tellin' ye tae stop for a file. I think ye shood sell and get it aff yer hands fin ye hiv the chance, for this prices michtna laist lang, and onywey, I'm nae interested in Braeside and I dinna think Harold's interested aither, he his ower a gweed job faur he is." I says, "Oh aye, richt eneuch, the prices fit's gaun ivnoo maybe winna laist lang, and onywey fit wid I dae this next puckle years, ye ken I dinna get my pension for anither fower years." Syne the twa o' them, they got their mither on their side. I wis telt I widna need tae work, I wid get eneuch for Braeside and the roup tae buy a hoose and invest the rest o'd, we wid be able tae live on the interest we got. In the lang run, I gied in, I took in hand tae gang and discuss it wi' Johnny King, the solicitor, his bisness wis in Cullen and he bade in Souter Street, Macduff. I says, "Ach, I'll gang alang and see him some nicht this week, he'll see me at his hoose if I phone him first." Bit they wirna plaised wi' that, Sandy says, "Weel, if that's fit ye wint tae dae, be shure and phone him the morn and gang and see him the morn's nicht, ye kin ayie gang and find oot if aa this stories ir true aboot thae fancy prices."

Weel, they gaed awa' hame aifter that, and next foreneen I thocht lang and hard aboot it, wid I phone Johnnie King or wid I nae, I coodna mak' up my mind, I ayie startit tae winner fit I cood dae tae shove in the time for the next fower year, and I winnered fa' wid gie me a job at my time o' life. I wis near saxty-twa noo, and fit kind o' a job wid I get, aa the thochts wir gaun throo my heid that foreneen, and as I gaed intae my denner, I wisna neen farrer forrit, I still hidna made up my mind. That day, the wife and me, we wir sittin' takin' wir denner, I wis still thumpin' up the thinkin', she wis tryin' tae spak tae me. Aa at eence she grabbit me bi the airm, gied mi airm a shak and she says, "Ake, yer nae lissenin' tae me, I'm spierin' if yer gaun tae phone the solicitor like ye promised the loons last nicht?" I didna answer her richt awa', syne I says, "Div ye think I shood phone him?" And she says, "Of coorse, I think ye shood phone him, it wid be worth o' gaun tae find oot if aa this things wir hearin' is true, onywey the fairms yer ain, ye dinna hae tae sel't supposin' ye gaed tae see him." I says, "Aricht, I'll awa' and phone him," so I got throo tull's office at Cullen and made an appointment tae see him at his hoose in Souter Street, Macduff that nicht. And fin I gaed tae see him the first thing I spiered aboot wis aa this roomers we wir hearin', aa this fancy prices fit fowk wir gettin' for their plaices, wis it aa true. He says, "Oh aye, true eneuch, ir ye thinkin' aboot sellin' your een?" I says, "Maybe I am, bit if I sell the fairm, we'll hae a hoose tae buy, and I'll hae tae get a job, fa iver wid gie me a job at my time o' life?" He says, "Weel, ye kin pit yer mind at rest aboot that, for if ye sell Braeside, ye'll aisy buy a hoose, and as for a job, I ken o' a job ye cood get," and tho I spiered at him fit job wis this, he widna tell me. He says, "We'll better wyte tull we see if yer needin't," and afore I gaed awa' hame I spiered at him hoo much the thocht I wid get for Braeside, and he mentioned a figure fit wis sax times fit I'd peyed for't. he ferrly took my breath awa'. I says, "Oh shurely nae aa that," and he says, "Oh aye, and maybe a bittie mair, gang hame and discuss it wi' Mrs Smith and let me ken at the office the morn fit ye think."

Weel, aifter I gaed hame, the wife and me we sat and newsed aboot it hine throo the nicht, and we decided we wid go aheed and sell, so next mornin' I phoned John King, telt him fit we thocht, and he cood go aheed and advertise the plaice and as this wis intae Mairch noo, the seener the better for us tae get oot at the Mey term. So it wis advertised richt awa', we hid a fuow fowk inaboot tae see't, some o' them mair for ill-fashance than onything else I thocht. There wis een or twa o' them got in touch wi' Mr King, bit nae sine o' a serious offer. It wis the third Sunday in Mairch, this big caur cam' inaboot, it stoppit oot in front o' the front door, neen o' the rest o' them hid deen that. the wife and me, we wir sittin' in the kitchen, we lookit oot at the windae, and we saw this big man come oot o' the caur, the woman cam' oot tae. They stood for aboot five meenits lookin' roond aboot them, they seemed tae be admirin' the view, syne he opened the gairden gate and they cam' alang the pathie a bit, stoppit a file again, and hid a richt look roond, then they cam' tae the front door and rang the bell. I gaed tae the door and afore I cood spik, he held oot his hand and said, "You'll be Mr Smith are you, I'm Mr Seaman and this is my wife, Mrs Seaman, we've come to look over your farm which you have advertised. We did phone earlier on but we got no reply, so we came along on chance. I do hope it is convenient for you." I kent richt finiver he spoke he wis an American, and I thocht tae mesel, 'Juist fancy an American comin' inaboot tae buy Braeside, fit's tae happen next, see'in it's an American I'll better cheenge my language a bit. Hooiver, I says, "Oh yes, it's convenient alright, what would you like to see first, over the ground, the steading and the house in that order, would that do?" The both agreed to that, I thocht maybe him and me, we wid gang ower the grun thegither, bit na, na, she wis gaun tae come wi's. Accordin' tae her, she wis as interested in the plaice as he wis. So we spent aboot an oor and a hauf goin' ower the grun, durin' that time he telt me he hid a construction bisness in een o' the States, I canna mind fit state it wis, bit that didna maitter, and that he wanted tae buy a sma' fairm in Aberdeenshire for his wife tae work. He himsel wid start up a construction bisness, because everybody in the U.S. reckoned this wis the plaice tae be with all that oil comin' on stream out of the North Sea. There would be plenty work for a construction contractor, and Braeside seemed to be as good a plaice as any. Then I said, "You'll better have a look through the house now." "Oh yes," he says, "we will have a look through the house, but you know Mr Smith, if we come here the first building I'll put up will be a new house for ouselves, much larger than this one." That gaured me think, I'd affen met Americans on oor B. & B. holidays wi' the Greigs, they aa hid big ideas, so this een wisna neen better. For aa that they hid a look throo the hoose, neen o' the twa o' them wis sayin' much, specially the wife, she wisna openin' her moo, bit fin we gaed up the stair and lookit oot at the windae, she cheenged aa thegither, she flung her airms oot in front o' her, she cries, "Oh Peter we must buy this plaice with a view like that. Oh, I wish I had brought my cine-camera with me and got that on film." I didna ken fit kind o' a camera she wis spikin' aboot and I didna care aither, and the view she wis spikin' aboot, weel the mountain tap wis Bennachie, the fine sunny spring made ye think Bennachie wis clad in a bonnie royal blue cloak, the spider's webs seemed tae be hingin' in the sky and the rays o' sunshine glitterin' aff them. Truly a view worth o' seein', and I says tae mesel, 'A view tae mak' a fairm sell.' She says tae me, "Mr Smith, is the view always like that?" Weel I wisna gaun tae disappint her, I says, "Oh yes, quite a lot, but of course the sun has to be shining." At the same time I cood've telt them if they'd come the same day last year tae see the plaice, they widna gotten up the road for sna', bit naewey wis I gaun tae tell them that. Syne, they spiered fit like a price I wis lookin' for. I says, "Oh, you'll have to see Mr King about that."

Next day fin I gaed intae mi denner, Mr King phoned. He says, "Mr and Mrs Seaman were here this forenoon, they've left a written offer for Braeside, which you could accept, do I now proceed and advertise a date by which all offers have to be in now? You see, if we do that some more offers might come in, but in my experience I don't think we will get a better offer than this one." So this was deen, and he told me tae be at his office at three o'clock on the day the offers were due in. Fin I gaed in, he says, "It's noo three o'clock, there winna be ony mair offers noo. I may as weel tell ye there's only one written offer, and another offer from a neebor, this een is conditional on gettin' the amalgamation grant. At the same time the offer from the Americans is a very good one." So he gied it tae me tae read. It wis aisy seen he made it oot himsel, aa the legal jargon connected wi' sic things wis there, syne it mentioned a certain sum, aboot equal tae seven times fit I hid peyed for't, which Mr Seaman would pay on the 28th May, 1973 for the farm of Braeside, failure to pay on the 28th May, 1973 would mean that interest at Bank Overdraft Interest would be added. I read it a seecond time, I took mair time tul't this time, aifter I'd feenished I sat thinkin', nae sayin onything, John King wis watchin' me, I cood sense it, syne he says, "Alex, is there something wrang wi' that offer, is there something yer nae plaised aboot?" I says, "Oh aye, there is something, I'm nae acceptin' that offer, I'll raither bide faur I am." He says, "Tell me fit's wrang then." I says, "Ach weel, it's like this, Mr Seaman is an American, it's twa month yet tull the 28th Mey, fit if he's cheenged his mind ir that time and gaun awa' back tae America, wid ye manage tae get a hud o' him tae get him tae pey up? Na, na, I'm nae acceptin' that offer." John King thocht for a file, syne he says, "Well Alex, Mr Seaman will be gie disappointed, he's wytin' at the phone in his sister's hoose in Peterhead ivnoo for me tae phone him the result, fitam I gaun tae say tae him?" I says, "Juist you tell him fit I've telt you, that i'm nae acceptin' his offer, and tell him foo no." So John King did that, he wis gie swier bit he did. He explained tae Mr Seaman I wis refusin' tae accept his offer and the reason why. I heard Mr Seaman speaking back, bit I coodna hear fit wis been said, bit then I heard John King say, "Alright, give me five minutes, I'll see what Mr Smith thinks about it and phone you back." So John King turned to me, he says, "Alex, I've told Mr Seaman what you told me, he says he understands how you feel that way, on the other hand he still wants Braeside. To find a way out of this hiccup, he says he has seven thousand pounds in a deposit account in Peterhead, if he pays this sum of money into your bank account within three days, would you accept this offer as a deposit on the farm, the remainder to be paid on the 28th May?" I didna need time tae think aboot it, I agreed richt awa', and the money wis peyed into my account within twa days.

So that wis Braeside selt, we wid hae a gie busy time aheed o's, we wid hae tae hae a roup, and we wid need tae look oot for a hoose, and aa this took plaice ower the heid's o' the ile in the North Sea. If it hidna been for the ile, I wid've probably bidden anither fower year at Braeside. Meantime, anither thing happened for fowk tae think aboot, bisness fowk onywey, and it wis nationwide, for on the 1st of April, 1973, the government introduced Value Added Tax (V.A.T.), the auld Purchase Tax wis stoppit and V.A.T. startit instead. It wis chairged on a lot o' things at 10%, that wis tae be the rate for a twa/three year, and ilka body fa' wis in bisness and hid a turnower abeen £5000.00 hid tae register. Sic a commotion it steered up, fowk didna understand it, and of coorse it took in fairmers, it meant mair book-keeping for them, and that's something fit a lot o' fairmers is nae gweed at. I hid tae register, bit I understood it aricht, and I kent I wid hae tae pey V.A.T. on my roup, that didna gang doon weel, and I wid hae tae de-register at the end o' the twa months. And it turned oot tae be a benefit tae fairmers, as maist o' their sales wis zero-rated, and they cood claim back the V.A.T. they hid peyed on a lot o' their expenses. The ordinary man and woman didna think it affected them, they didna hae tae pey V.A.T., and mony an argiement I hid we some fowk fit thocht that. I says, "Ye think ye dinna hae tae pey V.A.T., weel, if ye gang intae a shop and if yer a man ye buy a pair o' breeks, or if yer a wumman ye buy a skirt, ye've tae pey V.A.T. kis the tax is added on afore ye get it, and yer nae neen the wiser." It wis something fit tormented a lot o' bisness fowk for a file (and that included fairmers), bit naething near sae bad as fit happened twa year syne, fin the government brocht in decimal money, for it affected abody. Weel, some fowk adapted tae the decimal money better than ithers, it wid be the same wi' the V.A.T., only it wis juist the bisness fowk this time.

We wir see'in a lot o' Mr Seaman thae days, he juist cam' inaboot at ony time. She cam' wi' him the first time and they planned oot the foond for the new hoose, it wis tae be built faur the claes ropes wir. There wis an auld railway carriage sittin' in the road, a guard's van it wis wi' fine wide doors, it wis sittin' close at the roadside and I hid used it for a store for fertilisers since I cam'. Weel, it wid hae tae be shiftit oot o' that kis that's faur the front door wid be. Meantime, we hid tae think aboot a hoose, so the wife and me, we gaed tae see John King ae day. She wisna gaun tae come, bit I says, "Na, na, ye'll come and aa, ye'll be there tae say fit kine o' a hoose ye wint." The first thing I wintit tae ken aboot wis this job he said he kent aboot that I cood get, that's fin we wir spikin' aboot sellin' the fairm he said that. He says, "Oh, that's simple Alex, I wis thinkin' ye cood start here wi's." I coodna believe fit I wis hearin', me start tae work in a solicitor's office, and at my time o' life, fit cood I dae in a solicitor's office? Na, na, that wisna for me, so I says, "Yer shurely nae expectin' me tae believe that ir ye, fit experience hiv I o' workin' in a solicitor's office?" He says, "No, no Alex, ye've got it all wrong, ye see I run an accountancy branch, it's there I wid be askin' ye tae work, yer very good at figures, you keep yer ain books and deal wi' yer income tax yersel, as faur as I kin see ye mak' a gweed job o'd, and fin ye kin dae yer ain, ye wid aisy manage tae dae ither fowks. Ye dinna hae tae gie's an answer the day, think it ower and lit me ken."

There wis nae mair said aboot it at the time, he began tae spik tae the wife aboot the hoose, fit like a hoose wid ye like and hiv ye ony idea faur ye wid like tae gang? So she telt him she wid like a hoose faur she cood dae Bed and Breakfast, juist eneuch room for twa couples, that wid be big eneuch, and she gaed on tull him aboot the times we hid been awa' bed and Breakfast alang wi' oor freens Mr and Mrs Greig, she hid enjoyed ilka meenit o't, and noo she wid like tae turn turtle as ye wid say, and supply Bed and Breakfast accommodation instead, and if Ake's gaun tae be workin' wi' you, it wid be better tae be aboot Banff, Macduff or Portsoy." He agreed wi' her there. He says, "We'll hae a look at the Press and Journal, there'll maybe be something advertised there, bit tae tell the truth, there's nae mony on the market ivnoo." So we lookit at the Press and Journal, there wis juist een in the paper that day like fit she wis needin', number 27A Seafield Street, Banff, a fine big hoose on twa fleers, the very thing she wis needin', mair nor that, wi' a sine at the side o' the street, she wid catch the tourists comin' intae Banff. She wis ferr keen on this Bed and Breakfast idea, and I didna interfere. So, we gaed alang tae see this hoose, and as we gaed inaboot, we met anither couple comin' oot aboot, they'd been haen a look. Weel, the hoose plaised the wife, it wis needin' tae be re-decorated, wi' ony luck the re-decoration cood be deen afore we moved in, we didna intend lavin' Braeside tull the 28th o' Mey. It hid a deecent sized gairden and a double garage at the ither end o' the gairden. The garage wid hae tae be shared wi' the fowk in number 27, the hoose underneath number 27A. This wis ae thing I didna like aboot it, the garage bein' shared, and anither thing I didna like wis the stair, nae doot it wis a fine wide stair, bit coal, firewid and ither things wid hae tae be cairrit up that stair. It wis aricht ivnoo fin we wir baith fine and able, bit as we got aulder we wid turn nae sae fit. John King cam' inaboot tae hae a look, we hid phoned him afore we left hame, syne we sat inower his caur, and we winnered if we wid offer for't, and if so, foo much we wid offer. Beldie wis ferr keen on't, there wis naewey I wis tae say onything aboot the garage and the stair, so we agreed that John King shood pit in an offer for't next day.

He did this, bit twa days aifter that he phoned us and said we shood gang alang and see a bungalow in Lusylaw Road, across fae the V.G. Stores, and fin Beldie saw it, she wis aa for't, sic a lot better it wis than the een in Seafield Street, and bein' a fairly new biggin, it widna need ony alterations. Weel, fit wis we tae dae noo, offer for this een and withdraw oor offer for the first een. John King gied's twa days tae think aboot it, bit the next day he phoned aboot anither een, number 14 Alvah Terrace. We gaed tae see't that nicht, the solicitor wis wi's, this een wis lot bigger and better than fit the Lusylaw Road een wis, there wis ae thing we liket aboot it, the wa's wir bare, it hid niver been decorated, it wis centrally heated wi' ile, ile wis chape in thae days. The wife says tae John King, "This is fit I wid like, bit kin we afford it?" He says, "Of coorse ye kin afford it," and mair nor that, there wis plenty grund roond aboot. Ye see, it wis a corner site, that's the wey there wis plenty grund. Weel, this plaised me, kis I wis fine and able tae look aifter a big gairden. So that nicht John King wis telt tae withdraw the offer for the hoose in Seafield Street and see if he cood buy this een for's, and I telt him that nicht I wid accept his offer o' a job, I wid try it for a file onywey. It wis aboot the end o' April we wir telt we wir gettin' the hoose, that wis in plenty time tae get the decoratin' deen, the carpets and lino laid, and ony new furniture intilt afore we flittit in.

And aa this time Mr Seaman wis rinnin' back and fore tae Braeside.

Ae day he say's tae me, "Would you sell me your two tractors, Mr Smith, they seem to be in good order?" I says, "Oh, you can buy the tractors at the roup if you want them, everything will be sold at the roup, you'll get the chance to buy anything else as well." He says, "That's alright Mr Smith, but any more machinery I require I'll be buying new, at the same time I may buy some of your cattle and sheep." It wis fine for me tae hear him say that, it meant that he wis tae bid on the tractors, the cattle and the sheep. The thing I liket aboot him warst wis fin he wis spikin' tulls, I hid tae spik pan-loaf afor he kent fit I wis sayin'. It wis noo flat oot tae get athing ready for the roup, I wintit tae hae athing richt cleaned and pentit. Ian Emslie, the auctioneer fae Maud hid been inaboot and gaed awa' wi' a list for advertisin', the roup wis tae be on the Setterday, a fortnicht afore the term. I wis as busy I wisna peyin' ony attention tae onything else, fin aa at eence it struck me I hidna seen Mr Seaman for a week, I didna think onything aboot it for a start, bit some mair days gaed by and still n'ae sine o' him. Michty, fit thochts wis gaun throo my mind, hid he teen cauld feet and cleared oot awa' back tae the States. Oh na, he widna dae that, aifter pitten that deposit doon on the fairm. I phoned John King aboot it, spiered at him if he hid heard fae him, bit na, na, he hidna heard fae him since the time he peyed the deposit. He said nae tae worry, athing wid come aricht. I says, "I hope so, he promised tae be at the roup onywey." Bit I coodna help mesel, I did think aboot it, and lookin' back on't noo, some affa daft ideas cam' intae my heid.

Weel, it cam' tae the nicht afore the roup, I hid feenished my supper fin the phone rang and fin I answered it a vice said, "Aye Alex, yer haen yer roup the morn, fit wey hiv ye nae advertised aa yer implements?" This gaured me think, fa' wis this phonin' and fit did he ken aboot my implements, so I says, "Fa's spikin' onywey?" And the vice says, "Div ye nae ken fa I am, this is Charlie Coutts fae Mains o' Corsegicht." I says, "Oh, I ken fine fa I'm spikin' tull noo, bit fit's this yer sayin' aboot my implements, fit dae ye ken that I dinna ken?" He says, "Oh, it's true eneuch, ye've missed oot something, fit aboot yer scarifeer, I've hae'nt since 1963, fin I got it fae George Greig, I'm still usin't yet and it's still in gweed order." I didna say onything, aifter he spak aboot the scarifeer I minded richt aboot it. I wis standin' thinkin' fin he says, "Hiv ye gaun speechless ower the heid's o'd," and fin I said, "Oh na, na, nae ferr o' that," he says, "Aricht Alex, I'll buy it fae ye, it's a gweed workin' machine, I'll be at the roup the morn and I'll gie ye the siller for't fin I'm there." And aifter I laid doon the phone, I minded aa aboot the scarifeer. 1963 wis the hindmist year I hid neeps, I used it mesel that year, syne George Greig got it for his neeps, and then Charlie got it, and wi' me nae growin' ony mair neeps, I didna need it again, and I lost track o'd, mair than that, if Charlie hidna phoned aboot it, I wid've forgotten athegither.

The day o' the roup turned oot tae be richt fine, the sun shinin' and nae a breath o' wind. Mr Shea fae the Commercial in New Byth hid a special licence for the day, he wis sellin' teas and drink in the big shed, he did a roarin' trade, bit naebody got fu'. Henry Michie fae Little Byth, he wis judge o' the sale, eence it wis feenished he said there wis naething tult, and a fine big crood turned oot tult, bit nae sine o' Mr Seaman. A lot o' fowk fae roond aboot wir lookin' for him there, they wir aa spierin' at me aboot it, bit I coodna tell them onything. Some o' them wir sayin', "Aye Ake, I've some doot ye've been left in the lurch," of coorse they didna ken I hid the first seven thoosan' pounds for the fairm already. Weel, Mr Seaman wisna missed at the roup, there wis plenty fowk there withoot him tae buy athing, and fin they startit tae sell the nowt, my dog ferrly hid a field day, helping the lads fae the mairt tae draw them intae the ring and back intae the coort again. George Elphinstone bocht some o' the nowt, and fin he gaed awa' tae tak' them hame throo the parks, they wir ower tae the ither side o' the first park wi' the nowt fin the dog noticed them, accordin' tae him (the dog) that wisna tae be alloo'ed, so he took ower the park and brocht them back again. Ye see, that's fit he used tae dae wi' the milk coo, the milk coo wis teen in aboot sax o'clock. Weel, aboot five o'clock he wid gang awa' on his ain, pick the coo oot amin the rest, bring her awa' tae the gate, the coo wid lie doon and chaw her queed, he wid lie doon aside her and the twa o' them wid lie there tull the coo wis teen in. And it wis the same in the mornin's, I lut the dog oot and he gaed and brocht the coo tull the gate. Weel, that day o' the roup, the heid byreman fae the Maud Mairt wis there, afore they gaed awa' hame, he says tae me, "Fit ir ye gaun tae be dae'n wi' yer dog kis I wid like tae buy him, he's juist the kind o' dog for workin in the mairt." Richt eneuch, he wis that kind o' a dog, he wid roond up the nowt, the sheep, aye and even the turkeys fin he wis nott, that's juist wis his life. I kent this byreman aricht, nae doot he wid be gweed tull the dog, aa the same I winnered fit the wife wid say, the dog wis a favourite o' hers. We hid teen this throo hands afore, naewey wis Roy tae be teen wi's intae the toon, so I says tae him, "I'll lit ye ken eence I've seen the wife, we hinna made up oor minds yet," at the same time the mairt wid be a richt hame for him. And fin I telt Beldie that the mairt man wis wintin' Roy, she says, "Oh, that's fine, that'll be a fine hame for him," so I phoned the mairt and he cam' and took the dog awa' een o' the neist nichts. We wir gaun throo Huntly ae nicht aboot twa year aifter that, we saw this dog stannin' at the entrance tae the mairt there. Beldie says, "Oh look Ake, there's Roy stannin' ower there," I stoppit the caur, the dog cam' ower tull's, there wis nae doot bit fit it wis Roy. I says, "Ye'll better nae spik tull him, nor open the caur, he micht jump inower." Weel, he stood wi' his tail waggin' for a meenit, syne he gaed awa' back intae the mairt. Beldie says, "Michty, he's lookin' weel, he's been weel lookit aifter onywey, kis his quite is shinin' nae handy, bit fit wey wid he be at the Huntly Mairt, it wis the Maud Mairt he gaed awa' tull fin he left Braeside?"

Weel, we hid a richt successful roup, I wis richt plaised wi' mesel as I gaed intae the hoose for mi supper, there wis as mony o' oor freens there, there hid tae be twa sittin's, and aa at eence a thocht cam' intae mi heid fit took the wind oot o' mi sails, Mr Seaman hidna turned up, my thochts turned fae sweet tae soor, fit wis tae happen noo, wid it be possible he hid teen cauld feet. I thocht tae mesel, 'It's time I wis findin' mair oot aboot it', so aifter I hid mi supper I phoned John King at his hoose in Macduff, I telt him fit I wis thinkin' and spiered if he cood dae onything aboot it. he says, "Oh yes I can, I'll get in touch wi' his freens in Peterhead he's been bidin' wi', find oot if he's there, if he's nae there I'll spier faur he is, and I'll phone you back." He wis back on the phone afore a quarter o' an oor, he says, "Yer richt eneuch, he's awa' back tae the States, bit his freend assures me he'll be back afore the 28th Mey, we'll juist hae tae wyte and see fit happens." 'Weel, weel', I thinks tae mesel, 'that disna eese mi mind ony, it'll be aricht for John King, he'll come up against this kind o' thing happenin' in his day tae day workin'. So I made up mi mind tae forget aboot it ivnoo, we still hid a fortnicht at Braeside, I hid aa the doors and windaes tae pent yet, and I wid like tae get some o' the gairden plantit at Banff afore we flittit. So that keepit me in work aricht, bit I coodna forget aboot Mr Seaman, ayie noo and again it cam' back tae mi mind fit wid happen if he didna turn up. Beldie, she wis busy tae, gettin' the hoose at Banff ready for gaun in tull.

On the 27th Mey, John King phoned us, he said, "Mr Seaman phoned me this morning, he told me he was having difficulty getting his money out of the States, and he still wants Braeside, so my advice to you is this, be out of the house before twelve the morn, turn off the water and electricity, lock up the house, and bring the key to my office." Neist day Henry Fyfe cam' inaboot wi' his cattle float and he flittit us tae Banff, the fowk in Alvah Terrace wirna in the wey o' see'in cattle floats deliverin' furniture, it wis ayie furniture vans fit they saw. Jimmie Wid, next doors tulls, he telt me a file aifter he thocht we wir takin' some o' oor cattle wi's. Weel, we hid athing inside afore twal o'clock and Henry awa' back tae Byth wi' his float. Henry and me, we'd gotten on richt weel thegither aa the time I wis at Braeside, bit that wid be the hindmist job he wid hae tae dae for's. I gaed tae John King in the aifterneen wi' the hoose key, I spiered at him if he hid heard ony mair fae Mr Seaman. He says, "No, I hinna, that being the case, he'll hae tae start peyin' interest on the money as fae the day." I says, "Oh dinna be sae hard on him, gie him a fortnicht tae see if he comes forrit wi' the money." He lookit at me and says, "Oh no, no, nae a bit o't, he kent fit he wis sinin' fin he sined that offer, no, no, interest wil be charged as from to-day." I didna say ony mair, I gaed awa' hame, thinkin' tae mesel, 'John King wid be a gie hard nut if ye landed on the wrang side o' him.'

Afore I gang ony farrer, I'll better tell ye hoo I feenished up wi' Braeside, Mr Seaman turned up aricht, juist twa days aifter we flittit, he gaed tae John King first, syne he cam' tae see me, he hid the key o' the hoose wi' him. He said to me, "I cannot pay for the farm yet, but if I gave you the key, would you take in hand to go to Braeside, perhaps three times a week to see everything is alright. Of course, I'll be willing to pay you for doing this." So I promised tae dae this, and it cairrit on that wey for fower or five weeks, tull ae nicht he cam' inaboot and telt's he still didna hae the money tae pey the fairm. He says tae me, "Mr Smith, would you be willing to leave the money lyin' on the farm, I'll pay you good interest." I didna answer richt awa', I did think aboot it, bit na, na, I'd hid mair than eneuch o' aa this cairryon, so I says, "No, Mr Seaman, I'm not prepared to do that, I'll go and see Mr King tomorrow, perhaps we'll have to put the farm up for sale again." He says, "Oh no, no, I'll go and see Mr King, if anybody's going to sell the farm it will be me," and he wished me good-night and left. he gaed tae John King the next day, tried tae advertise and sell the plaice again, bit no, John King telt him he wis representin' me in the matter, he wid be better wi' anither solicitor and eventually he got it selt nae lang afore hairst, and aa this time I wis gaun back and fore tult, there hidna been stock grazin' on't, and the girss gruwn for silage wis lyin' twistit a'weys, sic a sotter it wis in, and juist connached I thocht. Rumoor hid it that he got five thoosand mair than fit he peyed for't, it cood aisy hiv been true kis the value o' grun wis ayie risin', onywey, I got aa fit I wis entitled tull, that's aa I wis carin' aboot.

We'll noo gang back tae the time we flittit, Beldie, she widna rest noo ir she got startit wi' her Bed and Breakfast. She gaed tae the Tourist Office doon at St Mary's car park, jined the Tourist Association, and afore lang they wir sendin' clients tae her. I mind fine the first lot that cam', it wis a Presbyterian minister fae Northern Ireland, his wife and her sister wi' her man, they wir aa in ae caur. They said they cam' ower tae see a bit o' Bonnie Scotland, and aifter they got their brakfast next mornin', they spiered at her cood they bide anither nicht? Weel, they bade three nichts aa thegither, and aifter that aa throo the summer, there wis ayie fowk in the hoose. That's the wife's side o' the story, noo I'll tell ye mine. Of coorse, I hid the gairden tae pit richt for a start, I wrocht in't the first week I wis there, syne I startit tae work wi' John King. I wis a bittie swier kine tae start kis I thocht I widna manage, bit och, I got on fine. Hooiver, the job didna laist lang, I dinna ken fit happened, afore a month gaed by, John King says tae me, "I'm sorry Alex, but I'm going to have to close down my accountancy department, it won't take place for another month at least, that will give you a month to look for another job." I wis a bittie pit oot at this, so I says, "In your opinion, am I fit tae work in an accountant's office?", and he says, "Of coorse ye are, fit wey are ye askin'?" I says, "Weel, Mr Ford, the accountant at Stewart and Watsons in Banff is needin' an assistant, maybe I'll get a start there." We wir sittin' in his office at the time, he says, "Are ye serious aboot that?" and fin I said I wis, he got on the phone tae Mr Ford, and I got the job. Bit that didna laist lang aither, for Atholl Scott took ower John King's accountancy work, moved intae an office aside Stewart and Watsons, took on their work as weel, and me alang wi't, so that wis me intae the third job within twa months. Aifter that, I settled doon tae my work, and I got on fine wi' the clients, especially the fairmers that cam' intae the office.

Fin we gaed intae that hoose, the gairden wis in a gie roch state. Mr Gordon, the man we bocht the hoose fae, he'd got a nearhand fairmer tae turn't ower wi' a ploo, and it wis left like that. Weel, the first thing I hid tae dae wis pit in claes poles, there wis a whirly there already, bit she wis needin' in poles, and I hid tae get girss sawn for a dryin' green, and apairt fae a bit faur I pit in some vegetables, I plantit tatties in aa the rest o'd, I even hid tatties plantit richt roond the front door. I'm shure wir three nearest neebors, Mr and Mrs Wood, Mr and Mrs Murray, and across the road, Mr and Mrs Watson, thocht I wis needin' my heid lookit, they wir aa winnerin' fit wey wis I daen that. The wife wisna plaised aither, she didna like the idea o' tatties grwun at her front door, bit I ayie said, "Juist wyte and see, the tatties ir in there tae clean the grund."

Anither thing I wid spik aboot ivnoo, fin we left New Byth, I wis ayie treasurer o' the kirk. Ye see, I hid telt the Kirk Session sometime aboot the end o' Mairch I wis tae be lavin', they wid need tae see aboot gettin' anither treasurer, bit fin the time cam' they wirna ony farrer forrit, nae treasurer hid been appinted, so I agreed I wid cairry on for a file. And spikin' aboot the kirk, it wisna lang ir we met the minister fae St Mary's in Banff. He wis juist like a neebor tulls, for the Manse wis in Collenard Road. It wis Beldie fa' spak tull him first, fin I gaed in tae my denner ae day, she says, "Ye dinna ken fa' I spak tull the day?" I says, "No, fit wey wid I ken? Ye'll better tell me fa' it wis." She says, "It wis Mr Geddes, the minister fae St Mary's, sic a fine man he is, he wis waukin' his fite poodle alang the street, he spiered for you and said he hoped it widna be lang ir he saw you and me baith in the kirk." It wis twa/three days aifter that I met a retired minister, Mr Alex Greig, in the High Street, Mr Geddes wis wi' him, and Mr Greig introduced me tae Mr Geddes as an Elder o' New Byth kirk, and now stayin' in Banff. The reason I kent Mr Greig wis kis he preached a gweed lot at New Byth durin' the vacancy. There and then Mr Geddes invited me tae jine the Kirk Session at St Mary's, bit I hid tae say no, explainin' as I wis still treasurer at New Byth I coodna dae that, bit I wid be plaised tae dae that fin the time cam'.

There wis nae holidays for's that year, Beldie wi' her Bed and Breakfast and me wi' my job at Atholl Scott's and the gairden. The Greig's spiered at's twa/three times if we wid gang wi' them, bit ayie the answer wis no, and they widna gang awa' themsels. the time wore on, it wis early tatties fit wis gruwn in the front o' the hoose. I got them liftit fine and early tae lit me start tae tidy up that bit. I flung the earth back a bit, richt doon tae the hard, and got inaboot cement blocks, sand and cement, tae big a dyke aboot a fit and a hauf heich tae keep the earth back. Fin Jimmie Wood saw the materials lyin' there, he says, "Fit ir ye gaun tae dae, Alex?" I says, "Oh, I'm gaun tae big a dyke tae keep the yird back," syne he says, "Fa's gaun tae big it for ye?" and fin I said, "Fa's gaun tae big it, michty I'll big it mesel," he lookit at's in misbelief. He says, "Ye winna manage that yersel, wull ye, ir ye gettin' a mixer?" I managed the job mesel withoot a mixer, it's great fit ye kin dae fin yer wullin', and aifter it wis feenished, there wis a firm fae Forres tarrin' the caur park at the Golf Club at the time, I got them tae come and pit doon hardcore and tar on the tap o'd, it ferrly feenished aff the front o' the hoose. Aifter aa the tatties wir up, I got a load o' slabs fae Ladysbridge Hospital, laid them doon faur they wid be nott for waukin' on, I laid oot borders for floo'ers, and planted a hedge inside the dyke fit separated the field at the back fae oor grund. Aifter that I gaed alang the coast road, past Gardenstown and Aberdour tae Aberdour House, the fairmer there grew a lot o' daffodils and sic like, various varieties, and I bocht hauf a cwt. o' bulbs there, juist a mixed lot they wir, they wir fulled intae the bag wi' a tattie graip. Weel, I plantit them aa roond aboot the hoose and gairden, and I think they're there yet.

Aboot November that year, I telt the kirk fowk at New Byth I coodna cairryon bein' treasurer, it wis ower faur awa' and the winter wis comin' on, so Sandy Stephen took on the job, that wis in 1973, and as faur as I ken he's ayie treasurer yet, seventeen years on. It wis juist aifter that, een o' oor neebors left, Mr and Mrs Murray fae number 12. He wrocht wi' the cooncil and gaed awa' tae work wi' anither cooncil, they hid a young faimly, and the newcomers, Mr and Mrs Bruce, they hid young faimly as weel. The wife hid jined the Scottish Country Dancin' classes ir this time, Mrs Wood next door took her there. The dancin' wis held in the Banff Castle Community Centre, a centre fit hid been set up for the gweed o' the fowk o' Banff aifter the feenish o' the laist waur. I kin mind o' her comin' hame ae nicht, she telt me they wir tae be haen a pairty at Christmas, they aa got the chance tae tak' a pairtner wi' them and they spiered at her if she wintit tae tak' a partner. She says, "Of coorse I'll tak' a pairtner, my man kin come wi's." Bit na, na, nae men alloo'ed, so she juist gaed hersel', there wis mair nor her in the same boat as she wis, and she ferrly enjoyed it. It wis the same wi' the dancin' classes, she ferr enjoyed them as weel. It wisna lang ir Mr Geddes, the minister fund oot I'd resigned fae the Kirk Session at New Byth, and he wisna plaised ir he got me intae the Kirk Session at St Mary's. I kin mind the first meetin' I attended at St Mary's, this man cam' ower tull's, shook hands wi's, and says, "Weel, I dinna ken fa' ye are, bit we've met somewey afore." I says, "Oh aye, that's richt, ye're Mr Meldrum aren't ye, div ye mind fin ye did a survey for me o' the fairm o' Balnamoon in the year 1952?" He says, "Oh, is that richt, that's twenty-one year past, that's a lang time ye ken," and it wis left at that

It wis aboot that time, afore Christmas 1973, I cood hiv been teen for drink/drivin'. We'd been ower at Grassiehill see'in the Greig's, I'd haen a twa/three drams, ower much for drivin', and as we cam' alang the road past the pubbie at the Bush, here wis a police caur drawn intae a side road. Twa bobbies, they hid a torch the piece, sined me tae stop. Beldie says, "Ye've had it noo mi lad, ye shood o' lutten me drive hame fin I offered, bit no." Fin I stoppit, een o' them shone his torch intae the back sate, syne he tried the boot, it wis lockit, so he socht the key, opened the boot, shut it again, handed back the key and says, "Oh, it's aricht, we're lookin' for stolen turkeys, we're stoppin' aa caurs, ye're aricht so awa' ye go." I wis lucky I kin tell ye, and richt eneuch, next day there wis a report in the Press and Journal aboot turkeys bein' pinched fae fairms in the district.

It wis aifter the New Year we hid a visit fae the Greig's, they said they hid come tae see's aboot a holiday this year. they kent they wir early on the go aboot it, at the same time they thocht something cood be arranged aboot the end o' April or the beginnin' o' Mey, that wey it widna interfere wi' Beldie's Bed and Breakfast, and did we think we wid manage that. I loookit ower tae Beldie, I thocht it wid be up tae her tae answer that, and she did. She says, "Oh, that's aricht as faur as I'm concerned, I'm nae startin' takin' in Bed and Breakfast till June onywey, so that's aricht, I wid like that fine, bit fit aboot you Ake, wull you get awa' fae the office at that time?" I says, "Nae bather ava', I hinna haen time aff since I startit workin', apairt fae local holidays and sic like. I wid aisy get aff, I'll juist hae tae gie them plenty warnin'." So that wis aricht, syne I says, "Hiv ye onything in mind for this holiday, George, you twa must've been thinkin' aboot it fin ye wir baith sae keen tae go?" George says, "Oh aye, we hiv been discussin't, we wid like tae gang tae the Isle o' Man." He ferrly took my breath awa', here wis him, spikin' aboot gaun tae the Isle o' Man, him fa we hid tae bring hame a year past August ower the heid's o' his heart. Nae doot, he hidna haen ony bather since, he hid peels he cairrit steady and took them fin they wir nott, so I says, in a cautious kind o' a vice, "Dae ye think ye wid manage that George, hiv ye forgotten aboot the laist time we wir awa'?" He says, "Oh no Ake, I hinna forgotten, bit I gaed tae the doctor and spiered at him, and he's gien permission tae gang." Weel, if he wis wullin', so wis I, and the twa weemin tae. First we decided we wid go, we wid bide a hale week in the Isle o' Man, Setterday tae Setterday, in the middle o' Mey. It wis left tae me tae find oot aboot it, I wid pey onything fit hid tae be peyed and George wid pey me his share aifter.

It took me weeks tae get this arranged, if it hid been nooadays it wid hiv been a lot aisier, ye juist gang tull a travel agent noo and he dis the rest. Bit it wisna as aisy as that, first I rote tull a tourist address in the Isle o' Man tellin' them fit I wis needin', accommodation for twa couples for a certain week in the middle o' Mey. I got the address oot o' the Sunday Post, I got back a reply sayin' no accommodation was available in the popular plaices, the only accommodation left for that week was some farmhouse Bed and Breakfast and evening meal establishments in the north of the island, and they gave me a list of them, aboot aicht or nine if I mind richt, and their terms, and the letter went on, 'Do not depend on getting your caur across durin' that week, as some of the ferries are fully booked already.' I thinks tae mesel, 'Michty, it's shurley an affa plaice for tourists, and in the middle o' Mey at that', so fit wid we dae noo. The wife says, "Ach phone the Greig's, tell them aboot this letter and we kin gang ower the nicht and see fit they think aboot it." So that's fit we did, and aifter George and Jane hid baith read the letter, Jane says, "Ach, I think we shood ca'd aff, that letter's nae neen encouragin' is't?" I says, "Oh na, na, it's nae, bit fit kin we dae noo?" George, he chimed in, he says, "Oh no, dinna cancel it yet, we cood flee ower, I've ayie thocht I wid like tae flee." Weel, neen o's hid iver flee'in afore, and it took's sometime tae get abody tae agree, hooiver, agree they did, and it wis left tae me tae see if I cood arrange it. Weel, it took me aboot a week tae sort it oot, atween ritin' letters, makin' phone calls and sic like, and this wis fit I planned. We wid get taen intae Aiberdeen Station, tak' a train tae Glesga, tak' a taxi tae the airport and flee ower tae the airport in the Isle o' Man, fae there we wid mak' wir wey tae oor accommodation by public transport, hopin' we wid land there afore bedtime.

I hid aa this planned aboot twa months afore we hid tae lave, the hale fower o's wis plaised aboot it, bit a thocht startit comin' inate my heid, fit wid happen fin we landed in the Isle o' Man and nae suitable transport, and the affener I thocht aboot it, the waur it grew. I didna say onything for a file, bit ae nicht I spak tae the wife aboot it, I didna get ony cuttin's, she says, "Noo Ake, ye shood've thocht aboot that afore noo, we'll better gang tae Grassiehill and see aboot it." And fin we telt the Greig's, they didna think it wis muckle tae worry aboot, we cood ayie tak' a taxi if we're stuck. I says, "Oh, I think we shood hire a self-drive caur, I got adverts sent tae me a file seen aboot that, there's een here fae Port Erin, it says they'll meet's fin we licht aff the plane, aa I hiv tae dae is send awa' fit time we're landin' and a sma' deposit tae pey for takin' the caur tae the airport, athing else hid tae be peyed for fin we landed, and the driver must be shure tae tak' his drivin' licence. George says, "Michty, that's a grand idea, I'll tak' my drivin' licence tae, so we'll hae twa drivers, and we can use the caur aa the time we're there."

Meantime, I wis gettin' on fine at my job, the gairden wis lookin' braw, the daffodils and lillies I hid plantit in the back-end ferr come up, sic a show they wir. I hid a richt variety o' vegetables in, early and late tatties, neeps, carrots, leeks, ingins, peas, cabbage, caulifloo'er, savoy, parsley, kale, you name it, I hid it in, a bed o' straberries and floo'ers o' a kinds. There wis plenty room for them aa, and the bit at the fit o' the lawn oot in front o' the bedroom windaes I hid roses plantit, they wir deen richt weel, sic an odds fae the year afore, fin there wis naething bit tatties. I hid plantit oot fifty spring cabbage in the back-end, they startit tae hert, weel we cood only use a fuow o' them wirsels, so I startit gien them awa'. I grew a lot o' the plants I needed mesel, tho it wis twenty-three year since I left Tillygrain and the mairket-gairdenin'. I hidna forgotten the wey tae dae that, so a lot o' them wir gien awa' tae, aye and some tae jumble sales and sic like. It wis noo aboot a year since we cam' tae Banff and aa that time baith o's hid been the best o' health. Some fowk hid telt me at that time I'd better watch and nae pit on a lot o' wecht, bit there wis nae ferr o' that, atween my job and the gairden I wis keepit busy, and Beldie, she wis keepin' hersel busy as weel.

It cam' tae the day we hid tae gang tae the Isle o' Man, I mind it wis a richt fine day. Weel, Harold's wife Eileen, took us tae Aiberdeen tae get the train, and Kathleen, the Greig's dother-in-law took them. Neen o's hid been on a train for a gie lang time, so it wis a new experience for's aa. We landed in Glesga aricht, bit the train wis aboot ten meenits late, and mair nor that, we had a great lang platform tae wauk alang, and fin we cam' tae the taxi rank, there wis a crood in front o's. Goad, I startit tae think, ir we gaun

227

tae be in time for the plane, aa kinds o' things wis gaun throo my mind. The crood wore awa', there wis juist ae lady in front os fin this taxi cam' inaboot. I heard her say she wintit tae gang tae the airport. It wis a big taxi, so I gaed forrit and said tae the driver, "Excuse me sir, cood you take us with you, we're going to the airport, and your cab is big eneuch." He seemed tae be wullin', he says, "Yes, I could if.....," he didna get ony farrer, fin this lady says in a commanding kind o' a vice, "Not at all driver, I want this cab for myself, they (meaning us) can wait for the next one." The driver didna say onything, juist screwed up his face, jumpit inower and drove awa'. I thocht tae mesel, 'Ach weel, ye canna win them aa.' The next taxi cam' inaboot, George telt him faur we wir gaun, fit plane we hid tae catch and the time it wis lavin'. The driver says, "Yer cuttin' it gie near tae the been aren't ye, bit get inower, and I'll see fit I kin dae." He ferrly took us in the road that day, he even drove throo a reed licht, mind it wis safe eneuch tae dae that, kis there wis nae ither traffic, in fact we landit juist ahint Madam wi' her taxi, in fact we wir aa ootower and on wir road afore her.

We got inower the plane, if I mind richt there wis juist aboot twenty sates in't, maybe nae as much as that. Onywey, we hid nae time tae wyte, it wis maybe juist as weel that wey, kis it didna gie us time tae think aboot it, the first time on a plane. I said afore it wis a new experience gaun on the train, weel this wis a newer experience noo. The flight itsel didna laist ower lang, juist aboot hauf an oor, I ferr enjoyed it, bit nae the ither three. I kent Beldie wisna neen keen on't, she wis sittin' aside me, aa stiff and straucht, juist like a tailor's dummy, nae neen relaxed, and the ither twa wis the same, I cood see that fin I lookit ower at them. Fin we landed, I says tae them, "I dinna think ony o' ye enjoyed that trip," and they aa admitted they didna, they thocht the hurl ower wisna bad, bit the risin' aff the grund and comin' doon again wisna gweed. Syne we saw the luggage bein' pitten on a whirly kind o' a thing, it wis gaun roond aboot and fowk wir grabbin' their luggage affint. Us fowk bein' green, we didna ken aboot this, so we startit lookin' for oor luggage, it wis at this meenit it cam' ower the loudspeaker, "Would Mr Alex Smith from Aberdeenshire come to the reception area and get the keys for the car he has hired." George says, "Ye'll better gang awa' ower Ake and see aboot the caur, we'll look oot for yer luggage, we'll wyte here wi' the luggae tull ye come tae pick us up. I thocht tae mesel, 'Michty, that's service for ye, nae five meenits aff the plane, and here wis me gettin' the caur handed ower.' Bit it wisna as simple as that. George and me, we baith hid tae show oor drivin' licences, and we baith hid tae pey for extra insurance. It wis a wuman fit wis handin' ower the caur, she wis richt nice aboot it tae, and aifter athing wis peyed, she says, "There's a gallon of petrol in the tank, when you leave, if there's more petrol in the tank than that, you'll be paid for it," then she showed me where to leave the caur before we went onto the plane. I says, "Oh, that's alright, but what about the keys?" She says, "Oh, just leave them in the caur, nothing will come over it." I thocht tae mesel, naewey wid I dae onything like that at hame, bit weel, it wis their caur, and it wisna for me tae contradict her.

Aboot a fortnicht afore we left hame, I hid gotten the wumman we wir tae be bidin' wi' tae send a road map o' the island and tae trace on this map wi' a pen or a pencil the road we hid tae tak' tae get tull oor lodgin's, that wey o'd I hid nae bather gettin' there, so I hid tae get on the road number A4, hid north throo Kirk Michael, fae there on tae Sulby, turn left there and tak' the road tae St Judes and we landed at a fairm nae faur fae Ballacleator, and aa the road up we wir seein' aa this bales o' strae, maistly sittin' on their ends, at ilka corner fin we cam' tult. We coodna understand this ava, fitiver wid they pit strae there for. weel, it must be there for a purpose, so we stoppit at a man waukin' on the road and spiered at him. he says, "Oh, you must be strangers here, that's tae stop the motor-bike lads fae hurtin' themsels fin they're racin', div ye ken yer on the T.T. race course," and he waukit awa' and left us. So that's fit the strae wis for, fa' iver wid hiv kent that, we didna onywey.

We got there aboot sax o'clock and there wis a het denner wytin's, we wir aa baith hungry and tired, there wis nae ferr o's steerin' awa fae the plaice that nicht. It wis a fairm hoose we wir bidin' in, it wis a diry fairm at that, and the hoose wis biggit aboot a hunner yairds awa' fae the steadin'. eence we hid haen a wash and got oor bellies fulled, the fower o's landed in the sittin' room, and aboot aicht o'clock the fairmer and his wife jined us. This wis richt in George's barra, I thinks tae mesel,'We'll hear aa aboot fairmin' on the Isle o' Man, for if their wis ae thing George liket tae news aboot, it wis fairmin'. So we learned aa aboot this lad's fairm and fairmin' methods. He hid back and fore aboot forty milkers, milked twice a day, the milk gaed awa' tae Douglas ilka mornin'. He didna gruw onything else bit girss and he wis juist feenished wi' his first cut o' silage. Oh aye, he did cut some hey, the kye bade ootside near aa the year roond and he hid a big shed faur the kye got intil fin it wis ower cauld. For beddin' this shed he bocht in strae fae ither fairmers. He wrocht his fairm in five shifts, eence a year he spread fit muck he hid on een o' the shifts, ploo'ed it doon, and renewed the girss, this wis aa deen in late August and September and the young girss fit come up wis ready for silage the beginnin' o' Mey. He hid aa the modern machinery for the job, that wey he managed near aa the work himsel, he juist needed his wife aboot twa oors a day in the diry. I wis litten George dae aa the spikin', he spiered at him hoo much he got for his milk, wis there an extra peyment for milk wi' better butter fat content than ithers, and on and on the twa o' them gaed, I wis gie near sleepin'. I lookit ower tae the twa weemin, their een wis shut, I wis ayie hearin' the newsin' noo and again, fin I heard George say, "Oh aye, and fit aboot income tax, foo much income tax dae ye pey?" Aa at eence, I cockit mi lugs, this wis something I wid like tae hear. I heard the fairmer sayin', "Income Tax, foo ir ye spierin' aboot Income Tax? I dinna pey Income Tax." Weel, I sat up fin he said that and I said, "Yer shurely nae thinkin' we'll tak' that in, ye dinna pey Income Tax, it canna be true." "Oh aye, " he says, "it's true aricht and I've niver peyed Income Tax, there's juist a few weel-aff fowk pey that tax here." That wis the feenish o' the newsin', kis his wife cam' in wi' oor bedtime fly-cup, and we gaed awa' tae oor beds aifter that.

We wisna lang there ir we fund oot fit wey we coodna get digs roond aboot the busy centres, nae that it bathered us kis we wir aricht faur we wir, as lang as we hid the caur tae get aboot wi' it wis aricht, bit ye see we wir there the week afore the T.T. races, that's the week the roads faur the T.T. race track wis, wis closed tae the public aifter sax o'clock at nicht, this wis tae alloo' practisin' for the races the next week. And as for motor-bikes, the plaice wis fu' o' bikes, aye and nae ordinary bikes at that, some o' them great muckle monsters fit his cost a fortune tae buy. Ye juist hid tae look at them tae ken there wis plenty power there, mind you, they wirna aa like that, of coorse, there wis sma' eens tae, and some gie auld eens, and an affa lot o' them hid been made in Japan. Aifter we hid wir denner, we didna hae tae gang faur for entertainment, juist doon tae the end o' the road at Sulby, and we saw the bikes practisin' for the races next week, motor-bikes wi' sidecars as weel as solos. There wis a lang straucht bit there juist afore they cam' tae a ninety degree richt hand bend, they used tae cum roarin' alang that straucht bit. Fit wey they got roond the corner we didna ken, and the lads in the sidecars, they wir warst we thocht, there wis nae sidecar as such, the lads wir juist lyin' on their bellies on a frame, nae protection ava', aboot nine inches aff the grund and sweyin' fae side tae side tae help steer the bikes roond the corners. It wis a miracle the wey they managed tae bide on. And ayie noo and again, a bike wid rin aff the road tryin' tae tak' the corner ower faist. There wis a flat bit o' grun at the side o' the road for this purpose, covered in girss it wis, bit it wis a safety area for sic a thing happenin', bit they didna bide there lang, they swung back on tae the road and awa' again.

That week I think we covered aa the roads on the Isle o' Man, visited aa the plaices o' interest, gaed up tae the tap o' Sna'fell wi' the mountain railway and sic like. I mind we gaed intae Ramsey ae foreneen, oor landlady telt's there wis double yellow lines aa ower the plaice, there wis a plaice for parkin' caurs, bit it wis ayie near fu', we wid maybe hae tae park ootower a bit and wauk in. Hooiver, I drove tae the caur park, richt eneuch it wis fu'. I saw a bobbie stannin' watchin', I wound doon the side windae and spiered at him faur I cood park, he lookit roond aboot him, he pintit oot a space ower aside the pier and says, "Look, there's a space ower there." I lookit ower and I says, "Oh aye, I see that space bit there's double yella line on't, I canna park there." He says, "Away you go and park there, only don't tell anybody I told you," and he waukit awa'. So I parkit there. Onywey, there wis fower o's heard him tellin' me faur tae park. The caur sat for aboot twa oors, and fin we gaed back, there wis nae sine o' a parkin' ticket, there wis a lot mair than oor caur parkit on double yalla lines that day. Weel, that wis in 1974, I gaed back tae the Isle o' Man wi' a bus pairty in 1989, the bus took us tae Ramsey ae day, and stoppit aside the caur park, I lookit oot o' the front o' the bus towards the pier and parkit there on double yalla lines wis a line o' caurs. I thocht tae mesel, 'I winner if some o' thae caurs hiv sittin' there aa this time?'

We only spent ae aifterneen in Douglas, it wis juist steerin' wi' fowk and there wis motorbikes ower aa the plaice. We saw a ferry come in that day, michty, sic a lot o motorbikes cam' affint, as if there wisna eneuch already. It wis nae pleasure tae us, so we niver wint near it again.

It cam' tae the day we hid tae gang awa' hame, we wir aa gie swier I kin tell ye, we cood've bidden anither week fine, bit weel, they say aa gweed things come tae an end, so that foreneen I drove tae the airport, parkit the caur faur I wis telt tae park it. Oor journey hame wis the opposite o' gaun awa', it meant plane, taxi, train and caur, and we wir hame at Banff aboot sax o'clock. Finiver I got hame I hid a look at the gairden, the wey things hid gruwn, ye wid've thocht we'd been awa' a month. Aboot a week aifter we wir hame, I got a letter fae the Isle o' Man, it wis fae the garage I hid hired the caur fae, thankin' me for lavin' the caur in sic a clean condition and enclosin' a postal order tae cover the price o' a gallon o' petrol, for accordin' tae them I hid left an extra gallon in the tank. I hid forgotten aa aboot that bit o'd, and fit wey it wis clean I coodna ken, for I hid niver cleaned it, on the ither hand there wis nae smokin' in the caur, and the weemin fowk ayie keepit it clear o' sweetie papers and sic like. And the next time we saw the Greig's we wir newsin' aboot this, gettin' back the postal order and the rest, fin George says, "There wis something else fit happened, did neen o' the three o' ye spot it?" We aa shook wir heids, I hid nae idea fit he wis spikin' aboot onywey, so he says, "Did ye nae notice, I peyed the insurance so's I cood drive the caur and I niver hid a haud o' the steerin' wheel," so we aa hid a gweed lauch aboot it, "Aa the same," he says, "it wis a twa/three quid I didna need tae spend."

It wis on the 10th o' June, 1974, I hid a phone call fae my brither Hugh, it wis tae tell me oor fader hid died that day. He hid been bidin' wi' Hugh and his wife Elsie at Roslynfield for sometime afore that, and hid been gie nae-weel for a file. He wis aichty-five and hid been on his ain for ten years since oor mither died. Weel, he wis buried aside oor mither three days aifter that in Sleepyhillock Cemetery, Montrose, and I wis noo the heid o' the faimly. I hid tae see tae the sellin' o' his hoose and get his affairs wound up. It wis a solicitor in Montrose fit did the job, and he took aboot twa year tae feenish it.

Weel, Beldie hid a richt busy summer that year, fae the laist week in Mey richt throo tae the end o' September, she wis steady at it. Some o' the fowk fit hid been the laist year, they cam' back again. She'd fan in wi' a Mrs Morrison, she hid a big hoose ca'd The Elms in Sandyhill Road, weel, she took in fowk for Bed and Brakfast and files if she wis full up, she wid send them roond tae us, and sometimes fin there wis a golf tournament on, she got fowk fae there. And I wis gettin' on weel at my job, and the gairden, michty me, sic a show o' floo'ers I hid aa throo the summer, and nae only floo'ers, vegetables tae. Affin I wis spiered at foo I didna pit tae the floo'er shows, bit ach I niver did it. So the dark nicht's cam' roond, it wis at this time I startit daen something else. It wis ae day in the office, a client wis in and she wis sayin'fit fine it wid be if she cood get somebody tae dae her books and look aifter her V.A.T. as weel. I thocht tae mesel, foo shood I nae dae that, I've aa the winter nichts comin' on, so I says tae her, "Fit aboot me takin't on, wid that plaise ye?" She says, "Oh yes, that wid be juist grand," so that wis the start o' me takin' in book-keeping. Onywey, noo and again I wis ayie daen a jobbie for John King fin he wis needin' me.

Athing seemed tae be gaun aricht for's noo, bit afore the New Year Beldie startit haen pains in her stomach. Weel, she thocht it wis in her stomach onywey. She gaed tae see the doctor and he gied her some fite stuff in a bottle she hid tae tak'. Weel, she didna get ony better, she wis teen intil Aiberdeen for observation they said, keepit for a week and sent hame again. This took plaice twa/three times and aboot Mairch they decide tae operate, she wis a bittie better aifter the operation bit nae richt, she niver got aa her energy back. Up tae this time we'd been managin' maistly oorsels and she startit tae think aboot the visitors again. I tried tae pit her aff, bit na, na, she widna hear o'd, some o' the fowk fae last year wid be comin' back again. Ae nicht she said she wid like tae gang tae Grassiehill, George Greig hidna been ower weel, so awa' we gaed tae see them. Richt eneuch, fin we saw George he wis gie peelie-wallie kind, and affa fite-faced. As we sat newsin' that nicht, a holiday wis spoken aboot, it wid hae tae be somewey nae ower faur awa', a holiday hoose tae hud the fower o's faur we cood relax, Jane wid be hoosekeeper and I wid hae tae rin the errands, that wey Beldie and George wid get a richt rest, and it wid hae tae be Mey again, tae lut her back in time for the visitors. I didna say onything, in my opinion there wid be nae visitors this year, so I says, "Weel, we hinna muckle time, we'll hae tae look-oot something as quick as we can." Quick as a flash, George says, "Oh, I ken o' the very thing, he gaed for the Sunday Post and pintin' tull an advert, he says, "Look, read that Ake, it's juist the thing wir needin'. It wis aisy seein' he'd been thinkin' aboot this afore, so I redd the advert, handed it ower tae Beldie tae reed, and aifter she hid redd it, I assumed Jane kent aboot it. I says, "Is that fit abody wints?" George says, "Oh aye, that's fit we wint, juist awa' throo tae the phone and get it fixed up.

This advert said, 'Holiday Cottage to let, two rooms with double beds, kitchen and bathroom, electric meter for cooking, heat and light. Apply to an address in Carnoustie (Phone.....). Weel, the weemin agreed wi' George so I gaed and phoned the number, I booked the cottage richt awa' for a week in the middle o' Mey and promised tae send the deposit for the fower o's neist day. Weel, that wis aa the holiday we hid that year. I must admit I wisna neen keen on't afore we gaed awa'. I wis ayie feart Beldie wid tak' een o' that turns she wis haen files, bit na, na, eence we got there we ferr enjoyed oorsels. Jane, she stuck tull her wird, she did aa the hoosework and ayie fin we wid gang awa' for a rin in een o' the caurs, it wis ayie mine, that meant that George cood rest as weel. There wis nae doot aboot it, the hale fower o's wis the better o' that holiday, as faur as I wis concerned I hid maybe been workin' ower hard, fit wi' pittin in the gairden, workin' in the office and helpin' her wi' the hoosework, for naewey wid she hear o' onybody comin' in tae gie her a hand.

Fin we cam' hame she startit tae spik aboot takin' in visitors again. I tried tae pit her aff, bit na, na, she widna hear o'd. She says, "Ake Smith, yer juist treatin' me like a bairn, tellin' me I'm nae fit for my work, gang awa' and dig a hole and beery yersel, I'm feelin' fine, I'll manage aricht." So I winnered fit I wis tae dae noo, I spak tae the boss, I says, "I wid like tae gang on tae pairt time, telt him fit wey it wis and he agreed tul't, instead o' workin' 9—1, 2—5, I wid noo work 9—12, 2—4, the boss says, "That's fine Alex, as lang as ye dinna wint tae lave athegither." I says, "Weel, that'll come next year, I'll be saxty-five sine." Bit it didna work oot that wey, throo the summer she files hid tae get some o' the neebors tae gie her a hand, I tried tae help aa fit I cood, I wintit tae gie up the office job athegither, bit I saw it wis tae upset her. I thocht tae mesel, 'She micht start thinkin' things', so I cairrit on. The doctor wis ayie lookin' in, he says tae me, "Mr Smith, don't hesitate to call me at any time if she gets worse and I'll come round." Aboot the end o' August I says tae her, "Noo fit aboot it, hiv ye nae haen eneuch visitors this summer, fit aboot phonin' the tourist office and tellin' them nae tae send mair, juist say yer nae ower weel." So she did that, and I wis fine plaised. It wis at the end o' September she hid tae gang awa' tae Forresterhill again, anither operation and she wis keepit a fortnicht this time. Fin she cam' hame there wis a big cheenge in her, fine and perky she wis. Her sister Lizzie cam' tae bide wi' her a file, I used tae tak' them oot for a short run wi' the caur, juist afore it got dark and they ferr likit that, and aifter Lizzie gaed awa' hame, Mrs Knight used tae come alang and keep her company. Ye see, Mrs Knight hid juist moved intae Alvah Terrace, they wir like us, fairmin' fowk, and Beldie got on affa weel wi' Mrs Knight.

We wir noo intae 1976, my office oors wir ayie the same. I did say tae the boss I wid like tae stop athegither, bit he widna hear o'd, the only reaction fae him wis tae gie me a bittie mair pey. He says, "No, no Alex, I want you to carry on, just take a while off at anytime if you have to go into Aberdeen." That wis the summer Jimmie Reid, the postie got me tae jine the Bowlin' Club. He used tae be roond by us afore I gaed awa' tae my work, mornin' aifter mornin' he wid say tae me, "Foo nae come up tae the Bowlin' Club the nicht, if ye like I'll meet ye at the gate and tak' ye in." I hid affen gin roond that wey fin I wis oot for a wauk, and I used tae stand and look ower the railin's at the fowk playin'. Mony a time I thocht I wid like tae hae a bash at it, bit I cood niver pluck up the courage and gang throo that gate. Bit ae mornin' fin Jimmie Reid wis on his roonds, Beldie wis feelin' fine that mornin', she wis up and dressed, oot enjoyin' the mornin' sunshine, he got on tae me tae jine the club. She says, "Fit's this yer pesterin' Ake wi'?" He says, "I've been tryin' tae get him tae jine the Bowlin' Club, bit he's affa thrawn, he winna dae't." I cood hiv telt her it wis ower the heid's o' her illness I wisna jinin', bit I hud my wheest. Weel, he got her on tae his side, she said she thocht it wis juist fit I wis needin' tae dae. In the lang run I took in hand tae gang that nicht. Jimmie Reid says, "Be at the gate at ten tae seven, ye kin come in wi' me, I'll rig ye oot wi' bowls and sheen tae play wi' and ye kin play alang wi' the rest o's the nicht.

I wis there in plenty time, Jimmie cam' alang and I gaed in wi' him, there wis a gweed turnoot that nicht, it wis a fine nicht and bein' Tuesday it wis a hat nicht. I didna ken fit that meant, bit it wisna lang ir I fund oot. I kent twa/three o' the fowk and he introduced me tae some ithers. He took me ower tull a man fa' wis pitten on bowlin' sheen. He says tae me, "This is Bob Hutcheon, he's oor treasurer, it's him ye'll hae tae pey fin ye pey yer sub." Bob says, "Ayie, that's richt, bit there's nae hurry, ye'll better see if ye like it first." I kent Bob Hutcheon richt awa', he wis manager at the Co-op. Syne, Jimmie Reid got a set o' bowls tull's, and a pair o' sheen, he says, "Try them on and see if they fit, if they dinna fit, there's plenty mair there tae try on." Bit the first eens did fit, aa the same, they wir auld lookin' things, juist an auld pair o' bauchles, bit they did the job aricht. I wis tae find oot fit they meant bi a hat nicht. I didna ken, bit Jimmie Reid hid pitten doon my name amin the rest, and fin my name wis cried oot I hid tae gang and draw a disc, it wis a reed disc I drew and it telt me I hid tae play seecond reed on rink three. I wis takin' aa this in and nae sayin' naething, aifter aa the discs wis oot, ae lad says tae me, "Lit's see yer disc," and aifter he hid lookit at it, he says, "Oh, yer seecond reed on rink three, ye'll hae tae gang oot ontae the green tae rink three, it's a triple there the nicht, there's three triples and fower rinks." Again I didna say ower much, I juist said, "Oh aye," and followed the rest oot. Mi een wis rovin' aboot takin' it aa in, and fit I saw I learned that triples meant three against three and rinks meant fower against fower. I spiered at ae lad if that wis richt. He says, "Oh aye, it is that," and I says tae mesel, 'Mi lad, yer learnin' faist.' Afore we startit tae play, Jimmie Reid cam' tae oor rink, he says tae the rest o' them, "Noo lads, Alex here his niver played bowls afore, lit him see foo tae dee and dinna be ower hard on him." And aa that nicht, I watched and lissened, there wis a lot o' argiements, bit it wis aa in a freendly nater, accordin' tae the rest o' them I did gie weel that first nicht, nae bad ava they said, for a learner, and mair nor that, I ferr enjoyed mesel.

Afore I gaed awa' hame, I peyed my sub for that year. I telt the treasurer there wis naewey I cood come affen. He says, "Oh, that's aricht, juist ye come fin ye can." There wis ae thing I did the neist day, I gaed doon the toon and bocht a pair o' bowlin' sheen, and it wis aboot a year aifter that ir I bocht a set o' bowls. That wis in June, 1976.

Weel, we didna tak' in ony tourists that summer, fit wis the eese o' tryin't, ilka noo and again Beldie hid tae gang awa' tae Foresterhill, keepit three or fower or maybe five days, and hame again. Aa that summer I think I wis juist at the Bowling Club aboot a dizzen times. Some nichts I wid tak' her oot for a run in the caur, niver ower faur kis she coodna stand it. I mind ae nicht, it wid hiv been aboot nine o'clock, we wir comin' hame ower the Deveron Bridge, she says, "Oh Ake, draw intae the layby at the end o' the Brig tae watch the sunset, this wis afore the gate-hoose wis shiftit tae faur it is noo. Weel, we didna actually see the sunset, bit the hale sky lichtit up fae side tae side, as if it wis on fire. Michty, sic a glorious sicht, a lot o' the biggin's in Banff wir stannin' ootlined in the bricht reed sky, and there, richt oot in front o's stood St Mary's Kirk, its spire raxin' up as if tae pit oot the fire. We sat for a file, I spiered if she wis needin' hame, she says, "No Ake, I'm nae, I wid like tae sit here a file yet." It wis a fine nicht, nae a breath o' wind, we sat and watched the reedness gaun oot o' sicht, syne we gaed awa' hame, and aifter I got her bedded, I wis sittin' in the sittin' room, juist relaxin'. I coodna get the picter o' fit I hid seen that nicht oot o' mi heid, so I sat and rote this poem aboot St Mary's Kirk afore I gaed tae my bed.

ST. MARY'S KIRK

As you cross the Deveron Bridge
A majestic building will catch your eye
A landmark for the town of Banff
It reaches right up into the sky.

It guards the entrance to Banff High Street
As if bysome historical quirk
Steadfast and sure as safe as a rock
There stands St Mary's Kirk.

The lovely spire stands straight and true
Reaching upwards as if to heaven
The weather-vane right up on top
Has for years the wind direction given.

And then of course there's the steeple clock
Chimes out the hours, as the hands go round
For young and old it has shown the time
For years gone by as if by nature bound.

And every Sunday the congregation meet
To hear the service and say their prayers
And leave for home with faith and hope
Having left behind their worries and cares.

Now men may come and men may go
Life for them can't go on forever
But St Mary's Kirk, just like God's Rock
Will stand steadfast and perish never

It wis aboot this time I jined St Mary's Bowling Club, it wis an indoor bowling club, and used the kirk hall for bowling. The pensioners bowled in the aifterneens and the ithers at nicht, Tuesday and Thursday ilka week. The wey I jined wis throo the minister, he wis in seein' Beldie this day, he affen lookit in kis we wir juist like neebors. Weel, he wis in this day and he says, "You know Alex, I think you should join St Mary's Bowling Club, it would take you out of the house for two hours in an afternoon, and it would be good for you to meet other people." I says, "Oh aye, that's maybe aricht, bit it'll juist be like the ootdoor bowlin', I widna be able tae gang affen." Ach weel, Beldie, she sided wi' the minister, said there wis naething hinnerin' me tae jine, so I gave in. I wis noo saxty-five past, and gettin' mi pension. Of coorse, I hid tae notify the Income Tax fowk, my code number wis cheenged and I hid tae pey a lot mair tax. I thocht aboot it, and I cam' tae the conclusion, tae sort that oot the only thing I cood dae wis tae stop workin' in the office. I spak tae the boss aboot it. He says, "Oh no Alex, we don't want you to leave, you could work less hours, what about working forenoons only?" So that's fit I decided tae dae, that wid lave me free ilka aifterneen.

So I startit takin' in mair book-keepin' work, work fit I cood dae at hame, it wis maistly throo fowk comin' in tae the office I got this work. I cood chairge as much for this work as get a gweed wage for mesel and pey my income tax, and still the clients wirna oot-o-pooch, they wid've been mair if they'd got the work deen in an office.

We wir intae 1977 noo, it wis aboot this time a man stoppit me in the street, he says, "Alex, hiv ye heard o' the Banff Castle Community Centre?" I says, "Oh aye, I've heard aboot it, foo ir ye spierin'?" "Oh," he says, "I'm a member o' the committee there, we hid oor A.G.M. last week and canna get a treasurer, we wir winnerin' if ye wid come alang and tak' on the job." I thinks tae mesel, 'Fit neist,' so I says, "Fit gaured ye think I micht tak' on that job?" He says, "Weel Alex, ye work in an accountant's office, yer the richt kind o' a man for that." Weel, aifter we newsed aboot it for a file I agreed tae help them oot, him and me, we gaed roond tae the Castle and I got the treasurer's books. I did the job richt up tae the next A.G.M., afore that I wis niver officially elected treasurer, bit at that A.G.M. in 1978, it wis officially moved and seconded that I carry on as treasurer. At the neist A.G.M. in 1979, I agreed tae cairry on again, and mair nor that, I agreed tae be secretary as weel. This arrangement didna laist ower lang, at a committee meeting aboot mid-term I got utterly frustrated, it wis like bangin' my heid up against a brick wa' tae get some cheenges made, so I closed the minute book and the cash book, waukit oot o' the meetin' and gaed richt hame, rote oot mi resignation, gaed and posted it, that wey I kent the President wid get it neist day. I kent if I hidna deen that, I micht hiv relaxed and gaun back.

I wis gaun tae the bowls noo and again, ony fine day I wid tak' Beldie oot in the caur, it hid tae be aifterneens kis o' the dark nichts noo, and ayie she wis gaun intae Foresterhill for a file and oot again. She widna gang in an ambulance, na, na, nae for her, she says tae the doctor, "As lang as

236

Ake can tak' me in the caur I'm gaun wi' him. A lot o' oor freens and relations cam' noo and again tae see her, she wis ayie plaised tae see ony o' them, and sae wis I of coorse. This cairrit on tull the middle o' Mairch 1978, fin she hid a richt bad turn. There wis nae doot aboot it, it hid tae be an ambulance this time. So I thocht tae mesel, 'It's time I wis stoppit this office work, it wid be a lot better if I wis at hame the hale day, nae doot Mrs Knight wid ayie be comin' in tae gie's a hand bit it wid be better if I wis there tae.' So, I telt Atholl Scott aboot it. I said I wid be lavin' on the 4th o' April. He said, "Ye dinna hae tae dae that, tak' a file aff and come back again.

CHAPTER 15

Bad Tidings

So, that's fit I did, I left on the 4th o' April, and the next day I got bad news, Millicent phoned fae Grassiehill tae say her dad hid died, something hid gin wrang wi' their watter supply, their watter cam' fae a spring alow the road, and wis pumpit up tae the steadin' wi' an electric pump. George, he hid gaun awa' doon tae see fit wis wrang, he didna come back and fin Jane gaed tae see fit wey, she got him lyin' on the grund, he hid passed awa'. Fin I gaed in tae see Beldie that nicht, I telt her fit hid happened, she took the news gie weel, at the same time she wis wintin' hame tae gang tae the funeral. She put me awa' tae get the ward doctor, fin he cam' he says, "Yes Mrs Smith, you're getting home tomorrow, but please don't go to any funeral." Weel, she gothame aricht, bit she didna gang near the funeral, and a day or twa aifter that she wis back in again. I wis gaun intae see her ilka day, I wid gang in for the aifterneen's visitin' oor, hae mi' tea in the tearoom, and gang in again at nicht, and of coorse, a the rest o' the faimly wis gaun files tae. I saw for mesel the end wisna faur awa'. It cam' tae the 18th o' April, Sandy and me, we gaed in thegither that day, she wis lyin' there wi' her een shut, we sat for oors afore this doctor cam' tulls. He says, "Mr Smith, I don't think you should stay any longer, she's unconcious now and will steadily get worse, she'll probably last another day or two, you should go home and come back tomorrow. If we see any sign of the end coming we will let you know and you can come right in." So Sandy and me, we newsed a filie aboot this, it wis noo aboot five o'clock, and of coorse the doctor shood ken better than us foo lang she will liv, so we gaed awa' hame. Weel, I wis nae mair than meenits intae the hoose fin my phone rang, this wis the hospital tae tell me my wife hid died hauf an oor ago.

I stood wi' the phone in my hand for aboot five meenits, this ferrly ca'd the feet fae's, syne I startit tae think. It wis less than twa oors since I wis sittin' in there, they telt me I shood gang hame kis they thocht she micht liv a day or twa, and noo here wis them phonin' and tellin' me she wis deid, sic a bash in the face tae gie onybody. Weel, I hid tae dae something, first I phoned Sandy, then Harold and then Kathleen, and within an oor they wir aa there wi's. Fae that pint on, Sandy took chairge, he phoned Walker's the undertakers, within half an oor Charlie Finlayson wis roond tae the hoose, got aa the particulars, they brocht her hame neist day and she lay in the back bedroom, that wis the room she liket. Weel, she lay there tull the day o' the funeral, there wis service in St Mary's Kirk and then Cremation in Aiberdeen. The nicht o' the funeral, some o' the faimly wis tae bide wi's, bit I says, "Na, na, I'm on mi ain noo, I micht as weel mak' a start the nicht, I'll be aricht," so they aa gaed awa' hame. I hid gotten peels fae the doctor tae tak' ony nicht I coodna get sleepit, I hid niver teen ony o' them for ferr I widna wauken if she shoutit tull's, weel I mindit aboot them. I took twa that nicht and I hid a richt soond nicht's sleep and I waukened neist mornin' feelin' fine and fresh. So, I hid tae be like aa ither man fa' hid lost his wife and aa ither wife fa' hid lost her man, I hid tae pick up the broken bits and start a new life. And as I made my porridge that mornin', I wis gie doon in the moo, syne I mindit fit fowk said aboot twa deaths in a faimly, they wid say, if there hid been twa deaths there wis shure tae be a third een, and I thocht aboot George Greig and Beldie, of coorse George wisna faimly bit he wis the neist thing tult. I winnered syne fa' wid be the third een. I wis thinkin' aboot this fin I lut the porridge bile ower. Michty, sic a sotter the cooker wis in, and wi' the porridge bilin' ower, that gaured me think aboot the times the porridge biled ower in the bothy aa thae years syne, it didna mak' ony odds in thae days, ye hid naething tae clean up, bit noo that cooker wid hae tae be cleaned, and nae only that, bit wi' me thinkin' aboot the porridge bilin ower', I ferr forgot aboot the three deaths.

The work in the gairden wis faa'in' ahint, I got stuck intae that for the neist week or so, that keepit me fae thinkin' aboot ither things, syne I winnered if I wid gang and seek my job in the office back, bit I decided against that. I wis awa fae't noo and I wid bide awa', I cood aisy get mair book-keepin' tae dae. I wis workin' in the gairden ae day, juist aboot a week or ten days aifter the funeral, fin the doctor cam' tae see's, it wis an affa fine day and I juist hid a pair o' breeks and a sark on. I winnered fit he wid be needin' kis I hidna sent for him. He says, "I just wondered how you were keeping, have you had any reaction after the ordeal you have just come through?" I assured him I wis aricht, he spiered at's, "Wis I sleepin' aricht, wis I takin' onything tae gaur me sleep?" I says, "Oh, I'm sleeping aricht, doctor and I'm no takin' onything and as lang as yer here, I wid like tae thank you for aa you did for the wife this file back." He says, "Oh it's nice to be appreciated, but it's all in a day's work, I'll leave you now, but be sure to call me if you need me," and he gaed awa' aifter that. That wis Dr Sharp, he hid been oor doctor since we cam' tae Banff, and the wife and me, we baith got on weel wi' him. I hid startit gaun mair tull the bowlin', I wis ayie playin' wi' the club bowls, it wisna lang ir I learned I wid niver be much o' a bowler, I wisna neen consistent, somewey or ither some o' my bowls widna gang faur they wir supposed tull, even aff the rink files. I wis at Thom's shop in Cornhill ae nicht, it wid've been aboot the middle o' Mey. I hid been keepin' his books for a file afore that. Him and me, we startit newsin' aboot bowlin', he wis a member o' twa clubs, Cornhill and Portsoy. he says tae me, "Ye winna ken fit ye kin dae ir ye get a set o' bowls o' yer ain. I hiv a set here, bit I think they're ower sma' for ye." We wir sittin' in the sittin' room, I says, "Bring the bowls throo here and lit's hae a look at them," so he gaed for the bowls. Richt eneuch they wir ower sma'. He says tae me, "I ken the size o' bowls ye wid need, if ye like Vi and me, we're gaun tae Aiberdeen the morn, I'll be in Peter Craigmyle's shop onywey, come back the morn's nicht and I'll hae a set o' bowls for ye, and if ye dinna like them, it winna maitter, some ither body'll buy them." So that's the wey I got my bowls, and I peyed £41.00 for the fower bowls and a bag.

I hid been back at Grassiehill twice, it wisna the same noo juist gaun mesel, and of coorse George wisna there aither, and the hindmist time I wis there I thocht Jane wisna lookin' ower weel. I juist thocht she wisna gettin' ower the ordeal she hid cam' throo as weel as I wis, for abody wis ayie tellin' me I wis lookin' richt weel, bit ae nicht aifter suppertime my phone rang, this wis Millicent fae Grassiehill tae tell me he mam wisna neen richt and cood I gang ower the nicht. I says, "Oh aye, nae bather ava, I've naething else tae dae onywey." And fin I gaed inaboot tae Grassiehill, I coodna help bit see the odds in Mrs Greig, it wis aisy see'in' she wis plaised tae see me, bit fit pale and listless she lookit. They telt me the doctor hid been attendin' her, she wis affa seek files, coodna ait her mait somedays, and she wis gaun intae Aiberdeen neist day for observation and tests, she wid be keepit for a file tae see if they cood find oot fit wis wrang. And find oot they did, the news wisna gweed, she hid some kind o' cancer, they coodna dae onything for't, juist gie her peels for the pain and pit her hame. This wis gie sad news for me, I minded fit I hid been thinkin' fin Beldie passed on, that wis twa awa', there wis be a third een, and it lookit affa like Jane wid be the third een. It wis intae July noo, I hid been gaun tae Grassiehill eence or twice a week, files nae bidin' lang, juist inaboot tae see foo she wis.

I mind in gaun inaboot ae day, it cood hiv been the end o' July or the beginnin' o' August, it wis an affa fine day, Millicent wis at hame, and aifter we newsed a file thegither, Jane says tae me, "Ake, wull ye dae me a favour?" I says, "Aye of coorse if I can, fit wid ye like me tae dae?" She says, "Tak' me and Millicent for a run in your caur, I ken fine Millicent wid tak' me oot, bit I wint you tae dae't, juist naewey in particular, and nae ower faur, kis I ken I micht get ower tired." We hid oor fly-cup afore we gaed awa', intendin' tae be back afore suppertime. I took the road throo Mintlaw tae Peterheid, syne on tae the Broch, and fin we got there she spiered if I wid tak' her alang the coast throo Sandhaven, Pitullis, Rosehearty and Aberdour. I says, "Oh aye, bit div ye mind fit ye said fin we cam' awa', ye wintit tae be hame for suppertime." She says, "Oh aye I mind fine, bit I'm ferr enjoyin' mesel, ye'll shurely manage that wull ye?" And fin we got tae Aberdour, she says, "Stop at the hotel and see if we kin get high tea." I thinks tae mesel, 'She's ferr oot tae mak' a day o'd', so I drove tae the hotel, bit nae luck, they didna serve hig teas, I cood see she wis disappinted, so I says, "Niver mind, I'll tak' ye somewey faur ye'll get yer high tea," and I gaed oot the Strichen road tull we cam' tae the Craft Inn, we got oor high tea there, syne hame tae Grassiehill. Fit an odds there wis on Mrs Greig, she perkit up nae handy, there wis some colour in her face noo, there wis nae doot the ootin' hid din her gweed, and afore I gae awa' hame she thankit me, and said she hoped we cood dae the same again someday. Bit it wisna tae be, at the end o' August she died and wis buried aside George in the cemetery at New Pitsligo. I gaed tae the funeral, fit ither cood I dae, it wis a gie sad hame comin' for me that nicht tae come hame tae Banff, the fower o's hid gaun aboot thegither fae 1951 tae 1978, twenty-seven year, a gie lang time, and noo in the space o' five month the three o' them wir awa', George, Beldie and Jane in that order, and there wis juist me left, foo much langer will I get I winnered. That nicht as I sat bi mesel afore I gaed tae mi bed, I thocht tae mesel, 'Fit's the eese o' bidin' here in this bonnie bungalow, it's faur ower big for me mesel, I wid be better aff tae selt and buy a sma' hoose juist big eneuch for mesel, syne terrible thochts cam' intae mi heid, as bad as I'm no gaun tae pit them doon here, kis I'm ashamed o' them. Aa at eence my phone rang, it wis Kathleen spierin' if I wis aricht, aifter that Sandy phoned, and Harold phoned, michty, sic an odds thae phone calls made. I took twa paracetamels and gaed awa' tull mi bed, got a gweed nicht's sleep and rose neist mornin', ready tae face the world again.

I felt I wid be better if I got awa' for a twa/three days, I dinna ken fit wey it wis, I thocht aboot my sister Mabel, her and her man Gordon hid been awa' tae Sooth Africa for a file, gaed awa' tae mak' their fortunes and they wirna lang back, bidin' in Ayr noo. I sat doon richt awa' and rote tae her, tellin' her I wis comin' tae see her, in aboot twa or three days time, and dinna worry, ye'll see me fin I turn up. I wid tak' the train tae Glesga, syne tae Ayr and a taxi tae her hoose. I spak tae my neebor Mrs Bruce neist day, telt her fit I wis tae be dee'in and spiered at her if she kent onything aboot the trains tae Glesga. She says, "No I dinna, bit I'll phone Edward at his work, he can gang inby tae the Station at Huntly and find oot for ye." And fin he cam' hame, he hid athing wrocht oot for's, he wid tak' me tae Huntly on the road tull his work, I wid get a train there tae Aiberdeen, anither een tae Glesga, syne Ayr, and if athing gaed aricht, I wid be at mi sisters aboot sax o'clock, and fin I wis comin' hame it wid be the opposite, and he wid be at Huntly Station tae tak' me hame tae Banff. Athing gaed like clockwork, juist as he hid planned, and I wauket in on Mabel and Gordon fin they wir at their supper. I hid juist intended bidin' twa/three days, bit eence I wis there I cheenged mi plans. Ye see, Gordon wrocht wi' a pent wholesaler in Ayr, drivin' a big van deliverin' pent aa roond aboot, ilka day I wid gang wi' him, I wis ayie seein' soemthing I hidna seen afore. the best day wis fin we gaed tae Bute, we hid tae be up early that day, ye see we hid tae be at Wemyss Bay at a certain time tae catch the ferry tae Rothesay. He stoppit at the shops here and there makin' deliveries, aifter that the biggest delivery ava' wis tae the Bute Estates. If I mind richt that wis near aa Snowcem in ten gallon drums, aifter that we gaed ower the short ferry tae Colintraive, syne on tae Sandbank, Kirn and Dunoon, drappin' aff deliveries here and there as we gaed alang. Fae Dunoon we got the ferry tae Gourock and alang the coast road tae Ayr. It hid been a lang day, bit I hid ferr enjoyed it, it wis better than a bus run ony day, I hid seen plaices that day I wid've niver seen on a bus run, mair than that, it's ayie fine tae see hoo the ither fowk liv.

Aifter I cam' back fae Ayr, I startit gaun mair affen tae the Bowlin' Club, I began tae get gie weel acquint wi' some o' them, specially Bill and Mabel Cameron and Jimmie and Francis Robertson. Bill and Jimmie, they cam' tae me ae day and said, "Ye'll hae tae jine the Senior Citizen's Club Alex, ye'll get bowlin' there on Monday and Wednesday in the aifterneens and on Friday in the evenin's." I says, "Oh na, na, I'll be gaun tae St Mary's fin the bowlin' starts there, that'll dee me ivnoo." Bit they widna hear o' that, the neist time I met the twa o' them, I wis handed a membership caird for the Senior Citizens wi' my name on't, fa' peyed the subscription I dinna ken, bit it wis Jimmie fit handed me the caird, and they said tull's, "Noo, we'll be lookin' for ye at the bowls on Friday nicht." That's the wey I jined the Senior Citizen's Club. There wis a lot o' men members at that time, bit at the time o' ritin' it's near aa weemin fit gangs tult. That wis aboot the middle o' September and St Mary's A.G.M. wisna lang aifter that. I hid been a member there for mair than a year noo, so I gaed tae the A.G.M. and I landed mesel wi' the job o' treasurer, I wis telt there wis naething tult, bit juist a job fit his tae be deen. Of coorse, that's the story fit ye get aboot aa thae kind o' jobs. Hooiver, I didna mind, it wid juist help tae full in mi time, aa the same, it wis a gie thankless job, the aifterneen bowlers and the evenin' bowlers wir ayie chirr-whirrin' at een anither, and I wis in the middle o'd. Bit I wis gettin' involved aa the mair, I noo hid Senior Citizen's Monday and Wednesday aifterneens, St Mary's Bowling Club Tuesday and Thursday aifterneens and evenin's, and Senior Citizens on Friday evenin'.

So aa that winter I didna weary, I startit gaun oot files tae ither clubs roond aboot, that wey I met mair fowk. Ye see, St Mary's wis a member o' the Banffshire League, the Banffshire Coastal League it wis ca'd, and there wis a lot o' league games tae play forby aa the friendly eens there wis. The warst time ava' wis fin I cam' intae the hoose at nicht, aifter a bowling match or something like that, I wid sit doon in the sittin' room, switch on the T.V. tae watch it, weel I maybe lookit at it, bit I wisna takin' it in. I used tae sit thinkin', 'Fit wis the eese o' bidin' here mesel, in a hoose o' this size wi' three big bedrooms', and I used tae tell mesel it wis silly, 'foo div ye nae sel't and get something smaa'er', bit that's as faur as I got, I ayie pit it oot o' mi mind. It wis funny fin I wis sittin' in anicht, I niver thocht aboot things like that. Time wore on, it cam' tae the A.G.M. o' the Banff Bowling Club, if I mind richt it wis ayie held aboot Mairch sometime. Weel, I gaed tult, like a lot mair fowk I wis juist an onlooker, bidin' oot o' sicht at the back. I think that wis the meetin' we wir first telt aboot this braw new biggin fit wis tae be biggit, we wirna telt a lot aboot it, the plans wir forrit for approval, it wis tae be as big as hud sax bowlin' carpets, a kitchen, an office, a bar, toilets and aa the ither requirements. Tae help tae finance this project, the committee wir seekin' approval tae start a monthly lottery, tickets, costin' 25p tae be selt ilka month and prizes tae be peyed oot monthly. They got that approval, syne they wir seekin' fowk tae tak' tickets tae sell. There wis nae shortage o' sellers, so I decided nae tae bather, if abody took tickets there wid be naebody tae sell them tull. I canna mind fan they startit sellin' the tickets, bit ae day I gaed tae the Senior Citizens, Jimmy Donald, he fit bade in Whinhill Road, he says tae me, "Ir ye for some o' this tickets here Alex, ye'll shurely tak' twa wullin't ye?" I says, 'Oh aye, see a hud o' them,' and I gied him fifty pence for them, thinkin' that wid be the end o' that, bit fin I gaed tae the Bowlin' Club I got the same fae Bill Cameron, so I bocht twa fae him tae, that meant I noo hid a pounds worth o' tickets. Weel, that cairrit on like that as lang as the lottery wis run, and ilka month I hid mi pounds worth o' tickets, bit waur than that, neen o' my tickets wis a lucky een.

The indoor bowlin' at St Mary's cam' tull an end. Of coorse, there hid tae be the end o' the season dance and presentation o' prizes and it wis held in the hall at the Royal Oak. I hidna been at a dance for a gie lang time, so I wis swier tae gang tae this een. Hooiver, I thocht as I wis treasurer it wis up tae me tae gang, so I turned oot, and I fair enjoyed mesel, and I startit gettin' invited tae ither Bowlin' Club dinces, Whitehills, Cornhill, Foggie, in fact onywey faur it wis an open dince I wid be soct tae gang tull. There wis something else I startit that winter, fin the fitba' startit I gaed doon the road tae watch Deveronvale playin', that wis the time that Jim Leighton wis goalie. I'm sure it wis his experience the time he wis at Deveronvale fit made him sic a gweed goalie, ilka match he got plenty tae save onywey. There I wid meet in wi' Jimmy Donald, Bill Cameron, auld Wullie Clark and some ithers. Match aifter match we wid gang tull, and if it wis coorse, we gaed intae the grandstand, weel it wis a stand onywey, as faur as bein' grand I'm nae sae shure aboot that, it wis gie drafty sittin' there files. That wisna the first season I hid gaun tae the fitba', bit it wis juist noo and again afore that, and of coorse we ayie hid oor pie at hauf-time, it wis Wullie Clark's son fit wis makin' them. Choutie Thomson, she ayie made the tay for the players. Choutie Thomson wis a stalwart for the Vale, she hid deen this job for years, and there wisna mony teams hid an ex-lady provost makin' their tay for them.

I mind o' gaun up tae the Bowlin' Club ae Setterday aifterneen, it wis aboot the end o' Mey ot the beginnin' o' June, I thocht there micht be somebody there I micht get a game wi'. Weel, there wis fowk there aricht, bit they wir gaun awa' tae play a match at Turra, somebody didna turn up and they socht me tae mak' up this rink. I mind fine it wis Harold Meldrum fit wis skip, he priggit wi' me tae gang, he says, "Come awa' Alex, there's naething tae hinder ye, yer bowls and yer sheen are here, if ye juist come that'll let's get awa'." Bit I didna wint tae gang, fit eese wid I be amin aa thae fancy bowlers. Weel, the rest o' them gaed awa', this left Harold wytin' tae see if ony ither body wid turn up, twa/three meenits gaed by, so I says, "Aricht Harold, I'll gang wi' ye," there wis nae time tae waste noo, it took me a wee filie langer tae get a hud o' my bowls and my sheen, and we made it in time for the start at Turra. There wis sax rinks fae Banff that day, and wi' us bein' hindered, I hidna time tae think aboot onything, it wisna ir I wis oot on the green wytin' my turn tae play, I wis played seecond, that I hid a richt look roond the green that I noticed it, I hid on a broon suit and an ilka day bunnet, aa ither body hid on their blazers and their flannels, forby that, fite bunnets seemed tae be the order o' the day, some o' them wi' badges on baith lapels o' their blazers, aye, and some o' them wi' badges on their hats tae. Michty, I wis feelin' richt oot-a-mint, fancy me playin' amin aa this, I must've been like a sair thoomb. I wisna peyin' attention tae the bowlin' and wis brocht tae mi senses wi' Harold shoutin' tulls fae the ither end tae play mi bowls. Fit wey I managed tae mak' a gweed job wi' that twa bowls I didna ken, bit they must've been aricht, kis Harold shoutit tulls, "Weel deen Alex, keep that up and ye'll be aricht." And aifter I played my bowls, I hid mair time tae look roond the green, and I wis richt fine plaised tae see ither twa men dressed like fit I wis, wi' ilka day suits on, it made me feel an affa lot better, and bi the end o' the match I wis feelin' better still, kis we won oor rink and Harold wis plaised tae, accordin' tae him, he hid gotten the better o' een o' Turra's best skips that day. Throo the past winter I hid played in a gweed lot o' matches indoors, bit that wis the first match I played in ootdoors, and mony an ootdoor match I played in aifter that.

I wis sittin' takin' mi tay at the Senior Citizen's ae aifterneen, there wis fower o's at the table, Jimmy Robertson, Bill Cameron, Davy Ritchie and me, we wir sittin' takin' aa the scandal o' Banff throo-hands fin oot o' the blue Jimmy says tae Bill, "Aye Bill we winna be here a fortnicht the day," and Bill says, "Oh na, na, we'll be in Yarmooth bi that time." Us ither twa, this wis the first we'd heard o'd, so I says, "Fit's this yer spikin' aboot, gaun awa' tae Yarmooth ir ye?" Bill, he says, "Oh aye we're gaun awa' a week on Friday for a ten day holiday, we're gaun wi' the Cullen Evergreen Club. Ye see, Mabel's sister Jean, she bides in Cullen, she organises this holiday, and his deen for a puckle years, she spiered at's if we wid like tae gang, so Mabel and me, Jimmy and Frances, the fower o's ir gaun." This wis something fit mi faimly hid been tellin' me I shood dae, tae gang awa' wi' a bus pairty and hae a deecent holiday, so, withoot spierin' aboot the price o'd or onything else, I says tae Bill, "Dee ye ken if the bus is fu' Bill, kis I widna mind gaun wi' ye?" Bill lookit at's, he says, "Ir ye in earnest Alex?" I says, "Of coorse I'm in earnest." He says, "Aricht than, I'll better get a hud o' the wife and see fit she says." So he got Mabel ower tae the table, and fin she heard fit I wis thinkin' aboot, she says, "Oh aye Alex, as faur as I ken there's three sates left in the bus, bit mind ye'll likely hae tae pey extra for a single room." I says, "I dinna mind aboot that, if they're wullin' tae tak' me, I'll gang," and afore she left us she telts she wis phone her sister, find oot aboot it and phone me afore bedtime. She phoned me aricht, she says, "Alex, yer holiday's bookit, mi sister says it'll be aricht as lang as yer nae fussy faur ye sleep, she disna ken fit kind o' a room ye'll get, and no ye winna hae tae pey extra, bit

244

she says lit her hae a cheque for £..... as seen as ye can, so's she wid get it cashed afore we gang awa', of coorse she said she wid tak' cash if ye like." Afore I laid doon the phone, I spiered her sister's address, and neist day I gaed alang and peyed her. She telt me tae be at Bill's hoose at a certain time in the mornin' kis the bus widna gang aff the throo roads tae pick up individuals. She telt me as weel, it wis een o' Mayne's busses fae Buckie, it wis a new bus, and this wid be its first lang run.

Weel, it cam' tae the mornin' we wir lavin', Bill cam' and took me up tae his hoose wi' his caur, the five o's wir aa wytin' fin the bus cam' alang, we got inower, first Jimmy and Frances got their sate, syne Bill and Mabel, and I wis gaun tae sit doon in a sate gie near the front, bit Jean, Mabel's sister, she says, "Nae there Alex, your sate's third fae the back, ye'll get it aa tull yersel," and fin I gaed back I fund oot fit wey I wis gettin't tae mesel, it wis a nairra sate, the sate at the back o'd wis faur the emergency door wis. I hid a richt look roond the bus, as faur as I cood see I didna ken onybody bit the Camerons and the Robertsons, I thinks tae mesel, 'Ach weel, it winna likely be lang ir I ken some o' them', so I sat back intae mi sate, and Jean cam' at sat asides. She said her mairrit name wis Milne, her man niver cam' the bus trips wi' her, he liket tae bide at hame and look aifter the hoose. Fin we cam' tae Auldmeldrum, the bus turned aff the road and gaed tae Inverurie, there it gaed awa' throo some streets tae pick up anither couple, awa' fae the throo road athegither, and the same happened fin we wir gaun up Anderson Drive, the bus gaed awa' throo some streets tae pick up anither couple. 'Aye, aye,' I says tae mesel, 'fit's gaun on here, the Robertsons and me, we wir telt tae be at Bill's hoose tae save the bus gaun tae pick us up, and noo this wis happenin'.' Weel, the bus wis fu' noo except for the sate aside me and the sate in the middle o' the back. Bit we got goin' aifter that and oor next stop wis at the Swallow Hotel aside Dundee for wir denner or lunch ae they ca'd it. We wir gie weel deen tull, and it wisna lang ir we wir on the road again, and they took us tae a hotel aside Lake Windermere, awa' ower in the Lake District on the West Coast. I winnered at that, fa' iver wid hiv thocht tae gang there on the road tae Yarmooth tae bide anicht, and waur nor that, fin we gaed inaboot we fund oot there wisna a room bookit for me. I didna get intae my room tull aifter we'd haen wir denner. It wisna batherin' me neen, in fact I wis enjoyin't, and it cam' tae be they spiered if I wid share wi' the driver. Says I, "Och aye, onything'll dae wi' me, as lang as the driver disna object." The driver and me, we got on richt weel thegither, I fund oot that he wis the boss o' the bisness, and he wis keen tae see it expand. neist day, we hid oor lunch in a Coopie restaurant in Birmingham, up twa stairs we hid tae gang, there wis some moanin' aboot that I kin tell ye, and fin I spiered at the driver fit wey it wis a Coopie plaice we wis at, he says, "That's nae ill tae ken, it's the Co-op Holiday Company fit rins this holiday." Withoot bein' ower curious, I wis learnin' things, I decided tae hae a richt news o' the driver sometime. Aifter we left there we gaed tae Yarmooth, got inaboot tae the Central Hotel aboot seven o'clock, again there wis nae room bookit for me. Aifter we hid oor denner the manager cam' tull's and says, "Mr Smith, I was never informed you were coming here, I have a room you can have, but it has it's drawbacks, just come and I'll show you." So he took me up the stairs, opened a door fit said "FIRE ESCAPE" and we gaed intae a room wi' three single beds. He says, "You can have this room if you care, only it is used as the fire escape for this part of the hotel. If you look out here," and he opened a window as if it wis a door, opening to the ootside, "you will see you can jump down on to a veranda at the front of the hotel." Richt eneuch, fin I lookit oot the windae, there wis the veranda in front o's. I thocht a meenit, syne I says, "That wey o'd, I cood hae fowk rinnin' throo my room at onytime." He says, "Yes, that's quite correct," and fin I spiered if I cood keep the door lockit, he says, "Oh yes, in an emergency we would soon open the door." So I took the room. Weel, we bade there for a hale week, full board, I must say we wir weel deen tull. I gaed aboot a lot wi' the Camerons and the Robertsons, we wir teen awa' wi' the bus twa/three times throo the week, sometimes for a hauf day and eence for a hale day, that wis the day we gaed tae the Norfolk Broads, the inland waterways in Norfolk. the hotel supplied abody wi' a packed lunch that day, of coorse we hid tae hae a sail in een o' the barges, it wisna considered the richt thing if ye didna dae that. Juist imagine gaun there and nae haen a trip on een o' thae barges, it's nae tae be thocht aboot. Aye, and there wis a lot o' pleasure barges there, their bonnie pent gleamin' in the sun, and aa there wi' a purpose in mind, tae relieve the visitors o' their siller. Aa the same, it wis a richt bonnie sicht and I ferr enjoyed mesel. Bi the end o' the week I wis on spikin' terms wi' abody, usin' first names wi' a lot o' them, and I wis gie swier tae gang hame. The nicht afore we left, the driver and me, we wir haen a drink in the bar thegither, we wir newsin' awa' aboot things in general, fin he says tae me, "Wull ye be back neist year, Alex? Ye ken this fowk hiv a jaunt like this ilka year." I says, "Oh I widna mind, bit it's ower seen tae be thinkin' aboot that, we'll juist hae tae wyte and see." He says, "Weel, I kin tell ye this, if somebody wid tak' in hand tae rin this thing privately, it cood be deen a lot cheaper." This gaured me cock mi lugs, fit am I gaun tae hear noo, I thocht, bit ither twa fowk jined us and there wis nae mair said aboot it. next day we gaed awa' hame, back we gaed tae Birmingham for oor lunch, bade ae nicht in a big hotel in Newcastle, the Northumbria I think wis the name o'd, on to the Swallow Hotel at Dundee for oor lunch neist day and syne hame we cam' tae the Cameron's hoose. A gweed fuow o' them wis sayin' as I gaed ootower, "We'll see ye neist year Alex," and I juist said, "We wid need tae see aboot that."

That summer gaed by nae sae bad. I hid ayie been interested in Pipe Bands, I ayie liket tae hear them playin', and if I saw in the papers a Pipe Band wis tae be playin' near hand, I wis awa' tult. I niver gaed mi leen, I near ayie got somebody tae come wi's. It wis juist the same fin us and the Greig's gaed on holiday thegither, if George and me heard pipes playin' we ayie hid tae stop and lissen. I gaed tae the Lonach Games that year, it wisna the first time I hid been bit I hid missed a fuow, tae me it wis a great day oot, and it wis the same that day. I ayie got a sate inside the ring, and fin the pipes and the clansmen cam' roond ye got a richt sicht o' them, sittin' within' touchin' distance so tae speak, and mair than that, ye dinna hae tae brak' the bank tae get in aither, nae like Braemar, faur ye'd likely hae tae park yer caur aboot a mile awa', pey throo the nose tae get in, probably hae tae stand aa the time at the back o' a crood, and fin the Queen cam' roond the ring in her fancy caur, abody fit wis in front o' ye wid stand up and ye widna see her onywey. Na, na, ye kin keep Braemar faur it is, tae me it hisna a lookin' wi' the Lonach. That's a plaice I wid like tae gang back tull, I've missed the laist twa/three, aa the same I'm lookin' forrit tae gaun back there again.

It cam' roond tae St Mary's Bowlin' Club's A.G.M. again. I agreed tae cairry on for anither year as treasurer, bit mair than that, I wis socht tae tak' on the Secretary's job as weel. I mind at that meetin' the subscription wis pittin' up fifty pence, that meant that the pensioners wir noo twa pounds fifty pence. Michty, sic a steer got up aboot this, and it wis me fit got the blame o'd, I wis blamed for takin' awa' aa the auld fowk's siller, they wid say, "Michty min, ye've a hard neck, takin' aa that siller fae the peer pensioners, ye micht think shame o' yersel." Some o' them declared they wirna gaun tae peyed, the subscription hid been twa pound for a lang time, bit they fund oot I did hae a hard neck, and they aa peyed up in time. Richt eneuch, we didna need a lot o' siller tae rin the club, we didna hae tae pey for the hall, bit we needed licht, postage wis ayie gaun up, aye and ither things forby. Aa the same, it wisna me fit pit the subscription up, it wis the committee. I wis ayie dee'in a lot o' book-keepin' for fowk, and kis I hid plenty time I used tae gang tae them for aa the invoices, cheques etc., fit I nott tae get the job deen, that wey o'd I keepit the work weel forrit, syne I wid get peyed for my work fin I took it back, addin' on a bittie tae pey for my petrol. Bit I coodna get the thocht oot o' my heid, the hoose wis ower big for's, bit ayie I shoved the thocht tae the back o' mi mind, and did naething aboot it. The winter wore by, spring wis in the air, aa the indoor bowlin' wis windin' up again. Ilka club wis haen their annual dince and I wis socht tae gang tae a fuow o' them.

I mind gaun tae een at New Aberdour, the wey I landed there wis this. The new Aberdour Club wis rinnin' a triples tournament, there wis an entry form cam' in tae St Marys bit naebody peyed ony heid tult. I says tae Bill Cameron, "Fit aboot it Bill, fit aboot enterin' this tournament, if you wid skip, I wid lead, we'll get some ither body for seecond, and I'll use mi caur' for gaun wi'." So that's fit we did, we got Davy Ritchie tae play seecond, and we got the length o' the quarter finals. It wis the nicht we wir playin' the quarter finals, they wir sellin' tickets for their end o' season dince, and I bocht een, nae kennin' whither I wid gang or no. Bit I did gang, een or twa o' the fowk wis there, I wis gie weel acquint wi', so I hid company. We wir sittin' takin' oor denner fin I noticed this wumman body lookin' at me, she wis sittin' at the ither side o' the table, aboot twa plaices farrer doon, and fin I lookit she lookit awa', and wi' her lookin' at me I took a gweed look at her. I thocht I shood ken her, I wis shure I hid seen her afore somewey, and ayie she wis takin' anither squint at me. I juist coodna mak' it oot ava, and aa at eence it cam' tae me, bit na I thocht it coodna be, nae aifter aa this time. And fin we rose she gaed awa' alang wi' the man fa' wis wi' her, a big man he wis. I made as if I wis tae spik tae her, she turned roond and cam' tae meet me, it wis her fit spak first, she says, "I saw ye lookin' at's, I think we've seen een anither afore, bit I dinna ken fa' ye are." I says, "Oh aye, I'm in the same mind, I think ye're Ina Gray, in fact I think yer richt name is Wilhilmina Gray." That ferrly gaured her think, she stoppit as if she wis turned intae a steen, syne she says, "Michty me it's shurely a lang time since we saw een anither, yer ca'n me Ina Gray, and I've been Ina Turnbull for near on fifty year, that's my man stannin' watchin' us." I says, "Weel Ina dive ye mind fin ye used tae gang tae the dancin' classes at Fettercairn fin ye wis workin' at the big hoose at Fasque?" I didna get ony farrer, for she burst oot, "Oh, I ken fa' ye are noo, yer Ake Smith, mind we affen dinced thegither, bit Goad, that's a lang time seen, foo lang wid it be?" I says, "Aye, it wis a lang time seen eneuch, that wis in 1928 and 1929, it's noo 1980." Her man hid been lissenin' tae aa this, he says, "Ach you twa, I'll awa' and lave ye, awa' ye go and sit doon somewey and hae a richt yarn, I'm shure ye've plenty tae say tae een anither." So we hid a richt news that nicht, and the langer we newsed thegither aa the mair things cam' tae the fore, and she startit tae tell me aboot Hosie, the footman o' the big hoose, fit worried he ayie wis fin they wir late kind o' gettin' hame, and mair wid hiv been said, only they startit tae present the prizes and she hid tae gang awa'.

Meantime, the A.G.M. o' the Banff Bowlin' Club wis by, we wir telt afore the next A.G.M. this new Bowlin' Hall wid be bein' bigget. It wis the same as the year afore, some members thocht it wid niver pey its wey, syne we wir telt the monthly lottery wis dee'in weel, bringin' in a gweed puckle siller, and I wis socht tae cairryon as an auditor.

It wis juist aifter that I spiered at Bill Cameron if they wir gaun awa' wi' the Cullen Evergreens again on their annual trip. He says, "Oh no Alex, we're nae gaun this year, wid ye like tae gang?" I says, "Oh weel, if you fowk hid been gaun, I wid've ferrly liket tae gang, I enjoyed it laist year, bit I'm nae gaun awa' mesel wi' them," and there wis nae mair said at the time. Bit a day or twa aifter that, Mabel Cameron cam' tulls, she says, "I believe ye wis spikin' tae Bill aboot the holiday. Weel, I phoned mi sister Jean, she tells me they wid like some man body tae gang and share a twin-bedded room wi' George Addison, ye widna dae that wid ye?" I minded fine aboot George Addison, he wis there the year afore. Weel, sharin' a room wi' anither man didna bather me, so I said, "Aricht, I'll gang alang and see Jean and get her peyed for't." So that wis me bookit tae gang wi' them. I wis assured it widna be the same as laist year, wi' me bein bookit earlier, she said there wid be a room bookit for's. The nicht afore we gaed awa', Bill Cameron cam' roond tae see's. He says, "Alex, ye hiv tae gang tae Portsoy the morn tae catch the bus, there's anither couple comin' on at Portsoy, and aifter that the bus is gaun across countrae tae Inverurie," so he cam' roond wi' his caur neist mornin' tae tak' me tae Portsoy, he gaed roond by the Robertsons and pickit them up, and Mabel aifter that. So they wir aa there tae see's awa'. This time I got intae the back sate aside George Addison, and there wis naebody in the middle sate, that plaised me fine, I cood sit intae it if I wintit, and get mi legs strauchened oot. I noticed we hid a cheenge o' a driver, I wis telt it wis the bosses son this time, the boss himsel wisna ower weel.

Fae Portsoy, the bus gaed tae Cornhill, syne tae Brig o' Marnoch and ontae Inverurie fae there, again he gaed oot o' his road tae pick up aa the same couples as the year afore, the same wi' the couple in Aiberdeen, and ontae the Swallow Hotel for wir lunch. That nicht we bade at the Northumbrian Hotel and moved next day to a hotel in Bexhill-on-Sea, arrivin' there in time for wir denner. George Addison, he wisna ower fit, ower the heid's o' waur service they telt me. Weel, we got a grund fleer room, tae me, he wis fine company. The thing I didna like aboot him wis this, he liket tae get intae a bar, order gin and tonic, that wid laist hauf an oor or mair, syne he wid order anither gin and tonic, and in a file aifter he wid order anither een, that's fit he liket tae dae. There wis juist ae thing wrang, he thocht I shood dae the same and keep him company. And waur than that, I didna like gin and tonic, and fin I socht him tae come sicht-seein' wi's, he wid come awa' aricht, bit as shure as onything, the first pub he cam' tull he wid be needin' intilt. He wid say, "Noo Alex, we'll juist gang in and hae a gin and tonic." In spite o' that, I enjoyed his company, he used tae tell me a lot o' yarns aboot fit he hid deen fin he wis in his teens and the time he wis in the services. We wir teen for a fuow bus runs throo the week. I mind bein' in Brighton ae aifterneen, there wis a mairch goin' on in support o' some organisation, a lot o' young lads dressed in laither jaickets and ticht breeks. Michty, I'd niver seen the like afore, in fact, fin they cam' alangside the bus some o' the weemin wir gie fleggit and fin ony o' them broke ranks, the police wis on tae them like a shot, and if they didna cool doon they wid be draggit awa' and flung intae a police van.

And there wis anither day a man cam' intae the hotel at dennertime, I think that wis on Monday, he wis seekin' fowk tae gang on a day trip tae France on Wednesday, we wid hae tae lave the hotel in the mornin' and nae get back afore aicht o'clock. I canna mind fit it cost, bit I wintit tae gang. I tried George tae come wi's, of coorse I kent he wid say no, aa the same there wis aboot a dizzen o's oot o' the hotel bookit tae gang. Aifter the man got oor siller, he telt's foo tae get a day passport, faur we cood gang tae get oor photos teen, telt's there wis be a bus at the hotel at fower o'clock tae tak's tae the ferry and left. Michty, I ferr enjoyed that trip, I didna mind gettin' up in the mornin' and gaun across in the ferry, the watter wis richt calm, we hid something tae ait on the ferry, and fin we landed there wis a bus wytin' tae tak's roond a gweed bit o' the countryside. Aboot een o'clock we wir teen tull a restaurant and got a grand meal, there wisna muckle tae pick fae, bit there wis plenty o'd, aye and weel cookit, this meal wis included in the price o' oor trip. Aifter that, it wis back on the bus again, a cheenge o' a route back tae the ferry, and gaun back on the ferry it wis juist the same, the watter wis richt fine and quate. Fin we got back tae the hotel, aa ither body bit us wis in the ballroom, kis there wis a fancy dress dince on. Weel, us wanderers, we wir teen intae a sma' roomie aff the dinin' room and got a late meal, aifter that I gaed tae my room, washed and cheenged mi claes and hid a twa/three oors dincin'.

The day afore we left for hame, I got a hud o' the driver, I spak tae him aboot fit his fader hid said the year afore aboot the wey this kind o' holidays cood be run cheaper. There wis a thocht rinnin' throo mi heid that I micht, at some time farrer forrit, organise a bus holiday for pensioners. That's the wey I wis keen tae find oot aboot it. Aa he said wis, "Oh aye, that's true eneuch, bit ye wid need tae spier at my fader, he kens mair aboot it than me." Weel, the road hame wis juist the reverse o' the trip gaun awa', and fin I cam' aff the bus at Portsoy, George Addison shook mi hand, he says, "Weel Alex, I've ferr enjoyed yer company, I'll be lookin' forrit tae sharin' a room wi' ye neist year." I says, "Weel George, we'll juist hae tae wyte and see fit happens gin that time." Bill Cameron wis there tae rin me hame tae Banff, he wis gien's aa the news aboot Banff on the road hame, bit I wisna lissenin' tul't, juist sayin' aye or no noo and again, kis I wis thinkin' aboot the holiday, foo I hid ferrly enjoyed it, at the same time, I didna think I wid be back.

I hid the usual work tae catch up on in the gairden, the girss wis sair needin' cuttin', the early tatties furred-up, floo'ers tae plant oot and plenty weedin' tae dae. Michty, they cood ferrly gruw. Weel, it took me the guts o' a week tae get that aa back tae normal, and some nichts aifter a hale day in the gairden I wid sit doon tired. I hid a fine big windae tae sit at, ye cood see richt alang Alvah Terrace and see fit ither fowk wir dee'in. That wis the kind o' nichts I used tae sit and think, aboot bidin' here on mi leen in the big hoose, and mair than that, the great big gairden, it wis beginnin' tae get the better o' me, it wis comin' tae be I wisna able for't, and fu' shood I gruw aa that early tatties, fruit and vegetables, juist tae gie awa' tae fowk, and tae sell at the Sales o' Work and that kind o' things, and of coorse, on the other hand, I liket tae dae that kind o' thing. Aa thae thochts wid gang throo mi mind, ayie I thocht aboot a sma'er hoose for mesel and sell the een I hid. And fin I spak tae mi faimly they wid ayie say, "Ye dinna hae tae shift ower the heid's o' the gairden dad, ye kin get somebidy tae dae the gairden for ye." Bit nae wey wid that happen, naebody wis tae keep my gairden tull's, I wid raither shift than that. Bit that's aa the length it got, juist thinkin' aboot it, I wid shove the thocht richt oot o' mi mind, sayin' tae mesel, 'I wull hae tae dae something aboot it someday.'

The summer wore by, I hid been at a fuow Highland Games, and I wis lookin' forrit tae gaun back tae Lonach, bit disaster struck on the 3rd o' August. I wis gaun tae visit fowks at Cruden Bay and as I wis gaun by Peterheid Prison, anither caur ran intill's, he wis comin' the ither wey and for nae apparent reason he crossed ower the road and crashed heid-on intill's. I saw it wis gaun tae happen and in the split second I hid got my caur akinda turned awa' fae the impact, wi' the result the ither caur crashed intae the richt side o' the front o' my caur. It wis a gie bit bigger a caur than fit I hid and fit a sotter it made o' my caur, it got sic a dunt it wis turned roond aboot facin' the wey it wis comin'. I managed tae crawl oot mesel, bit I wis affa sair, mi richt leg wis the warst. I wis richt lucky, it wis fower o'clock and there wis a shift o' warders comin' aff work at the time, a dizzen onywey. Weel, they wir aa on the road and saw it happenin', so I hid plenty witnesses. In nae time at aa, they hid the police and the ambulance there, and I wis teen awa' tae Peterheid Cottage Hospital. There I got mi leg seen tull, it wis aa bandaged up, got a tetenus injection, and putten inower mi bed. A filie aifter that the police cam' in tae see me, took doon some notes, spiered at's fit I wintit deen wi' mi caur, it wis a complete write-aff they said, it wid niver rin again they said, syne they spiered for my insurance certificate and drivin' licence. I didna hae the documents wi's, so I wis telt tae report at Banff Police Station aifter I got hame, takin' them alang wi's. Afore they gaed awa', I spiered aboot the ither driver, so they telt me his name and address, he wis an airman fae R.A.F. Boddam, he hid been chairged wi' careless drivin', and took tul't richt awa', fit ither cood he dae, wi' aa that fowk seein' the accident happenin' and I wis telt ony ither information I needit, I wid get it at the Peterheid Police Station.

Sandy cam' and took me hame the next day. I hid taereport tae Outpatient Dept. at Chalmers Hospital first, syne I gaed hame tae Alvah Terrace. I wis still groggy kind, bit I thocht I wis fit eneuch tae look aifter mesel. I wisna lang hame fin Dr Sharp cam' roond tae see's. I says, "Och, I'm nae bad, doctor. I think I'll manage fine mesel," so he left me, tellin's tae be shure ti lit him ken if I wis ony waur. He hidna been ower shure o' me, kis he hid a nurse roond tae see me next foreneen and she cam' for a twa/three days aifter that. Neist day, I phoned John King the solicitor and telt him aboot the accident. I telt him fit I kent aboot it, at the same time I telt him onything else he needit tae ken, he cood spier at Peterheid Police Station, syne he says, "Foo auld's yer caur, Alex?" I says, "Oh, it's seven month auld, I bocht it new at the New Year. He says, "In that case than ye shood seek a new caur, that wey o'd ye wid hae tae pey sae much yersel, tae mak' up for the short time ye've haen this een, wid ye be wullin' tae dae that?" I thocht for a file, syne I says, "Oh aye, I wid ferrly dae that." "Aricht," he says, "I'll see fit I kin dae for ye." The upshot o' aa this wis on the twenty first o' August, aichteen days aifter the accident, I took delivery o' a spleet new caur, an Austin Allegro 1.3L, the same as fit wis smashed, the price wis £3550.00, and I peyed £400.00 o'd, the ither driver's insurance peyed the rest, so I didna lose mi no claims bonus, and mair than that, I wis left wi' a new caur. Bit I wis still nae ower shure o' mesel drivin', it took me a filie tae get my confidence back again, so there wis nae Lonach Games that year. It wis durin' that time aifter the accident I made up mi mind tae sell the hoose and buy anither smaa'er een. I sat a lot juist sittin' and thinkin' aboot it, I've nae doot that's fit did it, juist sittin' and thinkin', so I startit gaun and haen a look at ony hoose fit wid suit me.

St Mary's Social Club's A.G.M. wis by again, I wis cairryin' on for secretary and treasurer for anither turn, near abody thocht this winter wid see the club wound up, as the new Banff Bowling Club's stadium wid be ready gin neist winter, naebody wid wint tae play in St Mary's Hall aifter that, maist fowk thocht that onywey. Of coorse, the Banff and District Bowling Club wood wind up tae, they played in the Royal Oak Hall, they hid twa carpets, and the committee o' Banff Bowlin' Club consisted o' members drawn fae thae ither twa clubs, so it wis richt tae assume that thae twa clubs wid fauld up fin the new een opened. There wis anither indoor bowlin' club in the toon, they played in the Trinity and Alvah Kirk Hall, rumoor hid it they widna likely stop, it wid mak' nae odds tae them. Meantime, the ootdoor bowlin' hid stoppit, the bonnie pavilion hid been pulled doon at random, some o' the best timmer and slates wis selt bit that wis aa, and a start wis made tae pit up the new biggin.

I hid gotten my hoose selt and anither een bocht at twenty three Clunie Street, Banff. It consisted o' a sittin' room, kitchen, bedroom and bathroom on the ground fleer, and a big bedroom up the stair, and ootside some floo'er borders, a dryin' area, nae a green kis it wis happit wi' chuckies, and an auld widden garage. The garage wis gie sair come at, it hid haen mony birthdays. Afore I flittit, I hid tae get redd o' a lot o' furniture. Weel, my sister Georgina and her man, Jim Taylor, they cam' ae Setterday aa the road fae Kingsmuir, Farfar, he hid his ain Austin Maxi caur and a trailer wi' him. Weel, he packit the bed and the furniture oot o' ae room intae the trailer and gaed awa' hame wi't. I canna mind fit they peyed for't, onywey, it wis the bed they ayie sleepit in fin they cam' tae see's. If ony o' my ain faimly hid been needin't, they widna have got it, and the rest o' the stuff wis divided up atween Sandy, Harold and Kathleen. So on Setterday the fifteenth o' December, 1980, I flittit tae 23 Clunie Street, the faimly wir aa there tae gie's a hand, and we hid the eese o' Jimmie Smith's van, that's him fae the carpet shop in Castle Street. I got settled doon aricht, bit I missed the ootlook I hid fae the big windae at Alvah Terrace, the windae I hid noo lookit ower the street tae the wa' o' anither hoose. I hid tae gang up the stair afore I cood see ony distance oot-aboot, and I didna fancy climmin' the stairs affen.

It wis noo intae 1981, the biggin o' the new stadium wis gettin' on at a great rate, ower the heid's o' this the Bowlin' Club's A.G.M. wis brocht forrit a bit, it wis held in the Banff Toon Hall that year. Ye see, they hid nae plaice o' their ain tae hid it in. There wis plenty tae discuss that nicht wi' this biggin gaun on. A lot o' the members wir sayin' tae the committee, "Michty yer nae feart, faur ir ye gaun tae get the siller tae pey for't?" And mair nor that wid it pey for itsel, wid it nae be a fite elephant." And so the argie-bargie'n gaed on. And this monthly lottery, weel it wis ayie bringin' in a gweed lot o' bawbees, that helpit a gweed bit. For the laist twa years I hid been een o' the auditors, bit fin they wir electin' the committee they spiered if I wid gang on for assistant treasurer, for there wis shure tae be a lot o' work for the treasurer, fit wi' the extra members we wir expectin' and the rinnin' o' the bar as weel.

And I mind fine aboot the neist meetin' the committee held, it wis held in a room in the coorthoose in Low Street, kis the new biggin wisna ready. Weel, this meetin' wis the same as the een afore, aboot hauf the members winnerin' if the siller wid come in aricht tae pey for this new biggin, and the ither hauf pittin' a brave face on't, haudin' oot athing wid come aricht.

It wis aboot this time, the beginnin' o' Mairch, 1981, I wis at a meetin' o' the Senior Citizen's at the Bridge Street Community Centre, the meetin' wis feenished for the day, and aboot aicht or nine o's wir stannin' newsin' afore we gaed awa' hame, fin somebody said, "Michty, it wid be richt fine if we cood organise a week's holiday for wirsels, that is tae say, hire a bus, gang awa' somewey and bide a hale week in a hotel and come hame again." Abody agreed it wid be richt fine, the weemin thocht it wid be a richt cheenge, gettin' yer grub sat doon in front o' ye, nae cookin' tae dae, and mair than that, nae dishes tae wash. Of coorse, the men hid tae hae their say as weel, they aa agreed it wid be fine and ae lad says, "Michty aye, that wid be a richt cheenge, for it's me fit his tae wash the dishes at hame." Neist thing fit wis thocht aboot wis fa' wid dae this, fit aboot somebody gaun tae a holiday company and spier fit cood be deen in this line? I thocht back tae the time the bus driver at Yarmooth telt me this cood be deen a lot chaaper withoot a holiday company, so I telt them aboot this. Michty, the response wis magic, they aa thocht I shood hae a go at it and find oot if it wis possible. I says, "Oh, that's aricht, bit I wint tae ken afore I start fa' wid support this project if it got aff the grund, I'll tak' yer names doon if ye wint tae gang." A gweed puckle mair fowk hid jined in ir this time and afore I gaed awa' hame I hid aboot thirty names, oot o' that thirty or so I thocht I micht get twenty-five or so wid stick tae their wird, I wis shure there wis some fit wid fa' oot, and they aa hid the same thocht in mind, tae get a holiday as chape as they cood.

And as I sit ritin' this the day, in January 1991, and me ritin' aboot Mairch 1981, I thocht aboot aa the fowk I hid named fin ritin' the twa books, and noo, here wis me wi' a list o' thirty names. I coodna mention abody's name, and nae only that, this wis juist the first bus ootin' I hid organised, there wis a lot mair tae come yet. Tae name abody I wid probably hae tae name a gie bit mair than a hunner fowk, some o' them I coodna mind aboot onywey, so I've juist decided nae names'll be mentioned individually aboot the bus ootin's, that'll mak' shure abody will be treated the same.

On the road gaun hame that aifterneen I minded o' seein' in the papers aboot this Saga Holidays, a holiday firm based in Folkstone and caterin' for the over-60's, so fin I got hame I sat doon and rote tae them, tellin' them fit we wintit, and wid they advise me hoo tae gang aboot this. By return o' post I got a lot o' material, and aa at eence I wis, accordin' tae them onywey, "a very important person," I wis noo a Saga holiday organiser for block bookings, and if the block booking cam' tae a certain amount, I wid get free mesel, and if it cam' tae double that, anither body wid get free. I gaed throo aa the brochures they sent me, and I fund oot the quoted price covered the train fare fae oor nearest railway station, in oor case this wis Aiberdeen, tae the hotel, accommodation at the hotel, full board fae Setterday tae Setterday, and syne the fare hame again. I thocht aboot it for a day or twa, I kent I wid hae tae hire a bus tae tak's tae the station fin we wir gaun awa', and come for's fin we wir comin' hame. There wis juist ae thing wrang, the fowk fa' hid gie'n me their names they wintit tae gang tae the Sooth o' England somewey, faur aboot they wirna fussy, and tae gang there we hid tae catch a train in Aiberdeen at hauf past five in the mornin'. Aifter aa that thinkin', I made up mi mind tae hae a bash at it, so I bookit a pairty o' thirty intae a hotel at Cliftonville in Kent, hopin' tae mak' that pairty up tae forty afore we gaed awa', so I startit takin' names, serious this time, takin' ten pounds o' a deposit and gie'n them a roch idea foo much it wid cost, the ten pounds tae be returned if it didna come aff. Michty me, within a week I hid forty names, that's fit I wintit, it meant twa fowk wid get free, syne I thocht a quote fae three local bus fowk, I got the chaapest quote fae Hans Hardie fae Foggie, so I bookit his bus. I wis noo ready tae work oot the price o' the holiday. I hid made up mi mind naebody wid gang free, nae even me, I wid pey mi wey the same as the ither fowk, so takin' forty as the startin' aff number that meant I wid only be chairged by Saga's for thirty-aicht, so the price workit oot like this:

Assume Saga's price was £80.00 per person	£80.00 x 38	=	£3040.00
Estimate bus at £60.00	bus		60.00
Estimate insurance at £1.00 per person			40.00
Price for 40 persons travellin'			£3140.00
Price per person travellin'			**£78.50**

This meant that ilka body got the advantage o' the twa free plaices, and as the bus wrocht oot at £1.50 the heid, ilka body abeen the forty I wid get £1.50 for the bus, and this I intended tae keep tae mesel, it wid help tae pey mi phone bill. In fact there wis forty-five fowk gaed that trip, so I thocht I wid get £7.50, bit it didna turn oot that wey, ye see I forgot I wis peyin' oot £81.00 for ilka een o' thae five and I coodna chairge then ony mair than the rest (£78.50), so I wis oot o' pooch bi five times £2.50, that is £12.50, in fact the holiday wis tae cost me £91.00, aifter I hid deen aa the work on't. Weel, as maist o' the fowk hid peyed their siller, there wis naewey I wis gaun back tae seek mair, I wid juist hae tae thole the loss, pit it doon tae lack o' experience and mak' shure it didna happen again. Noo, the prices I hiv quoted, I canna guarantee them tae be richt, bit they're ae near as widna mak' ony odds.

So that wis the trip aa wrocht oot, abody wid hae their holiday doon tae Cliftonville, Margate , bide in a hotel full board for a week and hame again, aa for the sum o' £78.50, coverin' aicht days, it wisna muckle mair than hauf o' fit I hid been for the same thing the year afore coverin' ten days.

It wis juist aifter that aboot the beginnin' o' April, we startit takin' in subs for the Bowlin' Club, me bein' assistant treasurer hid tae help wi' this job. Weel, this chap cam' tae me tae pey his sub., and as we wir newsin' tae een anither he telt me he wis gaun on holiday tae Norway in July, anither man and twa quines wis gaun tae. I thinks tae mesel, 'I widna mind gaun there', so I spiered aboot this holiday and aifter he telt me aboot it, I spiered at him, "Did he think ony o' them wid mind if I gaed wi' them?" He says, "Oh na, na, nae ferr o' that, bit ye michtna get a bookin' on't, and ye wid hae tae pey mair than us kis ye wid need a single room. Aa the same if ye wint tae gang, gang up tae the Springs Hotel on Friday aifterneen, a special van equipped for the job comes there ilka Friday fae Nairn, ye'll find oot there if ye kin get alang wi's." So I gaed up tae the Springs on the Friday, richt eneuch this big van wis there fae Nairn. I telt the lad fit I wis aifter and within a quarter o' an oor it wis arranged. I wis supposed tae pey a deposit and the rest aboot three weeks aifter that, bit I peyed it athegither, insurance tae. Syne he spiered if I hid a passport, I says, "Michty no." He says, "Well Mr Smith, you'll have to get one," so that wis seen tull at the same time. He fulled up a form, I sined it, he says, "Now put in a photograph of yourself and a cheque for ten pounds, then post it, and you'll get it back in plenty time for going to Norway." And richt eneuch I got my passport back aboot the end o' April. So, that wis me bookit for twa holidays, the first een tae Margate in Mey, and the seecond een tae Norawy in July. Weel, the time cam' for oor trip tae Margate, abody turned up in fine time for the bus a quarter tae fower in the mornin' bit there wis a lot o' hiccups on that trip, fowk nae plaised wi' the sate they got on the train, fowk winnerin' if their luggage wid be aricht, and fin we landed at King's Cross, there wis supposed tae be couriers there tae meet us and escort us across London tae anither station tae get the train tae Margate. Weel, they didna turn up for a file, and here wis us, aa hingin' on tae oor cases and gettin' wrocht up at the same time. And eence we got on the train tae Margate, it set aff at an affa lick, the cairriages wir rockin' fae side tae side, juist as if they wid gang heelster-goudie aff the track. Hooiver, we aa landed at the hotel, nae broken beens and nae cases lost, tae the maist o's that wis a surprise, and we wir there aboot sax o'clock, aboot twal oors aifter we left Aiberdeen, that wisna sae bad aifter aa. Fin we wir haen oor denner that nicht, a courier cam' in tae tell's fit Saga wis pitten on for's. There wis be bus toors throughoot the week, and we wid get the chance tae gang tae France on ae day throo the week, he wis takin' bookin's for the bus toors that nicht and we hid tae pey fin we bookit. The trips wirna dear and near abody wis gaun on them. And fin the same man cam' back on Monday nicht takin' bookin's for gaun tae France, he juist got aboot a dizzen, there wisna mony wullin' tae gang there. Some o' them said they didna like the watter and ithers they coodna afford it, it wis a gey dear trip ye see, bit he didna bather himsel, he gaed awa' tull ither hotels tae get mair.

I got weel acquint wi' Peter and Diane, they wir proprietors o' the hotel, if iver I saw a sonsie quine it wis Diane, she must've been aboot fifteen steen onywey, bit for aa that, she cood ferrly shift hersel, and Peter, he wis much the same, ferrly a lad cood look aifter himsel. Weel, I got newsin' tae them ae nicht and I said tae them, "I didna ken foo Saga cood mak' this holiday pey seein' they wir sae chaap Peter." He says tae me, "I kin tell ye aricht. Ye see, oot o' the price o' £80.00 or so you fowk pey, we get £50.00, of coorse the promise tae full oor hotel at that price and that's an affa lot better haen your lot of forty-five at £50.00 than haen hauf a dizzen at £90.00, or even naebody ava', syne they hid a contract wi' the railways at sae much per person, and they hiv tae use the trains fit wir rinnin' hauf fu." So that explained the chapeness o' the holiday. In spite o' aa the moanin' and grumblin' fit gaed on, I think abody enjoyed themsels, for we got gweed mait, there wis ayie plenty o'd, the bedrooms wir clean, tho maybe no fancy, we files hid tae wyte for a bus, bit neen o's wis iver left ahint. Takin' it ower, it hid been a gweed experience tae me. On the road hame, they wir aa tellin's tae dae the same again neist year, juist gang tae some ither plaice, and I thocht tae mesel, 'I wid dae the same neist year, there wis ae thing onywey, I hid learned a lot this year, I widna mak' the same mistaks again, and anither thing, I wid hae mair time tult, I cood start plannin' afore the New Year.' Fin I spiered if there wis onything aboot the holiday they didna like, maist o' them thocht haen tae han'le their ain luggage wis the warst, first at Aiberdeen Station fae the bus tae the train, syne fin we wir gaun across London fae station tae station and intae the hotel, it wis ower hard work for pensioners, and of coorse it wis the same on the road hame.

I wisna lang hame fae this holiday fin I gaed back tae the Bowlin' Club, they wir gettin' on at an affa lick wi' the biggin o' the new plaice, the office wis ready noo for haen a committee meetin' in't, it wisna near richt feenished bit it wid dae for that job. I wis telt that new members wir jinin' at an affa rate, the sicht o' the biggin gaun up ferrly did the trick. Fin the club wis workin' awa' in the auld club hoose there hid been less than a hunner members, noo there wis fower hunner, and mair ayie jinin'. Some o' them wis social members, that's them fit didna wint tae play bools. Shortly aifter that the bar opened, it wis on the twenty-ninth o' Mey that happened. The President wisna there at the time and wisna neen ower plaised aboot it, he thocht the Bar Convener shood hiv wyted tull he turned up bit he didna. He (the Bar Convener) opened the bar on his leen, wi' some o' the weemin members in ahint the bar servin', workin' for naethin' they wir. Aa this time I wis gettin' on fine in my new hoose, I wis ayie keepin' books for a puckle fowk, it wis affa fine for keepin' me fae wearyin' and bringin' in a puckly siller forby. I wid rise in the mornin' aboot seven, mak' my brakfast, tidy up the hoose, syne dress mesel, aa this wid be deen gin nine o'clock, I wid work at book-keepin' for twa oors, syne mak' mi denner ready, and I wis gettin' on fine. Nae doot it wis a bittie lonely kind, bit ach, in the position I wis in, I juist hid tae pit up wi't.

The Bowlin' Club wis takin' up a lot o' my spare time noo, my accountancy experience wis helpin' a lot wi' the book-keepin', so I wisna gaun sae affen tae the Senior Citizens, bit ayie fin I gaed there, time and time again I wis telt foo gweed a holiday some o' them hid haen at Margate, and I wis ayie bein' telt they wir needin' the same neist year, it wis aisy seein' they wirna gaun tae lit me forget aboot it. And of coorse, I wis thinkin' the same mesel, I wid say tae them, "Aricht, we'll see fit we kin dae aboot it later on."

It cam' tae the day for gaun awa' tae Norway, first we hid tae get a plane fae Aiberdeen tull Stavanger, there a bus wis wytin' tae tak' us tae the Railway Station. Comin' ower on the plane it hid been no smokin', it wis the same on this bus, no smokin' sine in't, it wis in this bus we wir luttin ken, no smokin' meant no smokin', for een o' the quines fit wis wi's fancied a fag, so she lichted up, I think she hid juist haen aboot twa sooks at her fag, fin the driver shoutit ower the loudspeaker in nae uncertain terms, "That lady who is smoking had better put out her cigarette, otherwise I will stop and she will have to leave the coach." He spak in gweed, plain English, it wis aisy understood, and bi the wey he said it, he meant it. And fin we got on the train at Bergen tae gang tae Voss, it wis the same there, no smokin', and mair than that, they wir affa litter conscious, there wis sma' litter bins ower aa the cairriages. Voss wis a plaice awa' up in the mountains, and fin we got there, a porter wis wytin' wi' a barra tae tak' oor luggage, it wisna faur tae the hotel, and we managed fine tae wauk tult. We wir bookit in there for three nichts, aa that time we hid a gweed look roond the plaice. The thing fit sticks in my mind maist wis the weddin' we saw, the kirk wis in the squar, and aa the fowk fit gaed tae that weddin' wir dressed in Norwegian National Dress. Michty, sic a sicht it wis, a sicht for sair een aricht. And the mait we wir gettin', it ferrly gaured yer moo watter. For brakfast ye hid tae help yersel, plenty cereals, fruit and fries, sic a variety, and ony fish ye got wis near ayie salmon. It wis the same at ither mait times, I ferr fancied their fish pie, made wi' tatties and fish. The ither fowk in the hotel, and there wis a gweed lot o' them, they didna like the hauf burnt bits o' the fish pie, bit that plaised me fine, kis I ferr enjoyed the burnt bits, I eese't tae scrape oot the boddam o' the pie-dishes.

Aifter we left Voss, we gaed on tae the mountain railway tae tak' us tae Flam, Flam wis at the end o' the Sogne Fjord. The brochure aboot this holiday said we wid see a lot o' mountainous scenery, weel the run on the railway that day ferrly proved that. We saw a lot o' watterfalls, the watter spewin' oot amin the rocks, the rays o' sunshine glissenin' on the watter as it tummelled doon the mountain side, gaun oot o' sicht a meenit and burstin' oot amin the rocks farrer doon, syne we cam' tae this watterfall, it wis a better sicht than ony o' the rest o' them pit thegither, it wis comin' doon as faist as the watter wis turnin' tae vapour. The train stoppit tae lit's get a richt look at it, abody fit hid cameras wis takin' photos, it wis a grand day for that, wi' the sun shinin' in amin the mist fit wis risin' affen't. Fin we got tae Flam, there wisna a hotel there, we got intae a plaice they ca'd a pension, that bein' the Norwegian name for a boardin' hoose. The only odds atween it and the hotel wis they didna sell drink, anither thing wis oot mait wis served tull's at the table, wi' the waitresses dressed in national dress. Again we wir affa weel deen tull, the plaice wis spotlessly clean and we bade there twa nichts.

The day we left there we gaed awa' wi' a boat on the Sogne Fiord makin' for Balestrand, again this wis a scenic trip, and aa the wey alang the fiord, ye wid see sma' clusters o' hooses biggit richt doon tae the watter side. Sometimes the boat wid gang close inby tae lit's hae a look at the hooses, and we wir telt there wis hooses there wi' nae road inaboot, the fowk nott a boat tae get awa' fae hame and back again. Fin we got tae Balestrand it wis intae een o' thae plaices they ca'd a pension, this wis anither een faur the meals wis self-service, plenty o'd and weel cookit, and the plaice wis the same as the ither twa, spotlessly clean, and anither thing, it hid a lift. I used it files, kis I wis twa storey's up, aa the same, climmin' stairs didna bather me ony at that time, I cood rin up them twa at a time. We gaed oot waukin' a lot fin we wir there, it wis interestin' tae see aa the different designs o' hooses, aa made o' timmer. Ilka hoose hid its heap o' firewid aside it, and the hooses near aa hid flagpoles, it wis aisy see'in that Norway wis a plaice faur there wis plenty timmer gruwn. Een o' the lads fit wis wi's, he wis deid keen tae find oot aboot the flagpoles, there wis sae mony different weys they wir made. He used tae fa' ahint files fin we wir oot for a wauk, and fin we lookit roond, there wis him stannin' and studyin' a flagpole. Bidin' there we wirna faur fae the Fyearland Glacier, so ae day we jumpit on a bus and gaed tae see it. Michty me, sic an awe-inspirin' sicht, thoosands o' tons o' ice in ae muckle big lump, it wis as cauld ye coodna stand inaboot tult, even fin the sun wis shinin', if ye gaed ower near, ye felt the cauld seepin' richt throo ye. There wis a big burn rinnin' oot at the fit o' this glacier, we wis telt that this wis the ice meltin' on the ootside wi' the heat o' the sun, the watter ran nicht and day in the summer time, and in the winter time there wis as muckle sna' fell on't and wis turned tae ice as made up for the watter fit ran oot in the summertime.

Syne we saw a poster ae day advertisin' a bus trip tae the "Roof of the World." Weel, that's fit it said onywey, so we decided tae gang. Michty, fit awe-inspirin' sichts we saw that day, the road gaed up in a spiral up ae side o' the fiord, there wis some affa neuks tae gang roond. There wis ae neuk faur the bus hid tae shunt twa/three times tae get roond, and the farrer up ye gaed and lookit oot at the side windae o' the bus, it wis aa the farrer doon ye cood look back ower the side and see the watter poundin' awa' doon at the fit. Of coorse, a lot o' the fowk coodna look doon, they wir feart they wid bring up their brakfast. Afore we got richt tae the tap, the bus stoppit, and abody got ootower tae see the brig fae ae side tae the ither side o' the rock at ilka side o' the fiord. The sides cam' as close thegither there hid been able tae big the brig across, and fin ye lookit at it, ye thocht it wis hingin' there, suspended abeen the watter, roarin' awa' three hunners o' feet alow. Some fowk coodna stand and look at it lang, they wir gettin' licht-heided they said, and gaed back inower the bus. Tae me it wis a winnerfu' sicht, a sicht I'll niver forget. Aifter that the bus gaed up a bittie farrer, got turned roond, syne we crossed the brig and gaed doon the ither side, gaun doonhill this time. I wid say, durin' that trip, the bus hid been in first gear near aa the time, pullin' gaun uphill and hudden again comin' doon.

Ae nicht we hid a nicht oot, it took the form o' a musical evenin', juist like the Accordion and Fiddle Club at hame. There wis musicians there, young and auld, playin' a variety o' instruments, some singers and some dancers, and they wir near aa riggit oot in their national dress. Michty, we ferrly enjoyed that evenin', we gaed back tae oor pension and hid a dram afore we gaed tae oor beds. Anither time I'll better tell ye aboot, we wir oot for a wauk ae aifterneen, my tongue wis beginnin' tae hing oot, as we cam' tae a Coffee Hoose, I says, "Comon in here, I'll stand mi hand tae coffee, it's my turn onywey." Aifter the ither eens wis sated, I gaed awa' up tae the coonter for the coffees, it wis self-service ye see, I saw this twa nice young quines at a table aside the passage, I thinks tae mesel, 'I'll spik tae this twa in the Buchan twang and see if they ken fit I'm sayin', so I says as I gaed by them, "Aye aye quines, fit like the day?" and I juist aboot drappit doon deid fin een o' them says, "Och, we're fine, faur dee ye come fae?" Michty, that gaured me think, fancy hearin' somebody spik like that in Norway, so I turned roond, the twa quines wir sittin' wi' a smirk on their faces, nae doot thinkin' they hid gotten the better o' me. "Weel," I says, "I come fae Banff, faur dae ye come fae?" Een o' them says, "Ye come fae Banff dae ye, faur aboot in Banff dae ye bide?" I says, "Oh, I bide at 23 Clunie Street, juist across fae Chalmers Hospital, div ye ken faur that is?" I didna see onything funny aboot that, bit they did, for they burst oot lauchin'. Een o' them says, "Juist fancy that, you comin' aa that road tae meet us here, you bide at 23 Clunie Street, and we're twa student nurses workin' and bidin' at Chalmers Hospital, juist across the road fae ye." I wisna takin't in for a start, bit aifter they telt me fit like the Clunie Street lookit, aboot the shoppie across the road fae the hospital, and aboot them bidin' in rooms abeen the health centre, I hid tae believe it, it juist gangs tae prove the sayin', 'The world's a sma' plaice', is true aifter aa.

We bade there three days, three glorious days they wir, bricht sunshine aa the time, and the day we left we gaed wi' a big pleasure boat. We spent oor hindmist nicht in cabins on the boat, and neist mornin' we got aff at Bergen. I ferr enjoyed this cruise, it wis juist like anither day sight-see'in. We wir weel fed tae, mair nor that, I hid a richt nicht's sleep in the cabin, better than fit some o' the ither eens hid, they said they heard the dull thud o' the engines aa nicht. Aifter we cam' aff the boat, it wis aboot seven o'clock in the mornin', we hid tae get oor ain wey back tae the airport, it wis the first time I felt lut-doon on that holiday. It juist gaured ye think, they (the Norwegians) wir feenished wi' us noo, ye kin get yer ain road hame onywey ye like noo. Juist fancy comin' aff a ship in a strange plaice, yer luggage dumpit on the pier aside ye, and naebody tae tell ye foo tae get tae the airport. We kent we hid tae get tae the airport aricht, bit we did think somebody wid be there tae tell us hoo tae get tae the airport. Aa the same we managed fine, we spiered plenty, a gweed lot o' the Norwegians cood spik English, and they near aa understood the Scot's accent, and fin ye telt them we wir Scots, we wir treated like V.I.P's. In spite o' that hiccup atween the boat and the airport, we aa got hame that nicht, safe and soond, neen o's ony the waur o' bein' awa', and I hid enjoyed it as much as I said tae mesel, 'I'll be gaun back there someday'. Weel, that's niver come aff, and I dinna think it'll come aff noo.

Juist aifter I cam' hame fae Norway, there wis a committee meetin' at the Bowlin' Club, the new club hid been officially opened in July and athing seemed tae be gaun accordin' tae plan, bit at this meetin', the Bar Convener telt the meetin' he wintit tae resign, he hid his shop tae run and felt he coodna spare eneuch time tae attend tae the bar tae. Anither thing he said wis, in spite o' the gweed work bein' deen bi the voluntary bar staff, it wid be faur better if a paid Bar Steward wis appintet. This ferrly pit the 'cat amin the doos' aricht. Michty, fit an argie-bargie'n got up, and tempers rose tae, some thocht it wis terrible tae discard the voluntary bar staff like this, ithers thocht this hid tae come. They hid tae start and pey bar staff someday, and tae dae it noo wis as gweed a time as ony, and in the lang run, aifter a vote wis teen, the committee decided tae cheenge ower, they wid appint a Bar Convener the nicht and advertise for a Bar Steward. Tae cut a lang story short, I wis appintet Bar Convener that nicht, and it wis left tae me tae arrange the cheenge ower and mak' it as smooth as possible. A file aifter that meetin', I learned in a roond aboot wey anither member o' the committee wintit the Bar Convener's job, bit he wis niver thocht aboot, naebody hid proposed him, and he wisna neen plaised aboot it. In aboot a fortnicht's time they got a Bar Steward startit, the new system wrocht oot aricht, and afore lang near abody wis sayin' sic a success it wis.

That summer I missed the Lonach Games, fit wey I canna mind, there must've been something gie important takin' plaice tae mak' me miss that, hooiver fin I got the chance tae gang tae Braemar, I jumpit at it. It wis John Wilson fit invited me, he wis an auld retired fairmer like mesel. He says, "Alex, fit aboot comin' tae Braemar wi's on Setterday for company tae me?" I says, 'Aricht, I'll ferrly dae that', syne he says, "We wid be better o' anither umman tae mak' fower," so I spiered at Mrs Margaret Murray if she wid come. I didna think she wid aifter fit she said tae me ae day at the Bowlin' Club, bit aifter I said it wis Mr and Mrs Wilson we wir gaun wi', she agreed tult. It wis an affa fine day, bit we hid tae park the caur a gie bit awa' fae the Games Park, and fin we got in we hud tae stand up at the back o' a big crood. Mrs Wilson, she wis shure she wid get a photograph o' the Queen fin she cam' roond the ring in her caur, bit the fowk aa stood up, and she didna get her photograph, and wisna neen plaised aboot it.

I'll tak' ye back noo tae the time we cam' back fae Margate, ye'll mind that I hid bookit that holiday throo Saga Holidays. Weel, fin I cam' hame fae Margate I got a letter fae Saga, sayin' they wintit tae extend their holiday plans tae tak' in mair pensioners, and cood I send on tae them the names o' Pensioner's Clubs or Associations in the district faur I bade. Weel, I rote and telt them aboot the Banff Senior Citizen's Club, the Banff Old Age Pensioners Association and the Macduff Old Folk's Club. There wis nae mair wird ir the end o' September, fin I got a letter in fae Saga Holidays, invitin' me tae attend a seminar, held by Saga, at the Waverly Hotel, Melrose, the purpose o' the seminar wis tae gie us fowk fa' hid been organisers tae pit forrit suggestions tae improve the rinnin' o' block-bookit holidays, and fin I gaed tae the meetin' o' the Senior Citizen's I met the secretary, this wis the same Mrs Margaret Murray fa' gaed tae Braemar wi's. Weel, she hid gotten an invite tae, so we agreed tae gang thegither. Saga took in hand tae meet oor expenses, bit if we bade anicht we wid hae tae pey for oor accommodation, there wid be eneuch rooms in the hotel. The seminar covered twa days, the first hauf tae be held on the aifterneen o' the first day and the seecond hauf on the foreneen o' the seecond day, this wis deen tae fit in wi' the likes o' us fa' hid tae traivil a gweed bit. So we startit aff on the mornin' o' the first day, fine and early fae Aiberdeen Station, that's faur oor railway pass startit fae, and fin we landed at Edinburgh we thocht somebody there wis tell us fit tae dae neist, bit na, na, naebody there kent onything aboot it, so we hid tae work oot oor ain wey for gettin' tae the Waverly Castle, that wey o'd we missed the start o' the seminar. Mair than that, we hid tae tak' a bus fae Edinburgh, and oor railway pass didna cover for that.

Aa the same, we juist missed aboot an oor o' the seminar. I got the chance tae pit forrit the grievances I hid aboot organisin' a coach pairty fae oor district. I telt them aa the moans and groans I got wis maistly aboot luggage, haen tae start aff in a bus, cheenge tull a train, shift fae train tae train and sic like, and aa this time we hid tae humff and cairry at oor cases. And anither thing bathered me, fin we wir comin' hame fae Margate, we left King's Cross on a train for Aiberdeen, at Edinburgh we wir teen aff that train and hid tae wyte for anither een, it cam' in an oor aifter, and it wis gaun tae Aiberdeen. Syne I said, cood they nae think aboot us gaun aa the road wi' a bus, get wir luggage inower the bus afore we lave, and nae hae tae han'led again ir we landed at the hotel. Bit na, they said they coodna dae that, their contract wi' the railway didna alloo that. It wisna only me fit wis complainin' aboot that things, there wis organisers fae aa ower the countrae, and the fowk fit wis rinnin' the seminar hid tae admit it wis warst for's north o' Aiberdeen, in fact it gaured me think they thocht that Aiberdeen wis the North o' Scotland. Weel, aa this complaints wis written doon, and we wir telt that things wid be better in the future. I must say at this pint, aa the time at that seminar there wis affa fuow complaints aboot the mait we wir gettin', aye and nae complaints aboot the prices. I wid say abody thocht they wir gettin' a bargain. Of coorse, there wis ayie the een or twa fit thocht they wir waur deen tull than their neebors, bit ach, ye juist hid tae lissen tae them, agree wi' them, and say nae mair aboot it. Ye coodna plaise abody, and if ye plaised yersel, ye wis plaisin' somebody.

There wis as mony fowk comin' tulls aboot anither holiday. I startit takin' names again, this time I thocht we wid gang tae Weston-super-Mare, and fin I got in touch wi' Saga aboot it, I wis telt it wid juist hae tae be the same as laist year, takin' the train again, and tho I hidna forgotten the moans I hid gotten aboot the train journey the time afore, I agreed tult, and then a file aifter that I got a letter fae them sayin' they coodna get a hotel tae tak' a bus load, bit they cood get us intil twa sma' hotels neist door tae een anither, wid I agree tae that? I thocht aboot it for a file, syne I rote back and said it wid be aricht. And aa the time this wis gaun on, I wis helpin' oot at the Bowlin' Club, aye and ritin' up fowk's book-keepin' tae.

Atween Christmas and New Year I hid an affa dose o' the flu', I hidna been neen weel for a twa/three days, and this mornin' fin I tried tae rise, mi legs widna hid me up, juist buckled up in alow me. I thinks tae mesel, 'Fit am I gaun tae dae noo?' Weel, I crawled ower tae the fire and turned it on fu' blast, crawled throo tae the back door, unlocked the door, phoned across the road tae Margaret Hall fa' bade there wi' her twa brithers, telt her fit like I wis and spiered gin she wid come ower and got back inower mi bed. This wis aboot aicht o'clock, she cam' ower richt awa', she got on the phone tae Dr Sharp, he wis roond in aboot fifteen meenits. Her and the doctor, they wir baith gie worried like. The doctor said I hid a gie bad dose o' the flu', bit if I bade in my bed and kept mesel warm I wid seen get ower't. Aifter the doctor gaed awa', Margaret Hall phoned tae some o' my faimly, and atween her and them they nursed me back tae gweed health again. Aa the same, the doctor cam' in tae see's for three days aifter that, and aifter I wis riggit again, I got an anti-flu' injection, this is an injection ye get tae keep awa' the flu', and ilka year since that time, I've got this injection aboot the beginnin' o' October, and I hiv niver haen the flu' since that time. I think it wis at this time Dr Sharp startit me usin' an inhaler tae mak' mi breathin' aisier, and sic a relief it turned oot tae be.

It wis noo intae 1982, and fin the A.G.M. o' the Bowlin' Club cam' roond, I wis socht tae tak' on the treasurer's job, at the same time I wid be cairryin' on as Bar Convener, this I agreed tae dae, on the understandin' I wid get an assistant tae help me. I wis telt, "Aricht, look for an assistant yersel, and report back tae the neist Committee meetin." This I did, and I got the full approval o' the Committee for the assistant treasurer, and we got on grand thegither.

CHAPTER 16

Getting Mairrit

I hid been gettin' gie freendly wi' this Margaret Murray I'd spoken aboot afore, and ae nicht she telt me she wis gaun tae Canada tae visit her auldest son, Jim wis his name. He hid gaun oot there and mairrit a Canadian quine, he noo wis charge hand at a hospital in Roddickton in the North o' Newfoundland. At first I said fit fine it wid be tae gang wi' her, I wid ferr enjoy that trip, bit na, she widna hear o'd, bit ayie fin we discussed it, it seemed nae tae be sic a bad idea aifter aa, so ae nicht we decided we wid get mairrit and I wid gang alang wi' her. We wid get mairrit on the first o' June and flee oot tae Canada on the third, bide a gweed file there and come hame again. We planned for Alex Geddes the minister tae mairry us in the manse and tae hae a quate meal in the Royal Oak aifter that, juist her faimly, my faimly, oor best man and bridesmaid, and Mr and Mrs Geddes, aifter that it wid be hame tae bed, kis we wir gaun awa' neist day. Of coorse, ye canna keep thae things quate, as yer names gang up in the office windae at the fit o' Seafield Street for abody tae see.

Bit we hid something else afore that, there wis this holiday tae Weston-super-Mare. It wis planned for the middle o' Mey again, it wis much the same as the year afore, there wis een or twa drappit oot, bit there wis mair jined the pairty. I think we gaed awa' wi forty-nine fowk this time. The journey there wisna sae bad, mainly kis we didna hae tae cross London fae station tae station, bit fin we landed at the hotels, the fun began. The boss fae een o' the hotels blamed me for pitten mair fowk intae the ither hotel. He says tae me, "Mr Smith, you've failed to put anybody into my number thirteen bedroom, I want to know why you did that, are you superstitious?" And he turned to the Saga courier fa' wis there. He says, "This is not fair, I want an explanation for this." I wisna neen teen wi' this ava', the wey this man spak ye wid think I wis a criminal, hooiver, baith the hotelkeepers hid made oot a roomin' list, a copy o' them baith hid been sent tae me for allocatin' the rooms and tae send them back again, fit gaured me dae this I dinna ken, bit I got them baith photo-copied aifter I fulled them up. I hid the copies in my pooch, so I took them oot, hid a look at this man's list and there wis nae number thirteen on't. I pintit this oot tae the courier, he lookit his list, it wis the same, and he telt the hotel keeper this. Bit that didna plaise him, he startit blamin' the courier and me baith for cheengin' the list, kis that wid help the man neist door, and of coorse, he widna admit he hid made a mistak', it wis a bad start tae wir week's holiday there. Bit that wisna aa, it wisna lang ir some o' them thocht the ither eens wir better fed than them, they startit throwin' hints tae me I shood be daen something aboot it. Time and again I wis telt abody hid peyed the same for their holiday, fit wey wir they gettin' different meals, aye and it wisna only fae ae lot I wis gettin' this. Of coorse, it wis juist a minority fit wis complainin'. I hid tae dae something aboot this, so I got them athegither ae day, een o' the men hid been moanin' aboot gettin' a cup o' tay aifter his denner fin the ither lot got the choice o' tay or coffee, so I mentioned this man's name, invited him tae come wi' me tae pit his complaint tae the manager o' the hotel, bit he niver moved, he didna even spik up, so I says, "If ye canna pluck up the courage tae meet the manager, dinna come tae me aboot it." So I heard nae mair aboot it, aa the same that kind o' things pit's a damper on a group holiday, and I juist said tae mesel, 'If iver I organise anither een, I'll mak' shure abody's in the same hotel.'

It wis noo gie near the 1st o' June, and at a meetin' o' the Senior Citizens, Margaret and me, ye see Margaret wis club secretary, we wir luttin' ken we wirna gettin' awa' wi' a quate affair o' a weddin', na, na, they wirna for ony o' that. Aifter oor weddin' meal, they, (the Senior Citizen members) wintit a dince in the Royal Oak Hall, and mair than that, they wintit tae mak' abody fa wintit tae come welcome. They kent fine Jill and George fae the Royal Oak wid supply the music, so it wis taen oot o' oor hands, we juist hid tae agree tult. So, on the 1st o' June, 1982, Alex Geddes tied the knot for Margaret and me, he must've made a gweed job o'd, kis it's noo nine year on and we're still bidin' thegither onywey, and aifter wir denner the hall wis cleared, and we hid a richt enjoyable nicht o'd. A gweed puckle members fae the Senior Citizens cam' in, and wi' me bein' treasurer o' the Bowlin' Club, there wis some fae there as weel. The dincin' cairrit on tae aboot midnicht and abody gaed awa' hame happy bit tired. Neist day, Eileen, Harold's wife, she tooks tae catch the bus at Wallace's Statue, it wis a Stagecoach bus, that wis aboot the time they startit rinnin'. That bus took us tae Glesga, faur we got anither een for Ayr, and we bade aa nicht wi' my sister Mabel and her man, Gordon, We wir baith still affa stiff and sair wi' the nicht's dincin', and we wir still the same neist mornin' fin we gaed tae Prestwick tae get the plane tae flee tae Halifax. Fin we got tae Halifax, Margaret's son Jim and his wife Karen wir wytin' on's and we spent the neist fower weeks tourin' aboot wi' them. Michty, fit a muckle countrae Canada wis, plenty timmer, rivers and lakes, and the roads, sometimes ye wid gang on tull a road and it stretched oot in front o' ye, as straucht as a die, tull it gaed oot o' sicht on the horizon. That wis aa the time o' Jim's holidays and aifter that we landed as Roddickton, that's faur they bade. Roddickton hid startit aff as a settlement for lumberjacks. Fin they began tae fell the timmer roond aboot, the road inaboot tult wis juist like a dirt track, fifty miles lang the road wis, and the streets wir much the same. We bade there a week, the fowk wir gettin' eesed tae see'in us waukin' aboot bi that time. Aifter that we got a plane fae Deer Lake tae gang tae Halifax, bade anicht in the Airport Hotel there, and the neist day, got the plane back tae Prestwick, we landed there aboot mid-day, got a bus gaun direct fae Prestwick tae Aiberdeen and wis hame tae Banff gin evenin', tired bit happy and fine plaised tae be hame.

It wis juist aifter we cam' hame fae Canada that Margaret got this big envelope, it wis addressed tae the Secretary, Banff Senior Citizens Club, c/o Community Centre, Bridge Street, Banff, somebody hid re-addressed it and in this envelope wis a hauf dizzen brochures aboot the Palmer Annesley Hotel, Hull Road, Blackpool, offerin' accommodation at the hotel for bus pairties o' forty or mair, fae Monday nicht till Friday mornin', on a Bed, Breakfast and Evening meal basis for thirty seven pounds, and mair than that, there wis a bus trip throo the Blackpool lichts forby, that wid tak' plaice on the Tuesday nicht. The only available times left wis the twa hindmist weeks in October. Weel, Margaret thocht a lot aboot this, wid she tak' it or no. She spiered at me fit I thocht, I says, "There's naething tae hinder ye tae dae't, only dinna confine it tae the Senior Citizen's Club, dae as I did fin I wis organisin' the trip tae Margate, mak' it open tae abody, that wey ye've mair chance o' gettin' yer bus filled. The first thing ye'll hae tae dae is get a bus ordered and find oot fit it's gaun tae cost." Weel, I hid haen a bus this laist twa years fae Hans Hardie in Foggie, and got satisfaction, so she got in touch wi' him. He agreed tae gie her a bus for three hunner pounds, this meant if there wis forty fowk, ilka body wid hae tae pey seven pounds fifty for the bus, add that on tae thirty seven pounds, that made forty fower pounds fifty, a chape eneuch holiday for onybody. It also meant if there wis only forty, she wid hae tae pey her ain share, there wid be naething left tae pey for ony ither expenses, phonin', postage, use of caur and sic like, hooiver, she agreed tae hae a got at it, and landed up wi' a crood o' forty-aicht, so she wis left wi' saxty pounds tae pey ony ither expenses.

So, we left Banff aboot sax o'clock ae Monday mornin', we hid three stops on the road doon, at Stracathro, Bothwell and Southwaite, and landed in Blackpool aboot five o'clock, only tae discover Hull Road wis a one wey street, and gie nairra at that. There wis as mony caurs sittin' aboot as the driver coodna turn the bus intae the end o' the street, and we hid tae cairry oor luggage fae there, bit michty, sic a welcome we got fin we gaed intil the hotel. It wis a faimly run bi Harry, his wife Gwen and twa sons. It wisna lang ir Harry and the twa loons wis oot cairryin cases fae the end o' the street, and aifter that, sic a denner wis wytin's, richt weel cookit and plenty o'd. A lot o' the fowk fit wis on the bus hidna been tae Blackpool afore, maist o' them gaed on a spendin' spree, buyin' their Christmas presents, kis they hid niver seen the like o'd, stuff at less than hauf the price fit it wis at hame. Ither fowk thocht they must be seeconds, bit if they wir, there wis naething wrang fit cood be seen. And aa the fower nichts we wir there, we got entertainment in the lounge, playing bingo, dincin' and sic like.

The mornin' we cam' awa', the driver wis oot early and got the bus inaboot tae the hotel door afore the steer got up. Bit michty, faur wis he gaun tae pit aa the stuff fit hid been bocht. And fin he wis pittin the luggage in the boot o' the bus, some o' the fowk tried tae slip in an extra bags o' purchases, bit he widna alloo' that. He says, "Na, na, there's juist room for yer cases in the boot, aa that stuff ye've bocht, ye'll hae tae tak' it in tae the bus wi' ye." So aa the spare corners inside the bus wis fulled wi' parcels, the racks up abeen, as weel as aa the spaces inalow the sates, aye and some weemin wir sittin' in their sates wi' black bags fu' o' purchases on their knees aa the road hame, and on the road gaun hame the maist o' the fowk wir sayin' sic a fine time they hid haen, fit aboot gaun back neist year at the same time and tae the same hotel, syne somebody said, "Ach, better still, fit abootgaun for a hale week neist year, fower days ir nae lang eneuch." Bit fa' wis gaun tae organise it. Margaret didna wint tae hae onything tae dae wi't, so they turned tae me. I says, "Oh aye, I cood aisy dae that, bit div ony o' you fowk hae ony idea o' the responsibility there is daen this?" Hooiver, I agreed tae tak' it on, I wid get in touch wi' the hotel, find oot foo much it wid be for a hale week, and lit them ken foo much the hale holiday wid cost, and aifter we got hame, for aboot a week, my phone wid ring at ony time, and fin I answered it, this wis fit I wid hear, "Aye Alex, Jimmy ......wis tellin's aboot the trip ye hid tae Blackpool, sic a success it wis, and yer gaun back neist year, pit the wife and me doon for a sate in the bus neist year." And ayie fin I heard this, I wid says, "Oh aricht, as lang as ye understand the fowk fit wis this year hiv aa their names in aready, there's nae doot bit fit some o' them winna gang fin the time comes, bit I'll pit yer names doon in a list here, and if there's ony empty sates ye'll get a chance wi' the lave." Of coorse, that didna plaise some fowk, and if they wirna plaised, their names didna gang doon, it wis as simple as that.

It wis aboot this time the Senior Citizens wir tae hae a Stovie Nicht. A Stovie Nicht wis maist affen free, wi' some o' the wemin makin' the stovies, possibly the tatties wid be gifted bi a local fairmer, and sometimes they wid cater for mair than a hunner fowk. Abody wid get stovies, a seecond helpin' if they wintit, syne jeely and ice-cream aifter that. Oh aye, and a drink o' milk and an oatcake alang wi' the stovies, it ferrly gaed doon fine, and aifter abody wis satisfied, the tables wid be cleared and the entertainment wid begin. The entertainment wid consist o' some fowk singin', a musician tae supply the music for a dince, sometimes a man singin' cornkisters, and the Club's ain concert pairty, they wid pit on a short play and some ither pairty pieces. This concert pairty wis aa weemin and they cood ferrly dress up for the job. Weel, twa/three days afore the Stovie Nicht, the President said tae some o' us men, "What aboot some o' you men daen something for a cheenge, ye lave everything tae us." Withoot thinkin' I said, "Aricht, pit me doon tae dae something that nicht." Nae seener hid I said it than I thocht tae mesel, 'Fit wis I gaun sayin' that for. Michty me, it wis a lang time since I hid deen onything like that, so I sat doon that nicht and composed the following poem aboot the Senior Citizens Club, so fin the Stovie Nicht cam' roond I wis able tae stand up and recite this poem. Michty, it ferr took the members bi surprise, kis it wis true tae life and aboot themsels.

BANFF SENIOR CITIZENS' CLUB

It starts on Monday afterneen,
Afore the clock strikes twa,
They come by bus, they come by car
and come by foot and a'
And there is some gie cairry on
and some whiles get ava weit,
when the Banff Senior Citizens
at the Community Centre meet
some gweed wives come early kind
to get there favourite seat
for some of them when feeling cauld
do like to sit beside the heat.
Then out come the packs of cards
Canesta to be played
games such as Auld Maid, Snap and Whist
Are far too common and staid.
And then of course, there's the very few
their numbers are less than ten,
who slip awa' tae anither room,
for Bridge they favour as their game
We can't forget the few sturdy men,
wha like a game of snooker.
wi' cue and ba' they play awa',
een ayie tries tae beat the ither.
Now we come tae the bowlers merry,
a mixture fair of men and women
and out the carpets they are rolled,
there sure is plenty fun a-cumin.
Along the carpet they throw their bowls
to miss the stick and hit the jack.
Wi' shouts of wider still, you're lying noo,
but put the next ane roon the back.
The concert party we mention last
the tunes and sangs they try to learn
and dressing up in breeks and frocks.
I'm sure to them it's a pleasure sharin'.
Then twa quines they do appear,
your tenpence pieces they are aifter,
to sell the sweepies to ane and a'
to approach the lot they dinna dither.

And so the women reach for their purses
and the men start searchin' in their putches.
And a' this time, our gweed tea-wife,
a tall and bonnie quine,
works in the kitchie to ensure
we get our fly to warm our wime.
And now afore the clock strikes three
we a' sit doon for to enjoy it
But oh, the yapping that goes on
it tak's a' the pleasure oot o't.
Ere we hae time to drink our tea
and eat our scone or currant bun
wi' a chap the President does stand up
methinks we're in for some mair fun.
But oh no no, good afternoon she says,
the sweep winners she then does tell
and any other club business news
she passes on to us as well.
Noo there springs up a willing quine,
wi' a glint in her e'e and a money tin
tenpence each please for your scone and
your tea,
I tell you my friends, you jist canna win.
And a' the gossip flows back and forth
aboot a' the country roon
and a' the fairlies o' Macduff
and the hale o' Banffie toon.
Syne it's back to bridge and canasta,
back to bowls and the snooker,
bit jist think of our peer tea-wife
wha's left to tidy up the sotter.
It comes too soon, as fower o'clock comes
roon
coats, scarves and hats for the road hame
it's nice to know as hameward we go
some otherday we can a' come again.
Now I've told ye the story about Monday,
about whit the Senior Citizens did an' a
for on Wednesday, it will start again,
jist afore the clock strikes twa.

We hid a Christmas Fayre aifter that tae raise funds for the Club. Weel, I got twa hunner photo-copies o' the poem teen aff the original, this wis deen free in the office at the Community Centre and they wir aa selt at the Christmas Fayre, some fowk wir buyin' them tae pit awa' abroad for Christmas.

I wis sittin' at the fireside ae nicht aboot a week aifter that, I wis thumpin' up the thinkin'. Margaret, she wis sittin' there knittin', fi aa at eence she says tae me, "Yer affa quate Ake, fit ir ye thinkin' aboot?" I took my time afore I said onything, syne I says, "Ach, I wis juist thinkin' for a lot aisier it wis gaun tae Blackpool aa the road wi' the bus, nae cheengin' fae the bus tae train and sic like and nae neen o' this humpin' wi' oor cases. I think I'll rite tae Saga the morn and cancel the holiday I hiv bookit wi' them, it's juist provisionally bookit ye ken, wir mind wisna made up aboot faur we wir gaun, and if I did that, I cood organise a different een, een we cood gang aa the wey wi' the bus." So, I rote tae Saga, I telt them fit wey I wis cancellin' the bookin', that I wintit tae gang fae pick-up pint tae the hotel aa the road wi' the bus, and I got back a reply askin' me tae re-consider, at the same time they pintit oot their plans for this neist holiday season wis ower faur advanced for cheengin', bit they wid consider it gin anither year, bit na, na, I widna re-consider, I hid made up my mind, I wintit tae hae the neist holiday in Scotland, bit I wisna lang in findin' oot I coodna get a chape deal in Scotland as I cood get in England. Ower aa, the hotels in Scotland caterin' for block bookin's wir a lot dearer than the een's in England, and nae sae mony o' them tae pick fae in Scotland, hooiver I settled on the Esplanade Hotel in Dunoon, their price wis a gweed bit mair than some in England, at the same time the price o' the bus wid likely work oot at fower pound for ilka body, that wid tak' it doon a bit.

I startit tellin' the fowk fa' hid their names doon wi's, aboot this cheenge o' plans, I thocht abody wid be plaised ower the heid's o' nae haen their cases tae hump aboot, weel the maist o' them wir plaised aricht, bit a lot o' them wisna, some o' them wid say tae me, "Dunoon, fit wull we see at Dunoon, fit gaured ye think aboot gaun there onywey," and ither wid say, "Fit wey ir ye gaun there? It's a gie bit dearer than fit it wis tae gang tae Weston-super-Mare laist year. I juist canna understan' ye ava." And it cam' tull a heid ae nicht, this man cam' ower tae oor door, he says tae the wife and me, "We're nae gaun tae Dunoon wi' ye, I've bookit a holiday wi' Saga, I've gotten ten a'ready tae say they'll come wi's, it'll be a gie bit chaper than gaun wi' ye." Weel, fit cood I say, fit he said wis true onywey, so I says, "Oh, that's aricht, I'll get some ither body tae full yer plaice, at the same time I wisna neen shure o' that, kis if the wird got aboot he wis organisin' a holiday for the same time o' year and a bit chaper at that, I cood see a gweed puckle gaun wi' him, bit it didna turn oot that wey. Aa throo that winter, noo and again somebody wid phone and seek tae get awa' tae Dunoon wi's, it cam' tae the time aa the rooms I hid been allocated wis bookit, I wis promised rooms for forty-aicht, so I startit takin' doon names in case o' ony withdrawals. It cam' tae the end o' Mairch, I hid aa the siller gaithered inaboot for the holiday and lodged in the bank and I still hid a twa/three wintin tae gang wi's, so I says tae Margaret, "Fit aboot you and me gaun awa' wi' the caur, we'll gang tae Dunoon and bide anicht, book in B. & B. somewey and visit the Esplanade Hotel, it wid be fine tae see fit like it is afore we gang tul't." So, we set aff ae mornin' wi' the caur, throo Aiberdeen, Forfar, Coupar Angus tae Perth, and on tae Lochearnhead and Crianlarich, it wis afore we cam' tae Crianlarich we fell in wi' fit we wir lookin' for, a self-service restaurant fit cood cater for a bus load o' fowk, this wis the Ben More restaurant, juist close at the roadside and plenty parkin' space aboot it. We hid something tae ait there that day, syne we cairrit on throo Crianlarich and Arrochor tae Dunoon, landed there aboot fower o'clock, bookit in for B. & B. wi' a wifie on the road intae Dunoon and gaed lookin' for the Esplanade Hotel.

Fin we got there, michty sic a welcome we got. Eence we telt them fa' we wis, we wir socht tae bide for oor supper, aifter that we wis taen throo aa the hotel, Maragaret and me, we wir ferr taen wi't, offered a aroom for the nicht, bit we said no, we hid a'ready bookit wir bed, syne I gie'd the lady in chairge a cheque for the forty-aicht fowk fit wis bookit in, she lookit at it and said, "You've no withdrawals then, Mr Smith?" I says, "No I hinna," and she says, "There's four withdrawn from the other bus party who are to be here the same week as you are coming, that means I'll have two empty rooms and I didn't want to have any more empty." I lookit at her, then I said, "Ye ken, I cood fill thae rooms for ye if ye like, I hiv some mair fowk at hame wintin' tae come, and there's plenty room in the bus, it's a fifty-three seater, only I canna say for shure the day, I'll see them fin I gang hame and phone ye aboot it." So that turned oot aricht, I noo hid fifty-twa instead o' forty-aicht gaun, it gie'd me a great feelin' aifter the thocht I hid aboot the New Year, thinkin' at that time I micht hae tae cancel it athegither.

The mornin' we gaed awa', abody turned up in gweed time, they aa hid tae be at St Mary's Car Park and inower the bus bi seven o'clock. Nae doot there wis some chirr-wirrin' amin the weemin aboot fa' wis tae sit in the front sates, ach they wirna worth o' mindin', bit there wis nae hinner, we got awa on time. Oor first stop wis at Stracathro aboot nine o'clock, some o' them hid their brakfast there, syne on tae the Ben More restaurant. We stoppit there for a filie, some o' them hid a flask and sandwiches wi' them, they sat ootside in the sunshine and ait their piece, the ithers gaed inside and hid something tae ait, fish and chips and sic like. Aifter that we gaed alang the side o' Loch Lomond tul we cam' tae Arrocher, turnin' awa' tae the richt there tull we cam' tae Loch Fyne, alang the side o' it a bit and on tae Dunoon, gettin' there aboot five o'clock. It wis an affa fine day, we hid plenty time so the bus wisna hurryin', and abody got a richt look at the scenery. At that time o' year the rhododendrons wir an affa bonnie sicht, they ferrly pit ye in the mood for a holiday. Weel, we wir there for the hale week, full board at that, and a fly-cup aboot ten at nicht forby, it wis the best o' mait we got. Eence or twice we hid salmon on the menu, the same wi' venison, there wis nae expense spared tae feed us weel, and that ither bus load o' fowk fit wis there, they cam' fae Nottingham, pensioners the same as we wir. We got on gie weel thegither, sometimes nae gweed makin' oot fit een anither wis sayin'. There wis twa men in oor pairty, they didna help ony, fin they wir spikin' tae the English weemin they tried tae be as broad spokin' as they cood, spikin' in the richt Buchan dialect, bit ach, the wifie's didna ken fit they wir sayin', so it didna maitter. The day aifter we landed there, the driver gaed awa' hame wi' the bus, there wis work tae keep him busy at hame he said, we wir left withoot a bus, bit I gaed and hired een fae a local bus operator, aa his busses wir a ferr age bit serviceable, and he twa/three drivers juist cut oot for oor job, they kent the district weel, took us tae see aa the local beauty spots and sic like, mair than that, they hid the gift o' the gab. I mind ae day we wir takin' alang a countrae road, and we wir comin' tae a hump backit briggie, the bus wis full, we wir aa newsin' tae een anither, fin the driver's vice cam' ower the loudspeaker. He says, "We're comin' tull a naisty brig, wull the fowk in the back hauf' o the bus stand up and tak' the wecht aff the bus." The wife and me, we wir at the back, so withoot thinkin', we stood up, alang wi' a lot mair, only tae hear ower the loudspeaker as we gaed ower the brig, "Ha, ha, I ferrly hid ye there," and he burst oot lauchin', and so did abody in the bus, it wis aa richt clean fun, naebody took it the wrang wey. We gaed awa' ae day for the hale day, we got a packed lunch wi's that day, that's the day we gaed tae Bute. We crossed ower wi the ferry fae Colintraive ontae Bute syne cairrit on tae Rothesay, and spent a gweed file there. There wis a braw show o' floo'ers in the gairdens there at that time, we sat amin the floo'ers and ait wir lunch, and washed it doon wi' Coca Cola, or sic like, the sun wis shinin' oot o' a cloodless sky and we ferr enjoyed wirsels. On wir road hame, we took a cheenge o' road, bit we hid tae gang back on the same ferry, syne anither road hame fae there tae Dunoon. The end o' the week cam' ower seen for's, naebidy wintit tae gang hame, bit oor bus turned up the nicht afore we wir due tae gang hame, so there wis nae ither for't. And gaun hame fae Dunoon wis a lot simpler than gaun hame fae Blackpool. Ye see, Dunoon wisna a plaice faur ye cood get a lot o' chape stuff, fit for Christmas presents and sic like, na, na, the luggage wis juist the same comin' hame as it wis gaun awa'. On the road hame in the bus, abody wis tellin's fit a lot better this wis than the Saga holidays, it wis maybe a bittie dearer bit that didna maitter, look at the feeds we got, and sic a variety, there wis niver twa meals the same, and time and again I wis telt, "Noo Alex, we wint the same again neist year."

This outin' tae Dunoon wis in Mey, 1983, I'll noo tak' ye back tae February, 1983, the nicht o' the A.G.M. o' the Bowlin' Club. There wis some cheenges in the Committee that nicht, bit the secretary agreed tae bide on anither year and I agreed tae bide on for anither year as treasurer. There wis a lot o' work involved, bit I enjoyed daen it, mair than that we wir gettin' on grand wi peyin' up oor debts. I wis ayie daen some book-keepin', bit I wis litten it fa' awa', I stoppit takin' on ony new eens, and if onybody gaed oot o' bisness, I didna tak' on ony mair. Abeen a' that I wis still an active member o' the Kirk Session at St Mary's, in fact I wis een o' the auditors, that itsel' didna mean a lot o' work, bit I wis takin' mi turn o athing else forby, and I wisna gruwin' ony younger, I kent mesel I wid hae tae cut back a bit afore lang, slow and shure auld age wis creepin' up on's. And mi richt leg, that's the een the tup made a mess o' in 1953, it began tae bather's, I gaed tae the doctor aboot it, go it X-rayed and wis telt it wis arthritis, they coodna help me muckle, juist keep waukin' on't and nae lit it stiffen, and tak' pain killers fin it got affa sair. Throo the summer, Margaret and me, we used tae gang awa' for runs in the caur, sometimes wirsels and sometimes ither fowk wi's.

We wirna lang back fae Dunoon fin some o' the fowk fa' wis at Blackpool the year afore, startit spierin' if I wis tae hire a bus this year for gaun back tae Blackpool. There wis as mony cam' tull's I hid tae agree tul't, of coorse I hid promised tae dae that onywey, so I startit takin' in names, and in nae time at a' I hid aboot saxty names, saxty intae a fifty-three sated bus juist didna gang, so the hindmist eens wis telt they wid get if some o' the first eens took their names oot. It didna gang doon weel I kin tell ye, hooiver, fit cood I dae. Weel, it cam' tae the mornin' we wir gaun awa', there wis the usual cairryon aboot the front sates, a lot o' them wid like tae sit there. Margaret and me, we ayie sat at the back, and finiver ony o' them said tae me they didn alike their sate, I wid say, "Aricht, ye kin hae my sate and I'll tak' your een," of coorse they widna hear o' that, and that feenished the argiement aboot it. Weel, that holiday tae Blackpool, in 1983, with anither success, in fact, it wis better than the year afore, kis we hid sax days instead o' fower days, bit fit a lot o' stuff they bocht, gaun hame wis anither gie squeeze in the bus, and afore we left Blackpool, some o' them wis at's tae book the hotel for anither year, and try and get the date shiftit, fae the end o' October tull the beginnin' o' October, so on the road hame I took doon the names o' aa them fir wintit tae gang back, and I got mair nor forty.

It wis at this time I decided I wis gaun tae stop peyin' for my holiday, up tae noo I hid ayie peyed mi wey, bit athing wis rinnin' fine noo. The times aifter this I wid add on twa pound tae the price o' the holiday abody wid hae tae pey, this wid pey for mine and something leftower tae cover some o' the expenses I hid. And aifter I wis hame I hid tae start and lookoot for somewey tae gang in Mey, the fowk wintit it tae be in Scotland again. I hid tae get a hotel big eneuch tae tak' a hale bus load o' fowk, and nae ower dear. I gaed tae the tourist office at St Mary's car park, telt them the predicament I wis in, and spiered if they cood help me oot, and aa the time I wis stannin' newsin' tae them, my een wis wannerin' ower aa the brochures and sic like in front o's, and my een lichted on this book, it wis ca'd 'A Review of Hotels in Scotland' (something like that, onywey) priced twa pounds fifty. Weel, I spiered if I cood hae a look throo it, I liket the look o'd and bocht it. Michty, spik aboot hotels, there wis plenty o' hotels in there, great big grand hotels doon tae the sma' eens wi' twa/three bedrooms tae let, bit tae get een like fit I wis wintin' wis a different maitter athegither, maist o' the big hotels wir oot-a-mint wi' price as faur as pensioners wir concerned. Some o' the sma'er eens wir aricht for price, bit aifter the experience o' splittin' up the pairty at Weston-super-Mare, there wis naewey I wis tae dae that again. Weel, I pickit on the Corner House Hotel in Annan. I rote tae the hotel and telt them fit I wis needin', accommodation for a pairty o' forty-plus pensioners for a hale week in Mey, 1984, pintin' oot that this wis the off-season for holidays, and wid they please send me a price for this.

Michty, I didna hae lang tae wyte, twa/three days aifter that I got a reply, the price quoted wis fifteen per cent less than in the 'Hotel Review', mair than that, for a pairty o' forty, ae person and the driver wid be free, and for a pairty o' fifty, twa persons and the driver wid be free. Goad, I thinks tae mesel, this ferrly brings a holiday at Annan within oor reach, so I rote back and provionally bookit it, still stickin' tae the number o' forty plus. So, I startit takin' in names for't, bit I didna get it aa mi ain wey. Fowk wid say tull's, "Annan, faur aboot's Annan? Michty, I've niver heard o'd," or they wid say, "Fit wey ir ye gaun tae Annan, fit dae ye think ye'll see there, awa' in that oot-o²-the-wey plaice," and so it cairrit on. Aa the same gin the New Year cam' roond I hid aboot forty names.

It wis aboot this time, Margaret and me, we wir sittin' at hame ae nicht, we wir sittin' playin' scrabble kis we hid naething else tae dae. It wis a gie roch nicht, the wind wis rumblin' and howlin' up Fife Street as if it wis tae ca' athing afor't. I says tae Margaret, "Michty, fit a roch nicht, it juist reminds me o' the thirty-first o' January, 1953, michty, sic a hurricane there wis at that time." She says, "Oh aye, I wis bidin' at Crovie at that time, that wis a day I'll niver forget." I says, "Oh aye, same here. We got aa oor henhooses tummle'd upside doon, and a gweed lot o' the slates blawin' aff the byre, and the backdoor o' the hoose blawin' in." She lookit at me, syne she says, "Oh, that's naething tae fit we got. At the time we wir bidin' in number twenty-nine Crovie. Weel, the sea cam' richt ower the hoose, the watter cam' doon the lum, the door and the windaes wir battered oot wi' the wecht o' the watter and we wir drooned oot o' the hoose, and hid tae gang and bide wi' mi mither." I wis lissenin' tae aa this, and as she wis tellin's, I thocht I'd heard this story afore. I nott a file tae think aboot it, syne I mindit, it wis the postie fit cam' inaboot tae Balnamoon twa days aifter the hurricane and telt's the sea hid gaun doon a wifie's lum in Crovie, and we widna believe him, it wisna Crovie the postie said, it wis Krivvie, and noo here wis Margaret tellin' me it wis her hoose that happened tull. I hid tae tak' it in noo, and the postie hid been tellin' the truth aricht.

We wir intae 1984 noo, and fin the Bowlin' Club A.G.M. cam' roond I resigned as treasurer, tho I agreed tae be auditor for the followin' year. I wis bowlin' a gweed lot that winter indoors, maistly in the aifterneens and ayie noo and again I wis gettin' anither een or twa sayin' they wintit tae gang tae Annan, and fan the time cam' for gaun there, ilka sate o' the bus wis fulled, and een or twa stannin' by in case o' withdrawals.

Weel, this holiday turned oot as gweed as the Dunoon een, again the bus gaed hame and left us, kis there wis plenty for him tae dae at hame. It wis a Mr Liddle we hired a bus fae there, tae tak' us oot aboot, bit fit gweed busses, they wir aa Volvo's wi' air suspension, great tae sit in. The mait in the hotel wis again extra special, juist fancy gettin' three big meals ilka day, and a piece at nicht as weel, aye and mair nor that, ilka day wis the same, sunshine aa the time. The time we wis there, we visited Threave Gairdens, they belang tae the National Trust. Moffat, The Grey Mare's Tail, that wis aa aifterneen runs, and we hid a hale day run tae Lake Windermere in the Lake District, it wis aa plaices worth see'in, and of coorse, Gretna Green, naebody in their richt mind wid bide in the Borders a week and nae gang tae see Gretna Green. On the road gaun hame fae Annan, I wis bein' telt tae dae the same neist year, and fin I spiered at ony o' them faur they wid like tae gang, I wis juist telt tae mak' up mi ain mind, this wis the seecond year I hid deen this and made a grand job o'd, so juist you cairryon, you pick a plaice yersel and we'll come alang wi' ye. Anither thing I wis telt wis, "It wis hie time we wir stoppit takin' full board, three big meals a day wis ower muckle for fowk oor age. Na, na, we'd be better wi' a gweed brakfast in the mornin' and a gweed denner at nicht, niver mind the een inatween." So I thocht tae mesel, eence we wir hame, the seener I got doon tae this the better, see'in they're aa sae keen on a holiday neist year, and I kent within mesel I wid hae tae gang ower the border tae een o' the hoilday resorts tae get a hotel big enuech tae tak' a bus load and at a chape enuech price, there wis some o' them widna thocht naething aboot peyin' a bit mair, on the ither hand a lot o' them coodna afford ony mair. Of coorse, I hid tae cater for abody, and mair than that, I hid tae keep the bus full, rinnin' wi' a hauf fu' bus juist pushed up the price for abody.

I wis sittin' ae Sunday nicht, aboot the end o' June it wis, turnin' ower the pages o' the Sunday Post. I wisna readin' muckle at it, juist lookin' at the pictures and readin' the heidlines, fin I cam' tae the page faur aa the hotels wir advertised. I wis glancin' doon the column, nae peyin' muckle attention, fin I saw this advert:- Morecambe...Sea Crest Hotel, Scotch run hotel owned by Angela and Billy Morris. Coach parties welcome. Special tariff for October and November, and April, May 1985, also special rates for pensioners. Phone or write for details. So I rote awa' aboot it, and the reply I got wis juist fit I wis needin'. Tho athing wis gaun up in price, this een wis chaper than the Annan een, of coorse, we wirna tae hae wir mid-day meal, so I provisionally bookit it for a week in Mey 1985, and I meant tae keepit tae mesel for a file, bit at the Bowlin' Club somebody spiered at me if I hid deen onything aboot neist year's holiday and withoot thinkin' I says, "Oh aye, I've bookit a hotel in Morecambe." Goad, the news seen spread, there wis fowk phonin' tull's, and meetin' me in the street, they wid say, "Is't true the bus is gaun tae Morecambe neist year?" I wid say, "Oh aye, that's richt eneuch," then they wid say, "Pit doon my (oor) name for't than," and I wid say, "Weel, mind I canna tell ye foo much it'll cost," and I wid get the reply, "Och, that disnae maitter, I'm (we're) tae gang onywey." And it wisna only me they spak tull, sometimes it wis Margaret.

We didna gang awa' a lot that year, that's the year I got a new garage biggit. The auld garage wis made o' timmer, wi' thick felt on the reef, it wis ayie watter ticht, at the same time it wis juist ready tae fa' doon, it wid need some new supports pittin' intilt if I wis tae gang on usin't, so I decided tae pit up a new een, biggit wi' cement blocks and an asbestos reef. Bit the plannin' lads widna alloo that, na, na, it hid tae be a slated reef. I winnered fit wey I wid get rade o' the auld garage, I kent fine it cood aisy be teen doon in sections and pittin up again. I spak aboot it tull a lad fa' hid been a jiner tae trade, he agreed tae tak' it, he wid dismantle it himsel, get a larry and tak' it awa', as peyment he took in hand tae dae aa the jiner work on the new garage, if I bocht the timmer, he wid dae the work, and that arrangement plaised us baith. My stepson fae Turra, him fit's mairrit tae my step-dother Francis, he did maist o' the mason work. It wis a lang drawn oot job, fae the time the auld garage gaed awa' at the end o' June, tae the time the big door wis pittin in and Harold hung the sma' door sometime in October. In fact, the garage wis juist new feenished fin we gaed awa' tae Blackpool, this holiday wis juist a repeat o' the een laist year, bus tae Blackpool, Setterday tae Friday at the Palmer Annesley Hotel and hame again. there wis some new eens in the pairty, kis some hid fa'in oot, bit it wis maistly the same fowk, and the hotel wis bookit again for anither year afore we cam' awa' hame.

And as the weeks gaed by we wir ayie keepin' oorsels busy. the wife and me, we wir baith members o' the Bowlin' Club, aye and still members o' the Senior Citizen's Club as weel, so we didna get bored, there wis ayie something for's tae dae. We wir noo intae 1985, and fin the Bowlin' Club A.G.M. cam' roond I resigned as auditor, aifter that I stoppit the book-keepin' I wis daen for ither fowk. Some o' them I got startit tae dae the job themsels or maybe got their wife interested in keepin' the books, ithers I passed on tae some ither body. Margaret and me, we gaed tae the concert that the Macduff Strathspey and Reel Society put on in the Banff Academy Hall. We'd been at it for a twa/three year afore that, and ferr enjoyed it. I hid ayie liket tae hear that kind o' music. Weel, it wis a sell oot that nicht, and aifter I wis hame, I decided I wid write a poem aboot it. I coodna dae onything that nicht, bit the twa nichts aifter that I stuck in aboot tult and wrote the following poem:

Twas on Friday night eighth of March,
Within the Banff Academy Hall
The Macduff Strathspey and Reel Society
Put on a show to entertain us all.
The car park it was filled to overflowing
With cars of every colour and description.
There was even a blue three-wheeler there,
Motor-bikes and bikes we must also mention.
And into the hall the folks they crowded,
There must have been a good few hundred
To hear the music and the well sung songs
To them the love of music was kindred
Lucky programmes to us were then sold
To enable us a raffle prize to win.
And then, of course, tea tickets we had to buy
For come the interval, we'd all be in a spin.

There were fiddlers there from a' the airts
They came from Banchory, Elgin and the Geerie,
From Meldrum toon and one even from Inverness.
Together with the locals they played right cheery
Some were dressed in white shirt and trousers,
Some were dressed in kilt and sporran,
The ladies favoured dresses to their ankles
Made up from various colours of tartan.
Three accordionists sat at the back,
To augment the music was their function.
Two ladies stood and plucked at their double bass
And beat out the time for the musicians.
The conductor stood right out in front
Dressed in kilt and armed with a spurtle,
He waved his arms and wagged his head,
I sometimes thought that he would turn turtle.
The orchestra played with airs and grace
Schottisches, marches, reels and polkas,
They fairly kept the audience's feet a-tapping'
With two-steps, Jigs, Strathspeys and Waltzes.
Two ladies sung some heart-searching airs,
Theyturned out to be first-class singers,
Plenty life and feeling they put in their songs,
They certainly proved they were not beginners.
And acompanying them there was the pianist,
A great lang chiel, and nimble with his fingers.
From Tarland came the musical trio,
Two fiddling brothers and their sister,
For with their performance, the audience was enthralled,
It almost made you want to dance and twister,
And the fairmer chiel, with his nicky tams,
He sang a good few corn kisters,
And tell't us a' aboot the contents of his shop
It was plain to see he was a cheery mister.
And all this time the show Compere,
A sturdy lad all the way from Deskford,
Introduced each spot as it came along
Told some stories and ran the show in concord.
But alas! all good things to an end do come,
The raffle has been drawn and the prizes won,
Auld Lang Syne was sung, the show to end,
No further time within the hall we'll spend,
As hameward bound, we tired and weary went,
Twas felt by all a grand evening we had spent,
And thinking of the show we came to hear,
I'll bet my shirt, we'll all be back next year!

I startit thinkin' aboot aa the holidays I wis organisin' wi pensioners in mind. The Blackpool een wis weel established, we'd gaen three times a'ready and as faur as I cood see it wid likely cairryon for a puckle years yet, ayie in the month o' October fin the Illuminations wir on, and the ither holiday, it hid ayie been held in Mey. Up tae noo we'd haen fower, Margate, Weston-super-Mare, Dunoon, Annan, in that order. Ilka year we'd been richt lucky for wither, ayie plenty sunshine, and noo we wir gaun awa' tae Morecambe, again wi' aricht fu' bus. And the thocht gaed throo my mind, 'Fit fine it hid been organisin' this een, I kent faur we wir gaun gin the first week in July, ten month afore the holiday took plaice, that gied me aa the mair time tae arrange it.' Syne I thocht it wid be better still if I kent faur we wid be gaun in 1986 afore we gaed awa' tae Morecambe. I cood tell the fowk in the bus comin' hame aboot it, them fit didna wint tae gang wid tell me at that time.

So I decided on Scarborough for 1986. I rote tae the tourist office in Scarborough and got a catalogue bi return on aa the hotels in Scarborough and district. In this list it detailed the number o' rooms and prices o' ilka hotel, that wey o'd, I bookit intae the Carlton House hotel in Scarborough in the month o' Mey, 1985, for a week in Mey, 1986, provisionally bookit and the price tae be set at a later date. Ye see, I kent fit the price wis in Mey, 1985, and I wis telt it widna be neen mair that 7% extra for Mey, 1986.

This richt leg o' mine wis gettin' waur, some days there wisna muckle feelin' in't, twa/three times I thocht I wis tae fa' ower fin I pit mi wecht on't, so I gaed back tae the doctor. I got it X-rayed again and got the same result, only waur this time. The doctor telt me it wis arthritis settin' in tae that auld sair, they coodna dae onything aboot it, bit it wid help a gweed lot if I used a waukin' stick. Fin he said that, I says, "Oh aricht, I'll see fit I kin dae," bit I niver did onythin' aboot it.

So, early ae mornin' we set aff for Morecambe, a fu' bus load again. We took the usual route and hid the usual stops. Ye see, abody ayie liket tae get ootower and stretch their legs. We hid three stops on the wey doon and got tae Morecambe aboot five o'clock, and fan we got tae the hotel, sic a welcome we got. Mrs Morris hid aa us in oor rooms in a short time, the staff wis gien onybody a hand wi' their luggage fit nott it, and telt's tae gang tae the dinin' room for wir denner. "Billy, her man, wis chef, " she said, "and he hid athing ready for's." And some denner it wis tae. Aifter we hid oor starter, a big dish o' biled tatties wis set on ilka table, covered wi' melted butter. They wir new tatties and aa aboot the size o' a gouf ba', and that tatties wir juist seekin' tae be aiten, they wir richt moo-watterin'. I lookit weel at that tatties, wid I dae't or wid I nae, bit the sicht o' them got the better o's, and I pickit een up wi' my fork. Michty, fit fine it wis, so I tried anither een, and the wife shoutit tull's tae stop that ye ill-mainnered broot, wyte tull ye get yer roast beef. "Ach, awa' wi' ye," I says, and I lookit roond aboot, there wis a lot mair than me haen a go at the tatties. weel, that happened wi' the tatties ilka nicht aifter that, faur they got thae tatties I dinna ken, bit they wir affa gweed. Syne they cam' wi' the main coorse and the rest o' the vegetables, the sweet and coffee and shortbread. It wis somethin' the same in the mornin', aifter we'd haen oor brakfast, Mrs Morris cam' intae the dinin' room hersel, she wis cairryin' a tray o' fried bacon and sausages, and abody got the chance o' some mair. I wis niver fit tae tak' ony mair, bit some o' them did, I juist wished I hid been forty years younger, I wid've shiftit a puckle o' the bacon and sausages.

It wis juist aifter that I saw een o' the staff speak tae the driver and he gaed awa' oot wi' her, syne he cam' back tae me. He says, "Alex, that wis the fowk fae hame phonin' tulls, I hiv tae gang awa' hame, noo dinna think this'll cost ye ony mair, kis it winna, it's my blame for this, and I'll be back neist Friday nicht tae tak' ye hame on Setterday." I says, "Oh, that's aricht, I'll aisy get anither bus for oor ootins." Weel, we wirna needin' a bus that day, kis there wis a special parade on that day, there wis a lot o' floats, larries and caurs, aa bonnie decorated, took pairt in that parade, forby Girl Guides, Brownies, Scouts, pairties for skweels, pairties fae Sunday Skweels, you name it, they wir there. Aye, there wis bands tae, includin' twa pipe bands. Michty, sic a sicht it wis, it took a gie file tae gang by on the promenade, mair than that, it wis an affa fine day, maist o' oor fowk sat and watched it gaun by. Aifter that I gaed up the street oor hotel wis in and I fell in wi' a plaice sittin' fu' o' busses, there I made arrangements for a bus tae tak' us oot on runs roond aboot.

I cood see that abody wis fine plaised wi' themsels, so I gaed tae the door marked, "Private" and nockit. Ye see, I hidna peyed ony siller yet and I thocht if I peyed it ivnoo I micht get discoont. Mrs Morris cam' tae the door, she says, "Oh, it's you Mr Smith, come away in, your welcome to come in here anytime. What do you want to see me about?" So I telt her foo I hid come in, that it wis time I thocht I wis peyin' my bill. Weel, I did get a discoont, she kept aff fifty pounds, and afore that, her and me, we hid been richt freendly, bit noo she coodna dae eneuch for's, onything within reason I suggested she wid agree tull, and the ither members o' the pairty noticed it tae. And that discoont, weel we wir gaun oot for a bus run neist aifterneen, so I peyed the bus wi' that discoont, so abody got an ootin' free. There wis something else happend at Morecambe. Margaret gaed awa' oot for an evenin' wauk wi' some o' the rest o' the weemin, and fin she cam' back she presented me wi' a waukin' stick. She says, "Ye ken fine the doctor telt ye tae get a waukin' stick, and ye niver did it, weel here's een tull ye noo, be shure and use it.

Weel, it wis juist like the year's afore, Setterday cam' roond ower quick for oor likin'. On the road hame that Setterday, I telt them aa fit I hid planned for neist year, that I hid provisionally bookit a hotel in Scarborough. I wid gang roond the bus and spier at abody in turn if they wintit tae gang and if I got a gweed response I wid confirm the bookin' fin I got hame. Michty, sic a surprise I got, abody wintit tae gang. Of coorse, I wis telt things like, "Aye, if I'm ayie livin' I'll gang," and sic like and the neist een wid say, "Oh aye Alex, if it's onythin' like the laist twa/three it'll be aricht." Fin we wir stoppit at Stracathro on the road hame, I wis tellin' the driver aboot

277

abody wintin' tae gang back tae Scarborough neist year, I telt him I wis fine plaised aboot it, and I cairrit on sayin', "There's juist ae thing wrang noo, I left three fowk at hame this year and promised tae tak' them neist year, I dinna ken fit wey I'm gaun tae fit them in, fit wey I'm gaun tae work that een oot I dinna ken, I juist hope some o' them his tae withdraw." He lissened tae fit I hid tae say, syne he says, "Dinna worry yersel aboot that, Alex, for we're gaun tae be orderin' anither new bus, it'll be a fifty-seven sater, that's fower sates mair nor this een, so ye'll be aricht, that'll sort oot yer problem there." Weel, I agreed wi' him that wid mak' an odds and fin I got hame I confirmed the bookin', bit I didna state the exact number, I juist said there wid be onything fae fifty tae fifty-five.

On the first o' September that year, I bocht a new caur, a 1.3L Metro. I said tae mesel, 'This'll be the hindmist een, kis I'm noo seventy-fower, and nae usin' a caur as much as I wis.' I thocht bi the time this een wis needin' replaced I wid be stoppit drivin', bit at the time o' writin', 1991, I'm still drivin' and gettin' on aricht. Bit tae get back tae 1985, it cam' tae the time for the holiday tae Blackpool. Weel, this wis juist something like the years afore, a bittie dearer this time, a full bus load again, some fowk hid drappit oot and some hid jined in, bit the atmosphere at the hotel wisna the same. Ye wid hiv thocht that Harry, his wife and twa sons wirna batherin' aboot's. Mind ye, the mait wis still gweed, weel cookit and plenty o'd, bit the bedrooms wisna gettin' the same attention. There wis een o' the showers hid aa the tiles lyin' on the fleer fin we gaed there and it wis the same fin we left. Aa the same, fin I spiered afore we left if they wintit tae come back neist year, maist o' them said, "Aye, of coorse we're wintin' back, fit wey wid they get their Christmas presents if they didna come back." So, the hotel wis bookit again for anither year afore we left, and for the same week, Setterday tae Friday, and on the road hame, I wis telt they wir aa needin' back, they wid say, "Na, na Alex, dinna stop yer trip tae Blackpool, yer daen affa fine."

Shortly aifter that, aboot the beginnin' o' November, I hid on my Long Johns onywey, I saw blood on the richt leg o' mi Long Johns, juist a drap here and there, ye ken, bit I gaed tae see the doctor aboot it. I hid a cheenge o' Doctor ir this time, Dr Sharp hid retired and Dr McLeod hid teen ower. She hid a look at mi leg, syne she spiered at's if I drunk a lot o' alcohol. I winnered fit wey she wis spierin' that, so I says, "Oh no, no, I dinna drink muckle alcohol, maybe three or fower times a week I'll hae a whisky, and maybe a bottle o' stout bit that's aa, shurely naething tae worry aboot." She says, "Oh no, Mr Smith, it's not that. Sometime in the past your right leg has been badly damaged, causing some damage to your veins too. That blood-stains on your clothing is caused by blood leaking out of your leg and everytime you take alcohol your blood thins, and that's when it leaks. My advice to you is to stop taking alcohol altogether for a month, then you'll know if that's what's causing it, and if it is I advise you to stop altogether." Weel, I thocht tae mesel, she wis richt eneuch aboot mi leg bein' hurt, first in 1953 wi' the tup, and syne in that caur accident in 1980, bit tae think that a whisky and a bottle o' stout three or fower times a week wis tae blame for mi leg bleedin'. Michty, she maun be oot o' her senses, aa the same, ye ken fit fowk says, "It's nae eese gaun tae the doctor if ye dinna dae fit yer telt," so I gaed tee-total for a file, and michty, the bleedin' stoppit. Ach, I thocht tae mesel, it micht've stoppit onywey, so I didna ken fit tae think. Weel, I bade tee-total for a couple o' months, aa that time there wis nae sine o' bleedin', so I thocht I wid gang back tae haen a drink again, and the bleedin' startit, naething tae worry aboot, juist noo and again a drap or twa. Bit I didna like it, so I stoppit takin' alcohol athegither, I missed it for a filie, bit nae noo, I niver think aboot it, juist occasionally I'll tak' a drink fin I'm in company, so's nae tae be anti-social.

I telt ye aboot gettin' a present o' a waukin' stick, weel, I startit usin't steady, fit an odds I kent, I cood wauk an affa lot steadier. The New Year wis by again, we wir noo intae 1986. I hid aa the arrangements made for the holiday tae Scarborough. Fower fowk hid tae withdraw due tae illness, so I hid the three fit wis left ahint the year afore in the pairty, that made fifty-twa, bit there wis nae sine o' the new bus wi' the extra sates, so I wisna batherin' mesel aboot it ony mair. It wis aboot this time I startit haen a bather gettin' my urine passed, this hid startit a file seen, and it wis ayie gettin' waur, and it cam' tull a heid ae day. I mind it wis Setterday, I hidna passed ony urine on the day afore, and the nicht aifter that, I wis ferr blawn up and affa sair, so I phoned the doctor and telt her. She says, "Wull ye manage tae wauk roond tae the oot-patients at the hospital?" I says, "Oh, I think so," so she says, "Alright, I'll meet you there in ten minutes." So I gaed roond tae the oot-patients. Michty, fit sair I wis ir I got roond there. The doctor and a young nursie wis wytin' on's, they got me laid oot on a bed. Fin I lookit doon at mi belly it wis affa swalled, it gaured me think o' the puddocks we used tae blaw up wi' a strae fin we wir gaun tae the skweel, they hid a swalled belly juist like mine. Weel, they got a tube intill's and the urine ran and ran and ran, I thocht it wis niver gaun tae stop, bit sic a relief I got, and the swallin' wis aa awa'. The doctor says tae me, "Are you feelin' better now, Mr Smith?" I says, "Oh aye, I'll get on mi claes and gang awa' hame noo." She says, "You most certainly will not, you'll stay here until this is cleared up, I'll phone Mrs Smith and she'll bring across your bed clothes for you."

Weel, that wis me bedded up in the hospital, and only three weks awa' fae the time for gaun awa' tae Scarborough. This wis something I ayie thocht wid happen fae the time I hid startit organisin' thae bus holidays, someday I widna manage tae gang and somebody else wid hae tae tak' ower. Fin I telt the doctor on Monday aboot gaun awa' tae Scarborough, she says, "Don't worry, Mr Smith, we'll juist keep ye a week here, ye'll easy manage yer holiday, only this is a temporary solution we're putting you through just now, I'll be writing today to Aberdeen for you to go on the waiting list for an operation on your prostrate gland, that'll probably come sometime in August or September." So I wis able taegang tae Scarborough aifter aa. I wis telt I hid tae drink plenty watter ilka day, that wid help tae keep the urine rinnin', and the bus driver, he didna get his big new bus, he got the len o' anither een instead, a topper o' a bus, it wis a Volvo, plenty poor aboot it, it cood ferrly clim the braes even tho it hid a full load, bit it hid only fifty-three sates. It wis a gweed job I hidna bookit in ony mair fowk. And fan we arrived at the Carlton House Hotel, fit a welcome we got. The manager cam' oot tae the bus and telts tae gang intae the dinin' room, there wis a cup o' tay wytin's there, and as we gaed in throo the door, aa the weemin wis presentit wi' a reed carnation, and fin een o' the men spiered faur oor's wis, he wis telt the men didna need een, they wir aa gweed eneuch lookin' withoot it. Of coorse, it wis een o' oor men fit said that, nae neen o' the staff. The time we wir takin' wir tay, the staff cairrit aa oor cases tae oor room doors, we got them sittin' there fin we gaed tae oor rooms, that ferrly gied's a gweed start tae oor holiday.

It wis a funny set-up at that hotel. The proprietor wis a wuman, she wrocht in the kitchen, and a man wis manager, he served at the tables, ayie dressed in his tails, and he hid aa the say, and I did the same there as I did at Morecambe. On Sunday nicht, aifter I'd seen that the mait we wir gettin' wis gweed and athing else wis aricht, I gaed tae pey my bill. They wir baith in the office fin I gaed tult, him in his tails and her juist as if she hid come oot o' the kitchen, they wir an odd lookin' pair. And fin I telt them fit I hid come tae see aboot, they lookit at een anither gie funny like. I winnered fit wis wrang, then he said, "Did I hear you right, did you say you've come to pay your bill?" I says, "Oh aye, that' fit I said." He says, "Oh, we'll better see to that then," and he opened up a ledger book, telt me fit I owed them and spiered if I agree'd wi't." I says, "Aye, that's richt," syne he says, and it wisna me he spak tae, it wis the wuman this time, "We'll have to do something about this," she nodded her heid, he rote something doon on the accoont, she lookit at it and nodded again, and he handed me the accoont and on the accoont wis a sizeable discoont. he says, "Do you agree with that?" I says, "Oh certainly," and rote oot the cheque and handed it ower. I cood see they wir baith fine plaised, and he says, "I'm going to tell you something Mr Smith, this is the third week since we opened, the two previous bus parties we had both left without payin', we'll be lucky to get paid in another month's time, you'll understand when I tell you we appreciate very much what you have done. It is up to us now to ensure you all enjoy your stay here, and if I can be of any help to you, you have just to ask."

So I spiered at him aboot bus ootin's, faur we cood gang wi' oor ain bus and sic like. He says, "Well, for a start, I'll tell you what I'll do, you go for a bus outing tomorrow afternoon, I'll come with you and act as courier, we won't go far, but I'll show you over the whole of Scarborough, and tell you the history of the town as we go along. If we leave the hotel at two o'clock, we'll be back about half past four, in plenty time to let you dress for dinner." Weel, he stuck tull his word. Michty, fit an odds it made haen a courier wi's. and he wis humoorsome tae. I think abody enjoyed that ootin', he ferrly kent aboot Scarborough. We hid some mair runs throo the week, including a hale day gaun tae York, fae ten in the mornin' tull five at nicht. The week gaed by, and on the road gaun hame I telt them o' my plans for neist year, instead o' an aicht day holiday, it wid be a ten day holiday. We wid start aff on Friday mornin' and gang tae Morecambe, bide there anicht and hid on tae Great Yarmooth on the Setterday, bide there in the Redruth Hotel fae Setterday tae Setterday, back tae Morecambe and syne hame on the Sunday, and of coorse, wi' it bein' ten days instead o' aicht days, it wid be a gie bittie dearer, mair nor that, I wid need at laist forty fowk afore we cood gang. Aifter I telt them aa that, I wyted a file, syne I gaed roon the bus tae see fit reaction I wid get tae my proposal. Tae tell the truth I didna ken fit tae expect. I did think the extra expense wid pit some o' them aff, bit na, na, there wis juist a fuow said they widna be gaun, and the extra expense wis niver spoken aboot, and I kent fine I wid aisy get fowk in plaice o' the fowk fit wisna gaun. Fin I got hame I confirmed the bookin' wi' the Redruth Hotel in Great Yarmooth and I fixed up accommodation for the twa nichts at Morecambe, we hid tae split up there, bit ach, it didna maitter, it wis juist for ae nicht at a time.

It wisna lang aifter that, I hid trouble wi' my urine again. I gaed back tae the doctor, bit I wisna keepit this time. I got relief and some kind o' peels tae tak', syne I hid tae gang intae Aiberdeen for examination, and a fortnicht aifter that I got notified tae gang intae Ward forty-fower Forresterhill for an operation aboot the middle o' August. Michty me, I thinks tae mesel, I hiv that Blackpool trip bookit for the seecond week in October, I'll niver be ready tae gang awa' there, so I thocht I wid cancel it, and gie aa them fit hid peyed me their siller back. "Bit na, na Alex, ye canna dae that, shurely some ither body'll tak' it ower," that's fit I wis telt, bit there wisna onybody wullin' tae dae't, so the driver said if I gaithered in aa the siller he wid see tult himsel. He says, "Onywey Alex, gin that time ye micht be fit tae gang yersel." So I gaed awa' for my operation. I gaed in on a Monday and got hame on Setterday, gie wabbit I kin tell ye, and hid tae bide in for a puckle mair days. the doctor cam' in tae see's ilka day, syne she telt me tae start and gang for a short wauk, and I gradually got better and stronger as the days gaed by. I gaed tae the doctor aboot a week afore and spiered did she think I cood gang tae Blackpool on Setterday. She says, "Nothing to hinder you from going, but take care, take things easy, and no lifting or carrying." So I gaed tae Blackpool aifter aa, and that wis the time I decided I wid tak' the front sate for mesel, there wis ayie a cairry-on aboot the front sate at the ither side fae the driver. I hid sittin' in the back sate lang eneuch, and mair than that, I hid made oot a list o' aa the sates in the bus, and gied abody a sate number a week aforehand, sic an odds it made. Afore that there wis ayie a queue aboot hauf an oor afore the bus wis due, bit noo they kent faur they wir tae be sittin' on the bus, it wis a different thing athegither, they juist turned up at ony time. If they wir telt the bus wis lavin' at seven, they kent they cood turn up at five tae seven, and get the sate allocated tae them.

And it workit oot grand, bit fit a lit doon fin we landed at Blackpool, it wis een o' that times the bus coodna get turned intae Hull Road, so we hid wir cases tae cairry fae the end o' the street. Noo, aa the years afore that, Harry and aa his staff ayie gied's a hand wi' oor cases, naebody that wisna fit didna hae tae tak' theirs up the stair, so I thocht if I gaed alang tae the hotel I wid get Harry and his staff tae gie's a hand. Bit michty, fit a shock I got, I met Gwen fin I gaed in. I says, "Faur's Harry?" She says, "Oh, he's no here." I says, "Weel, I'm needin' you and yer staff tae gie's a hand tae cairry some o' oor cases, mi ain een included kis I'm nae fit mesel." She turned awa' and says, "There's naebody here tae gie ye a hand, as abody comes in I'll hand ower the room keys, that'll lit abody get tae their rooms." I cood hairdly believe fit I wis hearin', we'd come tae this hotel for five year's rinnin', and tae be telt that fin we cam' inaboot. I thocht tae mesel, 'Foo nae try tae get anither hotel and lave them in the lurch', on seecond thochts I kent that wis nae eese, faur aboot wid I get anither hotel tae tak' in fifty-five fowk on a Setterday nicht, it juist wisna on, so we juist hid tae mak' the best o'd, aa the same I thocht I wis littin abody doon. Bit waur wis tae come, aifter we got oor denner, and we got a gweed denner, Margaret and me, we wir in oor room, fin somebody chappit at the door, and fin I opened the door, this chap says tae me, "Alex, dae ye mind fit like the shower wis at the end o' the corridor fin we left laist year?" I says, "Oh aye, I mind fine, aa the tiles wis lyin' on the fleer." He says, "Weel, it's juist the same noo, there hisna been a thing deen tult since that time, ye'll better come and see for yersel." So I gaed tae see it, shure eneuch, he wisna tellin' a wird o' a lee, the tiles wir aa lyin' there. Syne, anither body cam' and telt's they hauled their bed ootower fae the wa', and they got empty beer cans lyin' in alow'd. I gaed and got oor driver, him and me we hid a news aboot it, there wis nae doot bit fit the hotel hid come doon the hill, bit fit cood we dae. If we kicket up a soond aboot it, it wid cause a lot o' friction atween's, and the members o' the pairty micht suffer ower the heid's o'd, so we decided we wid spik tae Harry aboot the state o' the showers and rooms, lit him ken we wirna plaised and he micht dae something aboot it. Bit we coodna get a hud o' Harry, ayie fin we spiered faur he wis, naebody seemed tae ken, or didna wint tae tell's.

As the days gaed by, the fowk seemed tae be enjoyin' the meals aricht, and they wir buyin' up their Christmas presents like aa that, there wis tae be some load gaun hame in the bus this year again. On the day afore we wir lavin', that wis the Thursday, the driver and me, we set oot tae look for anither hotel for neist year, there wis nae wey we wir gaun back tae the Palmer Annesley. We thocht we wid hae tae stick tae the same time o' year, kis that wis the time o' the Illuminations, bit nae hotel wid think aboot it at that time o' year. A lot o' them wis keen tae tak' a bookin' fae's for August, bit nae for September or October. So we winnered if we wid get the bus fulled in August. "Weel," I says, "there's ae thing shure, we're nae gaun back faur we are." It wis aboot fower o'clock in the aifterneen ir we gaed intae the Beechfield Hotel in Hornby Road, we wir offered gie gweed terms there, mair nor that, there wis a lift tae tak' ye up tae the upstair's rooms and the bus wid hae nae bather gettin' inaboot tae the door, and there wis parkin' space for twa buses at the back o' the hotel. So I placed a bookin' for forty plus for the third week in August, Setterday tae Setterday, that wis a day mair than the Palmer Annesley. Harry, the proprietor o' the Palmer Annesley, he turned up that nicht, I took the chance tae tell him fit I thocht o' his hotel, and telt him in gie strong wirds that we widna be back again. He lissened tult aa, and didna say onything, ye wid hiv juist thocht he wisna carin'. Mind you, the hotel wis maybe affa run doon and oot o' order, bit the mait we got wis aricht, weel cookit and plenty o'd, and the dinin' room wis spotless, the staff lookit aifter that side aricht. Neist mornin' we loaded the cases inower the bus, hid oor brakfast and got awa' hame, there wis naebody there tae see us awa'.

On the road hame, I telt them aa fit I hid planned for neist year, the holiday wid be a day langer, it wid be in August and nae October, we wir gaun tae a hotel fit hid a lift for gaun up abeen wi'. The hotel wis on a fine, wide street and nae faur fae Blackpool Tower, ten meenits wauk wid tak' ye tae the Tower. Weel, I thocht a lot o' them wid say they wirna gaun back kis they widna see the Illuminations, bit it didna turn oot that wey, they aa wintit tae gang back, August or October, it didna maitter tae them. So that gaured me think, fit aboot the dizzen or so fowk I hid left ahint this year and hid promised tae tak' neist year, fit wis I gaun tae say tae them? Weel, that wid juist hae tae wyte, kis bi the time I got hame, I wis richt tired, I wis ferr worn oot, and I needed a gweed rest aifter that. That winter I took things gie canny, juist gaun oot tae the Senior Citizens at an odd time, and a game o' bowls at the Bowlin' Club noo and again. We wir intae 1987 noo and I wis feelin' neen ower weel files, there wis nae doot aboot it, auld age wis creepin' up on's. Aa the same as the wither startit tae improve, I began tae feel better and bi the time for the holiday tae Yarmooth cam' roond, I wis keen tae gang. Again I hid aboot a full load, and as I said afore, it wis a ten day holiday as we wid be stoppin' at Morecambe gaun awa' and comin' back. We wir bidin' in the Redruth Hotel in Yarmooth, nae sae gweed as some o' the hotels we'd been in afore, at the same time there wisna muckle room for complaints, it wis juist we'd been sae weel deen tull afore. There wis twa ootstandin' things aboot this holiday, this wis twa hale day bus trips, the first een tae the Norfolk Broads, michty, fit a fine day we hid that day, bricht sunshine aa the time, and I think aa oor pairty hid a trip on the Broads, it wis certainly worth see'in'. The ither trip wis tae the Queen's residence in Norfolk, Sandringham House. The wither wisna ower fine that day, bit the rain didna come on, of coorse the Queen wisna there, bit that didna dampen oor spirits neen, and we got in tae see a bit o' the hoose and the furniture. Some o' the weemin wir ferr teen wi' themsels makin' on they wir the Queen.

On the road hame fae Yarmooth I telt them aboot my plans for neist year. I hid bookit accommodation for a week at the One Ash Hotel, Llandudno, North Wales, again it wid be a ten day holiday and we wid bide aa nicht at the Corner House Hotel in Annan fin we wir gaun awa' and the same comin' back. Bit I got some resistance this time, some o' them hid been at Llandudno afore, and didna wint tae gang back again. Some o' them hid ither excuses, aa the same, I got mair than forty, so I wis safe eneuch tae gang aheid wi't. It wis aifter we cam' hame fae Yarmooth I wis reminded bi the wife I hid promised tae tak' her and anither couple tae Mull and Iona the year afore, and I hidna been able tae dae that kis o' my prostrate gland operation. She said, "So fit aboot it, cood we nae gang this summer." I says, "Aricht, bit I'll hae tae get the Blackpool trip organised, it's a cheenge o' a hotel this year and it's in August, nae October." And fin I got a hud o' the list for Blackpool, I hid seventy names. A gweed lot o' the usual eens hid peyed already, bit seventy intae a bus fit hid fifty-seven sates wis nae eese, so fit wis I tae dae. Ye see, I thocht the cheenge o' date fae October tae August wid hiv cut doon the demand, bit it wis the ither wey aboot, so I startit tae tell fowk I coodna tak' them, they wirna neen plaised aboot that. I sat doon ae nicht and hid a richt lang think aboot it, the upshot o' this wis, I phoned the hotel, spiered at them foo mony they cood tak', they telt me they cood tak' ninety, the hotel cood tak' aboot a hunner and ten athegither, bit they wid need tae ken gin the middle o' July for takin' ither bookin's. I says, "Aricht, I'll hire anither bus and see foo I get on, I hiv seventy ivnoo, I juist need anither ten tae mak' it workable." I phoned the bus driver aifter that. He says, "Och, ye'll aisy get anither bus, that'll lit abody gang fit wints," so I got in touch wi' them I hid been tellin' they coodna come, telt them they wid get noo if they still wintit, and wid they spread the news roond aboot I wis lookin' for mair fowk. Michty, it fair took a trick, gin the first week in July I hid ninety-twa fowk, they hid aa peyed their siller. The price that year wis bus fare tae Blackpool and back, seven nichts at the Beechfield Hotel on a B. & B. and evenin' denner basis, all gratuities included—Aichty-aicht pounds, ten pounds mair for private facilities.

Aifter I hid that aa settled, I thocht we cood gang awa' tae Mull noo, so I sat doon ae nicht and planned oot wir route. We wid start aff on a Monday mornin' aboot seven o'clock, gang tae Oban on Monday, gettin' there aboot supper time, tak' B. & B. on Monday nicht, catch the first ferry tae Mull on Tuesday mornin', we wid be in Mull in the foreneen, look in somewey for B. & B. for twa nichts, that wid gie's Tuesday aifterneen, aa day Wednesday and Thursday foreneen on Mull. We wid gang tae Iona on the Wednesday, syne back tae Oban on Thursday nicht for B. & B. The next day, Friday, we wid gang tae Callander, and aifter we hid bookit in there, we wid hae a run tae Loch Katrine, and if we hid time we wid hae a sail on the Sir Walter Scott on the loch. On Setterday we wid gang tae Aberfeldy and book in there for twa nichts, and on Sunday we wid gang up past Loch Tummel and Loch Rannoch tae Rannoch Station and back tae Aberfeldy gin nicht, bide ae nicht again and mak' for hame on the Monday. I hid been ower aa that roads afore, bit Margaret hidna, she hidna been at Mull and Iona afore and she hidna been at Rannoch Station afore, so I thocht it wid be fine tae gang tae thae plaices wi' her. So, that wis the week's holiday planned, I kent aa the roads fine, and tho I wis noo seventy-six I thocht I wid manage aricht, at the same time, I thocht tae mesel, 'It wid hiv been better if some o' the rest o'

284

them hid been a driver.

Weel, we set aff ae Monday mornin', got B. & B. in Oban, nae faur fae the ferry. The fowk we wir bidin' wi' telt's tae be at the pier early, that wey there wis mair chance o' gettin' on, and fin I got tae the pier I gaed tae the bookin' office. They spiered if I wis bookit tae get on the ferry, I said, "No, I'm nae." He says, "Aricht, gang ower ahint that big caur ower there, if there's room for ye, ye'll baith get on." We juist hid tae sit and wyte, it seemed like a gie file, bit it wis juist fifteen meenits, aa the larries, trailers and caurs oot o' the ither lanes wis on, and I thocht there wisna room for ony mair, fin this twa men cam' ower tae faur the twa caurs wir sittin', they measured the first een, syne my een, and een o' them said tae me, "Come on, there's room for your caur yet, that een in front o' ye, it's ower big, so you drive on." Michty, the driver o' the ither caur wisna plaised, bit they juist ignored him, and we got awa' on that ferry, that meant anither twa/three oors on Mull. Athing gaed tae plan aifter that, we wir haen a grand time o'd, and the wither wis maistly fine. We wir sittin' takin' oor brakfast at Aberfeldy on Sunday mornin', the rain wis dingin' doon, we thocht we wid be better tae gang hame, so that's fit we did. I gaed fae Aberfeldy tae Blairgowrie, syne on tae Braemar, and stoppit at the caur park aside Balmoral Castle for tay and sandwiches at denner time. We landed hame aboot fower o'clock, Margaret wis a wee bittie disappinted aboot nae gettin' tae Rannoch Station, bit I said I wid tak' her back some ither time. I'll tell ye aboot that farrer forrit.

I hid tae gang back tae the doctor tae hae anither look at mi sair leg again. She says tae me, "Are you sure you're not putting too much stress on it? You know I told you no lifting and carrying, but plenty short walks, take your time and make sure you don't stiffen up." I says, "Oh aye doctor, I've been deen fit ye telt me, I hinna haen a game o' bowls on the green kis I'm no fit, and I'm no dee'in ony ither kind o' work noo, I'm feenished book-keepin' athegither, the only thing I'm dee'in noo is organisin' thae holidays, and I'm thinkin' I'll hae tae stop that and aa, it's ower muckle responsibility." She says, "Alright, just you carry on, you're better with something to keep your mind occupied."

I hid aa the arrangements made for the trip tae Blackpool, the ninety-twa fowk wir still aa gaun, they aa hid got their room number and the bus sates wir aa allocated, it wis affa fine for abody tae ken their room number afore they gaed awa', it saved a lot o' time fin we landed at the hotel. It cam' tae the nicht afore we wir gaun awa', it wis aifter ten and I wis in my bed fin the phone rang, Margaret answered the phone. She shoutit tull's, "Ye'll better rise and see fit this man's needin', he's wintin' tae spik tae ye." This wis a man spikin' fae the Bowlin' Club, he'd gaun intae the club for a drink, heard we wir gaun awa' tae Blackpool neist mornin', and cood he come alang wi's?" 'Goad', I thocht tae mesel, 'fit neist, he's nae gien me muckle time is he?' So I hid a quick think aboot it, and I says, "Weel, if yer affa wintin' tae gang, be at St Mary's caur park the morn's mornin' gin a quarter tae seven, bring a hunner pound in cash, ye'll hae tae be wullin' tae tak' a back sate in the bus, and ye winna hae tae be ower fashious faur ye sleep the first nicht, I kin guarantee ye'll get a bed, bit it michtna be in the same hotel as the rest o's." I thocht he widna agree tae that, bit he did. He says, "Och, that's fine, I'll see ye in the mornin'." Neist mornin' he wis there aricht, and he handed me a hunner pound. I says tull him, "Noo, if I get ye intae a basic room at the hotel, ye'll get ten pounds back, bit if ye hiv tae tak' a room wi' a toilet and shower, ye winna get it back." He says, "Oh, that's aricht, I'm nae carin' ae wey or anither." Ye see, I cood aisy hiv left him tae see tull the room himsel, bit he wid hiv haen tae pey mair for't, he wid hiv lost the 12% discoont I hid agreed for haen aichty plus o' a pairty.

Weel, fin we landed at the Beechfield Hotel at Blackpool, sic an odds we kent fae the year afore. Baith the buses got drawn up in front o' the hotel, een in front o' the ither, I gaed awa' in, I met a sma' wee mannie at the door, I telt him fa I wis and said the buses wis inaboot, he said, "Oh, I'm Neil, I'm the manager here, and afore ye cood wink he hid some o' his staff oot tae help wi' the cases, and him and me we bade at the reception, he wis handin' ower the room keys. It wis a gie steer for a file, ninety odd fowk gaun intae a hotel at the same time, hooiver, in aboot fifteen meenits abody wis awa' tae their rooms, the lift hid been on overtime for a file, there wis noo juist this lad fit hid phoned me the nicht afore. I telt Neil fit wey he wis here. He says, "That's alright Alex, we have two singles vacant, he can have one of them," and he got a key and off he went. Aifter that I spiered at Neil faur Clive and Lillian wir, they wir the proprietors and it wis them I hid seen laist year. He says, "Oh, ye won't see them, they work in the kitchen, at the moment they are preparing your dinner, they stay in the background, their main aim is to see our guests are properly fed." And as we wir sittin' doon tae wir denner that nicht, I gaed ower tae the latecomer and handed him back ten pounds, I spiered at him if he wis plaised wi' the wey things hid turned oot, he says, "Oh aye Alex, I've gotten a fine room, it's sma' bit it's aa that I'm needin', and there's a toilet and a shower juist across the passage, aye and mair than that, I ken a lot o' fowk here, so I'm nae like a stranger.

As usual, we hid a twa/three bus trips throo the week, bit they didna aa wint tae gang on bus trips, it wisna lang ir some o' them fund oot faur Stanley Park wis, this wis a great big pleasure park, the Zoo wis there, plenty bowlin', ye cood hire a set o' bowls and hae a game if ye likit, ir ye cood juist sit aboot in the park and enjoy the sunshine, for there wis plenty o'd that year, and as for gettin' a snack, there wis plenty plaices for that tae. And of coorse, there wis the shops, fin it cam' on rain ye gaed tae the shops. Ach weel, the weemin did onywey, the men wirna sae fond o' that. At nichts there wis near ayie some kind o' entertainment in the hotel, Neil, the manager, saw tae that, he wis a richt go-aheid kind o' a lad. If ye wintit tae gang tull a show in the evenin', there wis a special phone for a taxi in reception, ye juist pickit up the phone and gied them yer name, the name o' the hotel, the time ye wintit the taxi for, and they wid turn up, aye and mair than that, they wirna ill tae pey. It wis a richt weel run hotel and naething seemed tae be ony bather tae them. It didna surprise me ony fin some o' them startit tae tell me they wir wintin' back again neist year, so afore we gaed awa' hame, I telt Neil, the manager, we wid be back neist year, bit I coodna sae hoo mony ivnoo. On the road hame I wis sittin' in the front sate o' een o' the buses, I wis feelin' rale tired, and I thocht tae mesel, 'I'm no fit tae cairryon the wey I'm dee'in, I'm gettin' ower auld', tho my brain wis ayie workin' aricht, the rest o' me coodna keep up wi' the younger members o' the pairty, it used tae be I wis een o' the first tae jine in the fun and the dincin', bit noo I juist hid tae sit and look on, it wisna the same. I thocht tae mesel, 'I'll maybe cairryon for a year or twa yet.'

My sister fae Farfar hid been comin' tae Blackpool noo for a twa/three years, sometimes she hid company and sometimes she wis juist hersel. There wis ae year my ither sister wis alang wi' her, bit this time she wis juist hersel, so instead o' gaun aff the bus at Farfar, she cam' aa the road tae Banff wi's, she wid bide a file wi' Margaret and me, syne I wid tak' her hame tae Farfar wi' the caur and we wid bide a nicht or twa wi' her. Weel, she bade aboot ten days at Banff, syne we took her tae Farfar wi' the caur, and the neist day the three o's gaed richt up tae Rannoch Station, that's faur we meant tae gang on the day we missed oot the time we wir at Mull, so I kept my promise aifter aa, and the time we wir at Rannoch Station a train stoppit for a file, it wis on the road tae Fort William, and we stood and watched it as it gaed oot o' sicht, awa' ower Rannoch Moor, awa' in amin the rocks and the heather. I think that wis the fourth time I hid deen that, ilka time I hid promised mesel I wid come back someday and hae a hurl ower that moor on the train, and I promised mesel that again that day, and noo, as I rite this in 1991, I've niver haen that hurl, and I dinna suppose I iver wull noo. We sat amin the heather that day and hid wir picnic, it wis the richt time o' year for that, kis the heather wis in full bloom. Michty, fit a smell cam' aff the heather fin it wis like that, and aboot a hunner yairds doon the roadside wis a raw o' beehives, somebody hid set them doon there tae get the heather honey, and the air wis fu' o' their sang, a fine contented sang it wis, and if ye lookit at the heather ye saw the bees flee hither and thither lookin' for honey and nae mindin' onybody. We sat there a file, juist enjoyin' the scenery, for the sun wis shinin' oot o' a cloodless sky, and as we sat there lookin' doon the road we hid come up, we heard a rumblin' comin' the ither wey, it wis anither train, bit it wis gaun the ither wey this time. It cam' tae the time we hid tae gang awa' hame tae Farfar, the twa wemin said tae me, "Fit aboot gaun in tae Aberfeldy and haen a fish supper and a tin o' Coca Cola, we'll aisy manage tae ait that in the caur." I says, "Oh aricht, that's fit we'll dae," that wis something I likit richt weel. So we did that, we wirna in nae hurry, and it wis nine o'clock ir we got hame tae Farfar, I kin tell ye neen o's needed rockin' that nicht, I ken I wis deid tired onywey and fell asleep finiver I gaed tae my bed.

The neist day we gaed for a run up Glen Esk, memories cam' floodin' back tull's that day, aboot the times fin I wis fifteen and saxteen year auld, fin we used tae set aff early in a mornin' fae Fettercairn wi' oor bikes, lave wir bikes at the roadside and gang awa' waukin' throo the hills. Andra Christie wis ayie oor leader, he ayie hid oor route mappit oot. And as I gaed roond a corner o' the road, I lookit richt ower tae the ither side o' the Esk, and there wis the hoose that the Lows hid bidden in. The man Low hid been shepherd at Muckle Tullo at that time, and Jamie Shepherd hid been seecond horseman, that wid hiv been aboot 1929, and it wis the same hoose faur we hid gotten a buttered scone and buttermilk fin we wis oot on patrol wi' the Home Guard in 1943. Michty, it aa come back tull's, I says, "I winner if that hoose is ayie occupied, awa' oot in the wilds like fit it wis." Margaret, she hid oot the spy-glass ir this time. She says, "Och aye, there's ayie fowk bidin' there, there's a great big washin' oot onywey." So I hid a look mesel, richt eneuch, there wis a big washin' oot, blawin' back and fore in the breeze, the sun wis shinin', it wis a richt dryin' day. Georgina, she wis sittin' in the back. She says, "Goad, that washin' wull be richt dried the day, the wife in that hoose wull be richt happy the nicht." Of coorse, that wis an auld farrant sayin', 'a washerwife wis ayie happy fin she got the washin' in fine and dry.' We cairrit on and cam' tae the Museum, we gaed in and hid a richt look roond the plaice, syne we gaed farrer up the road, stoppit at the roadside and hid oor picnic, it wis the same as yesterday, we wir sittin' aside the heather and ferr enjoyin' oorsels. Aifter that we gae tae Tarfside, turned aboot there and gaed awa' back doon the road, stoppin' noo and again tae tak' a photograph.

That wis on a Thursday, and on Friday mornin' I said tae the twa weemin I wid like tae gang and see faur I wis born. Ye see, I wis born at Pitbeadlie, a fairm atween Marykirk and St Cyrus, and in spite o' aa mi rinnin' aboot wi' mi bike, motor-bikes and caurs, I hid niver been there. I minded fine fit my fader hid telt me, it wis in an auld hoose in a park at the roadside gaun up tae the fairm faur I wis born. Syne I says tae them, "Ye ken, if ye dinna fancy comin' alang, I'll aisy gang mesel," bit na, na, they wintit tae come tae, only we wid tak' wir denner afore we gaed awa'. So aifter dennertime we set aff. We hid a big flask o' tay and a twa/three biscuits wi's for a fly-cup. I made for Marykirk first, syne turned up the road fit wid tak's tae St Cyrus, I kent Pitbeadlie wis up this road, bit I wisna shure faur aboot. We cam' on this lad waukin' on the road, I stoppit and spiered at him faur Pitbeadlie wis. He says, "Oh, yer gaun tae Pitbeadlie ir ye, if ye gie me a hurl up the road, I'll show ye faur it is." I says, "Aricht," and I opened the door and he jumpit inower and I startit awa' again. We wir juist new startit fin he says, "Fit wey ir ye wintin' tae ging tae Pitbeadlie?" I says, "Oh, I wis born there in 1911 and I'm juist wintin' tae see it." He thocht a filie and says, "That disna mak' sense tae me, if ye wis born there, fit wey div ye nae mind faur it is?" I says, "Tho I wis born there, I wisna lang there, I left fin I wis aboot nine month auld." Bit he coodna see throo this, na, na, tae think I wis born at Pitbeadlie and didna ken the wey back tul't. Syne he says, "Och min, I think yer hauf daft, ir ye shure yer nae needin' yer heid lookit at?" I gie near said fit I thocht, bit I hud mi wheest, and fin I got tae the fairm, I gaed awa' tae the hoose door and left this lad wi' Maragaret and Georgina, and they hid a gie time o'd the time I wis awa', fit funny and daft things he wis spierin' at them. Weel, fin I gaed tae the hoose door, the fairmer cam' oot tae spik tae me. I telt him I hid been born here and I hid come back tae see the hoose I wis born in, if it wis ayie there, the hoose wis in a park at the side o' the road up tae the fairm. He says, "Weel, 1911 wis a gie file afore I wis born, bit I hiv been telt there wis a hoosie in the neuk o' that park, bit I niver saw't, it must've been nockit doon or it hid fa'n doon a gie lang time syne.

So there wis nae wey I cood see the hoose I wis born in, and fin I gaed back tae the caur this lad wis ayie in't. He says, Faur ir ye gaun noo?" I says, "Oh, we're gaun back tae Marykirk, foo ir ye spierin'?" He says, "Oh, that's fine, that's faur I bide, I'll come wi' ye." Fin I got tae Marykirk we wis passin' by the kirk, he shouts, "Stop here! This is faur I wint tae get ootower," and aifter he wis oot, he says, "Oh thankye for gien's a hurl, bit I'm gaun awa' tae tell my granda aboot meetin' you fowks," and Margaret says tae me, "We're fine plaised tae get redd o' that lad, fit a lot o' rubbish he wis spikin' tae us the time you wis newsin' tae the fairmer." I gaed tae the Post Office aifter that, I wis wintin' tae see Emily Milne, I hidna seen her since we left Tillygrain in 1951, she wisna Emily Milne ony langer, she wis noo Emily Officer, and they hid the Post Office. Ye see, fin I kent her first, she bade wi' her fader and mither at Nether Benholm, her fader wis foreman, they bade in een o' the cottar hooses at the back o' Tillygrain, and her mither eese'd tae milk oor coo fin we wis needin' awa' fae hame. I bocht ice-cream, took it oot tae the caur tae Margaret and Georgina, and hid a gweed lang news wi' Emily mesel. Aifter that we gaed awa' hame tae Farfar and neist day, it wis Setterday, we gaed hame tae Banff, and that wis the feenish o' oor gallavantin' for a file. We hid deen weel that year, ten day holiday tae Yarmooth, a week's holiday wi' the caur tae Mull and Iona, aicht day holiday tae Blackpool, and tae feenish up wi', five days awa' bidin' in Farfar. We didna manage the Lonach Games that year, kis they wir held on the Setterday we cam' back fae Blackpool.

It wis aboot the beginnin' o' December that year, 1987, I got mi een tested. The optician, she wis a wifie, she gied me an affa ragin' for bein' sae lang in gaun in for a test. She says, "You have a cataract in both your eyes, but it's not at an advanced stage yet, but you badly require spectacles for drivin'," so I wis telt tae gang back in aboot a week's time tae get mi specs for drivin', and fin she gie'd me mi specs, she says, "Now Mr Smith, you must come back here in two years time and get your eyes tested again, I think by that time you'll have to go and see a specialist." And richt eneuch, aifter I got this specs, I cood see a lot farrer fin drivin' the caur.

We wir intae anither year noo, 1988, and ae day I wis at the Senior Citizens fin twa/three o' them cam' tull's, and een o' them says, "Hey Alex, we'd like tae gang tae the Garden Festival in Glesga', it opens in April sometime, fit aboot you hirin' a bus and takin's aa tult, we're shure you cood aisy get a full load?" Bit I shook mi heid, and telt them aboot ither fowk fa wir tae be organisin' a bus tae gang. "Oh aye," they said, "They ither fowk wir tae be gaun and comin' the same day, that's nae eese tae us pensioners, we wid be ferr deen lang afore it wis time tae come awa' hame. We wint tae gang awa' ae day, bide anicht in Glesga' and gang tae the Festival neist day and come hame that nicht." Weel, that's fit I wid be daen onywey if I hid been tae hire a bus, naewey wid I think aboot dae'nt in ae day. And aa throo the months o' February and Mairch, fowk wis comin' tull's winnerin' if I wid rin a bus, bit ayie I said, "Na, na," syne I heard that een o' this ither fowk hid gien't up, he coodna get a load for his bus, so I cheenged mi mind. I lut it bi kent I'd hired a bus, I wis lookin' for forty fowk tae mak' it work, we wid gang awa' aboot aicht o'clock in the mornin', tak' a scenic route tae Glesga', bide anicht in a fancy hotel, B. & B., gang tae the Festival the neist day and come hame that nicht, and the price wid be thirty-five pounds for pensioners and thirty-sax pounds for ither fowk. The reason for that wis pensioners wir a pound less for entry tae the Festival.

It wis the end o' Mairch I announced this, five weeks afore we wir due tae gang awa', and gin the end o' the first week, I hid the forty names I needed, they aa peyed up fin their names gaed doon, and a week afore we gaed awa' I hid fifty-sax fowk gaun, that juist left ae sate in the bus. Michty, fit a grand trip that wis, we set aff in the mornin', and fin we cam' tae Perth, we didna tak' the direct road tae Glesga', we gaed throo Crieff, St. Fillans, alang the side o' Loch Earn tae Lochearnhead, syne on tae Crianlarich, and afore we cam' tae Crianlarich we stoppit at the Ben More restaurant tae get something tae ait. Aifter that we gaed aa the wey alang the side o' Loch Lomond and intae Glesga' that wey and got tae oor hotel aboot five o'clock. Abody wis fine plaised wi' the trip that day, the sun wis shinin' and abody enjoyed the scenery alang the road side. Neist day we gaed tae the Festival, we wir there at ten o'clock fin it opened, and abody hid tae be back at the bus at fower o'clock for gaun awa' hame. We stoppit at Perth and hid wir tay in a hotel there, and got hame aboot nine o'clock, abody gie tired bit plaised and happy wi' themsels, and as they wir lavin' the bus, some o' them wis sayin' tull's, "Goad Alex, that wis a richt trip, and tae think it only cost thirty-five pounds, fit aboot daen the same trip again sometime?" I says, "Aricht, we'll see fit happens, bit the bus is lavin' for Llandudno in ten days time, we'll hae tae wyte ir I come back fae there ir I'll hae time tae think aboot it."

Afore I gaed awa' tae Glesga' I hid the holiday tae Llandudno aa planned, I juist hid tae check tae mak' shure naebody hid teen nae weel the time I wis awa', bit na, athing wis aricht, so the mornin' cam' roond for us gaun awa', abody turned up in gweed time, so there wis nae hinner, and there wis nae hurry that day kis we wir juist gaun tae bide at the Corner House Hotel in Annan that nicht. Neist day, we cairrit on and landed at the One Ash Hotel in Llandudno at five o'clock,, and finiver I gaed intae the hotel, I took a dislike tae the plaice, fit wey I didna ken. I met the proprietor juist as I gaed in throo the door, and I took a dislike tae him forby. Ye wid hiv actually thocht that we hid gaun there tae serve him and nae the ither wey aboot, and aa that week I thocht the same. The mait we got wis aricht, the plaice wis clean eneuch, bit the atmosphere wis missin', and it gaured ye think they didna wint tae be bathered wi' ye. Apairt fae that, we hid a gweed eneuch time o'd, I got a hud o' a richt man tae come wi's as a courier on oor bus, and we traivelled throo a lot o' the local countraeside. We hairdly iver hid entertainment in the hotel, and the hotel fowk widna mak' tea or coffee tull's afore bedtime, fin I spiered at the boss aboot it, he says, "No, no, there's no need for it, you've all got tea and coffee makin' facilities in you're rooms." And the nicht afore we left Llandudno, he widna alloo' the kitchen staff throo tae the dinin' room fin we wir thruw wi' wir denner so's I cood personally thank them on behalf o' oor pairty. Na, na, naewey wid he hear o' that. We left on Setterday mornin' and gaed back tae the Corner House Hotel in Annan. Michty, sic an odds in the atmosphere there, we wir treatit like freens, they coodna dae eneuch for's, and mair nor that, we wir there aboot twa o'clock, in fine time for the weemin tae gang tae the mairket and the men tae watch the International atween Scotland and England on the T.V.

Gaun hame on the Sunday, I telt them I hid provisionally bookit a hotel in the Isle o' Man for neist year. It wid be the seecond week o' Mey, again it wid cover ten days. We wid lave Banff on the Friday mornin', bide at the Corner House Hotel anicht, on Setterday we wid jine the ferry at Heysham, takin' the bus alang wi's so that neen o's wid be trauchled wi' oor luggage, land in the Isle o' Man aboot sax o'clock, be at the Excelsior Hotel for wir denner, bide there seven days, lave for the journey hame on Setterday mornin', it wid be the reverse o' the journey comin'. Tae pey for aa that, the price wid be aboot twa hunner pounds, and I feenished up tellin' them if I didna get forty fowk tae gang, I wid cancel the hale thing, and that wid be the feenish o' the holidays, kis I wis gettin' ower auld for cairryin' on. As usual, we stoppit at Stracathro that day. Fin we wir there a lot o' them cam' tull's, spierin' aboot the Isle o' Man trip. It wis aisy seen a puckle o' them wis keen on't onywey, and aifter we left Stracathro I gaed roond the bus tae find oot fa' wis wullin' tae gang. Wee, there wis fifty-five fowk on the bus that day, oot o' that twenty-twa said they wirna gaun. Some said the coodna afford it, some said they wirna gaun kis they hid tae gang ower the watter and some said, fit's the eese o' gaun there at that time o' year, it wis ower early, there wid be naething tae see. That left me wi' thirty-three, and maybe een or twa o' them micht back oot. I wis a bittie disappintet, so I said ower the loud-speaker, "I'm spikin' tae them fa' his agreed tae gang noo, I'm nae gaun tae cancelle't, it's up tae you fowks tae help me mak' up the number." And mak' up the number we did. Within a month I hid mair than saxty. I wis tellin' them that bi the that time they wid get if some o' the ither fowk backit oot, they wid say, "Aricht, juist lave oor names on the list meantime." Ye see I wis tryin' tae be ferr tae abody.

Afore I gang ower faur, I'll better tell ye aboot something else fit happened in the spring o' 1988. It wis aboot the beginnin' o' Mairch, ae Wednesday aifterneen at the Senior Citizens, twa lads cam' in fae the Age Concern Heritage Project, they said they wir lookin' for fowk tae spik aboot their life gone by, aboot the 1920's and the 1930's, tae spik aboot their skweel life and their workin' life, usin' the dialect they used in the bygone days, and tae get it recorded on tape for anybody tae hear. They spak tae a lot o' fowk that day, baith men and weemin, fae the fishin' side and the fairmin' side. Een o' them cam' tae me, he says, "What's your name, sir?" I says, "Oh, my names Alex Smith, foo ir ye spierin'?" He says, "Oh, I've been listening to you speaking, you speak in a good old fashioned twang, would you be agreeable to be interviewed and get it recorded on tape." I says, "Ach, it's nae me ye shood be seekin', I dinna hae the Buchan twang, ye see I wis born and brocht up in the Howe o' the Mearns, my dialect's nae the same as the local, it's the local fowk ye shood be seekin'." He says, "Yes, I know Mr Smith, but we would be pleased if you would do it also." I agreed tae this, and they cam' tull's on three different aifterneens, I fulled three tapes, baith sides, and they wir sae weel plaised wi't, they said I shood pit it doon in ritin', bit I ayie said, "Na, na, that's ower big a job, I widna hae time for that."

Meantime, there wis fowk at's for pittin' on anither bus tae the Gairden Festival in Glesga'. There wis aboot aicht fowk wintit tae gang back again. I says, "Aricht than, bit it'll hae tae be in September kis I hiv the trip tae Blackpool in August, there's twa buses gaun this year again." Weel, we gaed tae Blackpool, twa buses again, bit a dizzen less fowk. Ye see, I wis stopit pushin' for fowk tae gang. This holiday wis much the same as the year afore, bit we hid a mishunter comin' hame, for een o' the buses broke doon, it hid gotten a new engine intil't aboot a month afore, and the new engine seized up. We wir aa held up aboot twa oors ower the heid's o' this, the twa drivers widna hear o' ae bus gaun awa' on bi itsel, they hid tae hire a bus fae Carlisle tae lit us get hame. I wisna feelin' ower weel at the time, aa this cairryon wisna helpin' ony, and of coorse, there wis ayie this seecond trip tae Glesga' tae come yet. Again, there wis a full bus load. I mind aboot ten days afore we gaed awa', ilka sate in the bus except three in the back and the nairra seecond back sate wis full. Twa couples cam' tull's, een aifter the ither, wintin' tae gang tae the Gairden Festival, bit fin I telt them faur they wid hae tae sit on the bus, they wirna haen that, na, na, I cood get some o' the rest o' the company tae tak' thae sates. I says, "Oh na, na, that widna dae ava." "In that case than they wirna gaun," they said. Bit they cam' back in a twa/three days and said they wid tak' the sates. So that wis noo a pairty o' fifty sax, lavin' ae sate in the bus. We did the same wi this trip as we did wi' the first een, juist the scenery wis better this time, kis the heather wis in bloom. There's nae better sicht than an expanse o' heather in bloom on a richt sunny day, and fan we gaed tae the Festival I didna gang intilt, I bade wi' the driver in the bus, I wisna fit tae gang trailin' aboot, the rest sittin' in the bus wi' the sun shinin' in on's did me a lot mair gweed.

So that wis oor gallavantin' by for anither year, a ten day trip tae Llandudno, an aicht day trip tae Blackpool, twice tae the Glesga' Gairden Festival, and there wis nae caur trips that year. The indoor bowlin' wis startit again, I fancied a game, bit ayie fin I gaed tul't I nott aa my time tae throw the bowls fae end o' the carpet tull the ither end, and bi the time I hid played fifteen or saxteen ends I wis ferr deen, and I thocht tae mesel it wis time I wis stoppit tryin' tae play, I wis juist gaun tae mak' mesel nae weel. Bit I didna hae tae mak' that decision, for ae mornin' aboot the third week o' September I took an affa pain in mi breest. It wis atween three and fower o'clock and it got as bad as I said tae Margaret she'd better send for the doctor, and fin the doctor cam' she wis shure it wis a heart attack I hid. She phoned for an ambulance and got me teen ower the road tae Chalmers Hospital. I kin mind aboot bein' pit inower a bed, and the next time I waukened I wis telt it wis ten o'clock, I hid sleepit aa that time withoot kennin' o'd, and I startit hiccupin', twice a meenit or something like that. The nurse got the doctor tull's. The doctor says, "Mr Smith, you'llbe pleased tae hear it's nae a real heart attack you had, it's the rate your heart beats that has gone all wrong, and that's just about as bad. Meantime, you'll have to stay in bed until we get that put right." They startit me wi' peels for the hiccups, and I wis gettin' an injection ilka fower oors, and the twa nurses used tae come, ilka twa oors for a start, een tae tak' mi pulse and een tae lissen tae mi heart-beats. I wis gie faur awa' wi't at that time. If I mind richt I wis keepit in for thirteen days, and as the days gaed by I got aa that much better, and fin I wis telt I wis gettin' hame, I says, "Oh, that's fine for aa the bittie I'll aisy wauk," it wis juist aboot fifty or saxty yairds, bit na, na, the doctor widna hear o'd, I hid tae get a caur tae tak's hame.

I wis still affa weak, the doctor cam' tae see's ilka day for a file, syne ae day she says, "Now Mr Smith, I'm not coming back tomorrow, but I'll look in about the end of the week, at the same time I'm going to tell you this, you must not lift or carry anything, no more gardening and no more bowling." I says, "Div ye mean it doctor," and she says, "Of course I mean it, you must take it easy from now on, you can walk every day if you like, but don't push yourself at that either." So, that wis me gettin' my orders, and I startit gaun oot for short wauks, files twice a day, and I wis ayie gruwin' stronger. The warst o'd wis, it wis noo winter, and some days I didna get oot ava', hooiver the New Year gaed by, we wir noo intae 1989, and I wis drivin' some again. It wis affa fine gettin' awa' oot intae the countrae, even for juist hauf an oor. I winnered if I wid cancel the trip tae the Isle o' Man, aifter a', I hidna ony siller peyed oot yet, athing wis still at the provisional stage, and then I thocht aboot aa the fowk fit wid be disappintit if I didna cairry on. Weel, I hid tae mak' up mi mind, so I decided tae cairry on. Spik aboot bein' disappintit, it wis naething tae compare wi' the disappintment I got fin I contacted the fowk fa' said they wir gaun. Oot o' the saxty-three names I hid, only forty-three said they wir still interested and keen tae gang, of coorse, that wis eneuch tae mak' it work oot aricht, at the same time I thocht I wid like some mair, up tae fifty maybe. So, I startit lookin' for ither fowk tae come, and in the lang run I got the number up tae forty-nine. So I balanced it aa up, I minded fit I hid said the price wid be, twa hunner pounds per person, and I fund oot I cood afford tae tak' oot an insurance policy tae cover the hale pairty, if I didna dae that, I cood afford tae drap the price bi sax pounds. I thocht lang and hard aboot this. Ye see, I hid niver used insurance afore, abody juist insured themsels if they wintit, and mair than that, I ayie hid somebody stannin' by tae step in if onybody withdrew, bit nae this time, so I decided tae go for the insurance.

Meantime, ae affa fine day at the end o' January, I thocht I wid gang tae the Bowlin' Club and try a game o' bowls, tho the doctor telt me nae tae dae't, I thocht ae game widna dae me ony hairm, so I gaed that aifterneen and drew a disc tae play in a triples. For a start, I wisna playin' that bad, bit as the game wore on I got waur and waur, mi bowls wir gaun aa ower the plaice, files hittin' the stick and files gaun aff the carpet athegither. It wis affa upsettin' for the ither twa fa' wis playin' alang wi's, and bi the end o' the game I wis utterly exhausted. Aifter I played mi hindmist bowl, I collapsed intae a chair and hid tae sit there for a file afore I cam' tae mesel. It took me a twa/three days tae get ower't, so I thocht tae mesel, I'll better dae fit the doctor telt me, stop the bowlin' athegither. I gaed back ae day aifter that and brocht mi bowls hame, I still hiv them, bit I suppose I'll sell them someday. So, that wis the feenish o' the bowlin', as faur as I wis concerned onywey, and I wis sittin' in the hoose ae aifterneen in February, ferr fed-up wi' mesel, winnerin' fit I cood dae tae pass the time, fin I minded fit the fowk at the Heritage Project hid said tae me aifter I hid recorded on tape fit my life hid been like. They hid said I shood pit it doon in ritin', it wid be a fine example o' fit life wis like for fairm workers in the first hauf o' the twentieth century. And nae only them, abody fa' heard the tapes said the same, it wid look richt weel in ritin', I ayie said, "Oh aye, maybe it wid look weel in ritin', bit that wid be a lang drawn oot job, a lot mair wid need tae gang intilt than fit gaed intae the tapes, mair than that, I didna hae time for't.

Bit noo, aa that wis cheenged, here wis me sittin' here wi' naething tae dae, a cauld wind blawin' aff the sea and comin' up Fife Street, as cauld as I coodna gang oot for a wauk. I thocht tae mesel, 'Shood I hae a go at it and sit doon and rite my life story.' Back and fore the thochts gaed throo mi mind, wid I manage tae rite in the Doric, and supposin' I did, wid ither fowk be interested in it, syne I minded o' see'in noo and again in the papers fowk ritin' and sayin' fit a job they hid gettin' onythin' published in the Doric, very seldom it turned oot tae be a financial success, at the same time, supposin' I did start ritin', it didna hae tae be a success, it wid be affa fine tae be fit tae say I hid deen it. So I decided tae hae a go, and afore I cood cheenge mi mind, I got some sheets o' paper and a pen and made a start. I wisna lang in finnin' oot it wis aisier tae spik Doric than fit it wis tae rite it. Time aifter time, I slippit fae the Doric tae the hauf English dialect we used ilka day, and files hid een or twa line rittin' afore I noticed it. Time aifter time, I wid tare up the paper and start ower again. Bit I wis startit noo, naewey wid I stop withoot gien't a gweed trial, and at the end o' the aifterneen, I hid the first page completed, in fit I thocht wis hauf deecent like. So the neist day I wis at it again, an oor in the foreneen and an oor in the aifterneen, that wis anither twa pages, and I fund oot that I cood only sit at it an.oor at a time, mair than that and the wirds files got mixed up. I cairrit on till I hid aboot forty pages ritten. I thocht afore I rote ony mair I'd better find oot if it wid be worth o' gaun on wi', bit fa' wis I tae discuss it wi'. I didna wint tae gang faur fae hame wi't, so I gaed doon tae the local paper office, that is the Banffshire Journal. I took mi manuscript wi's and lut them see't. I said tae them I wis thinkin' o' ritin' a book juist like fit mi manuscript wis, bit they coodna help me neen, they advised me tae gang tae Peters in Turra, they files printed in the Doric. So I gaed tae Peters. Oh aye, they wir interested aricht, they spiered at me foo mony pages I wid hae fin I wis feenished ritin'. I says, "Oh, aboot twa hunner." "Aricht," they said, "we wid manage that, mair than that, they wid work oot an estimate foo much it wood cost and send it tull's." I got this estimate in aboot twa days time, the size o'd gie'd me a shock, I winnered if I wid cairryon, there wis a gweed bit siller involved, and it wid be risky. 'Ach weel', I thocht tae mesel, 'I've teen a lot o' risks in my life afore, maist o' them cam' aff aricht, bit some o' them didna. Weel, this wid be juist anither gamble, it micht come aff aricht', so I decided tae keep on ritin'

Meantime, I hid haen fowk at's tae tak' a bus tae Blackpool in August again. I wis gie swier tae tak' it on, hooiver, I agreed tul't, bit juist ae bus. I wid tak' in names tull the bus wis full, and nae mair. I wisna lang in gettin' a puckle names, eence the wird got roond a lot o' them cam' and peyed their deposit, maist o' them wis sayin' they didna wint tae miss their trip tae Blackpool, aye, and faur wid they get their Christmas presents if they didna go. I wis stickin' intae mi' ritin, average'n aicht tae ten pages a week, and it cam' tae the time we hid tae lave for the Isle o' Man. It wis a gweed job I hid abody insured, kis fower days afore we gaed awa' twa weemin drappit oot throo illness. The baith sent me a Medical Certificate, so I hid tae hand them back their siller, bit the insurance company peyed up, and that made athing aricht. We set aff ae Friday mornin' and bade anicht at the Corner House Hotel in Annan. Michty, fit a grand plaice that wis for stoppin' anicht, they made us richt welcome and the denner and brakfast we got coodna be faulted. We crossed ower fae Heysham neist day on the ferry. The journey gaun ower wis fine and quate, there wis hardly ony swell on the watter, and I dinna think onybody got seek. We landed at the Excelsior Hotel aboot seven, got oor room keys, there was twa lifts in this hotel, so naebody hid tae clim the stairs, syne we got oor denner, we wir aa ready for't, kis it wis a file fae the time we hid aitin laist.

Aboot a week afore we left hame, I hid ritten tull a coach hirer on the Isle o' Man, tellin' him fan we wid be there and spierin' if he wid organise a bus for's tae tak's oot on fower hauf day tours and ae hale day tour, and wid he lit me ken fit the price per person wid be, at the same time I pintit oot tae him I wid guarantee he wid get at least forty for ilka tour. Back cam' a reply agree'n tae dae this, bit he suggested Sunday shood be free, Monday a hauf day trip, Tuesday a hale day trip, Wednesday a hauf day trip, and Thursday wid be free tull evenin', fin the bus wid tak's oot tull a country club for a sing-a-long, this wis a richt popular club, he hid spoken tae them aboot it, and fin he telt them we cam' fae Scotland they said they wid pit on a special programme and we wid be made richt welcome. And if we wintit something on Friday there wis a short trip he cood tak's, this juist took twa oors and wis in the foreneen. He hid details aboot faur ilka trip gaed tull, and the price o'd, so on the road fae hame tae Annan, I handed oot copies o' this and aifter abody hid haen a chance tae reed it, I spiered did they wint tae gang on this trips, near abody agreed tul't, there wis juist een or twa withdrew fae some o' the runs, they aa thocht it wis a grand idea, nae tae use oor ain bus bit tae tak' a local een, that wey we wid see a lot mair. The owner o' the bus cam' tae see me on Sunday, him and me, we got on aricht thegither and afore he left, he says, "I'm giving the job of driving you around to a recently retired bus driver, he only works part time now, but he's the man for the job, he knows every nook and cranny of the island, and his name is Percy. As the twa o's wis stannin' newsin' at the hotel door, oor ain bus driver cam' inaboot. I introduced them tae een anither and they got newsin' thegither, wi' the result oor driver wis invited tae tak' his bus tae the garage and get it washed and cleaned, and he cood lave it there tull we wir gaun hame, it wid be better sittin' in the garage, than sittin' on the promenade.

The bus owner didna tell a lee aboot Percy, there wis nae doot aboot it, he wis the richt man for the job, naething wis ower muckle bather tull him, he wis richt ceevil and courteous tull's aa, specially the weemin, he seemed tae hae a saft spot for them, and the wey he spak tull's ower the loud speaker in the bus wis great. If there wis onythin' special tae see, he kent exactly faur tae stop the bus, there wis naewey ye wid get bored wi' Percy. Aifter the hauf day trip on Monday and the hale dae trip on Tuesday, I phoned the bus owner and said I wis comin' alang tae pey him. He says, "No, no Alex," we wir usin' first names ir this time, "I'll come along and see you, I'll be there about ten tomorrow, will that do?" So he cam' tae the hotel and I got him peyed, I got a gweed discoont for peyin' him sae seen. He says, "Do you always trust folks like this, Alex? You know I could let you down now I've got this cheque." I says, "Nae ferrs, juist ye try it and see fit wid happen, I wid juist phone Banff and cancel that cheque, ye see it works baith weys, I'm trustin' ye bi peyin' ye ivnoo and your trustin' me fin ye accept it." Aifter he left the proprietor o' the hotel cam' tae me, he says, "Were you paying Mr....... for the hire of his bus?" And fin I said I wis, he says, "Well, you'll shurely manage to pay me now." I gie near said no, bit I fore thocht, I micht as weel and be deen wi't, it wisna the first time he hid spoken aboot it, bit ye see, twa/three times him and me hid haen wirds aboot sma' irritatin' things, mair than that, I didna trust him, in ordinary times I wid've peyed ir this time, bit nae him. Weel, we gaed intil his office, he hid my bill made oot bit it wisna richt, it wis ower muckle. Him and me, we argied aboot it, and I threatened tae report him tae the Isle o' Man Tourist Board, that gaured him cheenge his tune and we got athing sortit oot. Noo, I said afore it peyed me nae tae be ower lang in peyin' mi accoont, generally spikin', ye got better service aifter that, bit nae this time, aifter this lad got his cheque, he didna seem tae care, and oor meals got waur instead o' better. I decided I wisna gaun tae say ony mair, juist work awa' for the rest o' the week.

Percy wis back wi' his bus in the aifterneen again, aifter that we cheenged the Friday foreneen trip tae Thursday foreneen, this meant oor hindmist trip wid be tae the country club, and lave the hale day on Friday as a free day. And that trip tae the country club, michty, fit a nicht we hid there, they ferrly did us weel, and we pairtit wi' Percy fin he took's back tae the hotel. He got a big cheer and a gweed tip afore he left. Friday wis a quate kind o' a day, and on Setterday we gaed aboard the ferry gin aicht o'clock, again we hid a richt quate crossin', landed at Heysham and wis back in time for the weemin tae get tae the open air mairket. Neist day, gaun hame on the bus fae Annan tae Banff, they wir spierin' at's faur we wid be gaun neist year. I says, "Gang faur ye like, I winna be organisin' anither een, eence the trip tae Blackpool's by in August, that'll be me feenished." I didna wint tae gie'd up, it wis juist I wis gruwin' ower auld. Hooiver, I wis hame and back tae the ritin' again. Sometimes I wid tak' the caur and gang oot tae the Banff Links and sit and rite in the caur, it wis affa fine dee'n that fin it wis a fine day. Athing gaed aricht for a file, bit on the twentieth o' June disaster struck, Margaret wis washin' hersel in the bathroom fin she fell aa her length and hurt her back that mornin'. I phoned for the doctor and he got her admitted tae Chalmers Hospital, she wis as sair hurtit, she hid tae lie flat on her back for a file.

So, I wis left mesel, that didna bather me neen, bit Margaret's son, Jim, his wife Karen and their loonie Alex, wir comin' fae Canada tae bide wi's for a month, and they wid be here in ten days time. Weel, that didna bather me aither, I kent fine they wid aisy look aifter themsels, bit Margaret didna think that, she thocht it wis affa them comin' tae bide wi's and her lyin' flat on her back in the hospital. She wis a hale month in the hospital and wisna fit for a lot fin she cam' oot, it wis maybe a gweed job Jim and Karen wis there, for they helpit her a lot and kept her fae gettin' bored. She coodna sit lang in a caur for a file aifter that, and we began tae winner if she wid manage tae sit in the bus aa the road tae Blackpool. Weel, oor visitors wir awa' back tae Canada, I hid athing arranged for gaun tae Blackpool, bit ayie we winnered if Margaret wid manage, and if she wisna gaun, I wisna aither, so she gaed and spiered at the doctor, did he think she cood gang. He says, "If you feel like going, just you go, but take things easy." That plaised her aricht, kis she didna wint tae miss the trip tae Blackpool, she wis like a lot o' the ithers in the pairty, she enjoyed the annual trip tae Blackpool. We gaed awa' the neist Setterday mornin', juist ae bus load this time, and we gaed back tae the Beechfield Hotel, it wis juist like aa the ither holidays tae Blackpool, abody enjoyed themsels and the neist Setterday cam' roond ower seen, there wis naebody keen tae gang hame. The warst o'd wis, the siller wis near aa spent. On the road hame I telt them I widna be organisin' ony mair trips, some ither body cood hae a go at it if they likit, bit I wis feenished.

That year, fin we cam' back fae Blackpool, my sister fae Farfar cam' aa the road tae Banff wi's, she bade a week wi's at Banff, syne I wid tak' her back tae Farfar wi' my caur. Fin we gaed awa' I took mi manuscript alang wi's, kis I wis intendin' tae visit some fowk on the road tae Farfar. Fin we cam' tae Stonehaven, I turned aff the main road tae the richt tae gang up the road tae Auchenblae, and fin we cam' tae Easttoun o' Glenbervie, I turned inaboot there. I didna ken fit tae expect, this wis noo 1989, it wis in 1930/31 I hid workit there. I kent Jim Eddie, the fairmer, wis deid, and I thocht Mrs Eddie wid be awa' as weel. I gaed tae the back door, this wumman cam' tae the door. I says, "Are you Mrs Eddie?" She says, "Oh aye, I am." I says, "Och, ye canna be the Mrs Eddie I'm lookin' for, ye're ower young for that." She says, "Och, it's granny ye maun be lookin' for, come awa' in, she's sittin' at the fireside here." So I gaed awa' in, I wis thinkin' tae mesel, 'This canna be the Mrs Eddie fit wis at Easttoun fin I wis there, her that eese'd tae be sae gweed tulls in the bothy, na, na, it canna be her', bit ye see I wis wrang, it wis her, and aifter she hid a gweed look at me, she says, "Ach, I mind aboot ye, I think yer name's Smith, Ake Smith isn't it? Michty, it's a gie lang time since ye wis here." Her and me, we hid a lot tae spik aboot aifter that, she telt's she wis noo ninety-five and keepin' fine, and fin I lut her see a photograph o' the Harvest Hame Dince in 1931, she startit namin' some o' the fowk in the photograph, sittin' there, ninety-five year auld, and nae specs on. Syne I telt her I wis ritin' a book, I hid mi manuscript wi' me, I redd oot the bits I hid rittin' aboot Easttoun, she agreed wi' athing I said except the bit faur I said the minister cam' ower and socht her man (Jim Eddie) tae be an elder. I hid minded he agreed tae dae that, bit she pit me richt, she says, "Na, na, Jim didna agree tae be an elder, he widna tak' it on." I says, "Aricht, I'll hae tae cheenge that bit fin I gang hame."

I left her aifter that, passed throo Auchenblae and on tae Fettercairn, syne I gaed up past the Distillery tae Cauldcots. As I gaed up the road I wis lookin' for the hole at the roadside faur we eese'd tae get oor watter, bit there wis nae sine o'd, and fin we cam' tae the cottar hooses, mi sister and me, we baith gaed ootower and hid a gweed look roond, there wis naebody bidin' there, the hooses wir in a gie run doon state. I thocht tae mesel, 'Juist like a lot o' ither auld cottar hooses nooadays, nae nott and left tae fa' doon.' I gaed up tae the fairm, fin I gaed tae the back door, this man cam' tult, I telt him fa' I wis, the reason I wis here wis kis I wis ritin' this book, I telt him mi fader cam' hame tae Cauldcots for foreman at Martinmass, 1924, that wis fin Mr Pearson took ower the tenancy o' Cauldcots. He says, That's mi fader yer spikin' aboot, I think ye shood come in and see mi mither, she's bidin' here ivnoo." And fin I gaed in tull the kitchen, Mrs Pearson wis sittin' there. I telt her fa' I wis. She says, "Oh, I dinna mind richt aboot ye, but I mind aboot yer mither aricht, it wis her that eese'd tae sing in the kirk quire wisn't it?" I agreed wi' that, syne her and me, we hid a gweed news thegither, and I learnt aboot some ither things for gaun in mi book. It wis aboot fower o'clock ir this time, so we gaed awa' hame tae Farfar.

Aifter dennertime neist day, I wid gang tae Lourenkirk, I thocht I wid look inby the Observer Shop, that's faur the Kincardineshire Observer eese'd tae be published. I thocht tae mesel, 'I micht see Alan Taylor there.' Alan, ye see, wis the son o' Archie Taylor, him fit hid the shop fin I wis gaun tae the skweel, and Alan gaed tae the same skweel along wi's, nae in the same class, bit a class ahint me. Bit fin I stoppit at the shop, it wis closed doon, it wis aisy seein' there wis naething been deen in the shop noo. There wis a maun cam' by, I spiered at him aboot it. He says, "Oh, it's been closed doon for a file, the squeek's printit in Montrose noo, bit they've shiftit tull a shop up the street there, foo nae gang in there?" So, I waukit up tae this shop. There wis een or twa fowk in the shop fin I gaed in. I says tae the wife at the back o' the coonter, "Kin I see fa' iver's boss o' this plaice noo?" She says, "Oh no, Mr Wallace is not here just now, can I help you?" So I telt her I wis ritin' this book, aboot me gaun tae the skweel at Lourenkirk fae 1924 tae 1927. She says, "Oh, my uncle wis janitor at the school at that time." I says, "Oh, wis he noo, weel tak' a look at the photograph," and she says tae the fowk in the shop, "Oh look, there's my uncle stannin' there, juist fancy," and turnin' tae me, she says, "And are you in here tae?" And fin I said I wis, abody wintit a look o'd, aa at eence they wir interested. Aifter that, this wife, Laura wis her name, she telt me tae gang back tae the auld shop, gang tae the hoose door aside the shop and I wid get Alan Taylor there, and as I waukit doon them street, I winnered if I wid ken Alan Taylor again aifter aa this time.

Weel, I rung the bell, this maun cam' tae the door, I says tae him, "Ir you Alan Taylor," of coorse I hid the advantage ower him, I kent fa' I wis lookin' for. Weel, he says, "Aye, that's me," and he lookit at's for a meenit, syne he says, "Did we gang tae the skweel thegither," and fin I said, "Oh aye, we did," he says, "Ach, I ken fa' ye are noo, yer Tam Smith." I says, "Yer wrang there, Tam Smith cam' fae Easthill, Ake Smith's my name." He lookit at's again. He says, "Michty aye, I mind noo, ye wir a class in front o' me wissen't ye?" I says, "Aye, that's it noo. Tam Smith and you wir in the same class." Aifter that, him and me, we newsed awa' for a gie file. I telt him aboot this book I wis ritin', I lut him see the skweel photographs I hid, he wis able tae tell me aboot the fowk fit wis in the photographs, a gweed lot o' them wir deid and awa', ithers he didna ken aboot, syne I lut him see the manuscript. He says, "Michty Ake, ye've pittin' in a gie puckle oors ritin' that." I says, "Aye, yer richt eneuch there, Alan, bit I'm no feenished yet, I wid hae aboot forty pages tae rite yet." He lookit throo the manuscript, I wis stannin' watchin' him, winnerin' fit he wis thinkin', fin he said, "Ye ken Ake, I think ye'll hae a job gettin' onybody tae print this for ye, I still hiv a manuscript like this, rittin' in the local dialect, nae sae big as your een, I got it fae a wifie tae see if I cood get it printed for her, that wis a puckle years syne and I've niver got oot o' the bit wi't." I says, "Ach Alan, that's faur yer wrang. Ye see, Peters the printers in Turra are gaun tae print mine, I've tae tak' it back tae them eence I've feenished."

So, that wis the feenish o' my visit tae Alan Taylor. I hid left mi sister sittin' in the caur, I thocht she wid be bored sittin' there hersel, she said she wisna, bit I didna believe her. Weel, we gaed awa' tae Drumlithie aifter that, I thocht I micht find oot something aboot Chae Shivas, that's him fit wis seecond horseman at Cushnie fin I got mairrit in 1933, bit nae luck. We did spik tae een or twa fowk, bit they wirna shure aboot Chae, they thocht he wis deid and awa'. Syne Georgina says, "Fit aboot gaun tae West Kinmonth tae see wir cousin Munro? Ye ken, it's him fit's mairrit tae Cathie Aitken fae Inchbreck, Cathie's ayie been at's tae gang and see her." So we gaed tae see Munro and Cathie. It wis a richt fine day, he wis combinin' barley fin we gaed inaboot, Golden Promise, he said it wis, and as the combine cam' up the park ye coodna see't for stew, so he stoppit and Cathie and him hid a news wi's. I says tull him, "Michty, that barley'll be richt fine and dry the day." He says, "Oh aye, it's gaun awa' straucht aff the combine tae a distillery, and I'm gettin' a richt gweed price for't." We gaed awa' back tae Farfar aifter that, I wis fine plaised wi' mesel, ower that twa/three days I hid learnt aboot some things I hid rittin' wrang in my book, aye and some things I hid missed oot athegither, I wid hae tae sort that oot fin I got hame tae Banff.

CHAPTER 17

Getting my sicht back

So, it wis back tae the ritin' for me, and on a fine day I wid gang for a run intae the countrae wi' the caur, it wis the middle o' September. On the road hame I thocht I wisna see'in ower weel, and fin I got hame I saw a caur parkit alang the street a bittie, I lookit alang the street tae reed it's number plate, michty, I got the shock o' mi life, I coodna reed the number on't. I measured the distance awa' I wis, twenty-twa yairds, weel, twenty-twa strides onywey, this meant I shoodna be drivin' the caur. Syne I mindit the optician tellin' me tae gang back in twa years time, bit the twa years wirna up for three months, aa the same I made an appintment tae gang and hae mi een tested. And fin I got mi een tested, the optician says tae me, "Mr Smith, your eyes are worse than what I thought they were, you should not be driving. I'll write to your doctor explaining the situation, you go and see him and he will arrange for you to see a specialist." Fin I saw the specialist, he says tae me, "Your eyes are very bad with cataracts Mr Smith, I trust that you are not still driving your car." I says, "Oh no, I'm nae drivin', I stoppit fin the optician telt me tull, bit they canna be aa that bad, I'm ayie ritin' and readin' the papers withoot glesses." He says, "Oh yes, I believe you, but in about three months time you would be practically blind altogether." This appintment wis aboot the middle o' October, and he ferrly ca'd the feet fae's fin he said, "Mr Smith, could you come into Forresterhill on the seventeenth of November, you'll get an implant into your left eye, that is the worst one, and in about six months after that, you'll get your right eye done, that is if you want them both done. You see, after you get the left eye done, you'll see as well as you may not need to get the other one done." I coodna believe fit wis bein' said tulls, I'd heard a lot o' stories aboot fowk gaun tae see eye specialists and haen tae wyte sax months, aye and files a year tae get an operation, and here wis me bein' offered an operation in five weeks time. Weel, I didna hing-fire, naewey wis I tae lit this chance slip by, so I said I wid gang intae Foresterhill on the seventeenth o' November.

Mony a day aifter that, I wid be oot in the streets waukin', meetin' fowk and tellin' them I wis gettin' an operation on mi left ee. I wid be telt, yer gie lucky gettin' yer een deen sae quick, foo mony strings did ye hae tae pu' tae manage that. Michty, it's twa year since I wis telt my een wis needin' tae be seen tull, and they're nae deen yet. There wis anither uman body says, "It's a lang time since the specialist telt mi sister her een wid hae tae be sortit, and there's nae wird o' her gettin' them seen tull, and here's you, ye gang tae the specialist and ye juist hiv tae wyte a month, there's something faur fae richt here." I got this as affen as I began tae feel guilty, that I wis jumpin' the queue, and I didna like it. Of coorse, fit thae ither fowk didna ken I wis telt bi the optician tae come back in twa years time, I gaed back afore the twa years wis up, so you cood say I hid tae wyte twa years for an operation. Aa this time I wis gaun on ritin', I noo hid aboot three hunner pages rittin'. I thocht tae mesel, 'Fit'll Peters o' Turra say fin I gang back, kis I hid telt them I wid hae twa hunner pages, and I'm nae feenished yet. Ach weel, fit dis it maitter, I hiv awa' tae gang tae get mi ee sortit, it'll be intae the New Year ir I gang tae Peters.

I gaed intae Forresterhill on Thursday, the seventeenth o' November. That day the Ward doctor cam' tulls, she says, "I see you have a Ventalin Inhaler, Mr Smith. Is that the only one you've got?" I says, Oh aye, it is." Aifter that she soonded me aa ower mi back and mi breest and says, "I think you would be better of a Becotide Inhaler as well, we'll give you one just now, and I'll give you a letter to take home to your doctor," so that wis the start o' me eese'in twa inhalers, and I expect I'll eese them aa mi life. Neist day, Friday, I got my operation, it wis deen wi' a local anaesthetic, I didna feel a thing, they wir newsin' tulls aa the time it wis gaun on, and fin I got back tae the ward, mi denner wis wytin' on's and I ait the lot. Ye see, I wis richt hungry kis I didna get ony brakfast. And my left ee, it wis richt happit up, I coodna see a thing oot by the bandage, and it bade that wey tull neist day aifter brakfast, fin a nurse cam' tull's. She says, "This is the time o' reckonin' Mr Smith," and she took aff the bandage. Michty, sic a shock I got, the wa's wir an affa lot lichter, the lichts wir a lot brichter, and I cood see sma' things fit I coodna see afore, like the names on the nurse's brooches and sic like. I hid tae gang throo tae the dark room aifter that, Mr Hutchison the specialist wis there. Aifter a richt inspection o' mi left ee, and wi' mi richt ee happit up, he says, "Now Mr Smith, let me hear you read all the letters on that board from top to bottom." So, I redd aa the letters richt doon tae the boddam, the hindmist line wis gie sma', bit I managed tae get them aa. Syne he says, "Do it again, Mr Smith," I thocht maybe I hid gin wrang the first time, so I did it again, and I said tae him, "Is that correct?" He says, "Oh yes, Mr Smith, that's very well done, you can go back to the ward now, and if everything is alright on Monday morning, you can go home." On Monday mornin' I wis telt I cood gang hame, and fin I spiered if I cood drive my caur, I wis telt, "Of course you can drive your car, once you've got your spectacles from your optician." Ye see, I got a prescription for specs tae tak' tae my optician, bit for drivin' only, I managed tae reed and rite withoot specs.

Fin I got hame I hid twa letters tae gie tae mi ain doctor, een fae the eye specialist and een fae the ward doctor, so I took them tae him. At the same time I spiered at him if he wid hae a look at mi richt leg, it wis batherin's again, gie sair files, sometimes it juist felt as if it wis tae double up wi's fin I wis waukin'. Sometime afore that, we'd haen a cheenge o' a doctor, it wis a man this time. Weel, he took a richt look at it, he says, "You know Mr Smith, you should have been wearing support stockings. I'll give you a prescription for two pairs, I want you to put them on whenever you rise in the morning and take them off when you go to bed at night." Michty, fit a lot better I wis aifter I startit wearin' thae stockin's, I cood wauk an affa lot better and wis an affa lot firmer on my feet. Weel, it's fifteen month since I startit wearin' thae stockin's, and I'm still wearin' the same eens yet, tho I hiv anither twa pair lyin' wytin' for the time they'll be nott.

So, I wis hame and intil the ritin' again. I feenished ritin' the book aboot the first o' December and took mi manuscript tae Peters in Turra. Fin I wis there afore it wis a Mr Crystal I wis spikin' tull, bit he wis noo retired, so it wis Mr Peters himsel I hid tae see. He says tae me, "I'm afraid we can't do anything with your manuscript just now, we're up to the eyes printing for Christmas, it'll be after the New Year or we can do anything with your job, all the same I'll have a look at your manuscript, have you completed your two hundred pages?" I says, "Twa hunner pages. Michty me, I hiv three hunner and saxty pages." Fin I said this, Mr Peters lookit at's. he says, "But Mr Smith, you said you would only have two hundred pages, I'm afraid the only way we could handle that was to make two books of it." This I widna agree tull, and afore I left, he advised me tae try the University Press, Aiberdeen. Weel, I wis richt disappintet at this, I hid ayie thocht, 'If this book wis tae be printed, I wintit it tae be deen locally', wid I forget aa aboot it, or try some ither body. I thocht aboot it for a puckle days and I took oot the yalla pages for the telephone. I turned tae the page fit said, 'Publishers', I saw this entry fit said, 'Heritage Press, Book Publishers' and wi' an Auchterless phone number. I thocht tae mesel, 'Weel, that's local eneuch onywey', so I rang the number, a man's vice answered, "Hello," I says, "is that the Heitage Press, Auchterless?" He says, "Yes, what do you want?" I says, "Oh, I've rittin' a book, it's near aa in the Doric, wid ye be prepared tae help? That's aa the length I got, fin he said, "too busy, try University Press," and hung up. I niver got the chance tae say fa' I wis or fit I wis needin'. Weel, that wis anither slap in the face, syne I heard there wis anither printer in Turra, I phoned him and he said, "Sorry, that's ower big a job for me," at the same time he wished me aa the very best, he wis juist sorry he coodna pit me on tae somebody fa' wid dae't. So, that wis me back tae faur I startit again.

Meantime I wis see'in richt weel, bit juist wi' mi left ee, fin I closed it I cood hardly see onything, and fin I wis drivin' the caur and lookin' tae the richt, I hid tae turn mi heid richt roond tae the richt, it wisna neen comfortable, and I thocht tae mesel, 'The seener I get that ither ee sortit the better.' I hid forgotten aboot the printin' o' my book for a twa/three days, bit ae day I wis telt aboot anither publisher at Llanbryde, the name wis the Boar's Head Publishers and I got the phone number, and tho I phoned ilka day for a week, aye and sometimes twice a day, I niver got an answer. I thocht tae mesel,

'This is juist wastin' time, I'll better stop, there wis nae ither for't noo bit tae get in touch wi' University Press? It wis the Friday afore Christmas, Christmas Day wis on Monday, I phoned University Press, it wis a man that answered and he wis fine tae spik tull, He spiered fit I wis needin', I says, "I've ritten a book aboot the Howe o' the Mearns, it's ritten in the local dialect, I wid like tae come in tae Aiberdeen and discuss wi' ye aboot gettin' it printit and published." He says, "I'm juist here mesel ivnoo, there's naebody here fae the printin' side o' the business, they're aa on holiday and winna be back tull the aichth o' January, bit ye've ritten a book in the local dialect, weel, they'll be richt teen on wi' that, gie's yer name and address and phone number, some o' them wull phone ye eence they're back tae work." So, I gied him fit he socht, and him and me, we newsed awa' a filie aifter that. I said tae him, "Ir ye shure somebody'll get in touch wi's?" He says, "Oh aye, seen it's a book ritten in the Doric, I'm shure somebody wull phone ye on the aichth o' January." Ah weel, I thinks, this is better news noo, it wis something tae look forrit tull.

Bit the aichth o' January wis a lang time ir it cam' roond, mony a day I winnered fit wis tae come oot o' this. Weel, that day I bade in aa foreneen, wytin' for the phone tae ring, and in the aifterneen I wytit tull fower o'clock and thocht I'd better phone University Press mesel. It wis a wuman fa' answered the phone, she spiered fit I wis needin', I said that I hid ritten a book aboot the Howe o' the Mearns, it wis near aa in the local dialect, and cood I come intae Aiberdeen and discuss wi' you if it wid be worth printin' and publishin', fit it wid cost, and aa the rest o'd. She says, "No, no, we don't want you in here, if you care, send in the first twelve pages of your manusript, we'll have a look at it and we'll let you know what we think of it." At that pint, I wis gaun awa' tae say something else, bit the phone gaed deid, she hid hung up on me, nae neen encouragin' I kin tell ye. Aa the same, I hid haen the first twenty pages typed afore that, so I sent them awa' that nicht, alang wi' a note. I didna hae tae wyte lang for a reply, dated tenth o' January, 1990, this is fit it said:

Dear Mr Smith,

Thank you for your letter of 8th January, 1990, and for the accompanying text. This has been considered for publication, but I regret that the Press is unable to include it in its publishing programme. Your text is returned herewith.

Weel, ye affen hear that somebody is doon-heartit, if onybody wis doon-heartit aifter this it wis me, I felt like thrown the hale lot intae the wheelie-bin, bit I cam' tae mi senses and didna dae that, aa the same it took me aboot a week afore I thocht I wid hae anither go, so back tae the yalla pages I gangs, and there I saw this entry: Caledonian Books, Book Publishers, Slains House, Collieston, Ellon. I winnered if I wid try this een, there wis nae hairm o' tryin' onywey, juist as weel this een as ony ither een. So I rang the number, a wuman's vice answered, I said I wis Alex Smith, from twenty-three Clunie Street,

Banff, I hid ritten a book aboot the Howe o' the Mearns, it wis ritten in the local dialect, and wood they be interested in helpin' me tae get it published. There wis.a pause, I heard her spik tae some ither body, syne this man cam' on, he said he wis James Campbell, his wife and him, they ran Caledonian Books, and yes, he was very interested in what I wis sayiñ', syne he spiered foo big a manuscript I hid. I says, "Oh, three hunner and fifty pages o' A4 paper, aa written in longhand." The wey he wis spikin', I thocht he wis English. Aifter that he spiered if I cood go and see him, takin' my manuscript along wi' me, I says, "Of coorse, I'll come the morn's aifternoon." Aifter dennertime I gaed awa', and landed at Slains House aboot twa o'clock, him and me, we sat and discussed the publication o' this book tull fower o'clock. I said I wis prepared tae gang aheid wi't as lang as it didna cost ower muckle. He says, "In my opinion it would cost you upwards of four thousand pounds to get it printed and a thousand books produced," he did not think it was worthwhile printing less than a thousand. That gaured me think, wid I get my money back if I gaed aheid wi't. Then he said, "Why not leave it to me meantime, I'll see if I can find a printer who understands the dialect, and how much it would cost and let you know." Aifter that we shook hands, I says tae him, "Kin I ca' ye James?" and he says, "Of course Alex, why not," so we left it at that and I gaed awa' hame.

That wis at the end o' January, 1990, and the neist thing I did wis tae start and rite mi second book, the ither hauf o' mi life story. Some o' the fowk fit hid bein' gaun on holiday wi's wir comin' tulls and sayin', "Fit aboot a bus holiday this year Alex?" Bit I ayie said, "Oh na, na, I telt ye afore I wis feenished wi' that," some o' them wis sae persistent, I gaed tae Hans Hardie at Foggie, and they agreed tae pit on a bus tae the Gateshead Gairden Festival in June and een tae Blackpool in August, they wid attend tae the rinnin' o' the buses themsels provided I took in the names. Bit back tae the publishin' o' the book noo. On the twelfth o' Mairch, I got a note from Caledonian Books, alang wi' a photo-copy o' a quotation he hid gotten fae Oliver McPherson Ltd, Forfar for printin' and producin' 1,000 books, this wis a gweed bit mair than fit James Campbell said it wid be, bit fin I compared it wi' the quotation I got fae Peters in Turra for a smaa'r book and juist 500 copies, it workit oot the same. Aa the same, it wis mair than fit I thocht it wid be. The thing that bathered me maist aboot it wis it wis tae mak' the book ower dear for sellin'. I took a file tae think aboot it, I didna gang tae Caledonian Books ir the nineteenth o' Mairch, it wis at that meetin' atween James Campbell and me I decided I wid gang aheid and publish, takin' intae accoont tho we got 1,000 books, there wid be only 950 selt, we wid hae a gweed lot o' complimentary books, and ither expenses forby the printers. The sellin' price o' the book wid hae tae be £12.50, that wid let me brak aven if I selt them aa, and of coorse, if they wirna selt, I wid be oot o' pooch.

Aifter aa that I still thocht the books wir ower dear, I said that tae James. He says, "Well Alex, you hear quite often about somebody getting sponsors to help with publishing a book, why do you not try that, I'm sure this book of yours will prevent a tale of farm life and the local dialect of the 1920's and 1930's being forgotten about." So I thocht I wid try it, meetin' fowk in the street and discussin't wi' them, I hid nae shortage o' advisers, so I sent oot letters tae the following:

Kincardine and Deeside District Council
Grampian Initiative
Glenfiddich Distillery Living Scotland Awards
Banffshire Educational Trust
Banff and Buchan District Council
North East Farmers Ltd.
Shell U.K. Exploration and Production
Oil Industry Community Fund
Mobil North Sea Limited
North East of Scotland Heritage Trust
Total Oil Marine plc
Aberdeen and North Marts Ltd.

Out of that lot I got £50.00 from Kincardine and Deeside District Council; £200 from Banffshire Educational Trust and £50.00 from Aberdeen and North Marts — Total £300.00. I got a reply from the rest o' them wishing me every success in my venture, and saying they were sorry for being unable to help me on this occasion. So fit wis I tae dae noo, divide £300.00 amin 1,000 books, that's thirty pence per book. I thocht for a day or twa aboot it. I said tae mesel, 'Fit ir ye feard at, this is nae the first time ye've teen a gamble', so I decided tae invest anither five hunner pound in the book, and tak' the sellin' price doon tae £11.50 per book, and it noo meant I hid tae sell aboot 1,200 books tae brak aven.

Eence I hid made up mi mind, I phoned tae tell James Campbell fit I hid decided tae dae, it wis Mrs Campbell that answered the phone and telt me James wis in Forresterhill, he hid been sortin' een o' their windaes and hid fa'in aff the laidder, daen hmsel a lot o' ill, and wis tae be in Forresterhill for a gie file. So I gaed in tae see him and gied him aa the news. I cood see I wid hae tae cairryon on mesel for a file for he wis in a gie bad wey. It wis juist aifter that I hid tae gang in tae Forresterhill mesel, this wis on the seventh o' Mey tae get my richt ee deen. Weel, I gaed in on Monday the seventh, neist day I got my operation, they made as gweed a job on't as they did wi' the first een and I got hame on Thursday, and as I sit here ritin' this the day, the end o' February, 1991, I've niver haen ony bather wi' mi een, I see fine tae reed and rite withoot specs, bit I use specs fin drivin' the caur, it's nae that I canna see, it's juist I hiv mair confidence fin I hiv them on.

We'll gang back tae June, 1989, noo. I spak aboot a bus gaun tae the Gateshead Gairden Festival, weel we gaed wi't, there wis aboot forty in the bus. We bade the first nicht at the Corner House Hotel in Annan, gaed tae the festival the neist day and back tae the hotel for anither nicht and hame the neist day. The reception we got at the Corner House Hotel wis ayie the same, fine and freendly, and again we got first class meals. In August we gaed tae Blackpool for a week, I wis juist a passenger like ony ither body on thae trips, and ferr enjoyed mesel.

I wis noo settled doon at hame, takin' shotties o' ritin' mi seecond book, and aa the time I wis ayie winnerin' fan McPhersons fae Farfar wid phone and say the books wir ready, they hid ayie insisted the books wid be ready gin the end o' September. Fin the phone call cam' it wisna tae sae the books wir ready, it wis tae spier if I wid gang tae Farfar tae get mi photograph teen wi' mi book comin' aff the printin' press, and tae meet the local press and reporters there. It wis the seventeenth o' September I got that phone call and three days aifter that I gaed tae Farfar. Michty me, sic a steer there wis that day, press reporters fae a lot o' papers, the Press and Journal, the Courier and Advertiser, the Farfar Dispatch and some ithers, and photographers, they wir linin' up tae tak' my photograph. This laisted aboot an oor and a hauf, the photographin' and spierin' a lot o' questions, some I managed tae answer, and some I didna. It wis that day, Mr Samson, manager o' McPhersons said the books wid be ready for delivery on the fifth o' October. Of coorse, aa thae paper reporters heard this, so that wis weel eneuch broadcast. At the same time, he spiered at me if 500 books wid be eneuch that day, I wid get the ither 500 in a fortnicht's time. I said, "Oh aye, that'll dae fine," and fin I got hame I phoned James Campbell tae tell him hoo I'd gotten on. I spiered at him if he thocht 500 wid be eneuch on the fifth o' October. He says, "Of course Alex, between you and me, we'll be lucky to sell 300 before the New Year," and I agreed wi' him.

So, I planned a launchin' day for the book at the Banff Castle Community Centre on the eleventh o' October, on the twelfth o' October a sinin' session at Brechin Books fae 10 tae 12, and fae 2 tae 4 a sinin' session at Adamson's Bookshop, Farfar. On the thirteenth o' October I wid be at the Observer Shop, Lourenkirk from 10 tae 12, and from 2 tae 4 I wid be at Michie's Bookshop, Stonehaven. I hid that aa planned and advertised, ayie I wis winnerin' foo the book wis gaun tae sell. Fin the orders startit comin' in as quick, I realised aboot the seventh o' October, the first 500 wid be aa awa' afore the nineteenth, that's fan I wis promised the next 500, syne Hogg's bookshop in Montrose, they phoned and spiered if I wid gang for a sinin' session wi' them afore Christmas sometime. I said, "Oh aye, I'll ferrly dae that, juist lit me ken fit date ye hiv in mind." Bit that een didna come aff, fit wey I dinna ken. Aifter that, I arranged tae gang tae Peters in Turra for a sinin' session on the twentieth o' October, and it cam' aff aricht. So I wis haen a busy time o'd. At the beginnin' o' November, we agreed atweens we wid hae tae order anither 1000 copies. Weel, they wir delivered aboot the first week in December and afore the New Year, 500 o' them wis awa'.

Aa this time I wis gettin' phone calls, files twa a nicht, they near aa cam' at nicht, the phone calls wir aa the same, complimentin' me on ritin' the book and makin' sic a gweed job o'd. Aa the same, there wis een or twa pintin' oot faur I hid made a mistak. Of coorse, in the introduction I didna claim it wis 100% correct, so I didna care, and forby phone calls I got letters fae aa ower the countrae, the farrest awa' een wis fae Kent, in the sooth o' England. The letters wir like the phone calls, maistly complimentary, there wis een or twa pintin' oot mistaks, bit that wis aa, maist o' them wis winnerin' fan they wid get the neist book. Syne on the 25th o' February I hid a phone call fae the B.B.C. in Glesga', it wis a maun fit wis spikin', he introduced himsel as Douglas Kynoch. He said, "Mr Smith, I've got a copy of the book you wrote, "Forty Years in Kincardine," from Mr Campbell the publisher, would you be willing to be interviewed about your book on the Jimmie McGregor's Gathering programme?" I says, "Oh, I suppose so, mind I've niver deen onything like this afore." He says, "That's fine Mr Smith, I'll give you plenty instructions over the phone beforehand." Weel, this took plaice on the seventh of Mairch, and accordin' tae some fowk fit heard it, I did aricht, onywey, since that time I've sined a contract tae alloo' the B.B.C. tae use extracts oot o' the book as Scots readings on the same programme.

So that brings me tae the end o' anither forty years, 1951 — 1991, and as I look back I think aboot aa the cheenges fit took plaice in fairmin', the humble neep gie near wis buried in the hurry tae mak' silage, at ae time ye wid've thocht there wid be nae mair sair backs wi' pu'in and fullin' neeps, bit na, he's a gie thrawn craiter the neep, he survived aa that, and noo wi' the advent o' the single seeder and the turnip harvester, the neep got back intae its natural plaice for feedin' stock. Michty, it's richt fine tae see nowt lyin' doon aifter a humble feed o' swades. They wid lie there pechin' and groanin', at the same time they wid be chawin' their qweed. Fin hairst time comes roond there's nae mair binderin', stookin', leadin' and thrashin' noo, na, na, it's get on wi' the combine and the baler noo, aye and files nae the baler, kis some fowk burn a lot o' their strae, this I dinna approve o', fin I kin look back and see the nowt lyin' richt comfy amin a puckle dry strae. Bit the binder's nae feenished athegither, if ye gang ower the Cabrach or plaices like that, ye'll still see stooks sittin'. And there's a fairmer on the road fae Banff tae Foggie, aboot a mile or so oot the road, weel he still works a binder and a thrashin' mull. Of coorse, he's ayie ahint wi' his work ower the heid's o' this. And fit aboot the tattie pickin' noo, there's nae mony loons and quines socht noo, it's near aa deen wi' big machines, nae langer kin the loons mak' eneuch siller tae buy their winter claes for gaun tae the skweel, and fin ye pit fat nowt or fat sheep tae the mairt, they're nae langer selt for pounds per cwt., they're selt for pence per kg. Weel, I've ritten aboot some o' the cheenges, bit there has been a lot mair nor that, the warst een ava' his tae be this set-aside. Michty, it's a disgrace for some fowk tae lit their land get in a sotter like that.

Of coorse, it's the E.E.C. food mountains fits tae blame for this, and it's a government decision to pay the fairmers for this set-aside. Fit an odds I think fae the time in the late 1920's and the 1930's fin corn wis twal shullin's a quarter (3 cwt.) and lang pits o' tatties they coodna get a mairket for, there wis nae help for the peer fairmers at that time and the politicians hid better watch fit they're dee'in, takin' land oot o' production like this. I wid think it wid juist need a crap failure for ae year and aa that butter mountains, mait mountains, and ony ither kind o' mountain, they wid aa gang oot o' sicht. And comin' back tae the cheenges. The biggest een o' them aa his been the discovery o' ile in the North Sea, it's ferrly made a difference, and fin ye think o' fit's teen plaice in the Middle East ower the laist sax or seven month, ye wid think that ile wis the scourge o' the world.

Weel, I visited the publisher yesterday, he wis tellin' me there wis gie near 2000 copies o' the first book oot, that bein' so, I'm fine plaised wi' the wey it his been accepted, I juist hope this seecond een wull dae as weel. He wis tryin' me tae rite anither book, weel I winna say no, I've a lot o' work wi' this een yet, we'll juist see hoo things gang, it depends on a lot o' things, een o' them bein' I'm no gettin' ony younger.

Glossary

ahint behind
aigs eggs
aise ashes
ait eat
aleen, leen alone, lone
amint amongst it
aricht alright
atween between
auld-farrant old fashioned
ayie always
backerties going in reverse
bawbees money
beens bones
beery bury
beets boots
biggen building
binnins chains for tying cattle
bit but
blaad to make worse
boddam bottom
boorach small crowd
brocht brought
caure calves
chape cheap
chaumer farm servants sleeping
            quarters
chauvin working hard
chine chain
clart dirt, any sticky stuff
connach spoil, waste
contermashious obstinate
crame cream
daud a large piece
deen done
dee'in doing
diry dairy
dunt blow
dwaadlin waste time
eence once
eese use
eneuch enough
fae from
farrer farther
fash worry
faur where
faut fault

Feer's Feuar's
ferlie a wonder, curiousity
fit foot, able, what
fleer floor
fleg frighten
forrit forward
funs whins
fussles whistles
gang, gaun go, going
gaur make, compel
gawpin gaping
geat child
girss grass
gite, gyte mad
glaur mud
grun' ground
hackin' to cut small
hap, happed cover, covered
heelster-goudie head over heels
hing hang
hing fire pause, wait
hinmist last
hud mi wheest hold my tongue
ilka every
ill-fashance ill-mannered, curiousity
ivnoo just now
jalooze suspect
jing-ge-ring auction ring where old
            cows and bulls are sold
ken, kent know, knew
kis because
knipin' to go on incessantly
laist last
lit, lut let
lick speed
lippen trust
lissen listen
louped jumped
mair more
maist most
michty mighty
mishunter accident
muckle large
nack expertise
naiter nature
narkin nagging

Glossary cont.

neen none
neep turnip
neist next
neuk corner
nicht night
nivs fists
nowt cattle
peety pity
pint point
pit put
puckle quantity
quate quiet
quine lass, girl
redd set in order, tidy
rhines reins
rigged set out, prepared
roch rough
rugg pull
sair sore
sate seat
scunner loathe, disgust
scutter muddle
seck sack
seek sick
seener, seen sooner, soon
shade shed
shafe sheaf
shargar ill-thriven person or animal
sharny clartit with cow-dung
sheen shoes
sic such
skweel school
smore smother
snorl ravel
socht sought
sook suck
soss mess, slop
sotter fithy, disgusting mess
spier ask
speen spoon
spootie-hole wet patch in park
stammagaster disagreeable surprise
steed stood
steel stool
steen stone
steer stir, a commotion

streekit stretched
streetch stretch
straucht straight
strae straw
swack active, nimble
swick cheat
tatties potatoes
teen taken
thocht thought
ticht tight
thrive prosper
throo-hand discussing
trauchle drudge
treviasse partition between two stalls
tull till
wabbit breathless
waur worse
wattery toilet
weel well
wecht weight
wid wood, would
widden wooden
winner wonder
wrocht worked
wytin' waiting
yird earth
yoket startit
yokin' the period from starting time to stopping time.